한국 암각화의 祭儀性

한국 암각화의 祭儀性

이 하 우 지음

학연문화사

책머리에

1989년 초겨울, 어두워가는 작은 바닷가 마을 칠포리에서 처음 만난 암각화는 저자를 암각화연구자의 길로 들어서게 하였으니, 그것이 벌써 스물두 해나 전의 일이다.

울산 천전리에서 암각화가 발견되면서 시작된 우리나라 암각화연구는 이제 막 마흔 돌을 맞이하였다. 이 시점에서 '한국 암각화의 제의성'이라고 하는 한 분야의 연구서를 낸다는 일은 몹시 두려운 일이다. 왜냐 하면 여전히 암각화의 많은 부분을 밝혀내지 못하고 있고, 그간의 연구에서 저자의 안목이라는 것도 실상 그렇게 깊지 못하기 때문이다.

암각화에 관한 여러 선행연구는 본 연구를 수행하는 데 큰 도움이 되었다. 따지고 보면 여기서 다루어진 몇몇 명제는 이미 선행연구자의 문제제기가 있었던 것도 있다. 오랫동안 선학들과의 대화는 이 책을 만드는 데 결정적으로 역할하였으며, 앞으로도 이러한 소통과정은 끝없이 계속될 것이다.

이 책에서 필자가 중요하게 다루고자 하였던 부분은 문화적 변화단계에서 암각화는 표현상 어떻게 달라져갔는가 하는 것이다. 여기에 대하여 아마도 책을 읽는 분들께서는 저자의 생각에 동의하지 않는 분도 있을 것이다. 하지만 저자로서는 일단 암각화의 제의성을 이해하고자 하는 시각에 대하여, 하나의 문제제기를 하였다는 사실에서 출간에 대한 심적 부담을 일정부분 상쇄하고자 한다.

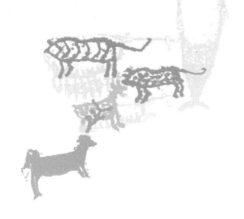

책머리에

　이 책은 국내외 암각화연구자들과의 공동조사과정에서 그 틀이 잡히기 시작했지만, 한국 암각화에 대하여 체계적인 재해석을 할 수 있었던 것은 그 무엇보다도 유적에 대한 직접적인 조사활동에 힘입은 바 크다. 적어도 암각화를 연구한다고 하면, 형상을 본뜨고 하는 부분에서부터 스스로 품을 팔지 않고서는 정확한 실상을 알 수 없기 때문이다.

　조사의 결과물은 개념화하여 관련 분야의 심포지엄이나 토론회에서 발표된 것도 다수 있다. 그 자리에서 많은 분들의 논평은 이 책의 완성도를 높여주었다.

　한국암각화학회 여러 연구자들께서도 이 책을 검토해주셨다. 그 중에서 강봉원 선생님의 깊은 관심과 논평은 원고의 완성에 큰 도움이 되었으며, 이 자리를 빌려 감사드린다. 좋은 책으로 엮어주신 학연문화사 권혁재님께도 고맙다는 말씀을 전한다.

　마지막으로 우리 가족의 가없는 배려는 나의 마르지 않는 힘이다.

2011년 가을
저자 삼가 쓰다

목 차

I

머리말

한국 암각화는 다양한 소재로 이루어진 상징성 깊은 유물이다. 한국 암각화에 대한 연구는 1970년 최초 발견 이후 여러 각도에서 분석되어 왔다. 그러나 암각화 유적이 신성지역이고, 암각화가 제의와 관련하여 중요한 상징물임에도 불구하고 제의성祭儀性에 대하여 그리 깊이 있는 분석결과는 나온 것 같지 않다. 따라서 이 글에서는 한국 암각화의 제의성에 관하여 논하고자 한다.

　이 연구에서 제의성이라고 하는 것은 암각화 유적에서, 암각화의 표현물을 매체로 하여 이루어진 제사祭祀 · 신앙信仰 · 주술呪術행위를 포함하는 전반적 의례儀禮의 형태나 그 성격을 말하는 것으로서, 이러한 제의적 요소가 암각화에서는 표현상으로 어떠한 영향을 끼쳤는가 하는 점을 분석하고자 한다.

　선사시대 제의의 대부분은 행위와 같은 무형의 것으로 이루어져 있다. 이것은 정신사적인 영역에 속하는 것이기 때문에, 암각화와 같이 바위에 새긴 물질적 형상을 통해서 그것을 이해하고자 하는 것은 어쩌면 지난한 일인지도 모른다. 그렇지만 이 연구가 선사시대의 의례와 그 형태가 한국 암각화에서는 어떤 양상으로 나타나는가 하는 것을 이해하고자 하기 때문에, 물질 자료로 남아 있는 암각화의 분석을 통하여 그것을 밝혀보고자 하는 연구는 일정부분 의미가 있다고 할 것이다.

　삶의 과정은 매순간 어려움에 직면해 있다. 그것은 옛날과 지금이 크게 다르지 않을 것이고, 그러한 과정에서 의례는 일상적으로 행해져 왔다. 인간은 삶의 경험에서 자연변화에 외경심을 가지고 있었다. 사계절의 순환과 같은 변화에 순응해야 생존할 수 있음을 잘 알고 있었다. 그런 생각에서 만물萬物에는 신령神靈이 깃들어 있다고 여겼으며, 이러한 자각과 인식을 바탕으로 자연계의 신에게 안전과 복락을 기원하게 되었다. 이와 같은 과정에서는 구체적인 행동을 통해 나타나는 실천적인 행위가 수행되었으니 이를 제사라고 한다.

제사와 같은 의례나 종교·신앙행위는 그 과정에서 어떤 형태가 되든지 간에 흔적을 남기게 마련이다. 의례의 흔적은 암각화라고 하는 바위에 새겨진 그림에도 어김없이 나타나 있다. 어쩌면 그 어떤 유물·유적보다도 풍부하게 반영되어 있을 것이다. 본고에서는 한국 선사암각화를 통하여 그 흔적을 분석하고, 암각화에서 표현물에 나타나 있는 제의성을 밝히고자 한다.

제사 또는 제례祭禮·제의에 대한 사전적 의미는 신령에게 음식을 바치며 기원하거나 사자死者를 추모하는 의식을 말한다. 또한 신령이나 죽은 사람의 넋에게 음식을 바쳐 정성을 나타내는 행위 의식도 제사에 포함된다. 이것은 대체로 천지신天地神이나 자연신自然神 그리고 조상신祖上神에게 희생을 바치고 복락을 기원하는 형태로 나타난다. 그런데 본고에서는 이와 같은 제사뿐만 아니라 제사에 동반되는 행위유형인 의례와 함께 초자연적인 존재의 힘을 빌리고자 하는 주술 종교적 행위, 그리고 일종의 목적제의라고 할 수 있는 기우제와 같은 형태를 포함하는 모든 암각화제의의 유형을 분석하고자 한다. 따라서 이 연구는 암각화에 반영된 제의성 전반에 대한 연구로 규정된다. 하지만 연구의 궁극적 목적은 어디까지나 암각화에 대한 보다 깊은 성찰에 있다.

암각화에 있어서의 제의성이란 생활제의나 분묘제의, 종교제의와는 차이가 있다. 크게 보아서 종교제의에 속한다고 할 수 있으나, 선사시대의 종교가 어떠한 형태였는지 알 수 없는 현실에서 다양하게 드러나는 암각화의 의례적 흔적을 종교와 관련한 제의로 한정짓기 어렵다. 이러한 특성으로 해서 암각화 제의를 별도로 분류하여 논의되기도 한다(권오영 2006: 52, 복천박물관: 2006, 이상길 2000: 126~168). 그렇지만 암각화에서 제의는 이를 어떻게 보느냐 하는 시각과 입지적 요소에 따라 생활제의나 종교·신앙제의는 물론, 분묘제의와 같은 모든 요소를 포함하고 있다고 할 것이다.

한국 선사암각화는 1970년 12월 울산 천전리 암각화에 대한 발견 이후 약 40

여 년간 지속적으로 연구·조사되었다. 암각화가 가지고 있는 선사시대의 문화양상과 상징체계, 그리고 암각화의 조형적 측면과 같은 많은 부분이 그 과정에서 밝혀졌다. 한반도에서 수적으로 몇몇에 불과하던 암각화도 이제 괄목할 만한 수준의 양적 발견이 이루어졌다. 현재에도 발견이 계속되고 있어서 과거에 비하면 많은 자료가 추가되고 있다.

선사시대 문화의 종합적 체계를 갖추고 있다고 판단되는 암각화에 대하여, 그간 정밀한 문화 복원은 그 한계가 지적되어 왔다. 암각화연구가 상징체계나 조형적 측면에 대한 연구에 치우쳐 있었다는 반성과 함께, 암각화연구를 뒷받침해줄 유적 이외의 고고학 자료의 절대적 빈곤은 암각화를 다른 유물·유적과도 별개로 취급해 온 풍토와 무관하지 않으며, 이러한 풍토는 결국 연구결과의 정밀성에 대하여 그다지 높지 않은 신뢰도를 갖게 하였다. 이와 같은 현실에서 오늘날 암각화라고 하는 문화요소에 대한 연구는 보다 새로운 방법의 접근과 시각視覺을 요구한다. 그것은 근간에 이루어진 암각화에 대한 조사 자료가 계기가 되어, 그 동안 정교하지 못했던 분석결과에 대한 비판적 접근에서 기인한다.

그간의 연구성과를 보면, 대체로 표현물의 형태분석을 통하여 암각화의 조형이나 상징성에 대한 연구가 진행되고 있었다고 보인다. 신앙이나 사상적 측면의 연구가 없었던 것은 아니다. 하지만 선택된 몇몇의 특정표현물을 중심으로 하여 전반적 성격을 이해하고자 하였으며, 이 또한 몇몇 표현물에 대한 분석에 있어서는 돋보이는 성과를 남긴 것도 적지 않다. 그러나 한국 암각화 전 유적에서 발견되는 제의성이나 혹은 그것이 문화적 변화단계에서는 어떻게 달라져 왔는가 하는 것에 대한 연구결과는 전혀 찾아볼 수 없었다. 암각화에 대한 종합적 상징체계를 이해하고자 할 때, 표현물에 반영된 제의적 요소의 흐름이나 변천과 같은 연구가 없이는 전반적 상징체계는 물론, 한국에서 암각화시대의 문화양상에 대한 개괄적 이해조차 쉽지 않을 것이다.

유적에 대한 발견이 있고 난 후, 1984년에는 울산 대곡리 반구대암각화와 천전리 암각화에 대한 보고서(황수영·문명대 1984)가 발간되었다. 그 후 최근에 와서 두세 차례에 걸쳐 두 유적은 재조사되기도 하고, 그 결과가 보고서로 발간된 바도 있다(국민대박물관 2005, 울산대박물관 2000, 한국선사미술연구소 2002). 여기서 나온 결과물은 그간 많은 연구자들이 말한 형태분석을 통한 상징성이나 조형적 측면, 그리고 암각화에 반영된 제의표현과 같은 여러 부분의 연구성과에 관하여 전반적인 재검토를 요구하게 하였다. 이러한 몇몇의 재조사 현장에 참여하였던 필자의 입장에서 이 연구는 그 동안의 형태분석의 결과에 대하여 비판적인 자세로 접근할 수밖에 없다.

한국 암각화의 표현에서 제의성을 보다 정교하게 밝히기 위하여 본고에서는 일차적으로 암각화유적의 제의적 요소에 대한 전반적인 양상을 살펴보기로 한다. 예컨대 울산 반구대암각화의 경우 대략 다섯 시기에 걸쳐서 암각화 제작이 이루어진 것으로 이해하고 있으며, 천전리 암각화는 4개의 제작시기를 갖고 있다. 그리고 구조적 형상으로 조사된 소위 검파형암각화라고 하는 칠포리형 암각화는 가장 초기형태로 보이는 포항 칠포리, 경주 석장동에서부터 남원 대곡리까지 분포하는 전 암각화유적이 이미 분포지역에 따른 시차를 갖고 있기 때문에, 이러한 양상을 유적별로 구분되는 제작층으로 보고 여기에 접근하고자 한다.

제작시기별로 암각화의 제작과정에 투영된 상징성에는 차이가 있을 수밖에 없다. 거기에 반영된 제의적 성격 역시 각 시기에 따라 그 차이는 분명히 나타나 있을 것이다. 따라서 이 연구는 이러한 제작층 속에서 발견되는 제의적 요소를 분석하고, 그리고 각 유적별 시공간의 범위 안에서 영속성을 갖고 달라져 갔을 것으로 보이는 암각화 속의 제의성을 밝혀 보고자 한다. 이상과 같은 배경 아래에서 이 연구의 목표와 범위·방법, 그리고 그 내용은 다음과 같다.

1_연구 목표

    이 연구를 진행하기 위하여 먼저 암각화유적별로 조사된 표현물의 제작층위를 분석하고자 한다. 아울러 각 표현물에 대한 형태분석을 통하여 거기에 반영된 제의적 요소를 찾고자 한다. 이러한 작업은 층위별로 구별되는 제작시기별 특성과 함께, 한국 암각화에 반영된 제의표현의 시기별 변천양상, 즉 암각화제의의 성격이나 형태가 시간적 흐름 속에서 어떻게 달라져갔는가 하는 것을 밝히고자 하는 연구를 구체화하는 작업이다. 나아가서 한국 암각화의 전 유적에서 발견되는 제의성의 공통분모를 모색하고, 이를 인접지역과 비교함으로써 북아시아 속에서 한국 암각화가 지닌 특성을 찾고자 한다.

    결국 이 연구는 제사의례나 주술의례 같은 여러 의례 형태가 한국 선사시대 암각화에서 표현상 어떻게 나타나고 있는가 하는 점을 구명하고자 하는 것이다.

    최근 들어서 한반도 암각화자료는 새롭게 추가되고 있다. 기존의 암각화와 더불어 새로 조사된 암각화에 대하여, 거기에 반영된 제의표현의 형태와 성격도 구명되어야 한다. 또한 이러한 암각화표현에 반영된 제의성이 울산 반구대나 천전리 암각화, 그리고 한반도 남부지방에서 조사되는 칠포리형 암각화에서는 어떻게 나타나는가 하는 측면과 비교하여 암각화제의가 보편적 현상에서는 어떤 양상을 보여주는가 하는 점에도 집중해보고자 한다.

2_범위 · 방법 · 내용

한국 암각화의 제의성을 밝히기 위한 연구의 시간적 · 공간적 범위는 한국 선사시대 암각화를 그 대상으로 한다. 그러나 그 속에는 안동 수곡리와 같이 시기적으로 애매한 점이 있는 유적도 그 범위 안에 포함하고자 한다. 수곡리와 같은 유적도 다른 암각화유적에 못지 않은 제의적 요소를 잘 함축하고 있고, 시간적으로 차이가 있다 할지라도 그 현상이 다른 유적을 이해하는 데 좋은 비교자료가 될 수 있기 때문이다.

한국의 암각화는 발견 이후, 지속적 연구 활동으로 많은 것이 밝혀져 왔다. 수적으로 날로 증가추세에 있다. 대곡리 반구대암각화와 천전리 암각화, 그리고 고령 양전동 암각화로 구성된 한국의 암각화는 1980년대 말엽에서부터 1990년대 초반을 기점으로 또 다른 자료를 얻게 되었다. 최근에 와서는 고인돌이나 입석에 대한 발굴에 힘입어 새로운 자료들이 많이 알려지고 있는 추세이다(표 1. 한국 암각화의 조사와 현상).

이와 같은 자료를 바탕으로 이 연구를 진행하고자 하며, 필요시 참고자료로서 한반도 인근지역은 물론 북아시아의 암각화자료도 원용할 수 있을 것이다. 예를 들면 몽골의 이흐 탱게르, 이흐 드를지 유적의 제의 구조물이나 레나강변의 쉬쉬키노 암각화유적의 제의구조물과 같은 것을 적극 참고하고자 한다. 이러한 유적은 시기에 따라 지속적으로 그 구조의 변형이 이루어져 온 것이다.

더욱이 알타이의 여러 암각화유적에서 제단을 구성하는 암각화는 그 내용이 이미 구조적 형상으로 규정되어 있다는 사실이 필자의 조사과정에서 밝혀진 것도 있다. 이와 같은 북아시아에 대한 조사결과, 이 부분에는 많은 자료가

[표 1] 한국 암각화의 조사와 현상

	조사지역	발견시기/발견자 · 기관	내 용	비 고
1	남해 양아리	1860/오경석	기호	자연바위
2	울산 천전리	1970/문명대(동국대박물관)	동물, 기하학문, 세선각	자연바위
3	고령 양전동	1971/이은창(영남대박물관)	동심원, 바위구멍과 동반된 검파형	자연바위
4	울산 대곡리	1971/문명대 · 이융조 · 김정배	동물과 사람, 배	자연바위
5	포항 인비리	1984/경주박물관	석검, 석촉	고인돌
6	영주 가흥동	1989/박홍국	바위구멍과 동반된 검파형	자연바위
7	포항 칠포리	1989~1994/이하우 (고문화연구회)	석검, 성기, 동물발자국, 검파형과 동반된 윷판형. 4개 지점	자연바위
8	여수 오림동	1989/전남대박물관	석검, 사람 및 기타	고인돌
9	함안 도항리	1991/국립창원문화재연구소	동심원, 바위구멍	고인돌
10	남원 대곡리	1991/김광 · 장명수	검파형. 2개 지점 (좌측그림 A, 우측그림 B)	자연바위
11	안동 수곡리	1991/이진구 · 김영식	말굽형, 새, 윷판형, 사람 발자국, 수조와 바위구멍 등	자연바위
12	영천 보성리	1993/송화섭	검파형과 동반된 바위구멍	추정고인돌
13	고령 안화리	1993/고령군, 1994/최광식	검파형, 동심원	자연바위
14	고령 지산리	1994~1995/ 영남매장문화재연구원	검파형(부분). 교합그림	석곽묘 뚜껑돌
15	경주 석장동	1994/동국대고고미술사학과	여성성기형, 사람발자국, 동물발자국과 동반된 검파형	자연바위
16	경주 안심리	1995/송재중(신라문화동인회)	검파형과 동반된 바위구멍	자연바위
17	부산 복천동	1995/부산시립박물관	회오리문양, 배, 겹동그라미	석곽묘 하단석
18	사천 본촌리	1995/경상대박물관	석검형	숫돌
19	대구 진천동	2000/경북대박물관	동심원, 나선문, 바위구멍	입석
20	밀양 활성동	2002/경남발전연구원 역사문화센터	석검형, 성기형	고인돌
21	포항 석리	2002/이하우	인면형, 바위구멍	자연바위
22	북한 무산 지초리	2004/서국태(조선고고연구)	회오리문, 동심원, 이중마름모꼴 문양	자연바위
23	포항 대련리	2006/배용일(동대해문화연구소)	사람표현물	석곽묘 뚜껑돌
24	밀양 안인리	2007/경남발전연구원	동심원, 여성성기형, 사람형상	고인돌과 적석유구
25	대구 천내리	2007/이하우	동심원	고인돌
26	고령 봉평리	2008/대가야 박물관	동그라미, 톱니형기하문, 동모 또는 동검 형	자연바위
27	나주 운곡동	2009/마한문화연구원	배, 집형태의 선각 암각화	자연바위
28	의령 마쌍리	2010/경남발전연구원	석검형암각화	숫돌

축적되어 있으며, 이러한 것은 한국 선사암각화의 제의성을 밝히고자 하는 연구에 적극 활용되어야 한다.

한국 암각화의 제의표현에 대한 연구방법과 내용은 기존에 알려진 암각화 자료를 바탕으로 해서 그 제작시기를 찾고자 한다. 이와 함께 암각화가 갖고 있는 기능의 상실, 즉 폐기의 시점을 밝힘과 동시에 그 문화적 배경에 대해서도 진지한 논의가 있어야 할 것이다.

제작시기의 연구와 여기에 따르는 제의적 표현의 성격은, 구별되는 시기별 특성과 함께 전체 암각화를 관통하는 공통분모의 정교한 모색을 가능하게 할 것으로 기대된다. 따라서 이 연구는 결국 암각화에 반영된 제의표현의 형태를 바탕으로 하여 그 성격은 물론, 이것이 어떻게 달라져갔는가 하는 시기별 변천 양상에 대한 대답을 구하고자 하는 것이다.

변화상의 결과를 도출하기 위한 방법으로는 구상具象암각화인가 아니면 기하문幾何文암각화인가 하는 표현물별 구분에 따라, 그리고 규정된 시기별 유적에 따라, 또한 자연암석인가 아니면 고인돌이나 입석과 같은 인공적 변동에 의한 것인가 하는 입지조건별 구분에 따라 시의적절하게 연구되어야 할 것이다.

암각화의 입지조건과 같은 환경적 측면 역시 중요하게 다루어야 할 부분이다. 표 1과 같이 조사된 암각화는 그 내용상에서도 차이도 있지만, 그것이 제작된 환경조건도 서로 다르다. 자연바위의 경우 제한되는 위치와 공간이라는 측면이 강하게 부각되고, 입석이나 고인돌과 같은 경우는 표현물에 따른 방위라든가 위치와 같은 공간설정이 비교적 자유롭게 선정될 수 있다. 이러한 차이는 제작된 표현물의 성격을 일정부분 암시할 수 있다. 적어도 고인돌이나 입석과 같은 곳의 암각화는 자연바위와는 다르게 그 위치, 방위설정 과정에 제작자의 의지가 깊숙이 반영되었다고 보는 데서 기인한다.

이러한 과정에서 자료를 수집·분석하고 그 자료에 대한 성격이해의 결과에 따라 암각화의 경우, 부족한 고고학 자료의 공백을 어느 정도 채워줄 수 있을 것이다. 그리고 무엇보다도 바위 위에 암각화라고 하는 그림으로 표현된 자료가 직접적으로 말하지 못하는 사항에 대하여, 일정부분 추론을 가능하게 해줄 것이다.

본 연구의 방법과 범위, 그리고 그 내용은 다음과 같다.

첫째, 한국 선사암각화에서 표현물에 대한 제작층위를 분석하고, 각 표현물에 대하여 보다 정교한 형태분석을 수행하고자 한다. 여기에 따라서 유적의 제작층별 구성 표현물이 말하는 제의적 요소를 찾고 그 성격을 밝히고자 한다.

둘째, 층위별로 나타나는 제의요소는 한국 선사암각화 전반에서 유적별, 그리고 시기별로 크고 작은 차이를 보여줄 것이다. 따라서 그 차이와 변천양상을 밝히고자 한다.

셋째, 각 층위별·유적별로 발견되는 제의표현의 특성에 대하여 이를 고찰하고자 한다. 이것은 궁극적으로 북아시아라는 큰 틀 속에서 한국 선사암각화의 공간적 특성을 말해줄 수 있을 것으로 생각된다. 또한 이 과정에서 그간 연구 분석된 한반도 주변의 암각화자료를 적극적으로 활용하여 보다 정교한 비교가 이루어질 수 있도록 한다.

한국 암각화가 갖고 있는 선사시대의 조형적 측면이나 상징체계와 같은 것은 그간 연구자들의 노력에 의하여 상당부분이 밝혀졌다. 같은 시점에서 이 연구는 한국의 선사시대의 문화를 복원해내는 데 있어서 신앙과 상징체계, 그리고 암각화에서 시간적으로 달라져가는 표현상의 흐름을 보다 일목요연하게 드러내줄 수 있을 것으로 기대된다. 또한 선사시대의 신앙관과 거기에 따르는 다양한 암각화의례의 양상과 변화에 대한 이해는 물론, 보다 큰 의미의 그시대의 문화현상을 밝히는 데 있어서 하나의 작은 실마리 역할을 할 수 있을 것이다. 아울러 북아시아라는 큰 틀의 문화사적 현상에서 한국 선사암각화의 위치를 확인할 수 있을 것이다.

II

연구성과에 대한 검토

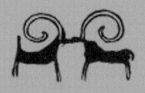

한국 암각화에 있어서 제의에 관한 연구는 그렇게 진지하게 논의되어 왔던 것은 아니다. 대다수의 연구자들은 암각화에서 발견되는 신앙문제와 함께 제사의례나 민속의례와 같은 의례와 관련된 사항, 그리고 생식과 신앙적 사유체계의 반영과 같은 사항에 우선적으로 관심을 기울여 왔던 것으로 보인다. 이러한 연구의 중심축에는 울산 천전리 암각화, 대곡리 반구대암각화, 그리고 영남의 여러 지역에서 조사된 칠포리형 암각화가 있다.

　그간 천전리나 반구대암각화의 성격을 알기 위하여 특정표현물에 대한 형태분석을 바탕으로 그것의 위치, 구성 상태, 밀집도와 같은 사항이 중점적으로 분석되어 왔는데, 그 대체적인 내용은 제의집전을 행하는 샤먼과 관련한 연구나 동물무리의 방향성과 생태적 현상과 관련해서 본 연구, 그리고 수렵과 관련하여 재생이나 회귀를 염원한다고 하는 사람의 의식과 관련된 연구 등으로 나타났다. 이러한 연구의 경향은 우선 한국 암각화와 같이 유적 자체를 제외한 고고학 자료가 절대적으로 부족한 경우, 달리 접근할 여지도 없어 보인다. 하지만 연구의 기초자료가 되는 표현물에 대한 그간의 형태분석 결과를 봤을 때, 필자의 입장에서 결코 동의하기 어려운 내용을 바탕으로 연구가 진행되지는 않았는가 하는 생각을 떨칠 수가 없다.

　많은 분석에서 그런 점이 보이지만, 예를 들어 그 중에서 대표적인 것은 반구대암각화 상단에 서 있는 사람과 같은 표현물에 대한 형태분석이다. 그 내용을 보면 이것은 '발가벗고 손을 들고 춤을 추는 나체인(문명대 1973: 35)'이라고 하든가, 또는 '이 사람은 사냥꾼의 대표자적 존재로서 수렵 신으로서 등장하며, 성기를 노출하는 것은 수렵의례와 직결되고, 성기가 지니는 의미는 다산과 풍요, 그리고 그 위력으로서 성공적 사냥을 기원하는 것'이라고 하여 이 표현물을 '신앙대상으로서의 신상(김원룡 1980: 22)'이라고 하였다. 그 이후 대부분의 연구자는 여기에 암묵적으로 동의하면서 이를 '남근을 세운 채 의식 춤을 추는 샤먼이 제의를 집전하고 있다'고 하거나(황수영·문명대 1984: 236 ; 임세권 1984: 522), '남근의 상징성, 즉 풍요를 나타내는 성기숭배'와 같은 것(정동찬 1988: 393)이라고 주저 없이 말하고 있다. 반구대암각화 상단에 서 있는 인물을 '성기를 세우고 춤을 추며 제의를 집전하는 샤먼'이라고 하는 견해는 국립경주박물관의 유물설명문에서 그대로 인용되고 있어서 통설로 인정되고 있는 모양이다.

한편 천전리와 같은 곳도 유적 좌측의 호랑이나 사슴과 같은 동물의 두부에 인면이 덧새겨진 현상을 '짐승 가죽을 둘러쓴 샤먼 또는 주술사, 사냥꾼'이라고 보기도 한다(정동찬 1996: 220~221). 이러한 분석은 암각화 형태를 분석하는 데 있어서, 표현물의 현상이 들려주는 바가 분명함에도 불구하고 피상적으로 보았던 것이라고 하겠다. 이런 것은 반구대나 천전리 암각화와 같은 구상암각화에서 특히 심하게 나타난다.

그릇된 형태분석은 암각화의 성격 전체를 호도할 우려가 크다. 그런 만큼 형태에 대한 정교한 분석이 선행되지 못한다면 연구결과조차 신뢰를 얻기 어렵지 않을까 생각하면서, 필자는 그간의 형태분석에 대하여 비판적으로 접근하고자 한다. 제의적 요소를 찾아내는 그 일차적 작업도 당연히 표현물에 대한 보다 정확한 형태분석에서부터 시작되어야 한다.

제의표현의 성격, 형태적 측면과 관련한 연구성과를 현재까지 이루어진 유적의 조사와 발견에 따른 순서에 따라 검토해보기로 하자.

1_천전리 암각화

울산 천전리 암각화를 제의적 측면에서 언급한 연구성과는 거의 없다. 그러나 한국 암각화를 말하는 가운데 천전리 암각화의 신앙의례와 같은 부분에 관하여, 해당 연구자의 생각을 밝힌 정도의 성과는 여럿 꼽을 수 있다.

천전리 암각화에 대한 초기 연구자로 문명대(1973)와 황용훈(1977, 1987), 황수영·문명대(1984)가 있고, 1990년대에 들어와서 비로소 이를 분석한 연구자도 있다(송화섭 1996; 이상길 2000; 임세권 1994, 1999; 장명수 1997b, 2000, 2001; 정동찬 1996; 조철수 2000).

활발하게 논의되어 온 다른 유형의 암각화에 비하면, 천전리 암각화는 비교적 느슨한 분위기에서 그것이 진행되어 온 것으로 보인다. 그 이유는 천전리 암각화가 구상암각화와 기하문암각화로 구성된 까닭에, 동물과 같은 구상암각화는 반구대암각화가 연구의 중심이 되었으며, 기하문암각화와 같은 것은 1980년대 말엽부터 조사되기 시작한 칠포리형 암각화가 중심이 되면서 거기서 비켜나 있었던 것으로 보인다.

천전리의 동물표현에 대한 견해를 살펴보면, 천전리에 나타나는 동물이 대부분 짝을 지어 나타나는 양상이고, 이것은 사냥물의 번식과 풍요를 빌기 위하여 제작된 것으로 보는 것은 통념적으로 이해되는 부분이다. 그러나 기하문암각화에 대한 견해는 다양하게 나타나고 있는데, 초기의 연구는 천전리의 기하문 역시 그간 흔하게 발견되는 바위구멍과 같은 것으로 보아, 바위구멍과 같은 측면에서 풍요를 기원하는 신앙행위의 결과로 보았다. 따라서 기하문과 같은 것이 제작된 것도 그러한 주술행위를 반복하는 데서 나온 단순 반복적인 움직임에 의해 우연히 형상을 띠게 된 결과로 보고자 하였다(황용훈 1977: 113; 1987: 231). 또한 이와 같은 기하문암각화에 대하여 그 문양을 신석기시대의 토기문양이나 회문자繪文字의 전단계로 보고자 하는 시각도 있었다(황수영·문명대 1984: 189).

그러나 1990년대 이후에 나온 천전리에 대한 연구성과는 대체로 암각화뿐만 아니라 그 환경적 측면에도 관심을 기울이기 시작하였는데, 유적의 환경요인과 함께 표현물을 살펴보고자 한 것은 이 시기의 두드러진 현상의 하나이다.

천전리처럼 산줄기가 끝이 나는 그 앞으로 물이 감돌아 흐르는 환경은 제의가 거행될 수 있는 좋은 장소이다. 이와 같은 장소를 통하여 인간은 신과 교섭할 수 있다고 하는데, 이러한 장소 자체는 이미 신이 강림하는 곳으로서의 의미가 있기 때문에 여기서는 생산의 풍요와 관련된 제의를 행하였으며, 이를 통하여 암각화가 새겨질 수 있었다고 보았다. 또한 선사인들은 그들이 살아가는 환경적 측면에 많은 관심을 기울이고 있었는데, 그들의 제의가 생명이나 삶과 관련하여 신성성을 가지고 있다면 암각화 역시 생명을 만들어 내는 성적 표현물과 연관될 것이라고 보기도 하였다(임세권 1994, 1999; 송화섭 1996).

천전리에 나타나는 와형이나 마름모꼴 기하문의 형상은 상징주의적 기하학문양으로서, 이것은 종족의 보존과 풍요의 원천으로서 여성의 성을 상징한다고 보는 것은 대다수의 연구자들의 일관된 견해로 나타나는 것 같다(임세권 1994: 155~164, 1999: 82; 송화섭 1996: 282~283; 박영희 2005: 84; 이상길 2000: 145). 그것은 여성의 생식능력이 농경의 풍요와 번식을 상징하는 주술 종교적 의미로 이어진다고 보는 데서 나온 것이다. 이 점에 대해서는 필자도 일정부분 그 의견을 같이하고 있다.

그러나 이와 같은 연구자들의 생각과는 다르게 접근하고자 하는 연구자도 있다(정동찬 1996; 장명수 1997b, 2000, 2001; 조철수 2000). 그 중에는 마름모꼴문양이 생활 주변의 지역적 특성, 지세와 같은 마을의 생김새를 나타낸 도형이고 동심원, 물결무늬와 같은 것은 물과 비를 상징하는 것으로서 기우제와 관련한 것으로 보아서, 동심원이 태양이라는 통설과는 다른 해석을 하기도 한다(정동찬 1996). 또한 천전리 기하문암각화가 기원언어를 담은 문자적 의미가 있고, 이것은 이미 고도의 신앙전통으로 수립되어 간 것으로 여겨진다고 하여, 이 단계에서는 종교적 관념이 진보되어 있어서 원시적 주술성은 어느 정도 탈피된 것으로 보는 연구자도 있다(장명수 1997b: 361). 이러한 견해는 다른 연구자들이 각 문양의 상징성을 성 신앙적인 것으로 해석을 내리고 있는 데 비하면 매우 독특한 관점에서 나온 연구성과이다.

신화학적 입장에서 천전리 암각화를 보고자 하는 연구자도 있다. 천전리 암각화와 고대 근동의 신화를 비교하여 이해하고자 한 조철수(2000: 63~73)는 고대 근동의 상징체계를 천전리 기하문에 비견하여, 이를 농경문화라는 관점에서 기하문암각화는 고대 상징문자의 보편성과 그 맥락을 같이 한다고 보았으며, 나아가서 그는 한국의 고대신화와 길가메시의 서사시가 닮은 점에 착안하여, 천전리 암각화 역시 신화적 배경을 바탕으로 표현된 것이라는 견해를 밝히기도 하였다.

한국 최초로 발견된 천전리 암각화에 대한 제의 또는 신앙양상에 대한 연구는 이상과 같은 몇 개의 견해에 불과하다. 이를 전반적으로 살펴보면, 먼저 천전리는 다수의 제작시기를 갖고 있는 암각화유적으로서, 초기에는 동물암각화가 제작되었는데, 동물표현은 동물의 번식과 풍요를 빌기 위한 목적에서 이루어진 것으로 보았다.

그러나 이 역시 심도 있는 분석은 이루어지지 못했는데, 물론 거기에는 그 다음단계에 나타나는 기하문암각화가 보다 큰 존재성을 갖고 있고, 또한 동물표현에 대한 분석에서 반구대암각화가 이미 그 중심에 있었기 때문인 것으로 보인다. 그리고 연구자들의 시선이 역사시대의 명문이나 세선각에 집중된 탓도 없지는 않을 것이다.

기하문암각화가 나타나는 단계에서는 기하문으로 표현된 여러 형상이 농경문화와 관련된 것으로 이해하고자 하는 시각이 폭넓게 형성되어 있다.

역사시대에 들어와서는 5~6세기 이 시대 북아시아를 관통하는 유행적인 양식으로 세선각암각화와 명문이 새겨졌다. 그러나 이 부분은 본고에서 규정한 연구범위를 벗어나는 것이기 때문에 더 이상의 논의는 피하기로 한다.

2_대곡리 반구대암각화

　　울산 대곡리 반구대암각화는 1973년의 '울산의 선사시대 암벽각화(문명대 1973: 33~40)' 라는 첫 연구논문 이래 많은 수의 논문이 발표된 바 있다. 그간 여러 편의 논문에서 대동소이하게 발견되는 사항은 특정 표현물의 분석을 통하여 제의성을 이해하고자 한다는 것이며, 또한 이를 통하여 전반적인 성격이 규정되고 있는 것으로 보인다.

　　반구대암각화의 제의표현과 관련하여 특정 표현물에 대한 분석은 주로 가장 상단에 있는 사람의 형태분석을 통하여 수행되고 있다. 이와 함께 좌측 하단의 사지 벌린 여성표현물과 몇 점의 동물도 같은 측면에서 논의되고 있다.

　　앞에서 간단하게 언급된 바와 같이, 상단의 사람에 대하여 이를 '발가벗고 손을 올리고 춤을 추는 나체인' 이라고 하는 것은 많은 연구자들이 여기에 동의를 표하면서 수차례 언급되어 왔다. 이것은 최초 보고단계에서 이와 같이 규정되면서 대다수 연구자가 공감하는 제의적 표현으로 받아들여진 것으로 보인다. 그간 논의된 내용은 최초에 명명된 사항을 바탕으로 점차 확대 재생산되고 있는데(김원룡 1980: 22 ; 황수영·문명대 1984: 236 ; 정동찬 1988: 393 ; 임세권 1984: 522, 1994: 33), 따라서 이와 같은 생각은 암각화를 바라보는 일반화된 시각으로 굳어져서 이후 통설로 받아들여 지고 있다. 이러한 시각은 우선 이 표현물이 유적에서 가장 상단에 있음으로 하여 일반적인 구성과는 다른 위치에 있고, 다른 동물표현에 비하여 존재감이 뚜렷하여 여기에 특별한 인식이 깃들어 있다고 보았던 것에서 나온 것이 아닐까 한다.

　　뿐만이 아니라, 반구대암각화의 표현물에 대한 해석은 최초 보고자(황수영·

문명대 1984: 246)의 견해를 달리 볼 여지가 있음에도 불구하고, 그 후로 이어지는 연구에서 전혀 수정되지 못한 채, 재차 부각되면서 재생산되는 것으로 나타난다. 예를 들어 입문식入門式과 관련된다는 암각화유적에 대한 고찰이 또 다른 연구자에 의해, 다음세대인 어린아이들에게 집단적인 고래의례를 통하여 일종의 교육의 장으로 활용되었을 것이라고 확대 해석되기도 하였다. 이후의 연구에 초기 연구자의 견해가 반영되고 있다는 것은 어쩌면 자연스럽다고 할 수 있다. 그러나 나중의 연구가 보다 의미가 있기 위해서는 이전의 연구와는 다른 시각에서 접근해야 할 필요가 있다는 것이다.

반구대암각화를 민속학적 입장에서 보고자 한 연구도 있다. 민속학의 바탕에서 유적을 이해하고자 하는 시각은 고래무리에 대한 분석에서 두드러진다. 이러한 측면의 연구성과(정동찬 1988: 393~400)를 살펴보면, 고래는 여성을 상징하는 것으로서 고래의 풍부한 번식력을 사람의 생산력과 관련지어 나타낸 것으로 판단하고, 극동아시아 민속자료를 바탕으로 고래표현물을 이해하고자 하였다. 그리고 반구대암각화에 나타나는 대부분의 동물이 등장하는 시기에 주목해야 한다고 하여, 여기에 나타나는 동물은 식용수로서의 표현이 아니라 계절에 동반되는 의례라는 측면에서 봐야 할 것이라고 하는데(임장혁 1991: 171~195), 임장혁은 암각화로 나타난 표현물이 실질적 용도이기보다는 종교적 의미를 띠고 있기 때문에, 반구대암각화에 나타난 여러 척의 배와 같은 것도 의례용으로 보아야 한다는 견해를 밝히고 있다.

시베리아의 예에 비추어 반구대암각화를 보고자 하는 임장혁에 의하면, 반구대암각화의 표현물은 1년 동안의 수렵에서 희생된 동물의 재생을 기원하며, 동시에 새해의 풍요를 기원하고자 제작된 것이라고 한다. 이러한 연구성과는 반구대암각화 주인공들의 사회와 그들의 의식세계에 접근하고자 하는 민속학적인 관점의 시각이다.

반구대암각화에 대한 논의는 1990년대에 들어서면서 보다 세분화되어가는 경향을 보인다. 이러한 현상은 이 시기에 새롭게 발견되면서 주목되기 시작하는 양전동 암각화와 같은, 소위 방형 기하문이라고 하는 칠포리형 암각화의 발견에 힘입은 바 크다.

이때의 연구경향은 당시 사람들의 생활복원에 관심을 기울이는 데서 뚜렷한 차이를 보이지만, 그럼에도 불구하고 제의적 측면을 밝혀보고자 하는 연구는 그다지 찾아볼 수가 없다.

1990년대 암각화 연구의 중심축이 칠포리형 암각화가 되는 과정에서 반구대암각화에 대한 연구도 동반해서 수행되어 왔다. 이때의 연구는 아무래도 그 이전에 비하면 전반적으로 정교해진 것으로 보인다. 이전의 연구가 암각화의 성격이나 상징에 집중되었다고 한다면, 이 시기의 연구는 한층 세분화되어, 그간에 비해 진일보한 성과를 보여준다고 말할 수 있다. 그 중에는 반구대암각화의 신앙양상에 관한 연구도 찾아볼 수 있다.

반구대암각화의 표현물을 어렵암각화漁獵岩刻畵와 벽사신앙암각화辟邪信仰岩刻畵로 분류한 연구자로 장명수(2000: 15~17; 2001: 112~113, 133~138, 149~151)가 있다. 장명수는 어렵암각화를 배를 타고 고래를 잡거나 짐승무리를 좇아 사냥하는 모습, 그리고 어렵에 관련된 주술의례를 베푸는 모습이라고 보았는데, 벽사신앙과 관련된 표현물로는 반구대암각화에 나타나는 두 점의 탈과 함께 몇 점의 선각표현물을 사냥그물·덫·울타리로 분석하고, 이러한 것이 등장하는 것은 사냥기술의 진보를 보여주는 것이라고 하였다. 또한 여기서 발견되는 신앙적 상징을 벽사신앙이라고 규정하였다. 그러나 장명수가 말하고 있는 몇몇 표현물의 형상을 볼 때, 최근의 연구결과 울타리라고 이해되어 온 것이 사실은 울타리가 아니고 배와 같은 표현물이라는 견해(이하우 2004b, 2007b: 49~51; 장석호 2007: 131~163)가 제기된 적이 있는데, 이와 같은 새로운 형태분석이 요구되는 시점에서 같은 표현물도 어떻게 인지하는가에 따라 전혀 다른 해석을 내릴 수 있다는 점을 확인하게 한다.

장명수에 따르면 반구대암각화는 제1기 청동기시대 암각화에 속하는 것으로서, 어렵암각화의 경우 전기의 신앙양상은 성신앙의 생식주술로서 사냥감의 번식과 풍성한 사냥물의 획득을 기도하였으며, 후기는 맹수 등의 침해를 막고 안전한 사냥을 기원한 벽사신앙의 주술이 베풀어진 것으로 보았다. 하지만 나 팔수라든가 주술사와 같이 분석된 표현물이, 정말로 그렇게 바라볼 수 있는 것 인지는 필자 입장에서 의문이 있다. 또한 그는 표현물의 구성 상태에서 재생신 앙관을 발견하고 있는데, 고래사냥이 시작되는 봄에는 어로제의가, 육지동물 에 대한 사냥이 시작되는 가을에는 수렵제의가 연례적으로 행해진 곳이 반구 대암각화 유적이라고 하였다.

이 시기에 제의적 표현요소로서 중요한 샤면표현물이 갖고 있는 속성이 제 시되기도 하였다. 샤면표현물을 분석한 임세권(2002: 1~15)은 반구대암각화 하 단의 사지 벌린 인물을 수족과장형 인물상으로 보고, 이러한 표현물의 성격을 분명히 하고자 중국 내이멍꾸와 몽골, 미국의 수족과장형 인물상과 비교하여 반구대의 수족과장형 인물은 샤면이라는 것을 분명히 한 바 있다. 필자 역시 같은 시각에서 반구대암각화의 샤면상은 단 한 점뿐이지만, 이것이 갖고 있는 형상적 면에서 의미는 반구대암각화의 문화적 배경을 이해하는 데 있어서 매 우 중요하다는 것을 강조하고 싶다.

북아시아라는 넓은 공간에서 어렵지 않게 조사되는 표현물 중의 하나는 샤 면과 같은 것이다. 그간 필자의 조사에서도 북아시아에서 나타나는 샤면표현 의 대부분이 정면성을 띠고 있고, 사지를 벌리고 허리에는 장식 끈이 있으며, 손가락과 발가락이 묘사되는 등 많은 수족과장형의 인물상이 수집되었다. 이 러한 점을 볼 때, 한국 암각화에서 희소성이 있는 표현물의 경우보다 폭넓은 공간에서 조사된 자료와 비교로서 그 성격을 분명히 할 수 있다.

반구대암각화를 세분화하여 표현물을 제작 시기별로 분류할 수 있다고 한 필자(이하우 2004b, 2007b: 39~76)는 반구대암각화 중 일부가 중복 묘사된 것을 분 석하고, 그 상태를 살펴서 표현물의 선후 구분을 하였다. 자세한 점은 후술되 겠지만, 이에 따르면 모두 다섯 개의 층위로 구분되는 제작층을 제시할 수 있 다. 각 층별 분류에 의하면 반구대암각화 제작 초기에는 실생활에서 나온 어로

나 수렵과 관련된 것이 암각화 제작으로 이어졌으나, 나중에는 어로경제사회에서 영속적 식량공급을 바라는 주술과 회생의 신앙형태가 발견되고, 그 다음 단계에서는 수렵 경제활동과 관련하여 동물의 풍요를 위한 수렵의 금기사항이나 당대의 정신적 가치관을 나타내는 양상으로 변모해가는 모습이 발견된다고 하였다. 이처럼 반구대암각화를 세분화해서 보려는 연구는 그 후의 연구자에 의해 재차 논의되기도 하였다(김호석 2005, 장석호 2007). 여기서 김호석은 5개의 층으로 구분된 도면을 제시한 바 있지만, 논리성 있는 분류의 근거가 제시된 것도 아니고 연구 분석의 기본이라 할 형태분석이 수행된 것 같지도 않다.

반구대암각화에 대한 학술조사는 조사보고서 이후 그간 두 차례에 걸쳐 수행된 바 있다(울산대학교박물관 2000, 한국선사미술연구소 2000). 이 과정에서 새로운 표현물의 추가적 발견은 물론, 암각화표현물의 채록에서 진일보한 방법이 제기된 의미 있는 조사였다고 생각된다.

다음은 1990년대에 와서 암각화연구에서 제2기(송화섭 1999: 90~91)로 분류되는 시기의 연구중심인 칠포리형 암각화의 연구성과를 검토하기로 하자. 송화섭에 따르면 한국 암각화연구의 제1기는 울산 반구대암각화와 천전리 암각화가 그 중심에 있던 시기이고, 제2기는 1989년부터 조사되기 시작한 칠포리형 암각화가 한반도 남부지방에서 가히 폭발적으로 발견·조사되는 시기로서, 칠포리형 암각화 유형이 연구의 중심이 되는 가운데 반구대나 천전리 암각화에 대한 연구도 병행되던 시기라고 규정하였다.

3_칠포리형 암각화

칠포리형 암각화란 1980년대 말엽부터 경상북도를 중심으로 해서 일률적으로 발견되기 시작한 동일한 구조를 갖춘 암각화를 말한다.

칠포리형 암각화에 대해서는 그 명칭과 같은 부분에서 이미 문제점을 안고 있는데, 이러한 암각화의 시원문제, 즉 형상에 대한 발상이 어디에서 시작되었는가 하는 데 따라서 달리 불리기도 하고, 이것이 과연 무엇을 나타낸 것인가 하는 형태에 대한 인식에 따라서도 서로 다른 명칭이 다양하게 사용되고 있다.

선후 문제에 따른 명칭은 다음과 같다. 고령 양전동 암각화를 초기형으로 보는 사람은 이를 양전동형 암각화라고 하고 있으며(임세권 1994, 2000; 장명수 1995, 2001), 칠포리 암각화가 앞선 단계라고 보는 연구자는 이를 칠포리형(송화섭 1994; 이하우 1994)이라고 불러서 구별하고 있다.

형태인식이나 성격과 관련해서 나온 명칭은 인면人面암각화(이은창 1971; 임세권 1994; 정동찬 1996), 방패형防牌形암각화(장명수 1992), 검파형劍把形 암각화(송화섭 1994; 이하우 1994) 패형牌形암각화(이상길 1995) 신체문神體文암각화(신대곤 1998) 등이 그것이다. 서로 차이가 있는 이러한 명칭은 연구자마다 형상을 어떻게 인식하고 있는가 하는 데서 비롯된 것으로서, 동일한 형태를 말하는 데 있어 비록 혼란이 있기도 하지만, 이 점은 연구자 자신의 암각화에 대한 성격규정과도 밀접하게 관련되기 때문에 쉽게 조정되기는 어려울 것이다. 후에 다시 논의되겠지만, 칠포리형 암각화의 형상에 대한 발상에 석검의 형태변화가 밀접하게 관련되어 있다고 보는 필자는, 기계 인비리와 칠포리에서 직접적 관계가 있는 석검형암각화가 조사되기 때문에, 칠포리 암각화를 초기형에 놓고 이를 칠포리형 암각화로 부르는 것이 합당하다고 본다. 따라서 같은 구조적 형태의 암각화를 넓은 의미에서 전반적 명칭으로는 칠포리형 암각화로 부르고자 한다. 개별 유적에 대한 호칭은 행정구역상의 리里 · 동洞의 명칭을 따와서 부르는 것이 합당할 것이다. 그리고 형상적인 측면에서는 그 성립배경에 대한 견해에 따라 검파형암각화로 부르기로 하겠다. 여기에 대해서는 형태에 대한 분석과정에서 그 성격을 보다 분명히 할 수 있을 것이다.

시각이 서로 다른 연구자가 전혀 없진 않지만, 칠포리형 암각화가 신상神像 암각화라는 점에는 대부분이 인정하고 있다. 여기서는 신상이라는 관점에서 암각화에 반영된 제의성에 대한 견해를 살펴보기로 하자.

칠포리형 암각화에 대한 초기의 연구자는 이은창(1971)과 김원룡(1973)이 있다. 두 연구자의 견해는 크게 차이가 있는데, 이러한 형태의 암각화가 인면을 형상화한 것이라고 한 연구는 이은창(1971: 25~40)에 의해 제시되었다. 이은창은 고령 양전동 암각화와 러시아 아무르 강변의 사카치 알얀(Сакачй-Алян)암각화를 비교하여, 양전동 암각화는 가면 혹은 신상인면이라고 한 이후, 학계에서는 이를 수용하여 오랫동안 그렇게 통용되어 왔다. 양전동 암각화에 대한 이은창의 견해는 이곳이 태양신을 숭배하고 신앙하던 성지이고, 유적은 당시 제단으로 사용되었을 거라고 하여, 태양신 숭배사상을 가진 우리의 조상에 의한 유적이라고 보았다.

여기에 대하여 김원룡(1973: 138)은 양전동 암각화의 둘레에 짧은 선각 장식에 대하여 이것이 목책을 나타낸 것으로 보아서, 형태적 측면에서 양전동 암각화는 목책에 둘러싸인 성역을 표현하였다고 하는 견해를 밝힌 바 있다. 하지만 대체적인 인식은 이것이 인면암각화로 이해되어 온 것으로 보인다.

제2기 암각화연구가 시작되는 1990년대 초, 새로운 암각화자료의 발견에 힘입은 일련의 연구자들은 동일 모티브에 대한 성격구명과 함께, 여기에 반영된 제의적 요소에 대하여 그 연구성과를 발표하기에 이른다(송화섭 1993; 이상길 1995; 이하우 1990, 1994; 임세권 1994; 장명수 1995).

한국 암각화연구 제2기에서 칠포리형 암각화에 대한 첫번째 연구는 이하우 (1990: 38~39)에 의해 수행되었다. 이하우는 전반적인 성격에서 하나의 장소에서 나타나는 암각화의 형태가 약간씩 변화상을 보이면서 서로 차이가 있다는 것을 발견하고, 이는 암각화유적을 중심으로 살고 있는 각 종족이나 부족을 상징하는 문장紋章(Coat of arms)과 같은 표식이라고 하였다. 그 후 본격적으로 칠포리형 암각화를 분석한 송화섭(1993: 135~136; 1994: 31, 45~71)은 이 같은 형태의 암각화를 석검의 손잡이 모양, 즉 검파형 기하무늬로 보고, 이러한 것은 석검의 손잡이에서 여성 신체의 형상을 도출해낸 것인데, 이러한 표현은 한국 암각화의 하나의 큰 특징이라고 하였다. 따라서 검파형 기하무늬는 지모신상으로서, 농경의 풍요와 다산을 기원한 그림인데, 여성의 생식력과 땅의 번식력이 동질적 속성인 재생성을 지니고 있어서, 애니미즘적 신앙 관념으로 동일시하려는 심리가 결국 여성상을 조각하게 된 동기였을 것이라고 하였다. 따라서 암각화유적은 결국 제의공간으로서 청동기시대의 제사유적일 것이라고 추정하였으며, 또 남원 대곡리 암각화를 말하는 데 있어 여성숭배의 전승은 고대국가 성립의 종교적 배경으로 고대국가의 성모·신모 등 국가적 수호신으로 숭앙되어 갔을 가능성을 언급하고 있다(송화섭 1993: 131).

초기에 칠포리 암각화가 종족이나 부족을 상징하는 문장과 같은 표식이라고 한 이하우는 나중에 송화섭의 견해에 동의하는 입장을 보이고 있다. 칠포리형 암각화의 성격도 자연스럽게 농경과 관련된 여성신상을 형상화한 것이라고 하여, 이러한 암각화를 제작하는 행위 자체가 바로 주술적 행위로 이어진다고 하는 견해를 밝혔다. 또한 칠포리에서는 암각화유적에서 공개된 형태의 제의 행위의 가능성보다는 별도의 공간을 조성하고 집단적이고 전체적인 제의는 그곳에서 수행되었을 것이라고 하며, 제의의 시기는 영농의 시기와도 밀접하게 관계된다고 보았다(이하우 1994: 47, 104~112).

칠포리형 암각화가 폐기의 시점에 다다르면, 그것이 청동기와 같은 것으로 질료적 변형을 가져오게 된다고 본 이하우(2008a: 149~179)는, 바위에 제작된 암각화가 갖고 있던 상징적 요소는 그 상징성까지도 바위에서 청동기로 옮겨 간다고 보았다. 따라서 이러한 결과는 암각화에서 청동의기와 같은 것으로 기능적이고 질료적인 변용을 가져오게 되어, 드디어 암각화는 더 이상 제작되지 않고 청동의기로 대체되고, 그것은 특정한 존재의 가슴에 패용되는 용도로 바뀌어갔다고 정리한 바 있다.

최근 이하우는 칠포리에 있는 한 석검암각화의 방향을 분석하고, 거기에 따라 칠포리와 같은 곳의 제의시점은 하지 날 해가 지는 시점에 맞추어 실시된 것이 아닐까 하는 견해를 제기한 바 있다. 이에 따라 동일한 암각화가 나타나는 다른 지역의 제의시점도 칠포리와 유사하게 수행되었을 가능성이 있다고 하였다(이하우 2009: 1~24). 그러나 이러한 제의시점에 대한 분석은 하나의 실험적 성격을 가지는 것으로서, 선택된 자료가 표본으로서 한계가 있다는 점은 스스로가 지적한 바와 같다.

칠포리형 암각화의 원형이 어디인가 하는 문제에도 연구자들은 깊은 관심을 보여 왔다. 그간 이 암각화의 원형에 대하여 주목한 곳은 사카치 알얀이나 내이멍꾸와 같은 곳에 집중되어 있었다. 그리고 최근에는 중국 동북지방인 내이멍꾸 적봉 부근의 암각화가 칠포리형 암각화의 원형이라는 주장이 제기되기도 하였다(최광식 2008).

아무르 강변의 사카치 알얀과 중국 인산산맥 지구의 닝시아寧夏 허란산賀蘭山, 그리고 랑샨狼山의 무리허투꺼우默勒赫圖溝의 인면 암각화와 칠포리형 암각화를 같은 맥락으로 보아왔던 임세권(1994: 119~128)은 이것이 신상으로서 특히 태양신의 얼굴을 형상화한 것이라는 이은창의 견해를 그대로 견지하면서, 그 제작시기는 청동기 중·후기에 해당된다고 하였다. 또한 이러한 암각화가 다른 종류의 표현물과는 별도로 독자적인 암면을 차지하고 제작되었다는 점에 대하여, 다른 암각화들보다 특별히 더 신성시되거나 신격화되었을 가능성이 있다고 하여 태양신이라는 점을 강조하고 있다. 그러나 칠포리형 암각화가 인면에서 나온 것이라면, 반드시 인면을 구성하는 핵심요소로서 두 눈과 입이 표현상의 속성으로 작용해야 한다는 점에서 과연 칠포리형 암각화를 인면과 같은 것으로 볼 수 있는가 하는 지적을 하지 않을 수 없다.

일련의 구조적 형상을 하고 있는 칠포리형 암각화에 대하여, 이를 방패형암각화로 보고자 하는 시각도 있다(장명수 1992, 1995). 장명수가 보는 방패형암각화는 청동기시대 후기에서 초기 철기시대의 철기문화의 유입에 따른 사회적 갈등양상과, 그리고 당시의 정치·사회적 다양성이 반영된 제단화로서의 암각화인데, 결국 이와 같은 암각화는 기원어적祈願語的인 기능이 있으며, 이것이 정형기에 이르러서는 완전히 신상화된다고 보는 것이 장명수의 견해이다. 따라서 방패형 암각화는 수호신앙이 확고해진 후부터는 단지 문양으로서 뿐만 아니라, 수호신상으로서의 암각화로 보아야 할 것이라고 한다(장명수 2001 : 66).

이상길은 칠포리형 암각화를 패형신상으로 보고, 주변 청동기시대 유적과 연관하여 청동기시대라고 편년하고 있다. 또한 암각화유적에서 이루어지는 의례는 농경과 관련된 것이고, 암각화의 입지가 비교적 은밀한 곳이며 별봉이라는 점을 감안할 때, 이곳은 일반인이 접근할 수 없는 신성지역이요 암각화 제작은 샤먼과 같은 특정인이었을 것이라고 보고 있다. 이와 같은 점에 대해서는 필자의 입장에서 공감되는 측면이 있다.

이와 같은 암각화에 대하여 각자가 생각하는 형상인식에서는 다소 차이가 있지만, 그간 농경문화와 관련하여 보고자 했던 연구자는 칠포리형 암각화가 농경의 풍요와 다산을 기원하고, 그 형상은 농경사회의 대지모신을 나타낸다고 하는 시각에서 많은 부분이 서로 비슷하다고 하겠다(송화섭 1993, 1994; 이상길 1996, 2000; 이하우 1994).

다음은 낙동강 중·상류 지역에 해당하는 내륙의 암각화유적인 안동 수곡리 암각화의 연구성과를 검토하기로 하자. 수곡리 암각화는 이때까지 한반도에서 조사된 적이 없던 전혀 새로운 암각화자료로 구성된 유적이다.

4_수곡리 암각화

안동시 임동면 수곡리 암각화는 한반도에서 유일하게 말굽형암각화가 조사된 곳이다. 1991년 이진구·김영식(1991: 167~200)에 의해 발견보고가 있고 난후, 권미현(1995)에 의해 수곡리 암각화의 표현물 중 일부인 윷판형암각화에 대하여 자세한 언급이 있었으며, 그 후 심도 있는 연구는 임세권에 의해 수행되었다.

수곡리 암각화에 대한 보고서와 그의 학위청구 논문에서 유적에 대한 조사내용을 수록하고 있는 임세권(1993: 167~200, 1994: 80~98, 159~165)은 수곡리 암각화의 성격이 유적 주변을 돌아가면서 긴 장대를 세울 수 있는 구멍이 파여져 있는 사실이나, 바위구덩이와 대형의 바위 확이 있는 것을 보고, 이것은 여기서 거행된 의식과 관련된 시설로서 수곡리 유적은 제의장소로 기능한 것이라고 하였다. 특히 말발굽형태와 같은 표현물은 이것이 여성의 성기묘사와 성 교합을 나타낸 것이라는 북아시아 연구자의 연구결과를 수용하고 있으며, 선각으로 묘사된 새 표현물과 연관하여 장대구멍은 신목으로 기능하는 솟대와 같은 장대를 세운 곳으로서, 수곡리를 하나의 솟대유적으로 추정하기도 하였다.

특히 수곡리 유적의 말굽형암각화나 사람 발자국과 관련하여 인접지역 자료와 비교하고 있는 임세권(1994: 134)은 이러한 암각화가 내이멍꾸의 우란차푸 지역에서 조사되고 있는 표현물의 유형과 동질성이 있다고 보았다. 이에 따라 청동기시대 후기의 수곡리 암각화는 내이멍꾸 지역과 밀접한 관계에 있다는 견해를 밝혔다. 한국 암각화에서 북방요소가 있다는 점은 그간 별 근거 없이 추정수준에서 제기되고 있었던 현실에서, 이와 같은 물증자료를 제시하면서 연관성을 구체화하고자 했다는 점에서 이것은 주목되어야 할 것이다.

임세권의 생각과는 다른 견해도 있다. 장명수(2001:91)는 수곡리의 말굽형암각화를 형상 면에서는 도형圖形암각화로 분류하고 있고, 신앙 면에서는 성 신앙으로 분류하고 있다. 또한 말굽형암각화의 둥근 반원 속에 화살표 모양이나 선각이 있는데 이것은 성 신앙에 속하는 교합그림으로 보았다. 그리고 이 말굽형암각화가 사람 발자국이나 새, 바위구멍과 함께 나타나고 있는 부분에 대하여서는 성 신앙과 관련이 있고, 새는 영혼의 안내자로서 내세관과 관련이 있다고 보았다. 그는 샤머니즘적 세계관에서 농경의례의 생식주술의 바탕에는 재생관이 깔려 있기 때문에, 이러한 표현물은 모두 재생관적 성 신앙에 기반하고 있는 표현물이라고 하였다.

또한 장명수는 임세권이 수곡리 암각화가 내이멍꾸 지역과 관련 있다고 하는데 반해, 내이멍꾸 이외의 지역에서도 말굽형암각화와 같은 문양이 조사되고 있다는 점을 들어 그러한 시각에는 회의적인 생각을 가지고 있다.

임세권과 장명수의 견해는 우선 형태적인 분석에서는 서로 일치하고 있다. 말굽형암각화가 여성성기형 혹은 성 교합이라고 하는 측면에서 같은 입장에 있는 두 연구자의 견해에 필자 역시 공감하지만, 두 연구자 모두 새로 보고 있는 표현물에 대하여, 새는 영혼의 안내자로서 내세관과 관련된다고 하는 부분에 대해서는 전혀 다르게 접근하고자 하는 입장이다. 그렇기 때문에 이것이 정말 새를 나타낸 것인가 하는 문제는 확실하지 않다고 하겠다. 이들 외에 수곡리 암각화를 말한 연구자로는 임세권의 견해를 그대로 인용하고 있는 정동찬(1996:299~308)이 있다.

5_그 외의 암각화

여기서 논의하고자 하는 암각화가 그 외의 암각화로 분류된 것은 그것이 지닌 의미나 가치가 중요하지 않다고 하여 그런 것은 아니다. 다만 이러한 유형의 암각화가 반구대암각화처럼 규모가 크지도, 그리고 칠포리형 암각화처럼 계통적으로 나타난 것도 아니면서 산발적으로 조사되고 있기 때문에 글을 만드는 과정에서 편의상 이렇게 분류된 것일 뿐이다.

이 부분의 암각화에는 구한말 금석문으로 조사되었으나(오경석 1860: 23; 최남선 1926), 황용훈(1977: 81~83)에 의해 그렇게 보기보다는 암각화로 보는 것이 타당할 것이라는 남해 양아리 암각화를 비롯하여[양아리 암각화에 대해서는 필자의 입장에서 암각화로 인식되기보다 기호나 부호적인 의미가 부각되기 때문에 본고에서 분석의 대상에서 제외하였다], 1985년 경주박물관의 지표조사에서 발견된 포항 기계면 인비리에서 조사된 인비리 암각화가 있다. 그리고 한국 암각화연구에 있어서 제2기 연구가 진행되고 있는 와중에 새로운 형태의 암각화로 조사된 여수 오림동 암각화(李榮文·鄭基鎭 1992)도 있다.

1994년에서 1995년에는 영남매장문화재연구원에 의해 발굴·조사된 고령 지산리 30호 고분에서 나온 지산리 암각화(영남매장문화재연구원 1998)가 있고, 1995년 부산 복천동 고분 제5차 발굴·조사에서 복천동 제79호분에서도 배와 회오리형 기하문암각화가 나왔다(송계현·홍보식·이해련 1995). 또한 같은 해 남강댐 수몰지역 내 덕천강변의 사천시 곤명면 본촌리에서 나온 암각화자료도 있다. 이와 같은 암각화에 대한 조사는 앞의 표 1에 정리된 바와 같다.

사천 본촌리 암각화는 경상대학교박물관에 의해 조사된 청동기시대 주거유적에서 나온 단검형암각화이다(조영재 1998). 그러나 부산 복천동 암각화와 함께 본촌리 암각화도 발견된 지 많은 시간이 지났으나, 그 연구에 있어서 별로 주목받지 못하였던 자료이다.

2000년에는 대구 달서구 진천동 입석유적에 대한 정비작업의 일환으로 이 입석에 대한 발굴조사가 있었다(이백규·오동욱 2000). 이 과정에서 동심원과 회오리형암각화와 함께 몇 점의 바위구멍이 입석에서 조사되기도 하였다.

2002년에는 부산~대구 간 고속도로 공사구간인 경남 밀양시 활성동 살내유적에서 제단을 구성하는 적석유구의 축석에서 석검형암각화와 성기형암각화, 그리고 알 수 없는 형상의 표현물이 나왔다(경남발전연구원 2002). 또한 같은 시기에 필자는 포항시 남구 동해면 석리의 작은 바위에서 둥근 원형의 인면과 바위구멍이 새겨진 암각화를 찾아낸 적이 있다.

2004년에는 그 동안 존재 여부가 알려진 바 없던 북한의 암각화자료가 국내에 알려지게 되었으니, 함경북도 무산 지초리 암각화가 그것이다(서국태 2004). 지초리 암각화는 두만강변의 한 단애에 제작된 것이다. 이곳에는 회오리문양, 동심원암각화, 이중마름모꼴암각화가 새겨져 있는데, 이것이 국내에 소개된 것이다(최광식 2007).

2007년에는 밀양~상동 간 철도 전철화 사업구간 내 밀양 상동면 안인리 신안마을의 고인돌과 적석유구에서 동심원암각화와 여성성기형암각화, 인물상과 같은 표현물이 조사되었고(경남발전연구원 2007), 이어서 같은 해 필자는 대구 달서구 화원읍 천내리의 한 고인돌에서 동심원암각화를 조사하였다.

이와 같은 자료가 축적되어 가는 와중에, 최근에는 경북 고령군 운수면 봉평리 산 102번지 일원에서 새로운 유형의 암각화가 조사되었다(대가야박물관 2008). 봉평리 암각화는 대가야박물관의 운수면에 대한 지표조사에서 찾아낸 것으로서, 여기서는 톱니형 암각화와 꼬리가 달린 원, 그리고 동검과 같은 형태의 암각화 약 16개 정도가 조사되었다. 석검과 같은 암각화자료는 포항 인비리와 칠포리 암각화군 그리고 여수 오림동과 밀양 활성동에서 조사된 적이 있지만, 봉평리와 같이 동검형태의 암각화는 처음 나온 것이라서 그 의미가 자못 크다.

이 글이 마무리되어가는 시점에도 새로운 자료가 알려졌다. 그것은 전남 나주시 운곡동 산 53-7번지 일대 나주 산업단지 조성부지 내에서 암각화가 나왔고(마한문화재연구원 2009), 경남 의령군 대의면 마쌍리에서 실시된 발굴에서 새로운 암각화자료(경남발전연구원 2010)가 나왔다. 나주 운곡동에서는 고상가옥과 같은 형태 또는 배를 묘사한 것과 같은 선각그림이, 마쌍리에서는 고의적으로 파괴된 석검형암각화 한 점이 나왔다.

이렇듯 새로운 암각화자료의 증가는 몇 개의 유형으로만 조사되던 한국 암각화도 다양한 양상으로 나타나고 있다는 것을 잘 말해준다. 표현물에 있어서도 석검형암각화를 비롯하여 동심원, 회오리형암각화와 함께 동물형상, 이중마름모꼴 문양, 여성성기형암각화, 인물상, 선각기하문과 같은 것이 조사되었고, 암각화가 제작된 곳도 자연바위는 물론 고인돌이나 입석, 적석제단유구에서까지 다양하게 나타나고 있다. 그러나 새로운 자료에 대한 연구결과는 보고서를 제외하고는 한둘에 불과한 형편이어서 차후 이러한 자료에 대하여 심도 깊은 분석이 요구되고 있다.

2000년대 이후의 한국 암각화에서 특징적 현상은 고인돌과 같은 데서 작은 규모의 암각화가 발견되는 사실이다. 고인돌암각화는 포항 인비리, 여수 오림동, 함안 도항리를 위시하여, 2000년대 이후에는 개인적 조사나 발굴·조사에 힘입어 대구 천내리나 밀양 안인리 암각화 같은 새로운 자료가 추가되고 있다.

나주 운곡동과 같은 경우, 자연바위에도 암각화가 있지만 동시에 바로 옆의 고인돌에서도 더 큰 규모로 동일한 형태의 암각화가 조사되었다.

고인돌암각화에서 석검형암각화의 경우, 매장유물을 대신한다는 설(경주박물관 1985)이나 조상을 상징한다는 설(李榮文·鄭基鎭 1992)이 있다. 그리고 함안 도항리의 동심원암각화, 바위구멍과 같은 표현물에 대해서는 필자 입장에서는 이를 웅덩이와 같은 곳에 물이 떨어지는 것처럼 비와 관련된 것으로 보고자 하나, 이것이 사자의 영혼을 천계로 되돌리고자 하는 의례와 같은 것으로 보고 있기도 하고, 장송의례와 관련해서 보고자 하는 연구성과도 있다(장명수 2001; 송화섭 1996).

기계 인비리의 석검형암각화는 아무래도 칠포리형 암각화와 같은 범위 안에서 취급되어야 할 것이다.

그간 새롭게 조사된 자료에 대한 연구는 장명수(2003: 44~62)에 의해 주도적으로 진행되었다. 장명수는 사천 본촌리와 밀양 활성동 암각화에 대하여 이를 도검류刀劍類 암각화라고 분류하여, 두 곳 중에서 본촌리 암각화는 비파형동검을 새긴 것으로, 활성동 암각화는 석검 두 자루와 석촉으로 보이는 삼각형 한 점, 그리고 또 다른 알 수 없는 형상으로 구성된다고 보았다.

비파형 동검에 대해서는 동검이 생명의 존멸을 가르는 신성구이기 때문에 생명을 주관하고, 여기에 신성권위를 지닌 정령이 깃들어 있다고 믿었는데, 이러한 신성구를 본촌리의 숫돌에 새긴 이유는 이 숫돌에 갈게 되는 무기 역시 신통력을 얻게 되어 전쟁에서 승리와 자신의 생명을 보호받을 것이라는 생각에서 비롯된 것이라 하였다. 이러한 견해는 우선 접촉에 따른 감염주술로 설명될 수 있다고 하겠다.

활성동 암각화의 석검 역시 검이 지닌 상징성으로 힘과 신분, 그리고 조상을 상징한다고 보는 시각에 따라, 이러한 암각화는 초기 철기시대에 초기국가를 배태해가는 과정에서 있을 수 있는 갈등을 제천의식을 통해 극복해간 신앙유물로 이해하고 있다.

장명수의 견해는 아직까지 계통적이고 유사한 자료가 나타나지 않고 있는 상황에서, 같은 유형의 암각화를 어떻게 볼 것인가 하는 데 있어서 어느 정도 방향제시가 될 것으로 보인다. 특히 본촌리의 동검형암각화와 같은 유물에 대하여 감염주술로 설명한 것은 대체로 인정될 수 있다고 하겠다. 하지만 그것이 과연 비파형 동검을 새긴 것이 분명한 것인가 하는 문제라든지, 활성동 암각화를 석검과 석촉으로 본 것에 대하여 이를 여성성기형암각화로 볼 여지는 없는가 하는 형태에 대한 인식 문제에 있어서 다르게 접근할 여지도 분명 있을 것이다.

나중에 본촌리 암각화를 주물암각화로 분류한 장명수(2007: 1~28)는 부산 복천동 암각화에 나타나는 배 모양 그림도 태양주太陽舟로 볼 수도 있다고 하였으며, 또 같은 글에서 대구 진천동 암각화, 활성동 암각화, 안인리 암각화를 제단 암각화로 분류하여 이러한 표현물이 있는 유적을 제단이라고 규정하고 있다. 아울러 진천동 암각화는 청동기시대 전·중기의 사람들이 제단을 조성하고 여기서 하늘과 죽은 자에 대해 제사한 곳으로서, 이곳은 죽음과 관련된 장송의례나 사자의 영을 신성시하고, 천신을 위한 집단제의가 행해진 곳이라고 보았다. 특히 회오리문양이 서쪽에 새겨진 것에 대해서는 이것은 동쪽을 향한 사람의 시각에 맞춘 것이라 하여, 이러한 문양이 일출의 재생을 상징하기 때문에 죽은 자의 재생을 기원하는 의미가 있다고 보기도 하였다.

활성동 암각화와 안인리 암각화에 대해서는 이를 초기국가 단계의 유적으로 보고, 이곳은 사회적 갈등을 풀고 천손신앙을 중심으로 집단의 정치적 이데올로기 강화를 꾀한 제천의례의 장소라고 규정하였다(장명수 2007: 18~21). 하지만 그렇게 볼 때, 우리는 당대 사람들의 관념에서 과연 정치적 문제가 얼마만큼의 비중으로 그들의 의식을 지배하였으며, 또 고고학 자료를 해석하는 데 있어서 정치적인 문제로 이해되어야 하는 범위는 또 얼마나 될까 하는 문제에 봉착하게 된다.

이어지는 장에서는 그 동안 조사된 한국 암각화의 현황을 살펴보고자 한다. 한국 암각화는 1970년 이후, 불규칙적인 시간 간격을 가지면서 지속적으로 조사되어 왔다. 그간 조사된 암각화는 선사시대에서부터 역사시대에 이르기까지 넓은 시간대에 분포하고 있는데, 본 연구가 선사시대라는 시간적 폭을 규정하고는 있지만, 현황을 살펴보고자 하는 문제에 있어서는 모든 암각화를 함께 취급하면서 보다 큰 틀에서 한국 암각화유적을 조망할 수 있었으면 한다.

III
한국 암각화의 현황

그간 조사된 한국 암각화는 모두 28개 지역에서 확인되었다. 그 중에는 이미 구한말부터 알려진 남해 양아리와 같은 자료도 있고, 국보로 지정·보호되는 울산 대곡리 반구대암각화와 천전리 암각화도 있다.

최근에 와서 새롭게 조사된 자료까지 합하면 양적으로 그렇게 만만하게 볼 숫자도 아니다.

이러한 암각화에 대하여 어느 정도 심도 있는 연구가 이루어진 것도 있지만, 규모가 작고 자료적 발견이 늦어 보고서조차 없는 것도 있다. 따라서 본 장에서는 그 동안 조사된 자료에 대하여 이를 상세히 정리하였으면 한다.

여기서 논의되는 자료 중에는 본 연구의 범위를 벗어나거나 필자의 능력부족으로 충분한 분석이 어려운 자료도 있을 것이다. 하지만 차후 계속되어야 할 연구를 위해서 될 수 있는 한 자세하게 서술하고자 한다.

유적은 발견·조사 순서에 맞춰서 그 내용을 살펴보기로 하자.

1_울산 천전리 암각화

울산광역시 울주군 두동면 천전리 산 210번지의 대곡천변에 위치한 천전리 암각화는 국보 제147호로서, 일반적으로 천전리 각석으로 잘 알려져 있다. 국내에서 최초로 조사된 천전리 암각화는 대곡천이 크게 감돌아가는 곳의 자연 바위에 제작된 유적이다. 주변 환경은 길게 이어진 산과 그 산이 이루어내는 협곡과 같은 곳으로서, 그 사이의 대곡천을 바라보는 병풍과도 같이 펼쳐진 바위에 천전리 암각화가 있다(그림 1). 동쪽을 향한 9.5×2.7m의 바위는 앞으로 어느 정도 기울어진 상태로서, 계절에 따라 차이가 있으나 건너편의 산 위로 해가 뜨는 순간 잠시 볕이 들고, 그렇지 않을 때에는 하루 중 대부분 그늘 속에 있게 되는 유적이다.

원래 유적 앞은 크기나 높이가 고르지 않은 비정형의 바위들이 불규칙하게 깔려 있었으나, 1984년경 관람의 편의를 위하여 그 부분을 고르게 다듬어 평탄하게 하였다. 유적 건너편에는 공룡 발자국화석(울산문화재자료 제6호)이 산재해 있으며, 바위 주변으로는 최근까지 이어지던 무속행위의 흔적을 어렵지 않게 발견할 수 있는 곳이다.

천전리 암각화는 긴 시간 동안 선택된 하나의 장소에 수차례 암각화 제작이 이어져 온 곳이다. 우선 보기에 천전리는 크게 네 단계의 제작과정을 거쳐서 현재의 상태를 가지게 되었다.

첫 번째 단계는 사람이나 동물로 구성되는 구상표현물의 층위이고, 그 다음은 추상적으로 표현된 기하문암각화가 있다. 이러한 그림들은 전체에서 좌측 또는 상단에 집중되어 있고, 하단으로는 가늘게 새긴 세선각 표현과 명문이 있

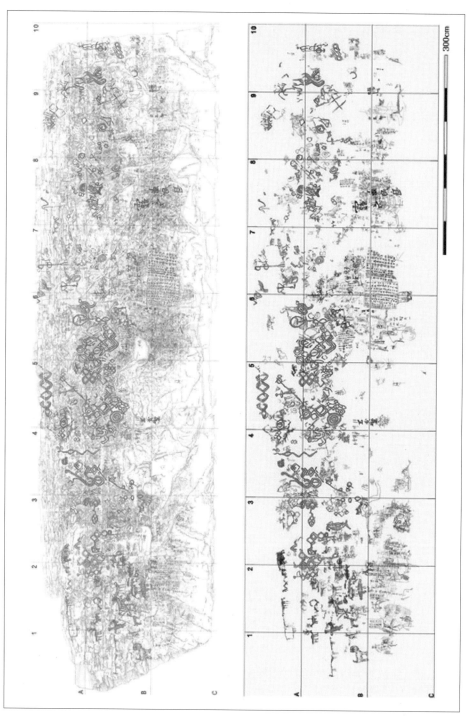

[그림 1] 천전리 암각화(국민대박물관)

다. 기하문암각화와 세선각 표현 사이에는 또 하나의 단계로 구분할 수 있는 타날흔 단계가 있는데, 이것이 세 번째 층위라고 한다면 세선각 표현은 네 번째 층위가 된다. 명문과 같은 기록은 세선각 단계와 겹쳐지는 단계에서 제작된 것으로 보인다.

기하문암각화가 구상표현물 위로 중복 제작되면서 동물이나 사람과 같은 많은 그림들이 사라지게 되었는데, 세선각과 명문이 다시 그 위에 새겨지면서 기하문암각화 위에서 세선각 그림이나 명문이 조사되기도 한다. 그러나 그 정도는 대단하지 않다.

표현물에 대해서는 가장 먼저 제작된 구상표현물 층위부터 살펴보기로 하자.

1) 구상표현물

구상표현물은 대부분 쪼아 파기로 제작되었다. 전체에서 좌측 상단에서 주로 그 형태를 찾아볼 수 있는데, 기하문암각화 사이에서도 간간히 파괴된 그림의 흔적이 발견된다. 이러한 상태로 보아 아마도 기하문암각화가 새겨지기 전에는 적어도 바위 상단부 전체에 구상표현이 자리잡고 있었을 것이다.

세부 표현에 대한 분석은 제시된 그림 1에 의한다. 그림 1의 상단 도면은 천전리 암각화에서 채록된 모든 표현물을 나타낸 것이고, 하단의 도면은 거기서 바위 면의 균열과 같이, 연구에 불필요하다고 판단된 흔적이 제거된 상태의 것이다. 여기에서 가로 면은 1에서 10까지 10개로 나누고, 그리고 세로 면은 A·B·C의 3개의 구획으로 구분하여 살펴보도록 하자.

구상표현물이 가장 많이 나타나 있는 곳은 A1·A2와 B1·B2·B3·B6, B7·B8 구역이다. 이 부분은 기하문암각화가 별로 겹쳐지지 않은 까닭에 상대적으로 바탕의 그림이 많이 살아남은 곳이다. 조사된 구상표현의 전체 내용은 약 40여 점 정도로서 인면이 한 점, 사슴으로 보이는 동물 약 12점, 물고기와 같은 표현물이 2~3점이 있고 A1·A2와 B1에는 허리가 길게 강조되고 서로 마주 보고 있는 동물 한 쌍과 엉덩이를 마주 대고 있는 동물 한 쌍이 있다. 이러한 동물은 개과 동물의 교미장면으로 보인다.

사람 표현은 B2에서 활 쏘는 사람 1명이 보이고, B6에도 사람과 같은 형상이 그림 2와 같이 종을 알 수 없는 동물과 함께 분포하고 있다. 그림 2에서도 동물은 서로 겹쳐진 양상으로 나타나지만, 분명하게 구분될 정도는 아니다.

B8에는 시계방향의 회오리문양이 있고, 그 아래에는 사슴의 두부로 보이는 형상도 한 점 있다. 그러나 이것은 회오리문양과 유기적인 관계에 있는 표현으로서 기법 면에서 구상의 일반적 표현과 차이가 있기 때문에, 엄밀한 의미에서 구상형태이긴 하나 기하문암각화로 분류해서 논의되는 것이 타당할 것이다.

구상표현물에서 가장 주목되는 그림은 단연 B1의 표현이다. 이것은 동물 두부에 인면이 있는 것으로서, 이러한 그림에 대하여 반인반수사상이나 신선 사상과 관련하여 머리는 인면이고 몸은 호랑이라고 보는 견해가 있다. 그러나 자세히 보면 이것은 동물의 두부 위에 인면이 덧새겨진 표현물이다. 인면 오른쪽으로 나타나는 새김흔적으로 볼 때, 바탕에 있는 동물의 머리 부분이 덧새겨진 얼굴 영역을 벗어난 것으로 나타나 있다. 이 동물이 어떤 동물을 묘사한 것

[그림 2]
동물무리와 사람(국민대박물관)

인지는 보다 면밀하게 살펴야 할 것이다. 이것이 사슴을 표현한 것이라는 시각도 있지만, 길게 이어진 꼬리표현을 볼 때 사슴과는 다른 육식동물의 외형적 특징이 나타나고 있다.

사슴은 천전리 구상표현물의 대부분을 차지한다. 그 중에서 6마리는 암수가 짝을 지어 조사되고 있다. 짝을 지어 나타난 사슴은 천전리 동물표현을 특징적이게 하는데, 그 중 한 마리는 마치 수목표현과 같이 뿔이 크게 과장되어 있다. 또한 B6의 그룹에는 그림 2로 나타난 가면을 쓴 것과도 같은 정면 모습의 사람형상이 있고, 그 좌측에는 꽃 혹은 태양과 같은 형상 한 점이 5~6마리의 동물과 함께 표현된 것이 있다. 동물의 종은 정확히 알 수 없으나, 보기에 따라서는 개나 새끼사슴과 같은 것처럼 보인다.

이외에도 구상표현물과 같은 것이 기하문암각화 사이의 여기저기에서 보이지만 정확한 형상을 인식하기란 쉽지 않다.

2) 기하문암각화

기하문암각화는 전체에서 중·상단에 해당되는 A·B면에 걸쳐서 분포해 있다. 조사된 문양은 마름모꼴 문양, 동심원암각화, 물결무늬, 회오리형 문양, 사선과 겹 둥근 연속무늬 같은 것으로 구성되어 있다. 이 중에는 가면으로 보이는 인면이 포함될 수 있는데, 인면을 기하문에 포함하는 이유는 이것이 같은 기법으로 제작되었으며, 다른 기하문암각화와 함께 유기적으로 연결된 구성 상태로 조사되기 때문이다.

기하문암각화는 대체적으로 두 개로 구분되는 화면구성을 갖고 있다. 이는 그림 1의 2번에서부터 7번까지의 그림이 크게 하나의 그룹으로 보이고, 8번에서 10번이 또 다른 그룹으로 구분되는 양상이다. 하지만 두 그룹은 엄밀하게 구분하기에는 애매한 형태상의 차이가 있다.

왼쪽 그룹(2번~7번)에서 가장 많은 표현물은 마름모꼴 문양으로, 이는 단독

문양에서부터 다섯 개의 연속문양까지, 그리고 홑마름모꼴에서부터 겹마름모꼴과 삼중 겹마름모꼴 문양까지 있다. 수평으로 나타난 것과 함께 수직으로 구성된 것도 있으며, 마름모꼴 주위에 마름모꼴 문양과 서로 연결되어 있거나 별도로 새겨진 삼중 동심원이나, 그림 3과 같은 그 형태가 무엇을 나타낸 것인지 알 수 없는 표현물도 있다. 몇 점의 마름모꼴과 흡사한 형태 중에는 마름모꼴 문양의 모서리 예각이 부드럽게 둔화되어 거의 둥근 형태를 보이는 것도 군데군데 보인다. 따라서 왼쪽 그룹의 중심 표현물은 중간부분의 인면과 동심원, 그리고 마름모꼴 문양이다.

오른쪽 그룹은 그림 1의 8~10에 해당되는 것으로, 몇 개의 마름모꼴 문양과

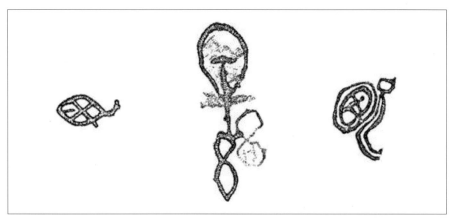

[그림 3] 알 수없는 형상의 기하문암각화

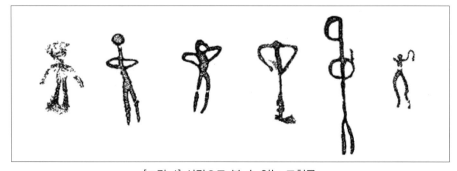

[그림 4] 사람으로 볼 수 있는 표현물

함께 마름모꼴의 모서리가 둔화된 형상이나 회오리형 문양이 있고, 물결무늬도 보인다. 왼쪽 그룹과 유사한 형태이긴 하지만 세부적으로 보면 다소간에 차이가 있다.

이 그룹에는 회오리형 문양과 그 아래로 사슴의 두부와 뿔이 함께 표현된 것이 있다. 어느 정도 구상형태를 유지하면서도 기법 면에서는 기하문암각화와 같이 묘사되었다. 이러한 부분이 여러 곳에 걸쳐 나타나는 것을 볼 때, 오른쪽 그룹은 자연형태에서 기하문으로 변해가는 단계로 보이는 측면이 있다.

이와 함께 전체에서는 그림 4와 같이 사람의 정면 모습과 유사한 형태도 여러 점 조사되었다. 그러나 이것이 사람을 표현한 것인지는 확실하지 않다고 하겠다. 더욱이 기하문과 서로 혼재하여 유기적으로 보이기 때문에, 이는 구상표현으로 보기보다는 기하문암각화에 포함하는 것이 맞을 것이다.

좌우 두 그룹에서 왼쪽 그룹의 표현물이 직선적 면모가 두드러지고 확실한 형태감이 있다면, 오른쪽 그룹은 보다 곡선적이고 불명확한 형태미가 있다. 제작의 측면에서 보면 새김선의 폭이나 마연흔적에서도 약간의 차이가 있다.

3) 타날흔 표현

천전리 암각화의 바위 전면에는 무수하게 쪼아낸 흔적이 있다. 이 타날 흔적이 무엇을 나타낸 것인지는 그 형상에 대한 인식이 불가능하다. 타날흔은 동물표현물은 물론이고 기하문암각화 위에서도 발견되고 있다. 그러나 세선각 표현과는 분명하게 다른 양상으로 나타나고 있기 때문에 이를 기하문 단계와 세선각 표현 사이에 있는 또 하나의 단계로 설정하였다.

전반적으로 그 흔적을 살펴보면 대부분은 한가운데를 중심으로 하여 나타나는 빈도가 높고, 가장자리로 오면서 점차 성기게 나타나고 있다. 또한 사람의 키 높이에서 시선이 닿는 부분에는 비교적 많이 있으나 하단부로 갈수록 거의 나타나지 않는다. 타날흔 단계는 기하문암각화와 시기적으로 거의 차이가 없고, 또 서로 유기적인 관련성을 가지고 있는 것으로 판단된다.

타날흔을 단순한 흔적으로 보지 않고 이러한 것을 또 하나의 마름모꼴 문양으로 보고자 하는 연구자도 있다(장석호 2003). 타날흔이 귀갑문과 같은 구상으로 나타난다는 점을 보고 타날흔을 또 하나의 마름모꼴 문양이라고 하지만, 이러한 시각이 필자에게 공감되는 부분은 아니다.

4) 세선각 표현

전체에서 B의 일부와 C의 전면에 분포하는 세선각 표현은 날카로운 철제 도구로 새긴 것이다. 이 표현물들은 모두 역사시대에 들어와서 제작된 것으로서, 본 연구의 범위에 속하지 않는 부분이지만 여기서 함께 언급되는 이유는 천전리 암각화를 폭넓게 이해하는 데 도움이 되기 때문이다.

세선각 표현에는 여러 점의 배 그림과 사람, 기마인물, 행렬도를 비롯하여 말이나 용과 같은 동물이 있고, 가늘게 새겨진 복잡한 선각이 서로 얽히면서 형상을 만들어가는 것도 있는데, 이러한 그림과 중복되거나 별도로 많은 명문이 함께 분포하고 있다.

기하문암각화가 있는 상단부에 비하여 하단부는 부분적으로 바위가 깨어져 나갔는데, 이 깨어진 부분에도 세선각이나 명문 표현이 있는 것으로 봐서, 먼저 제작된 구상표현이나 기하문암각화가 떨어져 나간 후 다시 세선각 표현물이 새겨지기까지 시간적 공백은 크게 나타난다.

세선각의 배치는 전체에서 왼쪽에 해당하는 1면에서부터 4면에는 사람·말·기마인물·행렬도와 용의 두부가 있고 여러 점의 배로 구성된다. 중간에 약간의 공백이 있고 다시 오른쪽에 해당하는 6에서부터 10면으로 용·회오리문양·말·사람의 하반신이 있고, 소위 원명과 추명으로 불리는 명문이 있으며 많은 수의 배와 사람, 용과 같은 동물도 있다. 그리고 가장 우측에 해당되는 부분에도 몇 명의 사람이 조사되었다.

복잡한 선각이 서로 얽혀 형상을 이루는 그림 중에는 망루와 같은 건축물의 흔적도 보인다. 하지만 분석하기에 따라서는 보다 많은 그림을 찾아낼 수 있다고 생각하는데, 최근 형상을 채록하는 과정에서 장명수에 의해 그림 5와 같이 새롭게 밝혀진 표현물도 있다. 그것은 B와 C~3면에 걸쳐서 나타나는 그림 5-a의 서수의 머리 부분과 C-3에서 조사된 그림 5-b의 새와 같은 표현물이다. 특히 그림 5-a의 서수의 머리는 입술이 밖으로 말려 있고, 혀를 길게 내밀고 있는 경주 황남동 미추왕릉 지구의 C지구 3호분에서 출토된 토기(그림 6)와 그 형태가 흡사하기 때문에 더욱 흥미를 끈다. 새롭게 조사된 세선각 표현 중에는 그림 5-c의 망루를 묘사한 것과 같은 표현물도 있다.

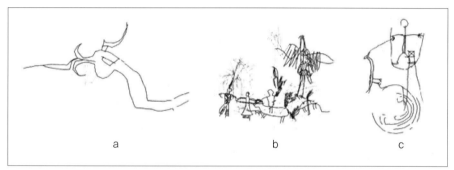

[그림 5] 새롭게 조사된 세선각 표현(서수 새 망루)

[그림 6]
서수형 토기

세선각 표현을 신라시대 명문과 서로 연관시켜 해석하기도 하는 모양이나, 명문과 세선각은 그 겹친 상태나 그림을 파괴하고 명문을 새긴 흔적도 있어서 양자 간에 미묘한 시간적 차이가 있는 것으로 보인다. 하지만 분명한 것은 아니다.

여기서 천전리 암각화의 세선각과는 별 관계가 없어 보이는 문제이긴 하지만, 세선각 표현이라고 하여 무조건 역사시대로 보고 접근하는 것은 경계되어야 한다. 천전리에서 그런 예가 확인된 것은 없으나, 간혹 선사시대 암각화에서도 기초작업과정에 세선각 표현이 나타나는 경우가 왕왕 조사되고 있기 때문이다.

2_울산 대곡리 반구대암각화

1971년 발견·조사된 반구대암각화는 울산광역시 울주군 언양면 대곡리 산 234-1의 태화강 상류 26km 지점에 있는 유적이다. 태화강의 지류인 대곡천이 반구대 앞에서부터 서서히 넓어지기 시작하고, 그 한쪽 단애에 반구대암각화가 있다.

1965년에 사연 댐이 만들어지면서 그 내부에 속하게 된 유적은 불규칙하게 튀어나와 있는 단애의 하단부에 약 400cm×800cm 정도의 편평한 바위가 있고, 이 부분을 중심으로 반구대암각화가 분포하고 있다.

바위의 구조를 보면, 암각화의 바로 동쪽으로 암벽이 'ㄱ'자처럼 꺾여 있고

[표 2] 울산 반구대암각화의 표현물

구분	육지성 표현물							해양성 표현물						양성체 兩性體			기타							총계
	호랑이	늑대	사슴류	멧돼지	소?	미상	소계	고래	상어	배	그물	미상	소계	거북이	가마우지	소계	도구	사람	인면	울타리	덧기타	미상	소계	
면새김	·	8	36	5	3	9	61	47	2	·	·	·	49	5	2	7	2	12	·	·	4	·	18	135
선새김	23	·	9	4	·	·	36	15	·	6	2	4	27	·	2	2	1	2	2	1	1	25	32	97
계	23	8	45	9	3	9	97	62	2	6	2	4	76	5	4	9	3	14	2	1	5	25	50	232

위가 약간 튀어나와 처마처럼 되어 있어서 풍우에는 비교적 잘 보존이 되는 구조이다. 하지만 댐 건설 이후 연중 대부분 물에 잠겨 봄의 갈수기 때에나 그 모습을 드러내지만, 북향北向을 하고 있는 단애의 형편상 일몰 직전에만 잠깐 햇빛이 비치기 때문에 일조량조차 얼마 되지 않는다.

대부분 동물로 구성되는 표현물 중 동물과 동물 사이에 사람이나 배, 그리고 그물과 같은 것이 있고, 덫이나 부구浮具와 같은 도구로 보이는 것도 있다.

조사된 표현물의 수는 연구자 사이에서도 차이가 있는데, 그것은 조사방법의 차이와 표현물에 대한 형상 인식의 차이에 따라 다르다. 필자의 조사에 의하면 형상이 제대로 인식되는 것만 232점 정도가 확인되었다. 표 2에서 정리된 것과 같이 육지성 동물 88점, 고래를 비롯한 해양성 동물 69점 이상이 있고 사람과 인면 16점, 배 6척, 가마우지와 같은 조류 4점, 도구와 알 수 없는 형상 11점 및 그 외에 형태에 대한 인식이 곤란한 동물류 38점을 포함하여, 총 232점 정도가 조사된다.

암각화의 새김법은 보다 세분화해서 말할 수 있지만, 본고에서는 기법 분석

[그림 7] 반구대암각화의 분포상태

이 목적이 아니기 때문에 상세한 분석은 피하기로 한다. 조사된 첫번째 기법은 암각화의 윤곽을 새긴 후 내부를 고르게 쪼아내거나 긁어내어서 형상을 드러내는 면 새김 방법이 있고, 또 한 가지 기법은 윤곽선만을 새기거나 윤곽과 동물의 생태적 표현과 같은 내부의 특징적 부분을 선 또는 점으로 새겨서 형상이 드러나도록 한 선 새김이 그것이다.

반구대암각화에서 기법은 하나의 표현물에 반드시 한 개의 기법만 채용된 것은 아니다. 표현하고자 하는 의도에 따라서 두세 가지 기법이 서로 혼용되어 나타나는 경우도 있어서, 기법으로 암각화제작의 선후를 구분한다는 것은 별 의미가 없다고 하겠다.

반구대암각화의 보다 쉬운 이해를 위하여 전체 유적을 그림 7과 같이, A면을 중심으로 좌우로 B · C · D로 구분해서 살펴보기로 하자.

1) A면

A면은 총 190여 점의 표현물이 집중되어 있는 반구대암각화에서 가장 중심이 되는 곳이다. 그림 8은 반구대암각화에서 A면을 다시 세분화한 것이다. 그림의 밀집도나 분포상태, 이해의 편의에 따라 크게 A-1, A-2, A-3, A-4의 네 개 그룹으로 나누어서 살펴볼 수 있다.

A-1 그룹에는 대형의 고래와 거북 · 그물 · 고래잡이 배가 있는 곳이다. 그 대표적 그림으로는 고래 등에 작은 새끼를 업고 가는 형상이라든지 몸에 작살이 박힌 고래가 있다. 가장 큰 표현물로 줄무늬가 있는 고래도 여기에 속한다. 고래 몸 속의 새끼나 작살이 있는 것은 사전계획에 의하여 바위 표면은 남기고 나머지 부분을 파서 그림을 완성하였다.

A-1 그룹에는 상하에 남녀로 보이는 사람이 있고, 그 사이로 많은 수의 고래가 있어서 서술적 화면구성의 면모가 있다. 하지만 두 명의 사람이나 고래가 모두 동시에 제작된 것이라고 볼 수는 없다. 가장 좌측 상단의 별도의 바위에

[그림 8] 반구대 암각화의 A면

100cm

도 한 명의 사람이 서 있다.

상단의 무릎을 구부리고 서 있는 사람이나 이 표현물에 대해서는 여러 가지 견해가 엇갈리고 있는 모양인데, 후에 다시 언급하겠지만 두 표현물에 대하여 필자는 전자를 눈 위에 손 그늘을 지어서 먼 곳을 살피는 사람으로, 후자에 대해서는 머리 위로 두 손을 올려서 작살을 던지려는 자세의 사람으로 보고자 한다.

A-1 그룹에서 조사된 두 척의 배는 오른쪽에 있는 고래와 길게 선으로 서로 연결되어 있다. 그래서 이것은 고래잡이와 같은 어로행위의 모습을 보여주고 있는 흥미로운 표현물이다. 이외에도 고래 사이에 전반적으로 작게 묘사된 육지동물이 있고 하단에도 알 수 없는 표현물이 있다.

A-2 그룹은 하부에 바위의 일부가 깨어져 나가면서 그 윗부분에 여러 점의 그림이 집중되어 있다. 여기서 가장 주가 되는 그림은 고래 · 호랑이 · 사슴 · 그리고 두 척의 배로서 이러한 것은 서로 중첩되어 엉켜 있는 상태로 나타나 있다. 이 그룹은 반구대암각화의 제작순서와 층별 구성을 분석하는 데 있어서 가장 중요시되는 부분이다.

바위가 떨어져 나간 하단부 바로 위에도 많은 수의 그림이 겹쳐 있었던 것으로 보인다. 하지만 전반적으로 문지른 흔적이 보이고 마모가 심하게 진행되어, 현장에서는 판독이 불가능한 부분이다. 그러나 과거의 조사자료[황수영 · 문

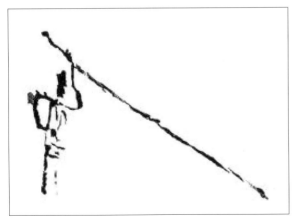

[그림 9]
A-2그룹의 사람

명대의 보고서(1984), 그리고 국립경주박물관과 국민대학교박물관 소장의 1970년대 말 경에 제작된 FRP 수지 복제품]를 참고하여 이 부분에 대한 제한적 복원이 가능하다. 현 상태에서 과거의 자료를 보완함으로써 3개의 동물과 한 명의 사람을 추가로 찾아낼 수 있었다. 사람은 그림 9와 같이, 한 손은 허리에 얹고 또 한 손으로는 긴 작살 같은 도구를 들고 서 있는 자세로 조사되었다.

A-3 그룹과 A-4 그룹에는 육지동물이 주를 이루는 가운데 간간히 고래와 같은 동물이 있다. A-3 그룹에서 주목되는 표현물은 상단의 배 한 척과 함께 멧돼지 같이 몸 내부를 선각으로 구획한 동물, 그리고 이 그룹의 중간에 있는 고래 표현물이다. 이 고래는 양쪽에 한 마리씩 가마우지 같은 물새가 배치되었다. 우측의 가마우지는 입에 물고기를 물고 있는데, 여기서 배와 같은 표현물이나 동물 몸체 내부에 격자문이 있는 동물, 고래와 같은 것은 반구대암각화의 조형성과 정신적 세계를 잘 암시하는 것이다. 이와 함께 5명의 사람과 작게 묘사된 한 점의 인면도 있다. 사람은 활을 쏘는 형상과 허리에 손을 짚고 한 손은 하늘을 향한 모습으로, 그 허리에는 전투용 도끼 같은 도구를 착용한 것으로 나타난다.

A-3 그룹에는 몸 내부가 격자문 선각으로 묘사된 여러 마리의 동물이 있는데, 거기서 3마리의 멧돼지를 제외한 나머지 선각동물은 동물의 생태적 특징을 묘사한 것이다. 그러나 멧돼지같이 방안선각의 격자문이 있는 동물은 생태적 특징이라기보다 제작자의 어떤 특수한 인식이 반영된 표현물로 생각된다.

A-4 그룹에서 특기할 만한 표현물은 가면형상의 인면 한 점과 활 쏘는 자세의 사람 두 점, 정면 모습의 사람 한 점이 있고, 상단의 격자문이 있는 동물과 함께 중간부분에서 아래·위로 배치된 두 쌍의 산양과 여우, 그리고 두 마리의 야수에게 쫓기고 있는 사슴이 있다.

야수에게 쫓기는 사슴은 덧새김 기법에 의한 것이다. 기존에 있던 산양 같은 동물의 몸에 명확하지 않은 둥근 원이 덧새겨져 있다. 그 머리에는 재차 뿔을 새겨 넣었고, 뒤에는 이를 쫓고 있는 두 마리의 개과 동물로 보이는 야수를 나타내어서 전혀 다른 형상을 만들고 있다. 이러한 구성은 인접하는 북아시아에서 조사되는 표현물과 동일한 구성이라 할 수 있다.

2) B면

B면은 A면에서 왼쪽으로 'ㄱ'자로 꺾여진 바위의 그림이다(그림 10). 이곳에는 당초 많은 수의 그림이 있었을 것으로 보이지만, 결 따라 쪼개지고 떨어져 나가는 석질로 해서 표현물의 대부분은 없어지고 그 일부만 남아 있다. 가장 많이 떨어져 나간 중간부분에는 작은 흔적조차 남아 있지 않다. 그럼에도 불구

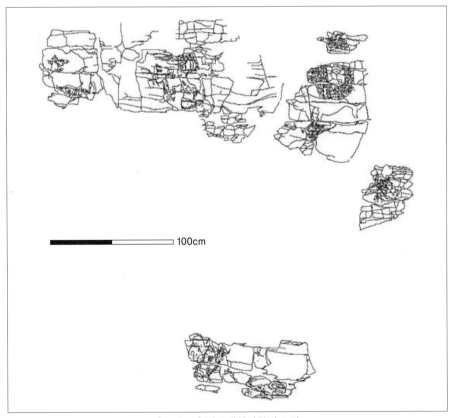

[그림 10] 반구대암각화의 B면

하고 B면에서 살아남은 표현물은 모두 15점으로, 그것은 바위 상단의 면 새김의 사람·초식동물·고래·그물, 그리고 작은 물고기와 선새김의 호랑이이다. 바위 하단부에는 서로 새김 법이 다른 두 마리의 고래가 있고, 고래로 보이는 동물의 일부분도 남아 있다.

상단에 있는 그물은 옆으로 누운 면새김 고래와 함께 있는데, 그물의 한쪽이 고래의 등을 살짝 덮고 있는 것으로 조사되었다. 이 그물은 오른쪽 A-1 그룹의 그물과 규모나 새김법이 같은 서로 동일한 시기에 제작된 것이다.

3) C면

C면은 A면에서 오른쪽으로 2m 가량 떨어져 있는 곳에서 별도로 자리 잡은 3개의 작은 그룹이다(그림 11). 거기서 왼쪽 상단에 있는 첫 번째 그룹은 그리 크지 않는 바위 면에 선 새김 호랑이 한 마리와 뒤집혀진 고래 한 마리가 있다. 그리고 한 척의 배와 배 아래 고래의 꼬리부분이 있고, 그 외에 무엇을 새긴 것인지 알 수 없는 표현물 한 점까지 하여 모두 다섯 점으로 구성된다.

이 그룹은 선 새김의 호랑이와 뒤집혀진 고래가 하나의 타입으로 보이고 배와 고래꼬리가 또 하나의 타입으로서, 뒤집혀진 고래는 배위에 중복묘사된 것이다.

두 번째 그룹에는 선 새김 산양과 산양의 목 위에 늑대 같은 동물이 있다. 또 그 위에는 옆으로 누운 물고기 형상 한 점과 다시 그 위로 알 수 없는 동물도 한 점 있다. 산양으로 보이는 동물은 경직된 자세로 비스듬히 누운 것처럼 새겨져 있는데, 이것은 이미 잡혀서 죽임을 당한 동물을 나타낸 것이 아닐까 한다.

같이 조사된 물고기 한 점은 그 어떤 표현물과도 서로 비교되지 않는 상태로서, 기법의 치졸함과 같은 부분을 볼 때, 근대의 어느 시기에 첨가된 것이 아닌가 하는 의문이 있다. 이 그룹은 반구대암각화에서 가장 하단에 있는 그룹이다.

[그림 11] 반구대암각화의 C면

세 번째 그룹은 가장 오른쪽에 있는 것으로서 바위가 하늘을 향해 완만하게 경사져 있는 곳의 표현물이다. 왼쪽으로부터 활 쏘는 형상의 사람, 거꾸로 선 고래의 꼬리부분, 크게 묘사된 세 마리의 사슴이 있다. 선 새김의 사슴 사이에는 무엇인지 판단하기 어려운 형상도 한 점 있고, 사슴 뒤로 약간 떨어진 지점에도 종을 알 수 없는 선 새김 동물이 한 점 있다.

사슴 세 마리는 반구대에서도 대형의 표현물에 속하고, 다른 그림과도 표현상 차이가 커서 주목되는 부분이다. 사슴의 몸체는 직사각형에 가깝고, 앞다리는 앞으로 꺾여 휘어진 모습으로, 몸 내부에는 꽃사슴을 묘사한 것과 같은 점박이 문양을 새겨 넣었다.

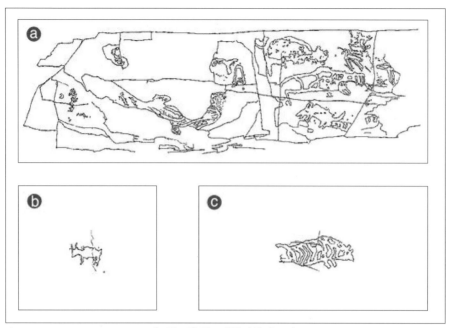

[그림 12] 반구대암각화의 D면

4) D면

　B면의 왼쪽에서 'ㄴ'자로 꺾인 부분은 좌측에서 멀리까지 단애로 이어지는 곳이다. 이곳에는 단애의 중간으로 층이 지면서 작은 소로와 같은 길이 형성되어 있는데, 'ㄴ'자로 꺾인 그 첫머리의 바위 하단에 그림 12-a의 그룹이 있다.

　이곳은 바위의 표면박락이 심한 곳이다. 떨어져 나가고 남은 부분에 면 새김의 동물 1점과 함께, 고래와 유사한 표현도 있고 호랑이와 같은 선 새김 동물도 조사된다. 그러나 여기서 조사된 대부분의 표현물은 그 종을 알아볼 수 있는 상태가 못 되는데, 그것은 동물 종의 특색을 말해주는 부분이 박락으로 없어졌기 때문이다. 이 부분에서 조사된 면 새김 동물 중 한 점은 입을 벌리고 꼬리를 치켜든 개과 동물의 생태적 특징이 잘 나타나 있다.

여기서 다시 왼쪽에는 위에서부터 바위가 갈라져서 깊이 들어간 곳이 있는데, 이 속에 그림 12-b의 작은 산양과 같은 면 새김 동물 한 점이 있고, 다시 좌측 6~7m 정도 떨어진 곳에는 그림 12-c와 같은 선 새김 호랑이 한 점이 있다. 이 호랑이는 가장 멀리 떨어져 있는 표현물로 두 표현물은 주의를 기울여야 찾아볼 수 있는 것이다.

이상과 같이 반구대암각화의 현상을 이해하기 위하여 유적을 4개 지점으로 구분하여 설명하였다. 다음으로 이어지는 부분에서는 칠포리형 암각화에 대하여 그간 조사된 순서에 따라 유적별로 살펴보기로 하자.

3_칠포리형 암각화

1) 고령 양전동 암각화

경북 고령군 고령읍 장기리 532에 있는 양전동 암각화(그림 13)는 회천 북변의 산자락 끝 600×300cm의 비정형 바위에 있다. 이곳은 제방을 쌓아 물길을 돌리기 전에는 유적 가까이 물이 흐르고, 바로 앞에는 웅덩이가 있었다고 한다. 그러나 제방축조 이후 새로 생긴 땅에 인가와 산업단지가 들어서서 오늘날의 입지를 만들고 있다. 암각화도 유적 앞에 있던 담을 허무는 과정에서 발견된 것이라고 한다.

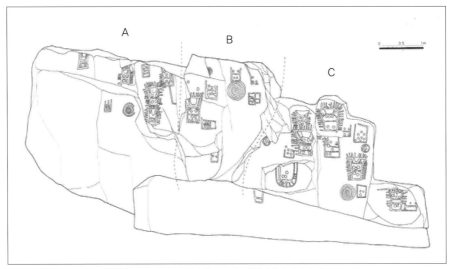

[그림 13] 고령 양전동 암각화 (대가야박물관)

N 230° 의 남서쪽을 향하고 있는 바위의 그림 내용은 다음과 같다. 앞장에서 칠포리형 암각화에 대한 형상 측면에서의 명칭을 검파형암각화로 부르기로 하였기 때문에 여기서는 이 유형을 검파형암각화라고 불러서 유적을 살펴보기로 하자.

양전동 암각화는 검파형암각화와 동심원암각화, 그리고 동그라미 표현물을 포함하여 35여 점으로 구성된다. 동심원암각화는 직경 10.5~27.5cm 정도의 삼중 동심원 4점이 있고, 검파형암각화는 모두 30점이 있다. 그 외에 동그라미 내부에 작은 홈을 새긴 표현물도 조사되었다. 함께 분포하는 동심원암각화와 동그라미는 검파형암각화와 서로 조화롭게 배치되어 있는데, 이러한 구성은 검파형암각화나 동심원암각화 모두가 동일한 비중의 존재감으로 받아들여진 것으로 보인다.

검파형암각화는 양전동에서 처음 조사된 것으로, 한국 암각화에서 계통적 흐름을 갖고 있는 것이다. 이것은 그림 13과 같이 장방형을 하고 있는 외형에 상단의 폭이 하단의 폭보다 넓고 양 허리부분은 안으로 오목하게 들어가 있는 형태로서, 그 내부에는 2~3단의 가로 선각이 있다. 각 공간에는 2~3개 정도의 작은 바위구멍을 새겼으며, 장방형의 상단과 양옆으로 짧은 선각을 나타낸 것도 있고 아무런 장식이 없는 것도 있다. 짧은 선각이 무엇을 나타낸 것인지는 알 수 없지만, 마치 사방으로 번쩍이는 빛을 묘사한 것처럼 보이는 측면이 있다. 테두리선의 상변의 중간 아래로 홈을 새겼는데, 홈의 형상은 V자형과 U자형, 그리고 위가 약간 벌어진 U자형과 같이 모두 3개의 형식으로 나타난다. 이러한 차이는 제작시차에서 오는 변화가 아닐까 한다.

양전동 암각화의 제작기법은 바위를 쪼아서 형상을 나타낸 다음, 그것을 따라 가볍게 갈아서 새긴 것으로, 새김선의 깊이는 약간씩 차이가 있으나 대체로 얕은 편이다.

그림이 있는 단애는 고르지 않는 비정형의 바위이다. 바위의 조건상 전체는 3개의 단락으로 구분해서 볼 수 있는데, 여기서 검파형암각화는 그림 13에서 A

그룹에 8점이 있고 B그룹에는 9점, C그룹에서는 12점이 조사되었다. 그리고 단애 앞으로 길게 누운 바위에도 소략한 한 점의 그림이 있다.

서로 구분되는 각 그룹은 표현상 약간의 차이를 찾아볼 수 있는데, 이것은 오른쪽에서부터 왼쪽으로 오면서 크기에서 차이가 있고 단순하게 나타나는 면모가 있다. 이러한 것은 전 표현물이 동시에 제작된 것이 아니라, 얼마간의 시차를 가지고 제작된 것이라는 점을 암시한다. 그 밖에 동심원암각화는 A그룹에 한 점이 있고, B그룹에는 두 점이 있다. C그룹에서는 한 점의 동심원암각화와 동그라미도 두 점 조사되었다.

암각화는 넓게 펼쳐진 바위의 서남쪽 단애에 새겨진 것이지만, 바위의 위에도 많은 수의 바위구멍이 있다. 바위는 구릉으로 이어지는 부분이 담으로 막혀 있기 때문에 그 정확한 형상은 알 수 없다. 대체적으로 넓은 장방형을 하고 있고 남쪽으로 기울어져 있다. 이곳의 바위구멍은 전반적으로 20~25cm 정도의 크기로서 한국 바위구멍 유적에서 흔히 볼 수 없는 큰 규모이다. 깊이는 바위구멍에 따라 다르지만 7~12cm 가량으로 그 수는 25여 개 정도에 이른다. 그 외에 주암면 앞의 길게 누운 바위 위에도 두 점의 작은 바위구멍이 있다.

단애의 암각화와 이 바위구멍이 어떤 연관성을 가지는가 하는 것은 현 시점에서 알 수 없다. 하지만 이러한 바위구멍이 비록 암각화와 같은 시기에 제작된 것이 아니라 할지라도, 동일한 암각현상이면서 같은 바위 상에 나타난다는 점에서 양자가 서로 무관한 것은 아닐 것이다.

2) 포항 인비리 암각화

포항시 북구 기계면에 있는 인비리仁庇里 암각화岩刻畵는 31번 국도에서 기북杞北으로 가는 갈림길 초입의 왼쪽 논 가운데에 있다. 한국 암각화에 있어서 긴 공백기 끝에 발견된 인비리 암각화는 국립경주박물관의 지표조사에 의해 알려지게 된 고인돌암각화이다(국립경주박물관, 1985: 124~127).

고인돌의 남쪽 전방으로는 은천지에서 내려와 형산강으로 합류하는 기계천이 있고, 그 뒤로는 완만한 구릉이 작은 산(228m)에서 이어지는 곳이다. 구릉에는 8~9기의 고인돌이 일직선에 가깝게 분포하고 있는데, 그 중의 논 가운데 있는 한 고인돌에 인비리 암각화가 있다.

논 주인의 말에 의하면, 이 고인돌의 원래 자리는 동북쪽 후방 10m 정도 뒤에 있었다고 한다. 하지만 1980년대 초반 농지정리를 위해 현 장소로 옮겨진 것으로서, 처음에는 그림의 방향이 하늘을 향하도록 되어 있었다고 하나, 정말로 그런 것이었는지는 확실하지 않다고 하겠다. 암각화에 대한 주민들의 생각은 이것이 물고기를 새긴 것으로 이해되어 왔다고 한다.

암각화는 그림 14와 같이 가로·세로·높이 135×240×140cm의 비정형의 고인돌 덮개돌의 남쪽 측면에 석검형암각화 두점과 석촉형암각화 한 점이 상·하로 가지런히 새겨져 있다. 제일 위에 있는 석검은 손잡이의 길이가 20cm, 손잡이 폭 22cm, 검 날 길이는 18cm이고 폭은 17cm이다. 전체는 가로·세로 38

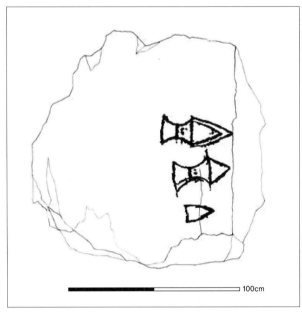

100cm

[그림 14]
포항 인비리 암각화

×22cm로 검 날 부분에는 날을 감싸고 있는 선각이 있어서 이 부분까지 포함하면 총 길이는 44cm 정도 된다.

전체에서 손잡이가 검 날보다 크다. 손잡이는 이단병식二段柄式으로, 그 구획된 공간 오른 쪽에 두 개의 작은 바위구멍을 새겼다. 검 날은 손잡이보다 길이가 짧고 거의 정삼각형에 가깝다. 검 날 부분에는 날을 감싸고 있는 >와 같은 선각이 있다. 이 선각을 석검의 날을 표현한 것으로 보는 경우가 있고(임세권, 1999: 123), 또는 석검의 검 집으로 보아서 이것을 내부투시內部透視화법에 의해 제작된 것으로 보는 경우도 있다(국립경주박물관, 1985: 126). 하지만 그 동안 조사된 석검을 봤을 때, 전체 형상에서 날을 세우긴 했지만 날 부분만을 따로 구분하여 그 부분을 가시적으로 드러낸 것은 나온 적이 없다. 또한 대구 평리동이나 경남 창원 다호리, 전 평양 출토의 칠기 검 집의 형상과 비교할 때, 검 집과도 판이하게 다른 모양이다. 이처럼 석검의 날로 보기도 어렵고 검 집으로 보기에도 어려운 선각이 있다.

두 번째 석검도 위의 것과 비슷하지만 크기는 가로·세로 37×27cm로 약간 작다. 손잡이는 길이 24cm 폭 27cm이고 날 길이는 13cm이다. 첫번째 석검에 비하여 길이가 짧지만 손잡이는 더 크고 길다. 손잡이 역시 이단 병식으로, 구획된 공간의 바위구멍 두 개도 같다. 첫번째 석검에 비해 두 번째의 것은 손잡이가 검 날보다 더 크게 제작되었다. 그러나 검 날 부분의 > 표현은 없다. 또 이 석검은 검 날과 손잡이 사이를 구분하는 선각이 석검의 범위를 벗어나 길게 있고, 손잡이 오른쪽에 손잡이와 같은 선각이 중복되어 있는 양상이다. 검 날은 정삼각형이다.

아랫부분에 있는 삼각형은 3점의 표현물에서 가장 마모가 심하여, 그것이 석촉을 나타낸 것인지 석창을 나타낸 것인지조차 확실하지 않다. 그러나 통상 고인돌이나 돌널무덤에서 석검과 동반해서 나오는 것이 석촉이기 때문에 이를 석촉으로 보고자 한다. 그 형태는 이등변 삼각형에 양 변이 볼록하게 나와 있으며 크기는 19×12cm이다.

그림의 제작기법은 바위에 형상을 쪼아서 새긴 다음 그 각선에 따라 단단한 도구로 가볍게 갈아서 제작한 것이다. 각선의 폭은 통상 1~1.5cm 정도이고 깊이는 0.5cm 정도의 얕은 새김이다. 그 단면은 U자형이다. 이러한 새김의 정도로는 햇빛이 측면에서 비치는 아침이나 저녁과 같은 특정한 시간대가 아니면 잘 알아보기 어렵게 한다.

인비리 암각화의 성격에 대하여 그간 장송의례와 관련한 부장품과 깊은 관계가 있으며(국립경주박물관, 1985: 125, 127), 지석묘에 석검을 부장하는 전통에 따라 그것이 새겨진 것으로 이해하고자 했다(임세권, 1994: 77). 이에 반하여 이 석검이 실용적 용구가 아니라 남성의 권위를 상징하는 의례적인 상징물로서 남성 상징의 도구로 보는 견해도 있다(송화섭, 1994: 70). 이러한 시각은 농경사회에서의 풍요주술로서 석검과 석촉에 주술·종교적 의미를 부여한 데서 비롯된 것이다. 암각화가 제작된 시대적 배경은 남성의 노동력이 농업생산과 직결되기 때문에 그 기능이 증대되는 고인돌사회이고, 이러한 환경 속에서 석검과 석촉에 남성 상징의 기능이 투영되어 나타난 것을 인비리의 석검·석촉으로 보는 것이다.

필자는 어차피 석검이 도구로서의 기능보다는 상징적이고 의기로서의 기능이 깊이 반영되어 있다고 보기 때문에 후자를 신뢰하는 입장이다. 또한 이러한 석검형암각화가 검파형암각화의 성립과 같은 부분과 관련성이 있기 때문에 검파형암각화와 하나의 범주에 포함해서 보는 것이 옳을 것으로 본다.

석검형암각화는 2006년 10월 경 이곳을 다녀간 사람들에 의해 그림이 덧새겨지는 등 크게 훼손된 채 방치되어 있다.

3) 영주 가흥동 암각화

영주시 가흥 1동 264-2에 있는 가흥동 암각화는 평지에서 솟은 작은 봉우리에 있다. 이곳은 신라시대의 유적으로 일명 부처당바위로 불리는 가흥동 마애

삼존불이 있는 곳으로, 암각화(그림 15)는 부처당바위의 남쪽 단애 하단에 조성되어 있다.

유적 주변은 내성천의 지류인 서천이 흐르고 있는데, 이곳은 영주-예천 간 국도변으로 도로가 들어서기 전에는 바로 지근거리까지 서천이 들어왔던 곳이다.

암각화가 있는 단애는 거친 화강암으로, 상하 두 개로 나뉜 바위의 상단에 있는데, 그 크기는 가로·세로 115×388cm로, 왼쪽은 좁고 오른쪽은 보다 넓은 비정형의 바위이다.

비교적 얕은 새김의 갈아파기로 제작된 암각화는 검파형암각화가 축소되고 간략하게 묘사된 것처럼 보인다. 약 15점으로 조사된 암각화는 그 크기에 약간의 차이가 있고, 대부분 가로로 구획된 선각 1~3개로 구분되었다. 또 다른 지역의 검파형암각화에서 보이던 구획된 공간 안의 바위구멍이 이곳에서는 전혀 나타나지 않는다. 테두리를 이루는 네 변의 선각이 둥근 반원처럼 되어서 허리 부분은 안으로 들어간 형상인데, 각 그림의 구성은 횡으로 늘어서 있고, 그 중 일부 표현물은 아래·위로 층을 이룬 것도 있다.

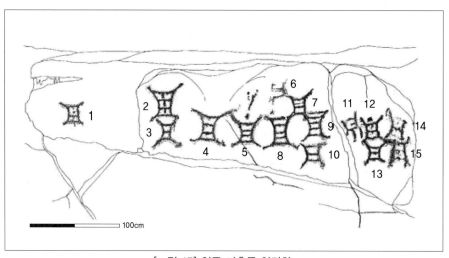

[그림 15] 영주 가흥동 암각화

전체 15점 중에서 그림 15-2는 유일하게 세로 선각이 새겨져 있고, 그림 15-5와 그림 15-12는 그 상단에 하나의 바위구멍이 있어서 이것을 사람머리로 본다면 암각화는 사람이 사지를 벌린 형상으로 보이는 측면이 있다. 그렇지만 이 바위구멍이 암각화와 관련된 표현인지는 분명하지 않다고 할 것이다.

그림 15-7, 15-8, 15-9, 15-10은 4개의 검파형암각화가 사방으로 모여 있어서 그 중간의 공간이 둥근 원형으로 나타나는데, 이러한 배치나 표현이 의도에 의해 나온 것인지는 알 수 없다.

가흥동 암각화는 양전동이나 칠포리를 비롯한 다른 지역에서 조사된 동일유형의 암각화와 비교했을 때, 이곳이 가장 도식화한 형태로 보이는데, 이러한 현상은 검파형암각화의 형상을 규정하게 되는 기본적 속성만이 여기에서 나타났기 때문이다.

4) 포항 칠포리 암각화

포항시 북구 흥해읍 칠포리 201과 그 주변에 분포하는 칠포리七浦里 암각화岩刻畵는 마을 뒤 곤륜산(해발 177m)을 중심으로 하여 이웃마을 청하면 신흥리를 포함하는 넓은 지역에 분포한다. 그림 16과 같은 분포지역을 가지고 있는 칠포리 암각화는 한반도 암각화유적에서 가장 넓은 지역에 있는 유적이다.

암각화가 조사된 곳은 곤륜산에 2개소, 칠포 2리 마을 뒤 상두들에 3개소가 있고, 칠포리 마을 한가운데를 흐르는 소동천 옆의 농발재 아래에도 있다. 그리고 신흥리 오줌바위를 포함하면 곤륜산을 중심으로 하는 지역에서 모두 7개소에서 조사되었다. 주변 유적으로는 곤륜산을 마주 보는 오봉산에 오봉산 봉수대가 있고, 마을 안에는 조선 중종 대에 세운 칠포관방진영기지의 성벽일부가 남아 있다.

칠포리 암각화의 내용을 분포지 별로 살펴보면 다음과 같다.

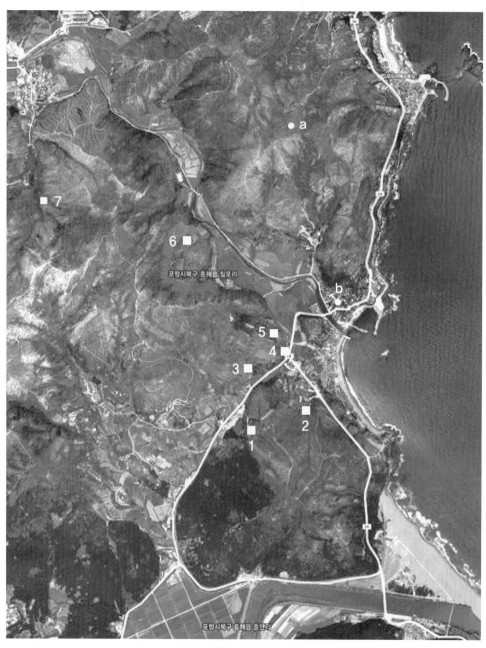

[그림 16] 칠포리 암각화 분포도

1.곤륜산 A지점 2.곤륜산 B지점 3.상두들 별자리형 바위구멍 4.고인돌(추정)암각화

5.선각 바위구멍 있는 제단 6.농발제 암각화 7.신흥리 오줌바위 암각화

a.오봉산 봉수대 b.칠포관방진영기지, DAUM지도 BETA

(1) 곤륜산 A지점

칠포 2리에서 곤륜산 서북쪽 실안마을로 통하는 길에서 좌측 산기슭의 작은 계곡을 따라 산으로 약 50m 정도 올라가면 나오는 유적이다. 지금은 입구에 멸치가공공장이 들어서면서 그 진입로가 변했지만, 작은 계곡을 낀 유적은 계곡 좌우와 상단, 그 내부 암괴를 포함하여 모두 5곳에 분포하고 있다.

이곳은 칠포리 암각화를 대표하는 곳으로, 그림의 규모나 수량 면에서 가장 풍부하고 다양한 표현물이 나타난다(그림 17, 18). 그 내용은 검파형암각화 29점, 석검형암각화 3점, 여성성기형암각화 25점 등 총 57점으로 구성된다.

검파형암각화는 한반도 남부지방에서 조사된 같은 유형 중 최대 규모의 그림으로, 가장 고졸한 형태를 가지고 있는 그림에서부터 상당한 발전상을 보여주는 것까지 모두 나타나고 있다. 그 중 가장 큰 것은 가로·세로 92×100cm 크기의 것도 조사되었다. 그 외에 보편적 규모의 그림은 대체적으로 다양한 크기로 골고루 나타나고 있는데, 그 중에서 가장 작은 것은 약 11×19cm 정도의 크기이다.

그림 17, 그림 18과 같이 조사된 암각화는 이를 형상 측면에서 보았을 때, 허리 부분의 들어간 정도가 같은 검파형암각화에서 가장 많이 안으로 들어가 있다. 그 내부에는 1개에서 5개 정도의 선각으로 공간을 구획하였으며, 구획된 공간 안에는 2~4개 정도의 바위구멍을 배치하였다.

몇몇의 표현물에는 세로로 선각을 새긴 것도 있으나 모양은 일정하지 않고 각 그림마다 차이가 있다. 상단에는 U자형의 홈이 있는 것도 있고 없는 것도 있으며, 그 내부는 모두 파낸 후 부드럽게 갈았다. 선각의 굵기도 검파형암각화 중에서는 가장 굵고 깊게 나타나 있는데, 전반적으로 약 3~6cm 정도이다. 이러한 점으로 볼 때, 그림의 제작은 긴 시간 지속적으로 각선을 갈아서 새겼다는 것을 잘 말해준다.

그림 17에서 뚜렷하게 나타나는 그림 사이에는 규모가 작고 파괴된 그림의 흔적이 남아 있어서, 곤륜산 A지점은 적어도 두 차례 이상의 제작시기가 있었

다고 보인다. 이 제작시기에 대해서는 나중에 보다 심도 있게 분석하고자 한다. 필자는 여기서 그림 17의 바탕에 깔려 있는 작은 규모의 그림과 그림 18에 대하여, 이러한 것을 더 고식으로 보고 칠포리 A로 규정하고자 한다. 따라서 그림 17의 뚜렷한 그림은 상대적으로 나중에 제작된 것으로 칠포리 B로 구분된다.

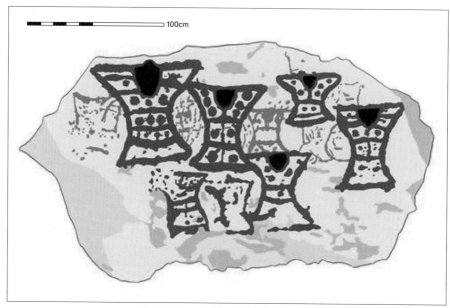

[그림 17] 포항 칠포리 암각화(주암면)

[그림 18] 검파형암각화와 성기형암각화, 곤륜산 A지점

곤륜산 A지점에서 다섯 곳에 분포하는 각 암각화 그룹에서 가장 왼쪽에 있는 그룹에는 석검의 검신과 손잡이가 분리된 상태로 묘사된 것이 있다. 이것은 검파형암각화의 성립과도 밀접하게 관련되어 있기 때문에 주목되는 것이다. 이것은 칠포리 A에 속하는 것이다.

그림 17의 주 암각화 부분은 그 위로 바위가 이어지고 있고, 이곳에도 석검형암각화 한 점과 하늘을 보고 누운 모양의 검파형암각화가 한 점, 그리고 가장자리 부분에서 최근 새롭게 두 점의 성기형암각화가 조사되었다. 석검은 일단병식의 형상을 하고 있으며 검 날의 끝이 서북쪽을 향하고 있다. 또한 한가운데에는 10여 점의 바위구멍이 함께 새겨져 있다.

그림 18과 같이 나타나는 여성성기형암각화는 타원 또는 역삼각형의 내부에 세로로 깊게 홈을 새긴 모양으로 조사된다. 이러한 형태는 세계 여러 지역의 암각화유적에서 보편적으로 조사되는 성기형암각화의 형상이기도 하다. 한 점씩 따로 새겨져 있거나 두세 점이 서로 연결되어 있으며, 어떤 것은 석검과 함께 겹쳐져서 나타나기도 한다. 성기형암각화와 함께 분포하는 검파형암각화는 아무래도 초기형인 칠포리 A로 분류된다고 하겠다.

(2) 곤륜산 B지점

곤륜산에서 912번 도로 옆 동쪽 해안 쪽에는 또 다른 계곡이 있다. 계곡 옆에 범선레스토랑이라는 음식점이 있고, 이 음식점 마당을 가로질러 산으로 오르면 큰 바위지대가 있다. 이 바위지대와 함께 아래 계곡 속에 큰 암괴가 몇 개 있는데, 이 일대는 곤륜산 B지점으로 이곳에 20점 정도의 암각화가 있다.

작은 계곡은 곤륜산 A지점의 계곡보다 더 큰데, 그 내부와 우측의 바위에 암각화가 있고 계곡을 굽어보는 바위지대의 측면과 상단에도 여러 점의 암각화가 있다. 그 내용은 검파형암각화와 윷판형암각화, 그리고 크고 작은 바위구멍으로 구성된다.

검파형암각화는 모두 11점이 조사되었다. 그 중 10점은 계곡 안에 있는 바위에 새겨져 있고, 한 점은 계곡 위 바위지대에서 동향의 수직 암벽에 있다.

그림 19는 계곡 속의 바위에 제작된 것이다. 그 외에도 계곡 속의 암괴에는 6점의 그림이 있고 나머지는 모두 바위지대에 분포하는데, 바위 위는 나무와 흙, 이끼와 같은 것이 가득 덮여 있었다. 하지만 산불이 나면서 불에 탄 나무를 제거하는 가운데 바위가 드러나고, 드러난 면에서 윷판형암각화 8점과 바위구멍 18점 이상이 확인 된 바 있다. 또한 제작시기에서 차이가 있는 인면이 바위 귀퉁이에서 한 점 조사되었다.

검파형암각화는 각각의 그림마다 형상 변화가 크게 나타나는데, 특히 계곡 속에 있는 그림 19와 같은 것은 4점의 그림이 45° 정도 기울어진 상태로 조사되었다. 이 바위는 인력으로 이동하거나 어떻게 할 수 있는 바위가 아니다. 그렇기 때문에 제작단계에서 이미 기울어진 모양으로 제작된 것이 분명하다. 이렇게 기울어진 상태의 그림은 곤륜산 A지점에도 한 점 있다. 처음부터 기울어지

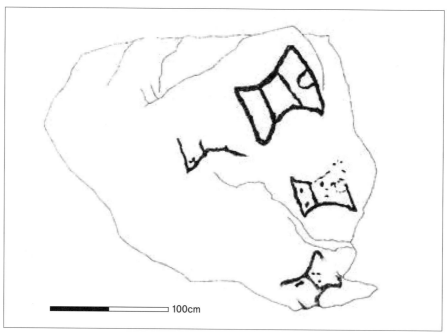

[그림 19] 검파형암각화, 곤륜산 B지점

게 그림을 새겼다는 것은 암각화의 제작과정에 또 다른 기능적 측면이 있었던 것으로 보인다.

바위 위는 대부분이 흙에 덮여 있기 때문에 그 크기가 얼마나 되고, 또 어떤 모양인지는 알 수 없다. 흙에 덮여 있는 부분에도 암각화가 더 있을 것으로 짐작되는 곳이 곤륜산 B지점이다.

(3) 상두들

칠포리에는 여러 기의 고인돌이 있다. 고인돌은 대부분 농발재에서 이어지는 구릉지 상두들의 농로를 따라 분포하고 있다. 이곳의 고인돌 중에 5개의 고인돌에서 그 위에 암각화나 바위구멍, 선각이 새겨진 것이 조사되었다[그 중 1기는 제단 구조물로 보이고 1기는 추정 고인돌이다].

그림 20은 곤륜산 A지점에서 마주 보이는 음식점 뒤편의 크고 작은 바위 4개로 이루어지는 고인돌이다. 이곳에는 지름 12cm 정도의 비교적 큰 바위구멍에서부터 1.2cm 정도의 작은 바위구멍으로 구성되는 북두칠성형 바위구멍과

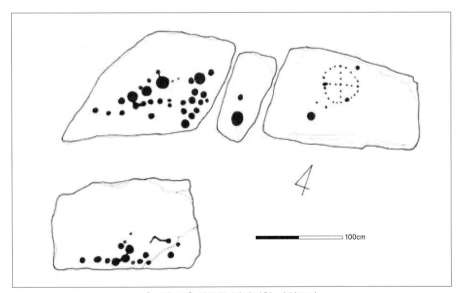

[그림 20] 상두들 별자리형 바위구멍

윷판형암각화가 있다.

이 고인돌 뒤로 가면 작은 개울이 있고 그 옆으로 소로가 있는데, 크고 작은 고인돌 4~5기가 소로와 개울을 따라서 줄지어 서 있다. 그쪽으로 계속 따라가면 다시 농로와 만나게 되고, 농로를 따라 오른쪽으로 약 300m 정도 가면 왼쪽에 방형의 바위가 하나 있다. 이것은 그림 21과 같은 제단 구조물로서, 정방형으로 다듬은 바위의 북쪽에는 바위의 한 변만큼의 거리에 직육면체의 긴 바위를 배치하였다. 그리고 그 사이에는 돌을 다져서 정방형의 단을 조성한 것이다.

가로·세로·높이 300×279×40cm 크기의 적석 구조물은 방형의 바위와 함께 제단으로 조성된 것인데, 이러한 구조물은 묘역식 고인돌과 동일한 구조를 갖고 있다.

바위 위에는 많은 수의 바위구멍이 있고, 바위구멍들은 서로 선각으로 연결되어 있다. 여기서 가장 주목되는 부분은 중간에 바위구멍을 두고 그 테두리가 오각형인 형상과 반원 두 개가 연결된 바위구멍 부분이다. 그러나 이러한 바위구멍과 연결된 선각이 무엇을 나타낸 것인지는 알 수 없다.

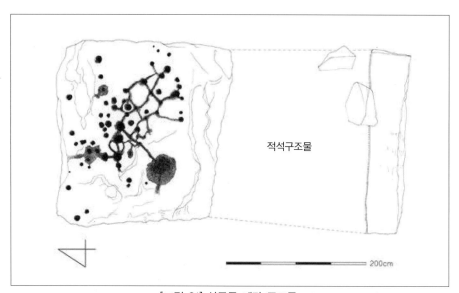

[그림 21] 상두들 제단 구조물

제단 구조물 앞으로 약 50m 떨어진 작은 소나무 숲속에도 7~8개의 고인돌이 분포하고 있다.

이곳에서 다시 농로를 따라 100m 정도 내려가면 912번 도로와 만나게 된다. 도로에서 오른쪽으로 35m 정도 거리에 작은 밭이 있고, 그곳에 바위가 하나 있는데, 이 바위에도 암각화 두 점이 새겨져 있다. 고인돌처럼 보이는 가로·세로·높이 50×200×100cm의 바위는 그림 22와 같이 왼쪽 부분은 알 수 없는 시기에 깨어져 나가고 그 오른 쪽에 검파형암각화 한 점과 이등변 삼각형과 유사한 형상의 도형 한 점이 새겨져 있다.

검파형암각화는 상단 부분이 V자형으로 들어가 있고 가로로 하나의 구획선이 있다. 구획된 위쪽 공간에 4개의 바위구멍이 있다. 암각화의 양쪽에도 작은 바위구멍이 하나씩 배치되었는데, 이러한 구성은 칠포리는 물론, 그 어떠한 검파형암각화 유적에서도 볼 수 없었던 표현이다.

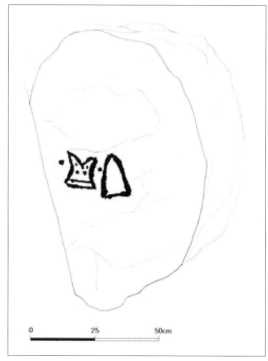

[그림 22]
고인돌(추정) 암각화

(4) 농발재 암각화

칠포리 마을 한가운데는 소동천이 흐른다. 소동천을 거슬러 올라가면 개울 건너편으로 작은 봉우리가 하나 있다. 이 봉우리 뒤는 농발재가 봉우리를 감싸듯이 둘러서 있고, 그 사이에 4기 정도의 고인돌이 분포하고 있다. 여기서 좁은 공간 한가운데는 폐가옥이 하나가 있는데, 암각화는 이 집 아래에 주춧돌처럼 깔려 있는 바위에 있다.

그림 23과 같이 방형에 가까운 비정형의 바위 윗면과 그 측면에 제작된 암각화의 내용은 쪼아서 새긴 검파형암각화 한 점과 여성성기형암각화 한 점, 그리고 윷판형암각화와 작은 바위구멍으로 구성된 둥근 형태의 표현물과 3점의 동물 발자국 형상이 조사되었다.

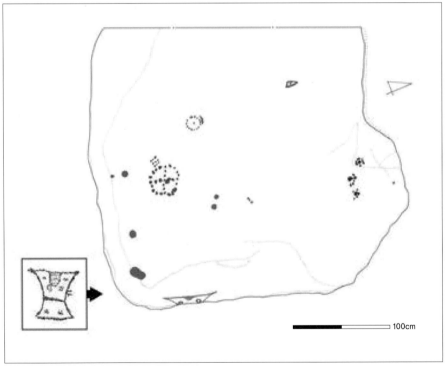

[그림 23] 농발재 암각화

검파형암각화의 경우, 칠포리에서 조사된 대부분은 바위에 쪼아서 형상을 만들고 그 형상에 따라 갈아서 새긴 것이다. 그러나 농발재의 그것은 형상을 새기고 나서 가공하게 되는 갈아 파기의 기법은 보이지 않는다. 이러한 것은 칠포리에서 두 점이 조사되었는데, 암각화의 제작기법과 그 과정을 한눈에 잘 보여주는 표현물이다. 그 규모는 43×45cm 크기에 선 굵기 0.5~2cm 정도로 서, 한 개의 가로 구획선이 있다. 그 상단에는 ∪자형 홈이 있고 바위구멍을 새기고자 한 흔적도 6개 있다.

동물 발자국과 같은 것은 그간 한국 암각화에서 칠포리와 경주 석장동에서만 조사된 표현물이다. 중간의 바위구멍을 중심으로 보다 작은 바위구멍 5개가 한쪽을 감싸고 있는 모양으로, 동물 발자국 암각화는 동물의 생식과 풍요와 관련된 표현으로 이해되고 있다.

(5) 오줌바위 암각화

농발재에서 소동천을 거슬러 1.5km 정도 가면 청하면 신흥리가 나온다. 신흥리 마을의 뒷산 골짜기에 있는 한 바위를 오줌바위라고 하는데, 오줌바위는 완만한 산의 경사면에 걸쳐 있는 바위이다. 그 대부분이 흙과 나무에 덮여 있어서 전체 규모는 알 수 없다. 그러나 노출된 부분의 길이는 약 18m 정도로 중간에서 둘로 구분되는 길게 누운 바위로 이곳에 오줌바위 암각화가 있다. 여기서 위로 올라가면서 비교적 규모가 큰 바위가 여러 개 나오고, 그 바위에서도 몇 점의 표현물이 조사된다. 이 부분까지 포함하여 오줌바위라고 하나, 통상 그림 24와 같이 누워 있는 긴 바위를 오줌바위라고 부른다.

오줌바위에서 주가 되는 표현물은 별자리형 바위구멍이다. 이것은 둘로 구분되는 바위의 아래와 윗부분에서 각각 규모가 있는 한 개씩의 그룹으로 조사되었다.

아랫부분은 425cm 길이로 길게 이어져 있는 그룹으로, 바위구멍은 선각으로 서로 연결되어 있다. 이러한 선각이 있는 바위구멍은 별자리를 묘사한 것으로 보이지만 어떤 별자리를 나타낸 것인지는 불분명하다. 그림 25와 같은 도면 왼쪽에서 전갈좌와 같은 형상을 발견할 수 있으나 이것도 분명한 것은 아니다. 전체에서 오른쪽에는 윷판형암각화가 한 점 있고 용도를 알 수 없는 큰 규모의 바위구멍 4개가 있다.

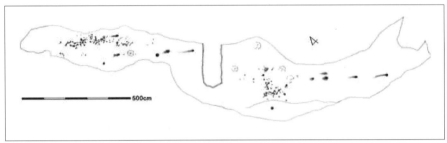

[그림 24] 오줌바위 별자리형 바위구멍

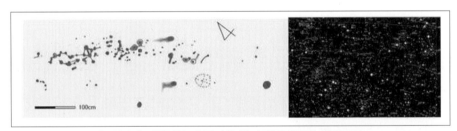

[그림 25] 아랫부분, 오줌바위 별자리형(전갈좌) 바위구멍

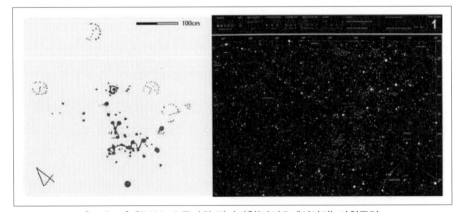

[그림 26] 윗부분, 오줌바위 별자리형(카시오페이아좌) 바위구멍

그림 26과 같이 윗부분에 있는 그룹 역시 별자리로 보이는 바위구멍이다. 이것은 그림 25보다 구체적인 별자리의 형상을 잘 보여준다고 생각된다. 특히 W자 형태의 바위구멍의 구성이나 한가운데에 있는 원 속의 바위구멍과 같은 것을 보면, 아무래도 W자는 북쪽 하늘의 카시오페이아자리와 같고 원으로 둘러싸인 바위구멍은 북극성으로 보이는 측면이 있다. 그러나 정말로 그러한 별자리를 표현한 것인지는 보다 깊은 분석이 요구된다.

이 그룹에서 전체의 구성을 봤을 때, 가운데 원으로 둘러싸인 바위구멍을 사이에 두고 W자와 그 대척점에는 윷판형암각화 한 점이 있다. 이와 함께 네 점의 윷판형암각화와 용도를 알 수 없는 대형의 바위구멍도 있다. 대형 바위구멍은 통상 지름이 25~30cm 정도 되고, 오줌바위의 아래·위 두 지점에 걸쳐서 거의 일직선상에 배치되어 있다. 이러한 바위구멍의 구성이나 규모, 수직으로 깊이 패여진 형태를 봤을 때, 이것은 안동 수곡리 암각화와 같이 제의에 동반되는 기둥과 같은 것을 세우기 위하여 제작된 것이 아닐까 한다.

오줌바위에서 산으로 올라가면서 바위지대는 이어진다. 오줌바위 바로 뒤에 있는 바위에도 여러 점의 윷판형암각화와 9개의 점으로 구성된 고누판과 같은 형상이 있고, 그 뒤쪽 바위에도 지름 72cm나 되는 대형의 윷판형암각화가 두 점 있다. 여기서부터 그 위는 산봉으로 이어진다. 산봉을 향하여 다시 50m 정도 올라가면 오른편으로는 깎아지른 절벽을 낀 바위가 있는데, 그 위에도 윷판형암각화가 조사된다.

오줌바위 바로 뒤에서 이어지는 곳은 비교적 평탄한 곳으로, 이곳은 사암질의 바위가 심한 풍화작용으로 인하여 대부분의 바위 표피가 떨어져 나갔다. 1990년대 초반 최초 조사단계에 이곳에서만 모두 약 30여 점의 윷판형암각화가 확인되었다. 하지만 현재는 표면박리로 하여 모두 벗겨져 나가고, 단 한 점도 찾아볼 수 없게 되었다. 또한 이곳은 90년대 들어 서너 번의 산불로 많은 비가 올 때면 토사와 전석이 휩쓸고 지나가기 때문에, 바위의 표피가 깎여 나가는 등 유적에 대한 훼손은 나날이 가속화되고 있다.

5) 남원 대곡리 암각화

전라북도 남원시 대산면 대곡리 401번지의 대곡리 암각화는 마을 앞의 작은 봉우리 위에 있다. 이 봉우리를 마을에서는 봉황대鳳凰臺라고 하기 때문에 대곡리 암각화는 속칭 봉황대암각화라고 부르기도 한다.

화강암에 새겨진 암각화는 한반도에서 구조적 형상으로 조사되는 검파형암각화로서, 봉황대 정상부 좌·우측의 바위에 각각 두 개의 그룹으로 이루어져 있다(그림 27). 여기서 왼쪽 그룹을 대곡리 A라 하고, 오른쪽 그룹은 대곡리 B라 하여 살펴보기로 하자.

대곡리 A는 길게 누운 바위에 있는데, 바위 위는 멍석 크기 정도로 편평하고 넓다. 그 위에 20여 점의 바위구멍이 산재하고, 암각화는 동쪽을 바라보고 있는 바위의 왼쪽 측면에 검파형암각화 두 점과 함께 무엇을 나타낸 것인지 불분명한 형상 한 점이 있다. 알 수 없는 형상의 표현물은 검파형암각화와 근본적으로 다른 형태로서, 이것은 단순기원의 흔적으로 후대에 덧새겨진 것일 가능성이 있다.

대곡리 A의 기본 형태는 칠포리 B와 매우 흡사하게 깊고 굵은 선각으로 제작되었다. 그러나 상단과 하단 변의 길이가 거의 같고 그 내부 표현에 있어서

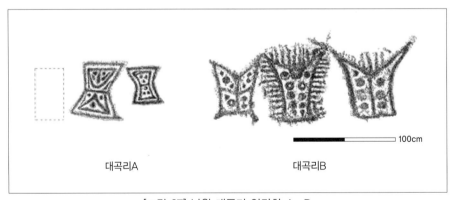

[그림 27] 남원 대곡리 암각화 A·B

는 다른 어느 유적의 그림과도 차이가 있는 양상이다. 두 점 모두 이중 외곽선이 둘러 있고 대소 크기에서 차이가 있는 그림 중, 왼쪽은 중간 구획선을 중심으로 상하로 꼭짓점을 마주하는 삼각형 모양이다. 그러나 오른쪽 그림은 중간 구획선을 사이에 두고 삼각형 모양으로 배치된 바위구멍이 서로 대칭적으로 새겨져 있다.

여기에 비하여 대곡리 B는 대곡리 A의 오른쪽에 떨어져 있는 방형의 수직 암면에 있다. 양자 간의 높이는 서로 비슷한 위치대로서 대곡리 B는 검파형이라는 기본적 속성에서 대곡리 A와 동질성을 갖추고 있으나, 세부적으로 봤을 때에는 서로 현격한 차이가 있다. 이것은 제작시기가 서로 다르기 때문으로 생각된다.

대곡리 B는 새긴 선각의 깊이가 얕고 폭도 좁아서 육안으로는 알아보기 어렵다. 아침·저녁과 같은 특정한 시간대가 되어야 비로소 잘 보이게 되는 표현물이다. 이러한 현상은 마모상태에서 오는 것도 있지만, 이미 제작단계에서 대곡리 A와는 그 기법이 달랐기 때문이다.

서로 다른 크기의 암각화가 나란하게 배열된 대곡리 B는, 세 점의 그림 중에서 중간의 것은 상단과 좌우 측면에 빛이 나는 것과 같은 선각이 있다. 그러나 왼쪽의 것은 이러한 것이 없고 그 내부에 열십자의 선각을 새겼다. 이 선각을 중심으로 위에는 3개, 아래에는 2개씩의 바위구멍이 있다. 오른쪽의 그림은 중간에 세로의 선각이 있고 그 좌우로 4개와 3개의 바위구멍이 있다. 또한 상단에도 짧은 선각이 몇 가닥 나 있다.

상단의 홈은 이곳에서 많은 변화를 가져와, 대곡리 A에서는 그것이 전혀 묘사되지 않았다. 그러나 대곡리 B는 상단 전체에 크게 V자를 그리고 있으며, 양쪽 허리로 들어간 곡선의 완급 정도도 미약하다. 이를 조형적 측면에서 봤을 때, 대곡리 B는 대곡리 A에 비해 보다 장식적이긴 하지만 균제된 표현에서는 미흡한 점이 있다.

봉황대는 그 위로 오르면 주변으로 조망이 좋은 곳이다. 상단 토층의 편평한 곳에 인공적으로 긴 홈을 파 놓은 바위가 하나 있고, 주변의 바위에도 많은 바위구멍이 새겨져 있다. 이러한 점은 여기가 오랜 기간 동안 신성시되었던 곳이라는 사실을 잘 암시하고 있다. 봉황대 하단부에도 여러 곳에 바위구멍이 분포한다.

6) 영천 보성리 암각화

영천시 청통면 보성리 666-2 봉수마을에 있는 보성리甫城里 암각화岩刻畵는 본래 마을의 오른쪽 산기슭에 묻혀 있던 것이었다. 이것은 경지정리 도중에 발견된 것이지만, 아무도 관심을 두지 않아서 오랫동안 개울 옆에서 방치되어 있었다고 한다. 그러다가 그 형상이 거북을 닮아 이를 길조로 여기던 주민에 의해 마을 입구로 옮겨지고, 시멘트 단 위에 올려 둔 상태에서 암각화가 발견된 것이다. 경상북도 유형문화재 제286호로 지정된 보성리 암각화는 현재 농가 앞에 보호각을 만들어서 그 안에 보관되고 있다.

그림 28과 같은 형태의 보성리 암각화는 고인돌의 개석일 가능성이 있는 바

[그림 28] 영천 보성리 암각화

위로서, 가로·세로·높이 335×144×95cm에 바닥은 편평하고 등은 불룩하게 나와 있는 유선형의 바위이다. 이 바위를 거북이라고 한다면 그 머리가 남향을 한 현 상태에서 볼 때, 길게 이어진 등으로 양분된 면에서 각 표현물은 서쪽 면에 집중 분포한다. 하지만 그 맞은편인 동쪽 면에도 몇 점의 그림이 보이고 군데군데 암각의 흔적도 있다. 이러한 현상을 봤을 때, 당초 그림은 전면에 걸쳐서 시문되었을 것으로 보이지만 마모로 인하여 정확한 확인은 어렵게 되었다. 뚜렷하고 확실한 그림만 13점 정도가 조사되고 있으나, 서로 중복된 것이나 불분명한 형상 10여 점 정도를 추가하면 이곳에도 수적으로 만만찮은 그림이 있었을 것이다.

여기에는 17~18점 정도의 바위구멍이 암각화와 함께 새겨져 있다.

암각화는 바위 윗부분의 등을 따라 양쪽의 그림이 서로 상단을 마주하고 있다. 묘사된 것은 모두 검파형암각화로서, 이것이 일률적으로 나타난 것이 아니라 다양하게 변화된 형태적 특징이 있다.

표현물 중에는 빛이 나는 것과 같은 짧은 선각이 있는 것과 없는 것이 함께 있고, 상단의 U자형 홈도 있는 것이 있고 없는 것도 있다. 혹은 V자형으로 변화된 것도 보인다. 그 홈이 암각화의 상단 전면에 걸쳐서 선각으로 나타난 것도 있다.

그림을 외형 면에서 보면, 전반적으로 양 폭은 좁고 길이는 보다 길게 묘사되었다. 양 허리의 곡선은 부드럽게 들어가 있다. 1~2개의 가로 구획선을 사이에 두고 두 개 정도의 바위구멍이 구획된 공간에 있다.

조사된 그림 중에는 고령 양전동이나 포항 칠포리의 일반적인 검파형암각화와 차이가 있는 그림도 발견된다. 이를 자세히 살펴보면, 그림 28에서 a·b와 같은 것은 외형에서는 일반적 검파형암각화와 크게 차이가 없다. 하지만 하단의 좌우측 각선의 마감에서는 크게 달라진 형태가 보이는데, 여기서 그림 28-a를 보면 그 허리의 각선이 아래로 이어져 하단의 선각과 만나는 부분에서 그 끝이 안으로 말려지면서 동그랗게 마감되어 있다. 그림 28-b도 내려오는 허리선과 하단 선각이 만나 양 옆으로 길게 뻗어져 있는데, 그 중 오른 쪽 선각은 끝에 바위가 떨어져 나가 알 수 없지만, 왼쪽의 선각 끝은 동그랗게 묘사되었다. 이 그림은 특히 상단의 홈에서도 다른 것과 크게 차이가 있어서, 상단에 홈을 새기지는 않았지만 대신 ∨자형 선각이 3겹으로 중복 묘사되어 있다.

이와 같은 두 표현물을 볼 때, 검파형암각화가 얼마든지 다른 형태로 변모해갈 수 있는 가소성 있는 표현물이라는 점을 잘 보여준다고 하겠다.

전체 그림의 규모는 통상 가로 20cm에서 세로는 24cm에서 26cm 정도의 작은 크기로서, 선 굵기는 2cm 정도이다.

7) 고령 안화리 암각화

고령군 쌍림면에 있는 안화리 암각화는 안림천이 고령으로 흘러들어가는 강변에서 안림천을 바라보는 곳에 있다. 양전동 암각화와 약 3.3km 떨어져 있는 이 유적은 비교적 큰 규모의 바위지대에 있는데, 바위는 풍화와 수목생장에 의해 층이 진 것과 같은 균열로 해서 몇 개로 나뉘어져 있고, 그 하단부에 그림이 분포한다.

크게 보아 두 곳에 분포하는 암각화는 하단에 있는 작은 그룹과 또 이것의 뒤를 막고 있는 바위의 넓은 면적에 산발적으로 배치되어 있다. 그림 29에서 아래·위 두 개의 그룹으로 구성되는 암각화에서 작은 그룹은 3개의 뚜렷한 검파형암각화와 거기에 가려진 검파형암각화 1점, 그리고 동심원암각화 한 점이 있다. 이 바위와 닿아 있는 상단의 바위에도 검파형암각화의 아랫부분만 남은 것이 한 점 있다.

그림 29에서 상단의 큰 그룹에는 완전한 형상의 검파형암각화 네 점이 있고, 그 외에도 미완성인지 아니면 바위의 풍화로 인해 떨어져 나간 것인지 알수 없으나 불완전한 표현물도 네 점이나 있다.

모두 14점이 확인된 유적에서, 주목되는 표현물은 작은 그룹의 그림과 그리

고 큰 그룹에서 가장 상단에 있는 그림이다. 작은 그룹의 표현물은 모두 5점이
겹쳐져 있는데, 가장 오른쪽의 것은 양 허리가 완만하게 안으로 들어가고 상하
폭은 거의 같고, 상변은 없이 ∪자형으로 선각을 새겼다. ∪자형의 내부에는
바위구멍이 하나 있다. 그림의 내부공간에는 가로 구획선 2개를 새기고, 위의
두 구획된 공간에 다시 세로의 선각으로 양분하였다. 그 나누어진 4개의 공간
에 각각 한 개씩의 바위구멍을 새겼다.

　여기서 중간에 있는 것은 크고 작은 검파형암각화 두 개가 서로 중복된 것
이다. 그것은 바탕의 작은 표현물 위에 보다 큰 것이 덧새겨진 형상으로, 큰 것
은 보성리 암각화와 같이 상단에 짧은 선각이 있다. 위에는 ∪자형 홈이 있고
가로 구획선은 중간에 하나가 있으나 바위구멍은 보이지 않는다.

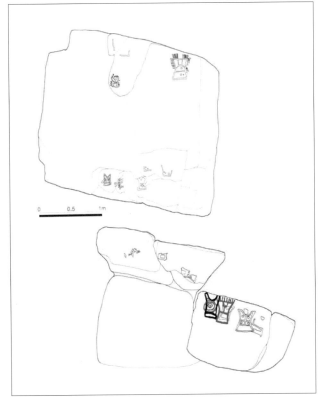

[그림 29]
안화리 암각화 (대가야박물관)

왼쪽의 것은 바위 표면의 균열로 인하여 정확한 내용은 알아보기 어렵다. 바탕에는 둥근 동심원과 같은 형상이 있고, 그 위에 다시 검파형암각화를 새긴 것으로서, 상단의 홈은 상변이 없이 U자형으로 선각을 새겼다. 바탕면의 원은 바위 균열에 의해 정확한 형상은 알아보기 쉽지 않지만, 이것은 동심원암각화를 새긴 것이다.

뒤를 막고 있는 큰 그룹은 작은 그룹에서 약 3m 가량 떨어져 있다. 이곳에는 가로·세로 180×250cm 정도 되는 수직의 바위에 7점의 검파형암각화와 무엇을 나타낸 것인지 알 수 없는 한 점의 선각이 있다. 여기서 주목되는 것은 가장 상단의 암각화로서 상단의 폭이 약간 넓고 U자형 선각이 있다. 이 선각의 양쪽에는 대칭적으로 사선이 새겨져 있고, 그 아래로 가로 구획선이 하나 있다. 구획된 공간에서 위에는 바위구멍이 하나 있고 아래에는 두 개가 있다. 그리고 가로 구획선 위쪽에만 좌우 상단에 짧은 선각을 시문하였다. 이 표현물의

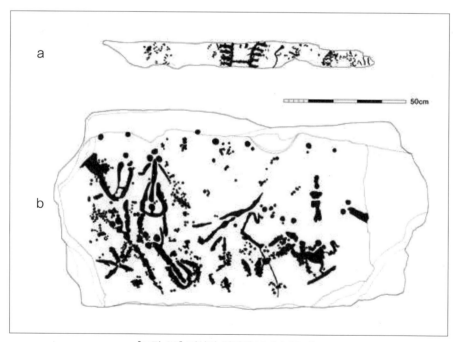

[그림 30] 지산리 암각화 (대가야박물관)

짧은 선각을 보면 선각이 반드시 빛을 묘사한 것만은 아닌 것 같다.

이 외의 표현물들도 모두 다른 형상으로 되어 있지만, 검파형암각화라는 구조적 속성은 잘 유지되고 있다.

안화리 암각화는 양전동 암각화가 고른 크기에 정형화된 형상으로 나타난 것에 비해, 형상면에서 고르지 않고 안정적이지 못하기 때문에 양전동 암각화보다 조금 앞선 시기에 제작된 것으로 판단된다.

8) 고령 지산리 암각화

지산리 암각화는 영남매장문화재연구원에 의해 발굴조사된 고령 지산리 가야고분의 제30호 석곽분에서 나온 암각화이다. 판석으로 된 뚜껑돌에서 조사된 지산리 암각화는 두 점으로서, 하나는 지산리 30호분의 개석을 제거하는 도중에 주석실 개석의 좁은 측면에서 검파형암각화의 일부가 나온 것이고(그림 30-a), 또 하나는 주석실 바닥 아래의 하부 석곽의 개석 상단 면에서 작은 바위구멍과 선각으로 구성된 그림이 나온 것이다(그림 30-b). 이것은 판석에 새긴 것이 아니라 이미 암각화가 새겨진 바위를 채취하여 석곽의 뚜껑돌로 활용한 것으로 판단되는 것이다(영남매장문화재연구원 1998: 32~37).

두 개의 암각화 중 가로·세로 약 107×19cm의 퇴적사암 판석의 좁은 측면에 새겨진 그림 30-a는 그 상단과 하단부는 떨어져 나가고 중간부분이 남은 검파형암각화이다. 전체 규모나 형상에 대해서는 알 수 없지만, 남아 있는 부분은 중간에 가로 구획선이 있고 구분된 상단의 공간에는 바위구멍 2개가 있다. 양 허리부분은 완만하게 들어가 있고, 그 좌우에는 왼쪽에 4개, 오른쪽에는 5개의 짧은 선각이 남아 있다. 그리고 그림의 오른편에는 바위구멍에서 이어진 선각이 하나 있다. 마치 긴 꼬리처럼 달려있는 선각이 무엇을 나타낸 것인지는 알 수 없다. 그 좌우 면에 같은 검파형암각화의 또 다른 형태가 보이지 않는 점을 봐서, 적어도 많은 암각화 중에서 한 부분만을 채취해 온 것은 아닌 것으로 보인다.

넓은 판면에 제작된 또 하나의 암각화는 좁은 판석에 새겨진 것과는 현격한 차이가 있는 것이다. 그림 30-b에서 왼쪽에는 인물상으로 추정되고 있는 동일한 문양 두 점이 있다(영남매장문화재연구원 1998). 이것은 세 개의 작은 바위구멍과 긴 선각이 있고, 다시 두 개의 짧은 선각이 마치 팔처럼 붙어 있다. 그리고 긴 선각의 아랫부분을 감싸고 있는 반원 형태의 표현물이 있는데, 그 안으로 선각이 들어가 있어서 이 표현물은 교합그림(장명수, 2001: 33) 또는 성애문(신대곤, 1998: 87)으로 규정되고 있다. 이와 같은 것이 남녀 교합그림이라고 본 시각에 대해서는 안동 수곡리에서 조사된 말굽형암각화와 같은 특정부분의 형상을 볼 때, 대체로 수긍되는 점이 있다. 하지만 정확히 이것이 무엇을 나타낸 것인가 하는 점에 대해서는 보다 깊은 분석이 있어야 할 것이다.

이와 함께 4~5개의 선각으로 구성되고 있는 표현물과 상단의 작은 바위구멍에 대하여, 이것을 새 발자국 모양과 별자리 형 바위구멍으로 보고 있지만(장명수, 1999: 53~54), 이러한 것이 새의 발자국을 나타낸 것인지는 확실하지 않고, 상단의 바위구멍도 별자리 형 바위구멍으로 보기에 특정한 별자리의 형태가 발견되지 않는다. 그 외에 무수하게 타날흔이 나타나 있는데, 그러한 흔적은 또 무엇을 표현한 것인지 현 상태에서 알 수 없다고 하겠다.

지산리 암각화는 그 외양이 양전동 암각화와도 다르고 안화리 암각화는 물론 최근 고령에서 발견된 봉평리 암각화와도 분명한 차이가 있기 때문에 이것이 원래 있던 자리가 어디인가 하는 것은 밝혀낸다는 것은 거의 불가능하다.

9) 경주 석장동 암각화

석장동 암각화는 경주 동국대학교 오른쪽 맞은편 산의 속칭 금장대 절벽 위에 있다. 산으로 들어서면 작은 소로가 있는데, 이 소로를 따라 한참 가다가 길이 끝나는 곳에 그림 31의 석장동 암각화가 나온다. 가로·세로 900×170cm의 비정형 바위에서 중심부 앞으로는 폭 2m 정도의 공간이 있고, 이 부분은 어느 정도 평평하게 다듬은 흔적이 있다.

각 표현물의 내용은 검파형암각화 8점을 비롯하여 석검의 검신 혹은 석촉이나 석창의 외형을 닮은 것이 12~13점 정도 있고, 그리고 이러한 표현물 사이에 남면의 좌측에는 팔을 벌리고 서 있는 사람 한 점과 네 발의 끝이 동그랗게 묘사된 동물, 그리고 배와 같은 표현물도 두 점 조사되었다.

남면 중심부에는 검파형암각화와 석검의 검신이나 석촉문양 사이에 여성성기형암각화 4점이 보이고, 어린아이의 발자국 형상 4점과 동물 발자국 모양과 같은 여러 표현물도 있다.

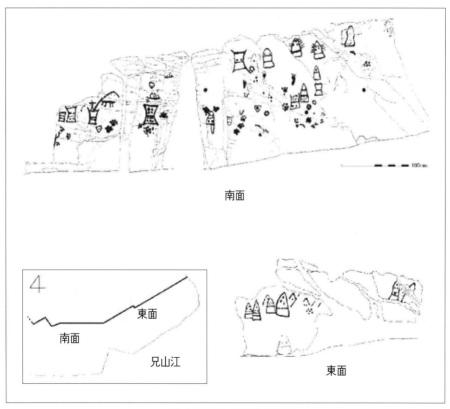

[그림 31] 경주 석장동 암각화

남면의 그림은 비교적 또렷하게 잘 보이지만 동면의 그것은 마모가 심하여 알아보기 어렵다. 동면에서 조사된 그림은 석검의 검신 또는 석촉과 같은 모양 여섯 점이다.

검파형암각화나 석촉 형태를 하고 있는 암각화는 그 규모가 대부분 가로·세로 15×25㎝ 내외이고, 그 외의 표현물들은 길이 10cm 정도의 소형으로 제작되었다. 이 밖에 석검의 검 날 또는 석촉의 변형으로 보이는 형상은 포항 인비리의 석검형암각화에서 온 변형으로 보인다. 그런데 석장동에서는 여기에 짧은 선각을 새긴 것이 두 점 정도 조사되는데, 이 선각은 가로 구획선의 상단에만 나타난다.

한반도에서 사람 발자국암각화는 석장동과 안동 수곡리에서 나타나는 현상으로, 다른 유적에서는 조사된 적이 없는 것이다. 따라서 그 의미를 쉽게 판단할 수 없지만, 이와 같은 발자국암각화가 다른 나라의 유적에서도 어렵지 않게 조사되고 있는 사실에 비춰 볼 때, 이것이 암각화에서 보편적 표현 소재의 하나인 것만은 틀림이 없다.

발자국암각화는 중국 내이멍꾸의 인샨과 우란차푸, 그리고 멀리 대륙에서 떨어진 호주 시드니 근교의 쿠링가이 유적과 같은 매우 넓은 공간에서 조사되는 것이다. 인근지역의 경우, 발자국암각화는 생식숭배와 관계 깊은 문양으로 이해되고 있다(임세권, 1994: 134). 그러나 호주와 같이 멀리 떨어진 곳에서는 열을 지어 나타나는 발자국에 대하여 이것은 호주 원주민들의 신 다라물란의 발자국이면서 또 그가 모습을 나타내는 루트라고 해석되기도 한다.

석장동 암각화에서 전반적으로 많이 조사되는 표현물로는 동물 발자국암각화가 있다. 동물 발자국암각화는 중간의 큰 구멍을 중심으로 그 둘레를 5~7개 정도의 작은 바위구멍이 둥근 형상으로 감싸고 있는 것이다. 연구자에 따라서 이를 원형 다공문 혹은 별자리, 꽃으로 해석하기도 한다. 그러나 자세히 보면 이런 것은 두 종류로서 그 형태적 차이가 있다. 원형 다공문, 별자리 또는 꽃이라고 보는 견해는 두 종류 중에서 구멍 주위를 동그랗게 감싸고 있는 것을 중점적으로 본 것이고, 동물 발자국으로 보는 시각은 구멍 주위에 둘러싸고 있는 4~5개의 작은 구멍이 어느 한쪽으로 치우쳐 있는 모양에 주목하였던 결과로 이해된다.

석장동 암각화는 칠포리 암각화와 함께, 같은 구조적 형상의 검파형암각화 계통에서는 수적으로 풍부하고 가장 다양한 표현물로 구성되는 유적이다. 제작에 있어서도 포항 인비리, 칠포리와 같이 검파형암각화에서 가장 앞선 단계의 표현물로 판단된다.

10) 경주 안심리 암각화

경주시 내남면 안심리의 들판에 있는 안심리安心里 암각화岩刻畵는 산으로 둘러싸인 광석마을을 등지고 작은 개울을 낀 곳에 있다. 마을 앞 들판 한가운데는 가로·세로·높이 220×159×200cm의 비정형 바위가 하나 있는데, 암각화는 이 바위에 새겨져 있다. 마을 주민들은 이 바위를 여우가 울던 곳이라 하여 여시바우라고 불렀다고 하는데, 광석마을 뒤에도 약 10여 기 정도의 큰 규모의 고인돌이 분포되어 있다.

안심리 암각화는 검파형암각화 40여 점과 10여 개의 바위구멍으로 구성되는 것으로(그림 32), 암각화는 바위의 전면과 윗면, 그리고 뒷면에 돌아가면서 그림을 새겼다. 이를 위에서 내려다봤을 때는 커다란 바위구멍을 중심으로 작은 바위구멍이 흩어져 있고, 그 주위에 암각화가 있는 양상이다.

안심리 암각화는 그간 조사된 검파형암각화에서 가장 작고 단순한 형상으로 표현되었다. 그림의 크기는 가로·세로 9×13cm의 직사각형에 가까운 형태로서, 양변의 허리로 들어간 곡선의 흔적은 미약하게나마 남아 있으나 상단의 ∪자형 홈은 전혀 나타나지 않는 소략한 형태이다.

대부분의 그림은 하나의 가로 구획선각을 갖고 있고, 구획선각으로 나누어진 공간에서 각각 두 개 정도의 바위구멍이 있다. 이것은 일정하지 않아서 어떤 것은 아래 공간에만 있거나 전혀 묘사되지 않은 것도 여러 점 있다.

제작기법은 쪼아낸 다음 그 부분을 살짝 갈아서 새긴 것으로 보인다. 하지만 일부에서는 갈았던 흔적이 전혀 나타나지 않고, 각선의 폭과 깊이도 1cm 내외이다.

안심리 암각화는 우선 그림의 규모가 작고 장식적 요소도 보이지 않는다. 무엇보다도 여러 지역에서 조사된 같은 구조의 암각화가 다양한 변화가 있는 형태인데 비하여, 여기서 나타나는 장식적 요소의 단순화 정도는 검파형암각화의 기본 속성만 남은 것으로 보인다. 이와 같은 점으로 볼 때, 이것은 칠포리형 암각화의 소멸단계에서 제작된 것이 아닐까 한다. 함께 분포하는 바위구멍의 크기는 가장 큰 것이 지름 10cm이고 보통 6~7cm 정도 된다.

1995년 발견 당시, 암각화유적 바로 옆에 있는 크기 25~30cm여의 작은 돌에 동심원암각화가 있다고 알려졌으나, 필자의 현장 확인 결과, 그것은 모암母巖에서 돌이 떨어져 나오면서 결을 따라서 자연적으로 생긴 둥근 흔적Ripple임을 확인한 바 있다. 하지만 그나마 얼마 후 누군가가 들고 가서 현장에는 남아 있지 않다.

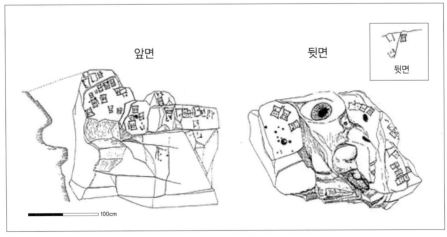

[그림 32] 경주 안심리 암각화(국민대박물관)

광석마을에서 전방은 들판이 펼쳐지는 곳이다. 들판은 산과 산 사이의 비교적 넓은 경작지로서, 산으로 둘러싸인 이 일대는 주변의 산으로 하여 외부로부터 격리된 곳과 같은 지형이다. 마을은 산에 잇대어 있는 구릉지에 형성되었으며, 전방에 아무런 구조물이나 지형적 표식이 될 만한 것 하나 없이, 암각화가 있는 바위만 홀로 서 있다. 이러한 조건은 바위 그 자체가 이미 거석에 대한 숭배대상이었을 것이며, 그러한 곳에 암각화가 제작된 것으로 보인다.

4_안동 수곡리 암각화

안동에서 진보로 가는 34번 국도를 따라 약 15km 정도 가면 대평교가 나온다. 여기서 왼쪽을 보면 물에 잠긴 산이 보이는데, 그 중간에 작은 봉우리가 하나 있다. 이 봉우리에 안동시 임동면 수곡리水谷里 암각화岩刻畵가 있다(그림 33). 이곳으로 가는 길은 임하댐 건설 전에는 교량 아래의 한들 마을에서 봉우리로 올라가는 길이 있었으나, 마을 수몰 이후 지금은 임동면 사월리의 경북소방학교 뒤를 돌아 산을 넘어야 접근할 수 있게 된 곳이다.

수곡리 암각화는 지역주민들에게는 신선바위로 알려져 있던 곳이다(경상북도 교육위원회 편 1984:278). 봉우리의 8부 능선에는 동서로 15m 남북 30m의 넓고 편평한 바위가 있는데, 이 바위 위의 남쪽에 집중해서 암각화는 분포한다.

서쪽은 높고 동쪽이 낮은 바위는 거북이 등처럼 균열이 나 있으며, 남쪽과 서쪽의 일부가 드러나 있고 그 외는 대부분이 흙에 덮여 있다. 산의 구릉을 따라 내려오는 경사면에 걸쳐 있는 관계로 남쪽과 서쪽의 바위 끝은 단애를 이루고 있다. 남쪽 단애의 높이는 대략 3m 정도이고 그림 33의 서쪽의 A와 B의 경계 면에서 바위의 한 부분이 함몰되면서 계단처럼 된 곳이 있는데, 이곳을 통하여 바위 위로 수월하게 오를 수 있다.

바위 위에는 말굽형암각화 42점과 새의 형상이라고 알려진 표현물 4점, 그리고 윷판형암각화 14점과 어린아이의 발자국 모양이 한 점 새겨져 있다. 이와 함께 72점 이상의 바위구멍도 중요한 구성요소이다.

큰 규모로 제작된 바위구멍에서 작은 것은 지름 15cm 정도이고 큰 것은 보통 30cm 정도로, 깊이도 20cm 이상은 된다. 대부분의 바위구멍은 그 속에 흙이 쌓여 있어서 파 보기 전에는 깊이를 알 수 없는 것이 많다. 특히 바위구멍 중에 한 유형은 두 면의 단애를 빙 돌아가면서 바위 끝에 새겨진 까닭에, 구멍의 한쪽 측면이 홈처럼 허공으로 드러나 있다. 이런 것은 모두 12개가 조사되었으며, 그 용도는 장대와 같은 것을 꽂아 두기 위한 시설로 알려져 있다. 또한 물을 저장했던 수조시설과 같은 큰 웅덩이도 하나 있다.

장대를 꽂기 위한 구멍은 의례에 사용되는 차일과 같은 것을 치기 위한 것이나, 아니면 깃대와 같은 것을 세우기 위한 것으로 생각된다. 수조시설은 여기서 수행되는 의식에서 물을 보관하기 위한 것으로 볼 수 있는데, 이러한 점은 수곡리가 제천의식과 깊은 관련이 있었던 곳이라는 점을 분명히 한다.

수곡리 암각화의 각 표현물을 다음과 같이 살펴보기로 하자. 유적을 보다 쉽게 이해하기 위하여 전체를 그림 33과 같이 A · B · C로 구분하였다. 이것은 노출된 바위의 자연적인 균열에 따라 나눈 것이다.

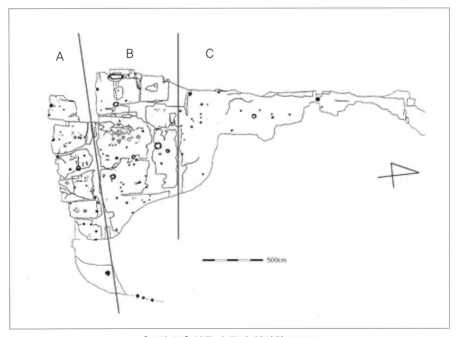

[그림 33] 안동 수곡리 암각화(임세권)

1) 말굽형암각화

말굽형암각화는 한반도에서 유일하게 수곡리에서 조사된 것으로 그 의미가 있다. 그림 34와 같이 마치 말의 발자국이 찍혀 있는 것처럼 새겨져 있는 말굽형암각화는 수곡리에서 중심적 표현물이다. 이것은 한 겹 혹은 두 겹의 반원에, 그 내부에는 짧은 선을 새긴 형태가 기본이 되어 표현물마다 약간씩 차이가 있게 나타나고 있다. 각 형태는 반원 안에 ∧형 선각이 묘사된 것도 있고 간단하게 짧은 선각으로 나타난 것도 있다. 어떤 것은 반원이 겹으로 나타난 것도 있다.

말굽형암각화는 그림 33의 A · B지점에서 집중적으로 조사된다. A지점에서 23점이 있고 B지점에서는 19점이 있다. 말굽형암각화는 한 점만 별도로 새겨진 것도 있지만, 대다수는 2~4점씩 함께 나타난다. 방향은 서로 일치하지 않지만

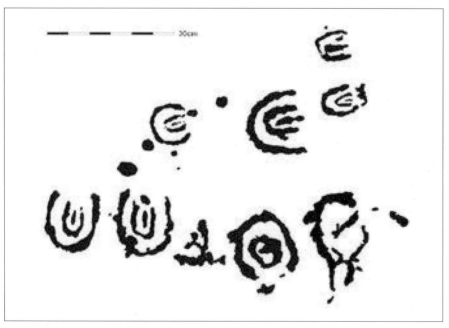

[그림 34] 수곡리 A면 말발굽암각화(부분)

여러 점이 짝을 지어 나타나는 것은 방향도 대체로 비슷하게 나타난다. 그림의 규모에서 큰 것은 통상 가로·세로 15×15cm이고, 작은 것은 8×10cm 정도이다.

이 말굽형암각화를 자세히 살펴봤을 때, 모든 것이 기계적으로 일률적 형태를 취하고 있는 것이 아니고, 실제의 말 발자국을 새긴 것도 아니다. 또한 말의 발자국과 비슷하다 할 뿐이지, 말과 연관성을 가진 것이 아니기 때문에 다른 상징성을 띠고 있을 것이라고 하겠는데, 결국 이것은 여성성기를 나타내거나 또는 그것이 남성 성기와 결합된 상태를 의미하는 것으로 정리될 수 있다.

말굽형암각화의 제작 의도가 농경에서 풍요와 다산의 기원이라는 견해(임세권 1994:129~132)는 그대로 인정되어도 좋을 것이다.

2) 새-제의에서의 샤먼

그림 35와 같은 유형의 암각화는 그 동안 새를 표현한 것(임세권 1994:132, 1999:131~132; 장명수 2001:183~184)이라고 보았던 것이다. 이러한 표현물은 그림 33의 B지점 두 번째 바위단락에서 모두 4점이 조사되었는데, 그림 35-a는 가로·세로 70×55cm, 그림 35-b는 59×44.5cm, 그림 35-c는 76.5×50cm이다. 그리고 그림 35-d는 같은 단락의 왼쪽에서 새롭게 조사된 것인데, 이것은 40×20cm로 가장 작게 묘사된 것이다.

이 유형은 중간의 곡선 형태로 길게 이어진 선각이 활과 같은 형태이고, 가로 지른 선각은 화살과 같은 점이 있다. 그러나 활로 보기에는 비교적 간단하게 나타낼 수 있는 활의 형태로서 불분명하고, 화살조차 앞으로 나와 있지 않고 거꾸로 활에 살을 먹인 모양으로 되어 있기 때문에 자연스럽지 못하다.

새를 표현한 것이라는 견해는 선의 앞쪽에 작은 꼭지가 붙어 있는 부분을 새의 머리로, 그리고 뒤쪽으로 뻗친 Y자 모양을 새의 다리로 본 데서 비롯된 것으로 보인다. 이러한 형상을 보고 양 날개를 활짝 펼친 큰 새를 묘사한 것이라고 하지만(임세권 1999: 130~131), 이 형상에서 새의 모양을 연상하기에는 미흡한 점이 있다. 활이나 새의 모양을 선각으로 나타내는 것이 그리 어려운 일도 아니기 때문에 이렇게 난해한 형상으로 묘사될 이유도 없다. 이 점에 대하여 필자는 시각을 달리해서 볼 필요가 있다고 생각한다.

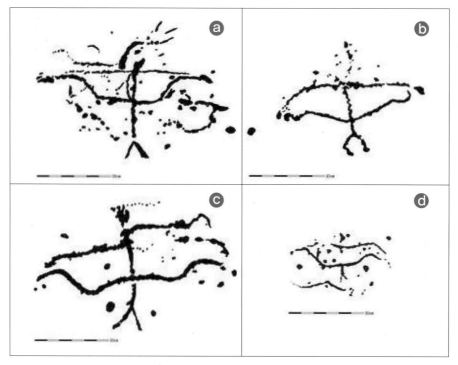

[그림 35] 의식을 행하는 샤먼

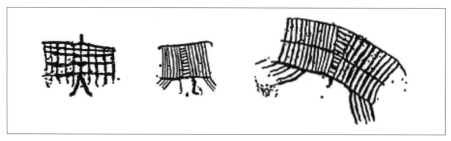

[그림 36] 칼박타쉬의 샤먼, 알타이

필자의 입장에서 이 표현물은 양 팔을 활짝 펴고 다리를 벌려서 의식을 행하는 사람 또는 샤먼과 같은 것을 묘사한 것이 아닐까 한다. 직선 위로 나온 꼭지와 그 부분의 표현을 사람의 머리 또는 머리장식과 같은 것으로 본다면, 아래의 Y자 모양의 선각은 다리를 벌린 형태로 볼 수도 있다. 그렇다면 이것은 그림 36과 같은 사람표현과도 가깝다고 할 수 있는데, 날개를 편 것과 같은 것은 제의에서 착용하는 샤먼의 무복을 묘사한 것으로 볼 수 있다. 여기에서 무복을 걸치고 양 팔을 활짝 펴서 제의를 집전하는 형상 또는 제의 과정에서 빙빙 돌면서 춤추는 모양으로 보이는 측면이 있기 때문이다.

유적에서는 장대 구멍이나 수조시설이 조사되었으며, 이러한 것이 제천의식과 관계가 깊다고 한다면, 유적의 성격상 샤먼이 의식을 행하는 형상으로 보는 것은 보다 자연스러운 현상이라고 할 수 있다. 그림 36은 이와 같은 표현물과 비교해 볼 수 있는 자료로서, 알타이 칼박타쉬 암각화에 나타나는 샤먼표현물이다. 그 외에도 몽골의 출루우트에서 조사된 샤먼은 자료에 대한 형태분석에서 중요한 참고가 될 수 있는 것이다.

3) 윷판형암각화

그간 윷판형암각화는 나직한 산봉우리의 정상부나 구릉지, 들판의 넓게 펼쳐진 자연암반이나 고인돌의 개석에서 주로 발견되었다. 또한 하나의 특별한 예로서 건물지의 주초석에서 발견되는 것도 있다. 이것은 전국적인 분포도를 보이며 조사되고 있는데, 윷판형암각화의 주 분포지로서는 포항 영일만 일대와 고령 일대, 그리고 안동 주변이 꼽히고 있다(이하우 2004a). 여기서 안동을 중심으로 한 권역에서는 수곡리에서 가장 많은 14점의 윷판형암각화가 조사되었다.

수곡리에서 윷판형암각화는 그림 33-A, 33-B지점에 집중 분포한다. 구분되는 각 단락에서 한 점 또는 두 점의 윷판이 고르게 나타나지만, B지점에서는 5점 정도나 조사되었다.

29개의 작은 바위구멍이 ⊕와 같은 형태로 구성된 윷판형암각화는 각 표현물마다 약간의 변화가 있는 것도 있는데, 어떤 것은 열십자로 구획된 공간 안에 다시 작은 바위구멍을 하나 혹은 두 개 정도를 추가로 새긴 것도 있다. 이와 같은 것을 보면 농경과 관련하여 풍농을 위하고, 계절 변화를 예측하기 위한 도구로서 달력과 같은 용도로서 윷판형암각화가 활용된 것이 아닐까 한다.

알려진 바와 같이 수곡리 암각화가 제천의식과 관련된 곳이라고 한다면, 윷판형암각화는 밤하늘의 북두칠성이 북극성을 일주천하는 형상을 도형으로 나타낸 것으로 이해되고 있는데(이하우 2004a), 이것은 수곡리 유적을 조성하고 활용한 사람들의 천문우주관을 잘 보여주는 표현물로 생각된다.

4) 장대구멍과 수조

수곡리에서 조사된 것 중 가장 눈길을 끄는 것은 바위구멍이라고 할 수 있다. 조사된 바위구멍은 규모면에서 작은 것에서부터 큰 것까지 다양하게 나타난다. 전면에 고르게 분포하고 있는 바위구멍에서 어떤 것은 이와 같은 용어로 정의하기 어려운 큰 규모의 것도 조사된다. 그러나 수곡리에서 무엇보다도 특별한 것은 일반적으로 발견하게 되는 바위구멍과는 분명한 차이가 있는 형태의 것이 조사된다는 사실이다. 이러한 것은 유적의 가장자리를 빙 돌아가면서 새겨져 있는데, 이를 위에서 내려다보면 반원처럼 되어 있으나, 바위 단애의 측면에서 보면 긴 원통의 홈처럼 위는 넓고 아래는 좁은 모양의 바위 홈이다.

그 중 그림 33의 A에서 가장 오른 쪽에 있는 것을 현장에서 살펴보면, 상단의 지름은 40cm이고 깊이는 104cm이다. 그 아래 하단 깊은 곳의 지름은 17cm 정도 되고, 단애에서 한쪽으로 면이 드러난 곳의 폭은 대략 위쪽은 30cm 정도이고 아래로 내려올수록 10cm 정도로 좁아지는 모양이다. 단애 아래에서 바라보면 긴 홈의 끝에 턱을 만들고 홈 위로 장대를 꽂아서 세울 수 있게 해 두었다.

이런 것은 3면이 노출된 바위의 가장자리를 따라 전체에서 모두 12개 가량 조사되었으며, 산의 경사면에 흙으로 덮여 있는 부분이 있는데, 거기서 흙을 제거한다면 이와 같은 것이 더 있을 가능성도 있다.

그 용도는 아무래도 장대를 세우기 위해 파 놓은 시설로 보이기 때문에 이를 장대구멍으로 보고자 한다. 이러한 원통 홈의 깊이나 새겨진 규모, 바위에 그 정도로 정교한 홈을 새겼다는 사실을 봤을 때, 이것은 적어도 어느 정도의 강도가 확보된 금속도구로 이루어진 것임을 확인할 수 있다. 따라서 이 장대구멍의 제작에는 철제도구가 사용된 것은 아닐까 한다.

이 외에도 바위의 윗면 중심부에는 지름 35cm~40cm, 깊이 30cm~40cm정도의 큰 규모의 바위 확이 여러 개 있다. 이와 같은 것은 일반적 바위구멍으로 생각하기에는 지나치게 큰 규모로서, 용도 역시 장대를 세워 고정하기 위한 시설로 판단되는 것이다. 수곡리 유적에 높은 장대를 세우고 그 꼭대기에 신앙적인 대상물을 올려놓기도 하고, 또는 거기에 세워 둔 장대 자체가 신앙의 대상물일 수도 있다고 한다면, 차일 이외의 다른 구조물, 예컨대 방울과 북을 매달고 귀신에게 제사지냈다縣鈴鼓 事鬼神고 하는 별읍別邑의 큰 나무와 같은 것을 염두에 떠 올릴 수도 있을 것이다(임세권, 1994: 163~164).

수곡리에는 제의에 소용되는 물을 저장하기 위한 수조시설과 같은 웅덩이도 있다. 이것은 그림 33-B지점의 가장 오른쪽 가장자리에 있는데, 가로·세로·깊이 110×50×45cm의 타원형에 가까운 장방형으로, 수조시설은 그 남서쪽 바닥 모서리에 수조의 물을 가두거나 빼기 위한 원형의 구멍이 있다. 구멍은 물을 담을 때 막게 되는 쐐기구멍으로, 현재 그 위쪽으로 돌이 깨어져 나가면서 약간의 틈이 벌어져 있다. 수조의 북쪽 면에도 폭 10cm의 U자형 홈이 수조에서 서쪽 단애까지 길게 파여져 있는데, 이것 역시 수조에 물을 채우기 위한 시설로 보인다.

제사의례에는 성역에 대한 정화의식을 비롯하여 제물의 장만을 위해서도 물을 필요로 한다. 유적이 그리 높은 곳은 아니지만 산봉우리 정상부에 있기 때문에 물을 나르기에는 어려운 점이 있다. 그래서 수조는 제의에 쓰이는 물을 담아두기 위한 것으로서, 이러한 구조물은 결국 암각화유적에서 있었던 물과 관계된 의례의 일면을 짐작하게 한다.

5_그 외의 암각화

1) 여수 오림동 암각화

오림동암각화는 전남 여수시 오림동의 작은 분지에 있는 고인돌에서 나온 암각화이다(그림 37). 당초 이곳에는 9개의 고인돌이 있었는데, 그 중에서 암각화가 있는 제5호 고인돌은 이곳 주민에 의해 배바우로 불리던 것으로서, 가로·세로·높이 약 410×276×180cm의 비정형의 고인돌이다. 고인돌의 석질은 안산암으로, 이 주변이 발굴 정비되면서 지금은 진남체육공원 입구에 다른 고인돌 2기와 함께 옮겨져 있다.

앞으로 약 20° 정도 기울어진 남쪽 측면에 새겨진 암각화의 내용은 석검형암각화 한 점, 앉아 있는 사람과 서 있는 사람이 각각 한 점씩 있고 석검 아래에는 창과 같은 도구에 찔린 동물표현이 있다. 그러나 이것이 어떤 동물을 나타낸 것인지는 알 수 없으며, 그 외에도 여러 점의 새긴 흔적이 있으나 그 역시 무엇을 나타낸 것인지 알아보기 어려운 형태이다.

석검은 일단병식으로 검신이 아래를 향해 있다. 이 검신은 그 날을 따라 외곽으로 선각이 새겨져 있는데, 이것을 검 집으로 보기도 한다. 검 날과 손잡이의 구분은 따로 묘사하지 않았다.

그림의 제작은 쪼아서 형상을 잡은 다음 그 홈을 따라 바위 표면을 긁어내어서 새긴 것으로 보인다. 석검은 32×12cm의 크기로서 검 날은 17.8cm이고, 검 손잡이는 12.5cm 정도이다. 새긴 선각의 굵기는 보통 7~8mm이고 깊이는 바위의 표면을 겨우 긁어낸 2~2.5mm 정도밖에 안 된다.

두 점으로 조사된 사람 중 앉아 있는 사람에 대한 보고자의 견해는(李榮文·

鄭基鎭 1992:82), 이것이 무릎을 꿇고 있는 자세로서 검을 향해 두 손을 받들어 올린 형태라고 하여 손과 손의 사이에 간격이 있음을 말하고 있다. 따라서 이는 검을 숭배하는 모습이라고 하지만, 잘 관찰해 보면 두 손이 만나고 있는 지점에 바위의 단단한 결이 지나가고 있다는 점을 발견할 수 있다. 그렇다면 이것은 거기에 바위의 결이 지나가고 있어서 그 부분 때문에 간격이 생긴 것처럼 보이는 것이지, 처음부터 손처럼 묘사하기 위하여 그렇게 나타낸 것은 아니다. 필자는 이러한 둥근 표현은 원을 나타낸 것으로서, 원은 임신한 여성의 배를 묘사한 것이 아닐까 한다. 앉아 있는 사람의 크기는 6×13cm 정도이다.

서 있는 사람은 앉아 있는 사람의 좌측으로 5cm 지점에 있다. 서 있는 사람

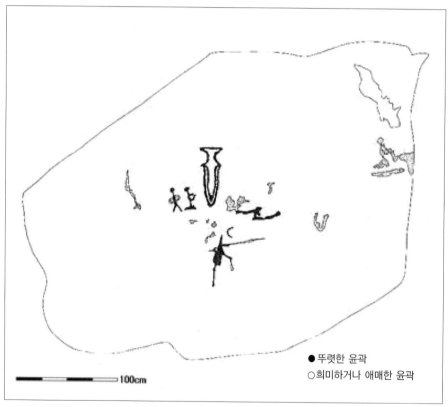

● 뚜렷한 윤곽
○ 희미하거나 애매한 윤곽

100cm

[그림 37] 여수 오림동 암각화(전남대학교박물관)

은 다리를 벌리고 서 있는 모습으로 크기는 7×14cm이다. 팔에 대한 표현은 없는 것으로 보이나, 상체부분에 미약하게 둥근 형상이 있어서 이것이 양 팔을 허리에 걸치고 있는 형상으로 보이기도 한다. 하지만 북아시아와 같은 곳에는 이미 죽은 사람의 영혼을 암각화로 묘사하는 방법 중의 하나가 팔 또는 다리를 묘사하지 않는다는 사실을 참고하였을 때, 이러한 것은 같은 측면에서 사자의 영혼을 나타낸 것으로 볼 수도 있다. 바로 옆에는 임신한 여성이 표현되고 있다. 그렇기 때문에 이것은 신성한 혈통의 이어짐이나 영혼의 재생과 관련해서 나온 표현물로 이해될 수 있다고 하겠다.

오림동 암각화에 대한 생각은 검이 조상을 뜻하고 있는 것으로 해석되기 때문에 석검 좌측의 인물은 조상에게 무언가 기원하는 의식을 행한다고 하여, 조상에 대한 장의의 모습으로 이해하고자 하는 연구자도 있다(李榮文·鄭基鎭 1992: 86).

2) 함안 도항리 암각화

경상남도 함안군 가야읍에 있는 도항리 암각화는 한국 암각화에서 특이하게 동심원암각화와 바위구멍으로 구성되는 유적이다. 가로·세로 230×120cm의 그렇게 크지 않은 비정형 바위에 새겨진 암각화는 중간에 바위구멍을 중심으로 삼중 동심원 이상이 7개가 있고, 바위구멍 둘레에 하나의 원만을 새긴 것이 9개, 그리고 290여 개의 크고 작은 바위구멍이 전면에 빈틈 없이 새겨져 있다(그림 38).

동심원암각화 중에서 3개 정도는 완전한 형상을 하고 있으나, 나머지 4개는 중간 부분이 넓고 길게 떨어져 나가면서 형상이 파괴된 것도 있고 마모도 심한 편이어서 잘 알아볼 수 없는 것도 있다. 중앙부에 있는 동심원암각화 한 점은 여기서 최대 크기로서 바위구멍을 중심으로 직경 23cm의 7중 동심원이고, 그 오른 편에는 직경 21cm의 6중 동심원도 있다. 이외의 동심원은 대부분 직경

15cm 내외이다.

바위구멍은 지름 2~6cm 정도의 고르지 못한 크기인데, 이러한 바위구멍은 그 배치 상태가 무질서한 듯하지만, 동심원암각화와 바위구멍의 상관관계를 보면 제작 당시 어느 정도 사전계획 하에 그 구성이 이루어진 것으로 보인다.

바위구멍과 동심원암각화로 이루어진 도항리 암각화가 밤하늘에 뜬 별을 나타낸 것이고, 그 중 동심원은 밝기가 센 별을 나타낸 것이라고 보는 견해가 있다(임세권 1994:80; 장명수 2001:83). 그러나 필자는 동심원암각화는 비를 바라는 기우제와 관련해서 제작된 것으로 판단하기 때문에 이와는 다르게 보고자 한다.

그림 38에서 좌측 상단의 짧은 선각표현물을 배와 같은 것으로 이해되고 있으나, 이러한 표현물이 배를 묘사한 것인지 분명하지 않다고 하겠다.

도항리 암각화는 사적 제85호로 지정된 함안 도항리 고분군 34호분의 아래

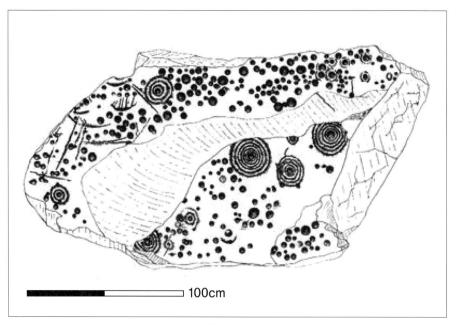

[그림 38] 함안 도항리 암각화

층에서 조사되었다. 가장자리의 파괴된 동심원암각화의 상태를 보고, 이미 이것은 그림이 새겨져 있는 바위를 채석해서 고인돌 축조에 사용했을 가능성이 지적되기도 하나, 확실한 것은 아니다.

암각화가 있는 구릉지 주변은 낮은 저습지로서, 제방을 쌓기 이전에는 비만 오면 항상 물바다를 이루게 되던 곳이라고 한다(이상길 1995: 30).

3) 사천 본촌리 암각화

사천 본촌리 암각화는 남강댐 수몰지역인 덕천강변에서 나온 암각화 자료이다. 이것은 청동기시대 집 자리 유적에 대한 발굴조사(조영재 1998: 47~54)에서 얻은 것으로서, 암각화연구에 있어서 취약했던 절대연대의 확정에 있어 중요한 유물로 이해되는 것이다.

황갈색 사암제로 만든 숫돌은 두 토막으로 부러져 있는 것인데, 이것은 가로·세로·높이 48×21×13cm 크기의 긴 삼각형 모양의 돌의 측면을 숫돌로

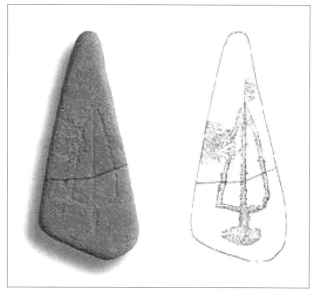

[그림 39]
사천 본촌리 암각화

활용한 것이다. 그런데 이 숫돌의 넓은 면에는 그림 39와 같은 단검 모양의 암각화가 한 점 새겨져 있어서 주목된다. 이러한 그림에 대하여 이것을 비파형 동검을 새긴 것으로 보는 시각이 있다(장명수 2003: 45).

숫돌의 생김새와 거의 유사한 형태로 새겨진 이 단검은 그 끝 부분과 왼쪽의 검 날 부분에 쪼아서 판 흔적이 있다. 그림의 크기는 가로 · 세로 31×11cm로서, 이와 같은 생활용구인 숫돌에 상징성 강한 검과 같은 도구를 새긴 것은 도구가 갖고 있는 상징성을 자신의 도구로 옮기고자 갈고 문지르는 것과 같은 일종의 감응주술로 이해하고자 하는데(장명수 2007: 11), 암각화로 새겨진 단검에 담긴 효력이나 신통력이 이 숫돌에 접촉하게 되는 도구에도 그대로 감염되거나 전이되기를 바란다고 하는 일종의 접촉감염주술로 보고자 하는 견해에는 필자도 대체로 동의하고 있는 부분이다.

4) 대구 진천동 암각화

진천동 암각화(그림 40)는 대구시 달서구 진천동 선사유적공원(1999년부터 2000년까지 복원하여 현재 사적 제411호 진천동 선사유적공원으로 조성됨)에 있다. 진천동에는 암각화가 있는 입석유적 외에도 남쪽 바로 160m 거리에는 고인돌과 송국리형 주거지가 발굴(영남문화재연구원 2003)된 바 있고, 서쪽 500m의 주택가 4개 지역에는 10여 기의 고인돌이 남아 있다.

화강암으로 조성된 가로 · 세로 · 높이 170×54×155cm의 비정형 입석에 새겨진 암각화는 보고자(이백규 · 오동욱 2000)에 의해 6개의 바위구멍과 시계방향으로 감돌아가는 4점의 회오리형 와상선문으로 조사되었다.

입석에 대한 발굴 · 조사결과, 입석을 중심으로 하는 일정공간에는 북쪽 단변 약 10m, 동쪽 장변은 약 20m이고 서쪽 장변은 약 25m의 장방형 석축기단이 조성되어 있다. 석축기단 북쪽에서는 3기의 석관묘가 나왔고 동쪽에서도 2기의 석관묘가 나왔다. 또한 주변에서 많은 수의 무문토기편이 수습되었다.

진천동 입석 주위에서 석축기단이 조사됨으로써 입석을 중심으로 하는 공간은 집단적인 제의를 위한 것으로 밝혀졌다. 그리고 이 석축의 남쪽 기단을 접하는 곳에 개울이 있었던 것으로 조사됨에 따라, 진천동 입석유적은 물과 관련된 수변 제사유적(이상길, 2000)으로 이해되기도 한다. 이러한 견해는 물에 대한 제사가 청동기시대의 농경 취락과 관련된다는 점에서 입석의 암각화와 장방형 석축기단을 진천동 주변의 주거지와 고인돌을 함께 연계해서 생각하게 한다.

진천동 암각화는 보고자에 의해 모두 4점의 와상선문이 있는 것으로 보고된 바 있다. 하지만 현장조사 결과 와상선문으로 보기 어려웠으며, 그 수도 4점으로 알려졌으나 잘 보면 서쪽 하단부에 희미해져서 잘 나타나지 않는 동심원 암각화가 있다. 이를 더하면 모두 6점으로 조사되었다. 그림의 규모는 6점의 동심원암각화가 왼쪽 위에서부터 아래로 각각 지름 12, 11, 20, 5, 16, 13cm 정도 크기로 구성된다.

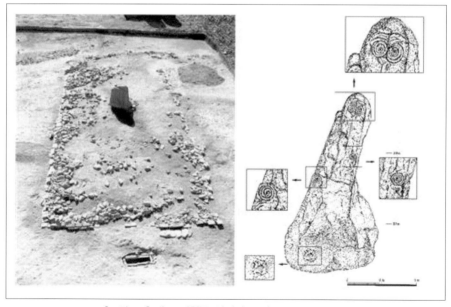

[그림 40] 대구 진천동 입석과 도면(경북대학교박물관)

진천동 암각화는 주택가에 있는 까닭에 인위적 훼손 정도가 심각하다. 특히 공원으로 개방되어 있기 때문에 그림에 대한 손상은 빠르게 진행되고 있다. 최근 이곳에 대한 조사에 의하면, 이전에는 없었던 강한 타격 흔적이 여러 개 새로 생겼으며, 하단부에 있는 동심원암각화는 사람의 발길에 의한 마연으로 거의 보이지 않게 되었다.

5) 밀양 활성동 암각화

밀양 활성동 암각화는 활성동 살내마을에서 조사된 고인돌 하부구조인 적석유구에서 조사된 것이다. 이 지역에서 모두 3기의 고인돌이 발굴 조사되었는데, 그 중 1호 고인돌의 적석유구에서 두 점의 암각화가 나왔고, 이를 활성동 암각화라고 한다(경남발전연구원 2002:13).

적석유구의 축석에 새겨진 암각화는 상단의 위 부분이 무너져 있었기 때문에 원래 어떤 상태였는지는 알 수 없다. 두 개의 축석에 새겨진 그림 중 하나는 가로 · 세로 · 높이 27×29×27cm의 돌에 있는 것인데, 여기에 석검형암각화 두 점과 여성성기형암각화 두 점이 있다. 석검 중 한 점은 검 날 부분만 묘사되었으며, 다른 하나는 보다 날카로운 검 날을 가지고 있고 손잡이는 여성성기로 보이는 석검형암각화이다. 두 석검 사이에는 또 다시 성기형암각화가 한 점 있

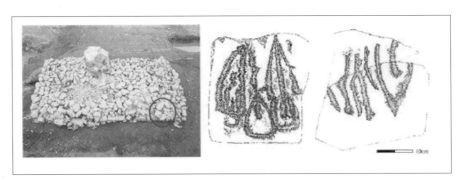

[그림 41] 밀양 활성동 암각화

고, 여기에는 선각이 길게 이어져 있다.

그림 41과 같이, 석검의 손잡이를 여성성기형으로 표현한 것은 그간 나온 적 없는 새로운 자료이다. 이와 같은 표현물을 볼 때 석검은 도구로서의 기능 이외 성적 기능성이 반영된 것일 수도 있다는 점을 잘 말해주는 자료가 활성동 암각화이다. 크기는 각각 18×8cm, 24×8.5cm, 12×8cm 정도이다.

또 하나의 축석은 가로·세로·높이 36×24×25cm의 비정형 돌인데, 이곳에는 무엇을 나타낸 것인지 알 수 없는 여러 개의 선각이 서로 얽혀 있다. 그러나 보기에 따라서는 이미 살펴본 것과도 유사한 표현이다.

각 그림의 제작기법은 쪼아서 새긴 것으로, 그 일부에서는 선각을 살짝 갈아낸 것과 같은 흔적도 보인다.

6) 무산 지초리 암각화

그간 존재 여부를 알 수 없었던 북한의 자료는 최근 전해진 '조선고고연구 131'에 의하여, 함경북도 무산군 지초리에도 암각화가 있다는 사실이 알려지게 되었다(서국태 2004: 9~14; 최광식 2007: 307~310).

무산군에서 북쪽 20km 떨어진 지초리는 두만강 기슭에 있는 마을로서, 암각화는 이 지역 사람들이 신성한 곳이라고 하여 신선바위 또는 성강바위라고 부르는 강변 단애의 동굴 입구에서 조사되었다.

지초리 암각화는 남향의 동굴 입구 왼쪽에 불룩하게 나온 벽면에 있다(그림 42). 제공된 도면에 의하면, 인공적으로 편평하게 한 320×130cm 규모의 바위 절반 정도에서 회오리 문양 14점, 동심원 6점, 이중마름모꼴 문양 1점, 동그라미 6점이 조사되었다. 회오리 문양 중 6점은 두 점씩 ∞형으로 서로 연결되어서 모두 3점의 그림으로 볼 수 있다. 연결된 것 중에서 가장 큰 것은 직경 75cm 정도이고, 작은 것은 40cm로서, 하나는 시계 방향으로 돌아가고 다른 하나는 반시계 방향으로 돌아간다.

회오리 문양 중 한 점은 네 모서리가 부드럽게 각이 세워져 있기 때문에 번
개문으로 보고되었으며, 나머지 7점의 회오리 문양은 모두 반시계 방향으로
2~6회 가량 돌아가는 형상이다. 그 중에서 큰 회오리 문양은 지름 40cm이고
작은 것은 20cm, 그리고 번개문은 모서리 직경이 40cm이고 동심원은 10cm에
서 30cm 정도이다. 마름모꼴 문양은 16cm이고 작게 묘사된 동그라미는 4cm
에서 10cm 정도 된다.

　모든 표현물은 지면에서 160cm 정도의 높이에서 폭 30cm, 길이 600cm의
긴 홈을 가로로 파 놓은 그 범위 안에 있다. 보고자에 의하면, 이러한 것으로
보아 제작 초기에는 전면에 걸쳐서 암각화를 새기고자 한 것으로 추정된다고
한다. 전체 구성에서 각 그림의 배치는 사전 계획에 의한 구상으로 보인다.

　지초리 암각화 바로 앞으로는 절벽 아래에 두만강이 흐르고 있다.

　강변 단애의 동굴은 입구의 넓이·높이가 14×3m이고 깊이는 7.3m로서 비
교적 큰 편인데, 입구는 넓고 안으로 가면서 좁아지는 형국이다.

　동굴 내부에 있는 석관묘에 대한 발굴에서 여러 점의 유물이 나왔다. 그 내
용은 단지·바리·굽 접시가 각각 1점씩 나오고 토기 구연부편 2점, 가락바퀴
1점, 대롱구슬 2점이 나왔다고 한다. 보고자(서국태 2004:14)는 이러한 석관묘와
부장품이 무산 범의 구석 유적의 집 자리 4기층의 것과 같다고 하여, 이에 따라
암각화도 신석기시대로 편년하였다. 하지만 여기에 나타난 암각화가 청동기시

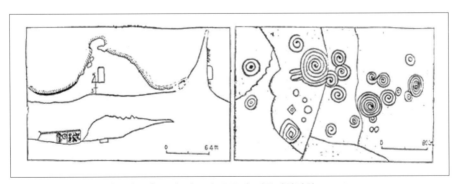

[그림 42] 무산 지초리 동굴과 지초리암각화(서국태)

대의 특징적 표현물이고, 신석기시대 말에서 철기시대에 이르는 유적에서 청동기시대의 것이 중심적으로 나타나고 있으며, 이미 알려진 다른 기하문암각화와 마찬가지로 청동기시대의 유적(최광식, 2007: 310)으로 보는 것이 보다 합리적일 것으로 판단된다.

7) 밀양 안인리 암각화

경남 밀양에서는 최근 두 곳에서 암각화가 조사되었다. 이것은 모두 발굴에 의한 것으로서, 2002년에 조사된 밀양시 활성동 살내유적(경남발전연구원 2002)의 석검형암각화와 함께, 상동면 안인리 신안마을의 고인돌과 제의구조물에서 또 두 점의 암각화가 나왔다.

안인리 암각화는 밀양과 상동 간의 철도전철화 사업으로 문화유적 시굴조사에 의한 결과로서, 보고자(경남발전연구원 2007:71~75)에 따르면 암각화는 그 중 Ⅱ지구의 1호 고인돌의 상석과 4호 고인돌의 묘역 구조물인 적석유구에서 나왔다. 1호 고인돌의 그림 43은 상석의 남면 하부에서 여성성기형암각화와 명확하지 않은 사람 형상 두 점이 조사된 것이다.

여성성기형암각화는 그림 43-1과 같은 것이다. 가로·세로 약 11×20cm에 선각의 폭 1~1.5cm, 깊이 0.5cm 정도의 크기로서, 제작기법은 쪼아서 새긴 것이다.

사람 형상은 성기형암각화 바로 위에 한 점이 있고(그림 43-2) 왼쪽 가장자리에서도 한 점 보인다(그림 43-3). 사람의 크기는 각각 10×13cm, 8×14cm이다. 사람은 불명확한 상태이지만, 복토로 인하여 직접 확인할 수 없게 되었다. 그러나 제공된 도면상 다른 부분에서도 이와 유사한 흔적을 찾아볼 수 있기 때문에 이것이 정말로 사람을 나타낸 것인지는 불확실하다.

땅 속에 묻혀 있던 부분에는 산화철과 같은 붉은 채색 흔적이 있었다고 한다. 그러나 노출된 윗부분에서 쪼아 낸 자국은 보이지만, 그간의 풍화로 인하여 물감이나 그림의 흔적을 찾아보기는 어렵게 되었다.

4호 고인돌의 묘역 구조물인 적석유구의 서쪽 중앙부의 축석에서도 한 점의 그림이 나왔다. 그것은 28×27cm 크기의 작은 돌에 새겨졌는데, 한가운데 중심점을 둔 3중 동심원암각화 한 점이다(그림 44). 지름 7cm의 동심원암각화는 정교하게 쪼아 새긴 것으로서, 그 왼쪽에도 알 수 없는 형태의 타날 흔적이 있

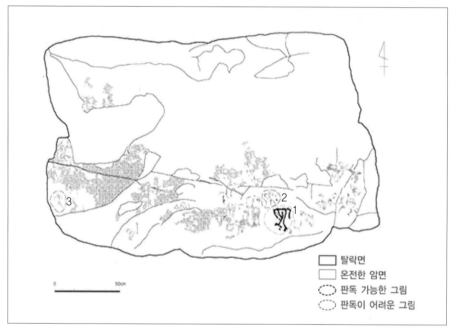

[그림 43] 밀양 안인리 암각화(Ⅱ지구의 1호 고인돌)

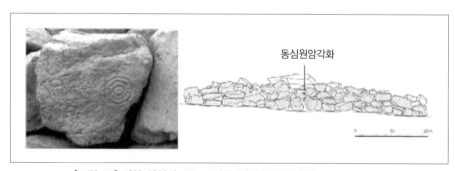

[그림 44] 밀양 안인리 4호 고인돌 적석유구 암각화(경남발전연구원)

고, 이 바위에도 붉은 채색의 흔적이 남아 있다.

Ⅱ지구의 1호 고인돌의 상석과 4호 고인돌의 적석유구에 나타난 암각화는 현재 유적을 보존하기 위하여 원 상태로 복토되었기 때문에 현장에 대한 직접적 조사나 확인은 불가능한 상태이다. 유적 뒤로 밀양천의 지류가 흐른다.

8) 대구 천내리 암각화

대구시 달성군 화원읍 천내리 516-1에 있는 천내리泉內里 암각화岩刻畵는 화장사라는 사찰 내에 있는 유적이다. 화장사 주변에는 그 북쪽 1.2km 정도에 진천천이 흐르고, 남쪽 370m 거리에는 천내천이 있어서 두 개울은 흘러서 낙동강으로 합류하고 있다. 이곳은 급속한 도시화로 모든 것이 정비되어 옛 흔적은 별로 찾아보기 어렵게 된 곳으로, 유적 동쪽에는 대구교도소가 있고 유적 주변으로는 개울과 저습지가 형성되어 있었으나, 민가가 들어서면서 하수구로 복개되고 매립되어서 이제는 전혀 보이지 않게 되었다.

천내리 암각화는 고인돌에 새겨진 것이다. 천내천 일대에는 1970년대 중반까지만 해도 약 200여 기 이상의 고인돌이 있었다고 하지만, 1980년대 이후 도시화로 인하여 대부분 없어지고, 화장사 내외에 있는 8기만이 남아 있다. 고인돌은 현재 대구시기념물 제13호로 지정·보호되고 있으며, 8기 중 3기는 화장사 경내에 있고 나머지 5기는 화장사 담과 담 밖의 대구교도소 외곽에 위치하고 있다. 이 곳은 진천동 선사유적의 입석과 약 1.9km 떨어진 곳이다.

비정형의 크고 작은 고인돌은 북동-남서향으로 8기가 일직선상에 있다. 암각화는 화장사 경내의 한 고인돌에 있는데, 그림 45의 이 고인돌은 8기의 고인돌 중 최대 크기로서 가로·세로·높이 433×206×226cm의 규모이다. 그 새겨진 내용은 8개의 동심원암각화이다.

암각화가 있는 고인돌은 사찰 경내의 원통전圓通殿 향 좌·후방에 위치한다. 북동-남서의 장축에 폭이 좁은 비정형 바위로서, 그림은 N 125°의 동남향

수직암면에 제작되어 있다. 8기의 고인돌 중 또 다른 고인돌 위에도 바위구멍 2개가 있으나, 그 밖에 다른 가공 흔적은 전혀 보이지 않고 오직 이 고인돌에서만 그림이 조사되었다.

동심원암각화는 표 3과 같이 좌에서부터 a~h순으로 구성되며, a~c, e~g의 그림은 그 형상이 분명하게 나타나고 있으나 d와 h는 풍화로 인해 형상표현에서 완전하지 못하다. h는 후대에 가공된 것과 같은 생경한 흔적이 중복되어 있다.

그림의 크기는 지름 6.1cm에서 8.2cm 정도로 국내 동심원암각화 중 가장 소형인데, 중심부에 작은 바위구멍을 축으로 하여 각각 3중 동심원으로 이루어져 있다. 그러나 e, f는 4중 동심원을 이룬다. g의 그림은 중심부 바위구멍이 없는 3중 동심원이다.

새김 선의 폭은 0.5~0.7cm 가량 되고, 깊이는 1~3mm 정도의 얕게 새긴 것으로써, 표현물의 일부에서는 각선을 갈아낸 흔적이 있다. 그 규모와 특징은

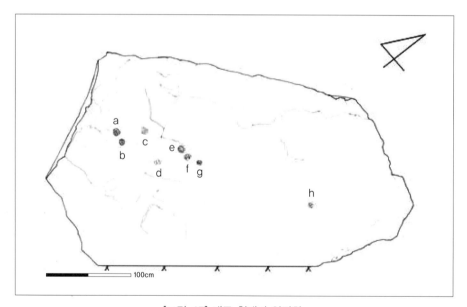

[그림 45] 대구 천내리 암각화

[표 3] 동심원암각화의 규모와 특징

	a	b	c	d	e	f	g	h
크기(cm)	7.7	6.8	8.2	8.1	7.8	7.6	6.1	7.0
형상의 특징	3중	3중	3중	3중	4중	4중	3중	불분명
비 고	중심점 있음						·	중심점

표 3과 같다.

각 동심원이 자리 잡고 있는 위치에서 연상되는 특별한 사항은 발견되지 않았지만, 높이는 대략 사람의 눈높이보다 약간 아래이다. 이 고인돌 앞은 멀리까지 저습지로 이어지는 곳이었다고 하나, 지금은 매립되어 사찰의 밭으로 경작되고 있다.

9) 고령 봉평리 암각화

고령 봉평리鳳坪里 암각화岩刻畵는 최근에 새롭게 조사된 유적이다. 대가야박물관의 지표조사에 의해 발견된 봉평리 암각화는 고령군 운수면 봉평리 산 102번지 일원으로, 봉평리에서 대평리로 가는 길에 있는 순평마을 동쪽의 해발 220m의 산에 있다. 이 산의 서남쪽으로 뻗어내린 2부 능선 사면에 위치하는 유적은 그 전방으로 대가천의 충적평야인 순평들을 바라보고 있는 곳이다.

봉평리 암각화가 있는 고령은 잘 알려진 바와 같이, 여기서 남쪽 7.5km 정도에 양전동 암각화가 있고, 8.5km 떨어진 곳에는 안화리 암각화가 있다. 그리고 6.9km 떨어진 지산리 고분에서도 두 점의 암각화가 나온 적 있다.

유적 바로 인근에도 남쪽 150m 거리에 순평리 입석이 있고 남쪽 350m에는 봉평리 고인돌이 있다. 특히 암각화에서 남쪽 전방 500m 거리에 있는 순평마을에서는 청동기시대의 석기 제작소로 보이는 유적이 조사된 바 있는데, 이러한 인근 유적은 암각화를 이해하는 데 있어서 중요한 자료로서, 봉평리 암각화와도 일정한 관련성이 있을 것으로 보인다.

봉평리 암각화를 발견·보고한 대가야박물관(2008:2)의 보도자료에 의하면, 이러한 주변 유적의 분포 현황으로 보아 암각화의 주체는 이 일대에서 석기제 작을 전문적으로 수행했던 집단이었을 것으로 보인다고 한다.

암각화는 들판에서 산으로 들어가는 초입의 비탈면에 있다. 산의 경사면을 따라 길게 이어져 있는 바위에서 조사된 암각화는 그림 46과 같이 왼쪽은 높고 오른쪽은 낮게 기울어진 가로·세로 1,100×260cm의 큰 바위의 한 부분에 해 당하는 280×85cm의 범위 안에 있다.

N 220° 서북향의 봉평리 암각화는 원래 바위의 오른쪽 전면에 걸쳐서 제작 된 것으로 보이지만, 노출되어 있던 상단의 바위구멍 한 점을 남기고는 모두 풍화에 의해 떨어져 나간 것으로 보인다. 현재 표현물이 남은 부분은 땅 속에 묻혀 있던 곳으로, 그 하단부에서만 그림이 확인되고 있다. 그러나 이 부분조

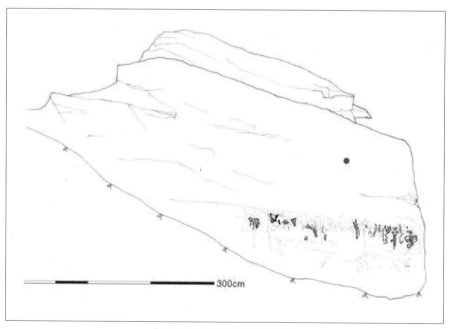

[그림 46] 고령 봉평리 암각화

차 조사된 상태를 봤을 때, 풍화가 상당히 진행된 이후 흙에 매몰된 것으로 보인다.

　조사된 형상은 약 16개 정도로서, 보다 많은 표현물이 없어져서 그 정확한 규모는 알아볼 수 없게 되었다. 대체로 형상이 인지되는 것만 12개 정도가 있다. 전체 구성은 일렬배치로서, 그림 47과 같이 중간의 공백 부분을 경계로 하여 두 개의 그룹으로 나누어서 볼 수 있다.

　우선 왼쪽 그룹을 살펴보면, 가장 왼쪽에서부터 20.8cm 정도의 길게 꼬리가 달린 작은 동그라미가 있고, 그 옆으로는 양쪽에 작은 돌출부가 있는 검과 같은 표현물(가로·세로 9.3×15.5cm, 가운데 돌출부 폭 9cm)이 한 점 있다. 오른쪽 옆에는 희미해진 동그라미 흔적이 하나 있고, 여기서 약간의 거리를 주고 상단부가 깨어져 나가면서 무슨 형상인지 알 수 없게 된 것도 있다. 그 아래에도 정확한 형태가 드러나지 않은 흔적이 있고 오른쪽에는 다시 동그라미가 한 점 있다. 이러한 동그라미는 전체에서 모두 5점이 조사된다.

　동그라미의 오른편으로는 다시 9.2×11.3cm의 여성성기형암각화처럼 생긴 역삼각형의 그림이 있다. 그러나 상단부의 선각이 좌우로 약간 길게 나온 부분이 있기 때문에, 이것을 여성성기형암각화로 보기에는 좀더 세심한 조사가 필요하다. 여기서 다시 그 오른쪽으로 가면서 아래·위로 두 점의 동그라미가 있

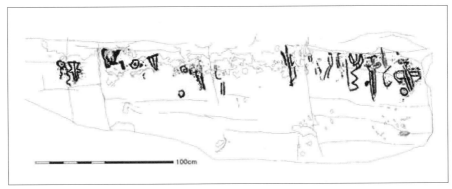

[그림 47] 고령 봉평리암각화(부분)

고, 그 옆으로 길이 18.5cm의 검의 날 부분과 같은 표현물이 한 점 있다. 그리고 그 오른편에도 몇 개의 선각이 보인다.

두 번째 그룹은 여기서 약 45cm 정도의 빈 공간을 두고 다시 그림이 조사되는 곳이다. 먼저 길이 31cm의 긴 선각을 중심으로 몇 개의 선각이 있는데, 이러한 형상은 검 날과 유사하지만, 마모로 인하여 보다 정확한 형태는 알아볼 수 없다. 여기서 그 다음으로 다시 선각이 있으나, 이러한 선각도 특정의 사물 형태로 인식되지는 않는다. 그 오른쪽으로 이어지는 표현물은 길이 약 27.5cm의 수직선과 지그재그 선각으로 구성되는 것이다. 보기에 따라서 이것은 톱날을 닮은 것이지만 지그재그 선각의 윗부분에 두 개의 반원이 함께 구성되었으며, 그 위로는 박락현상이 있어서 이러한 표현물도 무엇을 나타낸 것인지는 좀 더 시간을 두고 분석해 보아야 할 것이다. 그 옆의 그림은 전체 표현물에서 가장 형상인식이 수월한 것으로, 이것은 한 자루의 동검을 묘사한 것으로 보인다. 조사된 동검의 크기는 가로·세로 약 12.5×33.7cm에 손잡이 길이 9.2cm, 검신 길이 24.5cm이다(그림 48).

이 표현물을 마제석검으로 보는 시각이 있지만, 필자의 조사결과 손잡이 모양이 석검의 양식과 전혀 다르게 나타나 있고, 검신이 뚜렷하게 표현되어 있기 때문에 이를 석검으로 보기는 어렵다는 생각이다. 검신 부분에 둥근 형상이 달려 있으나 이것이 검을 구성하고 있는 요소는 아닌 것으로 보인다.

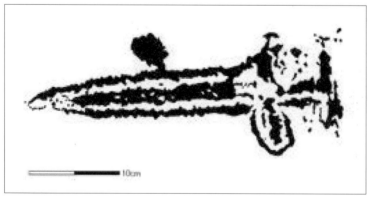

[그림 48]
동검

동검의 오른쪽에 유사한 형상의 검신 부분도 하나 있다. 길이는 15.5cm로서 윗부분이 떨어져 나가면서 손잡이는 사라지고 검신 부분만 남은 것으로, 왼쪽의 동검과 같은 형태로 보인다.

가장 오른쪽의 그림은 두 개의 그림이 겹쳐진 것이다. 아래에 깔려 있는 그림은 타원형을 띠고 있으나 무엇인지 현 상태에서 알아보기 어렵고, 그 위에는 역시 검과 같은 형상이지만 바위의 일부가 떨어져 나가고 마모도 심한 형편이라서, 역시 정확한 형태는 알 수 없다. 8×24.7cm의 크기의 이것이 단검을 나타낸 것이라면, 검 날의 길이는 16cm이고 손잡이 부분은 8.5cm이다.

이상에서 언급된 것 이 외에도 그것이 새긴 흔적인지, 아니면 바위가 떨어져 나가면서 알 수 없게 된 것인지 확인이 불가능한 여러 형태가 있다. 하지만 이러한 것은 바위의 표피가 전반적으로 다 떨어져 나갔기 때문에 형태에 대한 분석은 물론, 인공적 요소도 찾아볼 수 없는 상태이기 때문에 제외하는 것이 옳다.

제작기법을 보았을 때 전체는 쪼아서 제작한 것으로 보인다. 쪼아낸 다음 그 위를 다시 갈아서 새기는 것이 유사한 암각화 표현물의 일반적 양상이긴 하지만, 전반적 풍화로 인하여 그 부분에 대한 조사도 불가능하다. 각선의 굵기는 비교적 정교한 그림의 경우 1cm정도이지만, 다소 거칠게 제작된 그림은 1.5cm 정도의 폭을 갖고 있다.

한편, 이곳으로 오르는 진입로에 있는 바위에도 세로로 길쭉한 홈을 파놓은 것이 있는데, 이러한 것은 단순기원형태의 흔적으로 인근 쌍림면 하거리에서도 조사된 적 있고, 울산 어물리에서는 현재도 재현되고 있는 기원행위의 하나이다. 봉평리의 홈은 세로 선각의 양쪽으로 각각 하나씩 작은 바위구멍이 있어서 보기에 따라서는 남성 성기를 묘사한 것과도 같다. 하지만 이러한 것은 모두 암각화와는 시차가 있는 표현물이다.

봉평리 암각화 제작의 단서를 찾기 위해 대가야박물관에서는 퇴적층에 대한 토층조사를 실시하였다. 바위와 직각 방향으로 둑을 남기고 퇴적층을 제거한 결과(그림 49), 3개의 층위가 확인되었는데, 15cm 정도의 표토층을 제거한 다음 제1층은 20cm 정도의 황갈색 사질토층으로, 제2층은 20cm 정도의 명갈색 사질토층으로, 그리고 제3층은 최하층으로서 15cm 내외의 명적갈색의 토층을 확인할 수 있었다.

여기서 제1층은 근대 사방사업 이전의 퇴적층으로 보이고, 제2층은 소량의 암반 부스러기 포함층이며, 제3층에서는 입자가 굵은 다량의 암반 편과 석기박편이 포함된 층으로 조사되었다. 특히 제3층은 그림이 제작된 바위 면의 일부를 덮고 있는 양상으로 조사되었기 때문에 이 조사결과, 봉평리 암각화는 결국 석기박편과 동시기인 청동기시대로 편년되는 층위학적 자료를 확보할 수 있게 되었다(대가야박물관 2008: 2~3).

암각화 앞 공간에 대한 시굴조사는 봉평리 암각화의 제작시기에 대한 자료를 확보할 수 있게 되었다는 의미가 있다. 한국 암각화는 그간 기초자료의 빈곤으로 인하여, 암각화제작의 기법을 살펴보거나 아니면 양식적 측면에서 상대적 추정치로 편년되어 온 경향이 있다. 하지만 봉평리의 경우에는 퇴적층에 대한 조사로 청동기시대 석기박편 포함층이 확인되었고, 이것이 암각화가 새겨진 바위 면의 하단부를 덮고 있는 현상에서 봉평리 암각화의 제작시기를 일단 석기박편 포함층이 형성된 청동기시대로 파악할 수 있게 되었다.

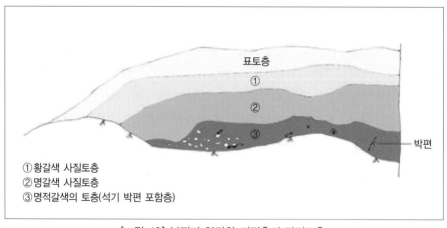

[그림 49] 봉평리 암각화 퇴적층의 단면토층

하지만 석기박편이 반드시 암각화와 동시대로 편년되기에는 성급한 면이 있다. 그것은 석기박편 포함층이 덮고 있던 바위 면이 이미 상당수 풍화가 진행된 상태를 보이기 때문이다. 그럼에도 불구하고 봉평리 암각화는 인근의 석기 제작소 유적과 순평리의 입석, 봉평리 지석묘와 밀접한 관계의 유적인 것은 틀림이 없으며, 석기박편의 분포상으로 볼 때 이것은 석기제작과도 관련이 있다는 것을 충분히 암시하고 있다.

새로운 자료로서의 봉평리 암각화의 발견은 한국 암각화에서 이제까지 나타난 적 없는 독특한 형태의 암각화가 조사되었다는 의미를 갖는다. 특히 경북 지역을 중심으로 한 검파형암각화 권역의 넓은 공간에서 그것과는 전혀 다른 형식으로 조사된 봉평리 암각화는, 기왕에 알려진 양전동이나 안화리 암각화와도 확연히 구별된다.

단검과 같은 도구가 조사된 곳은 이미 포항 인비리와 칠포리, 그리고 여수 오림동 암각화가 있지만, 이와는 다른 동검의 형태로 조사되고 있다는 점에서 우선 청동기를 매납埋納한다고 하는 것과 유사한 의미를 염두에 떠올릴 수 있으나, 보다 정교한 연구·분석을 위해서는 향후 계속되는 조사가 있어야 할 것이다.

10) 포항 석리 암각화

포항시 남구 동해면 석리에 있는 석리石里 암각화岩刻畵는 동해면에서 구룡포읍으로 가는 31번 도로 아래의 구 도로 주변에 있는 유적으로, 이것은 지면을 통하여 처음 소개되는 암각화자료이다.

산 중턱으로 새 길이 뚫리면서 도로보다 낮게 위치하게 된 석리는 불과 10여 호를 겨우 넘는 작은 동네이지만, 이 일대는 '연오랑 세오녀'의 설화가 깃든 곳으로 동네 바로 뒤 600m 거리에 영일만이 있다.

영일만 일대의 암각화유적으로는 서북쪽 17km에 칠포리 암각화가 있고,

석리 인근에는 동북쪽 6km에 윷판형암각화로 구성된 눌태리의 윷판재가 있다. 서쪽 800m 거리의 금광리에는 금광리 고인돌이 여러 개가 분포하고 있다.

석리는 안 돌 곡과 바깥 돌 곡으로 나뉘는데 유적은 바깥 돌 곡에 있다. 바깥 돌 곡의 가장자리에 '새생명 선교회'라는 교회건물이 있고, 교회의 남쪽 정면으로는 오박골로 불리는 작은 개천이 흐른다. 이 개천을 건너서 산으로 올라가면 넓은 밭의 동쪽 작은 바위에 암각화가 있다(그림 50).

바위 뒤로는 숲으로 이어지는데, 그 속에도 누석단과 같은 돌탑이 허물어지고 무너진 흔적이 있다. 주변의 작은 바위 몇 개에도 선각과 같은 것이나 바위구멍이 분포하는데, 이곳은 지형으로 보아서 마을 앞의 구 도로 개설 이전에는 도구나 약전에서 구룡포로 넘어가는 고개 마루를 내려다보는 곳이다.

암각화가 있는 가로 · 세로 · 높이 136×142×50cm의 바위는 산과 밭의 경사면에 걸쳐 있는 것으로 보아, 처음부터 현 위치라기보다는 약간의 장소 변동이 있었을 것으로 짐작된다.

제작된 암각화의 내용은 둥근 인면 형태에 두 개의 선각과 함께 작은 원 하나가 있고, 크고 작은 바위구멍 6개로 구성된다. 그림 50에서 각 그림은 인면형태가 33×48cm이고, 두 개의 선각은 그 길이가 37cm이다. 선각의 폭은 6cm 정도로서 굵게 제작된 편인데, 깊이는 약 2cm 정도 된다. 그림은 원을 돌리듯 자연스럽게 둥근 형태로 갈아서 만든 것으로 보인다. 그 안의 3분의 2 지점에 가로로 선각이 있다. 이 선각은 오른쪽으로 난 두 개의 선각과 연결된 모양이지만 각선의 깊이는 그보다 얕게 새겨졌다.

둥근 형태의 그림은 보기에 따라서 사람의 얼굴 모습과 흡사하다. 원 안의 작은 바위구멍 두 개가 눈으로 보이고, 가로로 새겨진 선각이나 또는 그 내부의 바위구멍이 입으로 보이는 측면이 있기 때문이다. 이 경우 북아시아의 넓은 공간에서 조사되는 인면 암각화와 같은 유형으로 볼 수 있기 때문에 좋은 비교자료로서 활용될 수도 있다. 하지만 이런 것은 시점에 따라서 다른 모양으로 인식될 수도 있는 것이기 때문에, 형태를 분석하는 문제는 신중하게 접근해야 한다.

[그림 50] 포항 석리 암각화

그림은 보기에 따라서는 단순기원형태로 남은 흔적처럼 보이는 측면이 있다.

석리 암각화는 이미 2002년 필자에 의해 1차적 조사를 마친 것이다. 그러나 표현물의 난해성으로 해서 그간 연구에만 집중해 오던 중, 이 글이 만들어지는 과정에서 2008년 12월 26일 재조사와 도면작업이 수행되었다. 그러나 이 일대로 도로개설 공사가 예정되어 있다는 소식을 접하고, 보다 안전한 보존을 위하여 2009년 1월 20일 다시 유적을 찾았지만, 그 사이 어떤 알 수 없는 손길에 의해 사라졌다가 다시 되찾게 된 것이지만, 암각화는 이미 그 원형을 잃어버린 후였다.

11) 부산 복천동 암각화

지금 살펴보고자 하는 암각화자료는 선사암각화를 중심으로 분석하고자 하는 본 연구의 시간적 범위 밖에 있는 자료이다. 그러나 이와 같은 것을 여기서 함께 논의하게 된 이유는 이러한 것이 아직 정식으로 보고된 적이 없거나, 혹은 암각화연구라는 측면에서 분석되지 않은 것이기 때문이다. 그래서 비록 시차가 있는 것이긴 하지만 함께 수록하여 한국 암각화의 현상에 대하여 보다 충실을 기하고자 한다. 이와 같은 자료는 부산 동래구 복천동의 고분에서 나온 암각화와 포항 대련리 고분에서 나온 암각화이다. 두 자료 모두 고분에서 나온 것이라는 공통점이 있다.

복천동 고분군에 대한 제5차 발굴조사에 의해 나온 복천동 암각화는 5세기 중엽으로 편년되는 복천동 79호 수혈식석곽묘에서 조사되었다(부산시립박물관 1995: 22, 60, 73). 이 79호 고분은 주택건설로 인해 파괴되고 가로·세로 308× 151cm 석곽의 서장벽의 일부가 남은 것인데, 이 서장벽의 북쪽 하단석에서 그림 51과 같은 그림이 새겨진 벽석이 나왔다.

그 내용은 배와 같은 기물 위에 시계방향의 회오리 문양이 한 점 있는 것이다. 배의 선수에는 보기에 따라 용선과도 같은 알 수 없는 표현이 있다. 그리고 선미에는 사람이 무릎을 굻고 앉아서 손을 모으고 있는 것과 같은 형상도 한 점 있다. 배 표현물 앞에는 두 개의 이중 동심원과 같은 것도 있다.

보고자에 따르면 이것은 고분과 직접적 관련성이 없이 다른 곳에서 떼어온 것으로 판단되고 있는 모양이다. 하지만 그림의 제작기법에서 이와 유사한 표현이 또 다른 고분에서 나온 적도 있고, 그림의 내용도 벽석의 형태에 알맞게 배치되어 있는 양상이다. 그리고 무엇보다도 그 내용이 배의 형상으로서, 그 위에 회오리 문양이나 기도하는 사람과 같은 것이 묘사된 사실을 볼 때, 이것은 장의와 관련하여 제작된 것으로 보인다.

이러한 표현물을 태양주太陽舟로 볼 수 있다고 하거나(장명수, 2007: 18), 암각화로 표현된 배는 이것이 사자의 영혼을 영계로 보내기 위한 영혼의 배라고 하는 견해(Пяткин Б.Н. · Мортынов А.И., 1985: 44, 60~61, 73~74; 자이카 А.Л., 2008: 54)가 북아시아에 폭넓게 자리잡고 있는 바와 같이, 이와 같은 견해가 의미가 있다고 한다면 복천동 암각화는 고분 주인공에 대한 장송의례와 깊은 연관성이 있는 표현물로 볼 수 있다. 그렇기 때문에 복천동 암각화는 고분축조와 동시에 제작된 것일 가능성이 결코 배제되어서는 안 된다.

[그림 51] 부산 복천동 암각화(복천박물관)

12) 포항 대련리 암각화

대련리大蓮里 암각화岩刻畵(배용일 1996:307)는 경주시 강동면에서 포항시 흥해읍으로 가는 외곽도로인 포항시 북구 흥해읍 대련 3리에 있다. 이곳은 일명 석지골로 알려져 있는 곳인데, 암각화는 도음산의 동남쪽 지류에 해당하는 골짜기의 나지막한 뒷산 봉우리 상단에 있다.

주변으로 많은 삼국시대 고분이 산재해 있어서 이를 대련리 고분군으로 부른다. 하지만 고분의 상당수는 도굴로 인하여 그 석곽의 잔해나 개석이 곳곳에 널려 있는데, 암각화가 있는 주변에도 구릉을 따라 6기의 도굴된 고분의 잔해가 흩어져 있다. 그 중의 가장 서쪽 구릉에 있는 파괴된 석곽의 뚜껑돌로 보이는 돌에 대련리 암각화가 있다(그림 52).

가로·세로·높이 42×182×42cm의 직육면체의 뚜껑돌은 중간부분에 사람이 하나 있고, 그 아래 부분에도 쪼아서 고르게 한 흔적이 있다. 사람의 크기는 29.8×16.9cm로서 다소 날카롭고 사나운 표정의 얼굴이 묘사되어 있다. 이것은 철제도구로 수차례 강하게 그어서 새긴 것으로서, 각선은 여러 가닥의 선각으로 이루어져 있다.

사람의 머리 위쪽에는 자연적으로 생긴 바위구멍이 두개 있고 사람의 배에 해당하는 부분에도 자연적인 바위구멍이 있는데, 이것은 사람의 배꼽처럼 일

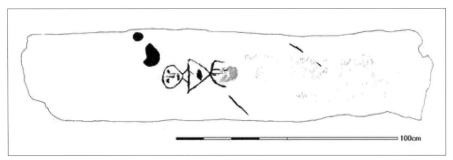

[그림 52] 포항 대련리 암각화

부러 그 위치에 맞춘 것으로 보인다.

그간 고분에서 나온 암각화는 여러 점이 조사되었다. 고령 지산리와 부산 복천동, 그리고 대련리 암각화가 그렇다. 그 중 지산리는 다른 곳에서 암각화가 새겨진 돌을 떼어 와 사용한 것으로 이해되지만, 복천동 암각화와 대련리 암각화는 고분 축조 당시에 함께 만들어 넣은 것으로 판단된다.

암각화의 제작 의도는 역시 묘사된 인면의 표정과 같은 것을 봐서는, 이것이 고분이나 피장자를 보호하기 위한 벽사 의미로 새겨진 것이 아닐까 한다. 하지만 조사된 인물의 형태에서 양팔에 대한 묘사가 없다는 점은 이 그림이 사자의 영혼, 즉 죽은 사람의 초상화로 제작되었을 가능성도 충분하다.

고분 축조에 쓰인 석재는 인근에 있는 포항시 달전리 산 19-3번지 일원의 옛 채석장에서 판상절리로 된 직육면체의 바위를 채취해 온 것으로 추정된다.

13) 나주 운곡동 암각화

전남 나주시 운곡동 산 53-7번지의 작은 봉우리에 있는 나주 운곡동 암각화는 나주지방산업단지 2차 조성사업부지에 대한 발굴조사 과정에서 밝혀지게 된 유적이다(마한문화연구원 2009). 이곳은 나주시를 가로 지르는 영산강 남쪽 가야산에서 남으로 뻗어 나온 해발 52m의 외따로 떨어진 작은 봉우리인데, 암각화는 이 봉우리의 북쪽 사면과 그 옆에 있는 고인돌에서 조사되었다. 운곡동유적 주변에서는 모두 22개의 고인돌이 조사되었으며, 75개에 이르는 대규모의 송국리형 주거지도 함께 확인된 곳이다(마한문화연구원 2007).

운곡동 암각화유적이 청동기시대의 채석장이었을 가능성이 있다고 하는데 (마한문화연구원 2009), 이러한 시각은 지상에 노출된 암반의 상태나 주변에 분포하는 고인돌과 같은 여러 정황으로 보아 그 가능성은 높다. 암각화의 입지조건 역시 산에서 약간의 간격을 두고 외따로 떨어져 볼록하게 솟은 작은 봉우리라는 한국 암각화유적에서 전형적인 곳이다.

운곡동에서 조사된 암각화는 봉우리의 암괴와 그 뒤에 있는 고인돌의 개석 3기를 포함하여 모두 9개 지점에 분포하고 있다. 조사된 표현물은 마모로 인하여 판독이 어려운 것도 다수 있으나 전체에서 약 45개 정도가 수집된다.

형상 면에서 암각화는 그렇게 다양하게 나타나는 것은 아니다.

그간 조사된 한국 암각화와 같이, 운곡동 암각화는 제사의례를 위한 것이라든가 신상으로 기능하였다는 것과는 처음부터 다른 의미를 가지고 제작된 것으로 보인다. 그것은 이곳을 살다간 사람들이 남기고자 했던 어떤 사항에 대한 기록으로 생각되는데, 그림의 내용은 그림 53과 같이 가는 선각으로 서로 비슷하게 새겨진 격자문처럼 보이는 표현물이다. 그 중에서 가장 많이 조사된 것은 보기에 따라서 마치 고상가옥과 같은 시설물의 설계도와 같은 모양새이지만, 간혹 조사된 어떤 것은 마치 짚단을 엮어 만든 배와 같은 표현물도 보인다. 하지만 그것이 정말 배를 묘사한 것인지는 보다 정밀한 현장조사가 필요하다.

운곡동 암각화는 역사시대에 와서 제작된 것이라고 알려진 몇몇 암각화자료와 같이 세선각 표현에 해당하는 것이다. 하지만 운곡동의 경우, 울산 천전

[그림 53] 봉우리의 암괴부분(운곡동 암각화, 신주원)

리 암각화의 세선각 표현이나 포항 대련리 암각화의 인면표현과는 판이하게 다른 것이다. 이곳이 청동기시대의 채석장이고 주변의 청동기시대 유구와 관련성이라는 측면에서, 그리고 여러 암각화표현물이 고인돌 개석상에도 나타나고 있기 때문에 대체적으로 고인돌의 제작과 시기를 같이한 것으로 보인다.

14) 의령 마쌍리 암각화

의령 마쌍리 암각화는 경남 의령군 대의면 마쌍리 164번지 일대에서 조사된 암각화자료이다. 이곳은 협곡 사이의 좁은 들판이 형성된 곳으로서, 암각화는 대의-의령 국도건설 공사구간 내 유적 발굴조사(경남발전연구원 2010)에 의해 나온 자료이다.

유적에 대한 발굴조사에서는 신석기시대 야외노지 2개와 10여 개의 적석무덤이 조사되었으며, 청동기시대의 무덤 11개와 주거지 7개가 나오고, 수혈 2개와 집석유구도 18개가 조사되었다. 그리고 삼국시대와 통일신라시대는 물론, 그 이후로 이어지는 시기의 유구도 이곳에서 여러 점이 조사되었다.

그런데 마쌍리에서는 청동기시대의 무덤에서 암각화자료가 나온 것이다. 그것은 1호 무덤에서 나왔는데, 1호 무덤은 반 지하식의 적석토광묘로 그 북쪽 모서리의 벽석에서 암각화가 발견되었다.

25.8×11.5×9cm의 그리 크지 않은 돌은 앞뒤 양면이 부드럽게 마연되어 있고, 마연된 양면에 각각 한 점씩 명확하지 않은 형태의 표현물이 묘사되었다 (그림 54). 암각화에 대하여 이것이 석검 병부를 연상하게 하는 문양이라는 견해가 있고(경남발전연구원 2010), 그리고 암각화가 새겨진 돌은 무덤의 벽석으로 활용되기 전 이미 숫돌로 가공된 것으로서, 표현물은 선각으로 새긴 석검위에 다시 검파형암각화를 덧새긴 것으로 보인다는 견해도 있어 주목된다(울산암각화박물관 2011).

표현물의 형태분석에 대한 필자의 생각은 그간 제시된 견해와는 좀 다르다.

이 돌이 숫돌이었다는 점은 분명한 것 같은데, 석검이 새겨진 그 위에 다시 검파형암각화가 중복되었다는 부분에는 선뜻 동의하기 어려운 점이 있다. 그것은 먼저 이 돌이 무덤의 벽석으로 조사되었다는 사실이나, 검파형암각화라는 형태에 대한 분석에서 나오는 생각이다.

먼저 무덤에서 나왔다고 하는 사실은 숫돌로 사용되던 이 돌이 그 효용가치를 잃었다는 것인데, 그렇기 때문에 거기에 새겨진 석검도 동시에 그 의미가 없어져 버렸다고 할 수 있다. 우리는 이미 숫돌에 검과 같은 것을 새기고, 거기에 또 다른 도구를 접촉하게 됨으로써 얻게 되는 접촉감염 형태의 주술적 행위가 암각화문화에 존재하고 있었다는 사실을 사천 본촌리 암각화를 논의하는 과정에서 언급된 사실이 있다. 마쌍리 암각화도 본촌리 암각화와 같이 숫돌에 검을 나타낸 암각화자료이다. 그것이 무덤의 벽석으로 재활용된다고 한다면 석검암각화가 갖고 있는 주술적 효험은 더 이상의 기대할 수 없게 되었다. 이러한 석검 표현물에 대하여 암각화는 그것을 파괴하거나, 또는 없애고자 하는

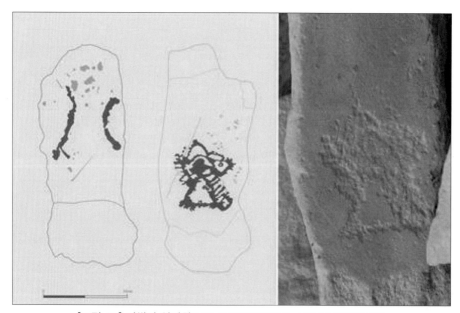

[그림 54] 마쌍리 암각화(도면 울산암각화박물관, 사진 경남발전연구원)

과정에서 자연스럽게 검파형암각화와 유사한 흔적으로 남았을 가능성이 있다는 것이 필자의 생각이다.

　무덤은 그 주위를 돌아가는 둥근 형태의 석 열과 함께 조사되었다. 이것은 무덤에 대한 의례시설 또는 주기적 의례의 흔적으로 생각되는 것인데, 이 석열을 구성하는 석재에서도 바위구멍이나 돌을 갈면서 생긴 마연흔적, 날카로운 도구로 쪼아낸 흔적이 함께 확인되었다고 하고, 무덤의 개석에서도 바위구멍이 새겨진 돌이 조사되었다고 한다(경남발전연구원 2010).

6_암각화 표현물에 따른 편년

한국 암각화 연구에 있어서 편년문제는 연구자 간에 크고 작은 견해 차이를 갖고 있다. 그것은 제작시기를 보는 연구자의 시각이나 기준에서 기인하는 것으로 보인다. 천전리 암각화나 이와 동일한 기하문으로 분류되어 온 검파형암각화, 즉 칠포리형 암각화의 경우 연구자 간에 그 차이는 그리 크지 않지만, 반구대암각화에 대해서는 많은 시각 차이가 드러나고 있다.

암각화에 대한 편년 연구는 발견 이후 지속적으로 관심을 기울여 왔던 부분이다. 그러나 한국 암각화 연구에 있어 제1기라 할 수 있는 시기에는 편년에 대한 본격적 연구성과는 별로 보이지 않는다. 1기의 연구자들은 대부분이 반구대 암각화의 성격이나 상징에 대한 연구를 진행하는 가운데, 자신의 편년에 대한 견해를 밝히고 있다. 하지만 그 또한 새김법을 중심으로 한다든지, 아니면 특정의 표현물을 중심으로 분석이 이루어져 왔기 때문에 견해 간 차이는 극명하게 노출되어 왔다. 그러나 암각화 연구의 제2기에 들어와서 그것은 칠포리형 암각화를 중심으로 비교적 안정적으로 전개되어 온 것으로 보인다.

이 연구는 한국 암각화를 시기별로 나열하여 거기에 반영된 제의적 표현요소를 찾고, 교차하는 시기에 따라 그 형태는 어떻게 달라져갔는가, 그리고 그 성격이 암각화에서 표현상으로 어떤 영향을 끼쳤는가 하는 것을 밝혀보고자 하는 것이다. 따라서 각 암각화 유적의 제작시기 규정은 이 연구에서 중요한 사항이다. 그렇기 때문에 본 장에서는 이미 제시된 바 있는 연구자들 간의 제작시기에 따른 견해를 검토하고, 거기에 대한 필자의 생각을 밝혀 한국 암각화 전체를 하나의 발전적 선상에서 편년을 이해하고자 한다.

1) 한국 암각화의 편년분석

(1) 천전리 암각화

울산 천전리 암각화에 대한 제작시기의 분석은 유적에 대한 최초 보고자 문명대에 의해 이루어졌다. 문명대(1973: 38~39)는 이 유적에 대한 보고문에서 표현물에 대한 자세한 새김법을 분석하였으며, 이 새김법을 근거로 편년을 분석할 수 있을 것이라고 하였으나, 천전리 암각화가 언제 만들어진 것이라고 하는 제작시기에 대한 제시는 이루어지지 않았다. 그러나 1984년의 보고서에서는 편년제시가 이루어지고 있는데, 여기서 기하문암각화에 대해서는 이를 영국 고분의 석관판석의 문양과 비교하여 청동기시대라고 하였으며, 동물상에 대해서는 동물이 정지 상태로 표현되고 얕게 제작된 점, 그리고 기법상 도식적인 추상성이 농후하기 때문에 이를 청동기시대 이후에 나타나는 양식으로 보아야할 것이라고 하였다. 하단부의 세선각 표현에 대해서는 이것이 삼국시대 신라인의 작품임이 틀림없다고 보았다.

영국의 고분은 아일랜드의 노쓰Knowth와 뉴 그랜지New Grange 쿠르간의 석관판석을 비교한 것인데, 과연 그러한 것이 천전리와 비교될 수 있는 자료인지는 의문시된다. 하지만 당시의 보고서는 지금에 와서 발견 당시와는 상당한 손상상태를 보이는 유적의 복원에 필수자료로서 그 중요성이 입증된다.

여기에 대하여 김원룡(1983: 327)은 천전리 암각화가 신라시대의 명문과 관련성이 있을 수 있고, 기하문 문양도 인화문토기와 유사하여 서로 관계가 있을 것이라는 입장에서 접근하고 있다. 김원룡은 동물문이나 인면에 대해서도 이를 반구대암각화와 비교할 때 청동기 후기 원삼국기부터라고 하는 편년을 제시할 수 있다고 하였다. 하지만 김원룡의 견해는 암각화라고 하는 분야에 대한 깊은 인식이나 한반도 인근지역 자료에 관한 비교연구 없이 피상적인 생각에서 나온 결과로 보인다.

임세권(1984: 537~538)은 한국 암각화의 편년에 관한 별도의 논문을 발표한적 있는데, 그는 그림의 선후 관계의 파악방법으로 그림의 겹친 상태를 분석하여 이를 제시하였다. 이러한 방법은 과거의 연구에 비하여 현장에 대한 깊은 분석에서 얻어진 만큼 그 의미가 자못 크다고 할 것이다. 천전리 암각화의 편년에 대하여 그는 동물그림의 경우 신석기시대로 보았으며 연속 마름모형이나 동심원·나선형 등 기하문암각화는 우리나라 청동기에 많이 나타나는 문양이라는 점을 들어 이를 청동기시대로 보았다. 임세권(1994: 154)은 그의 학위청구논문에서 이를 다시 정리하여, 천전리의 면각동물과 선각추상, 가는 선 암각을 제작시기 순으로 요약하였다. 여기서 면각동물은 신석기시대 후기에서 청동기시대 초기에 제작된 것이며, 선각추상은 청동기시대 중기로, 그리고 가는 선 암각은 철기시대라는 제작시기를 제시하였다.

황용훈(1987: 121)은 한국 암각화를 물상암각화와 기하문암각화, 성혈암각화로 구분하고, 이것이 동북아시아 계열에 속한 문화전통을 지닌 것으로 보았다. 따라서 천전리의 기하문 표현은 그 형식과 기법상 청동기시대 후기에 제작된 것이며, 하단의 선각그림은 동북아시아 초기 철기시대 혹은 역사시대 초기의 그림과 같이 고대사와 관련해서 보아야 할 것이라고 했다.

한편 송화섭(1992: 118)은 한국 기하문암각화에 대한 견해를 밝히는 글에서 천전리의 기하문암각화에 대하여 이것이 청동기시대의 소산임을 분명히 한 바 있으며, 장명수(1996: 203, 218~220)는 천전리의 생물상그림은 청동기시대의 것이라 하고, 기하문에 대해서는 이를 천신과 지신, 그리고 성(性)의 상징으로 보아서, 이 문양은 초기 철기시대 이상으로 올려보는 것은 무리가 있다고 하였다. 장명수는 나중에 그의 학위청구논문에서 편년에 대한 보다 자세한 분석을 시도하고 있는데, 여기서 그는 암각화에서 새김새로 본 편년과 문화요소로 본 편년을 따로 구분하여 제시하고 있다. 천전리에 대한 장명수(2001: 110)의 생각은 제작순서 분류의 기준으로써, 암각화는 좁고 얕은 것에서 넓고 얕은 것으로 발전해갔으며, 이는 다시 넓고 깊은 것으로 그 순서를 정할 수 있다고 하였다. 따라서 한국 암각화에서 가장 이른 단계에 천전리의 동물이 있고, 탈이나 기하도형은 넓고 깊은 새김 새이므로 그 다음 단계의 것으로 보인다고 하였다. 그리고 그 다음 단계에는 세선각 표현을 두었다.

천전리 암각화를 문화요소로 보았을 때, 동물은 어렵암각화로서 그 시기는 청동기시대 이전으로 올라갈 수는 없다고 하였으며, 기하문암각화는 도형암각화에 속하는 것으로서 이는 초기 철기시대 초·중기에 해당한다고 하고, 기록암각화로서 세선각은 철기시대의 것으로 편년하였다(장명수 2001: 112~132).

천전리 암각화의 경우 여러 시기의 서로 다른 표현물이 중복 제작되어서 나타나기 때문에, 각 연구자들이 암각화의 표현 유형에 따라 그 제작시기에 접근하고자 하는 방법을 달리 한다는 점은 일단 긍정적이다. 필자 역시 같은 방법으로 분석하고 있기 때문에 동물표현과 기하문암각화, 그리고 세선각 표현을 각각 구분하여 여기에 대한 견해를 밝히고자 한다.

천전리 동물표현은 같은 구상具象표현인 반구대암각화와 비교하여 이를 논할 수 있다. 반구대암각화에 비하면 천전리 암각화는 그 형상에서 상투적이면서 도식화 과정이 진행된 표현이라는 점에서 동물표현에 접근할 수 있다. 그것은 반구대암각화가 고래사냥과 관계된 어로활동이 표현된 단계에서부터 여러 차례의 제작과정을 겪었다고 볼 때, 천전리는 좌측 상단에 표현된 초기단계의 동물표현에서 이미 도식적이고 상투적 형상이 발견되고 있다. 특히 서로 마주보며 짝을 이룬 사슴과 같은 것이 나타난다는 점은 천전리 암각화가 반구대암각화의 어떤 단계의 표현물과 비교되어야 할 것인지를 말해주고 있다.

천전리의 동물표현 단계는 반구대암각화의 제작층에 대한 필자의 선행연구(이하우 2004b, 2007b)에 비추어, 제3 제작층 단계와 비교될 수 있다. 그것은 천전리 동물표현의 대다수가 생태묘사에서 도식적인 양상으로 조사되고 있으며, 암수가 서로 짝을 짓고 있거나 어미와 새끼가 함께 구성된 모습으로 조사된다는 점에서 반구대암각화 제3 제작층의 도식적이면서 서로 짝지은 동물표현과 잘 비교되기 때문이다. 따라서 천전리 동물표현은 반구대암각화 제3 제작층과 서로 비슷한 시기의 표현물로 이해할 수 있을 것이다.

동물표현 다음단계인 기하문암각화는 주 표현물이 마름모꼴 문양으로 구성된다. 마름모꼴 문양의 성격에 대해서는 이미 수차례의 선행연구와 같이(박영희 2005: 84; 송화섭 1993: 119; 이하우 2008b: 66~69; 임세권 1999: 81; 장명수 2001: 91), 여성을 상징하는 문양이라는 것은 필자 역시 의견을 같이하고 있는 부분이다. 여성에 대한 상징문양이 암각화의 소재로 표현된다는 것은 여성의 임신·출산과 같은 여성 고유의 생리기능과 농경의 생산성이 하나의 상징체로 결합되었다는 것을 구체적으로 말해준다고 하겠다. 따라서 이것은 농경생활이 바탕이 된 청동기시대의 표현물로 이해되며, 기하문암각화가 동물표현보다 상위에서 층을 형성하고 있으므로, 같은 청동기시대라고 할지라도 세부적으로는 선후 차이가 있는 표현물이라 하겠다. 물론 기하문암각화 위에는 또 다시 타날흔 단계가 시차를 갖고 추가되어 있다. 하지만 시간적으로 기하문암각화 단계와 타날흔 단계 사이에 그리 큰 차이를 갖고 있는 것 같지는 않다.

천전리에서 하단 부분을 점유하고 있는 세선각 표현은 많은 수의 명문과 함께 새겨져 있다. 이것은 날카로운 금속도구를 사용하여 새긴 것으로, 표현된 내용은 적석목곽분에서 조사되는 선각문 토기나 토우 등에 나타나는 인물상·배·새·말과 유사한 내용으로 구성되고 있다.

세선각 표현에서 인물상을 봤을 때, 표현된 인물의 모습이 삼국시대의 복장 상태를 하고 있기 때문에 이는 삼국시대에 들어와서 제작된 것이 분명하다. 특히 앞에서 살펴본 그림 5의 왼쪽 선각그림과 그림 6의 경주 황남동 미추왕릉지구 C지구 3호분에서 출토된 서수형 토기는 그 외형에 있어서 거의 동일한 표현 양식이다. 이러한 점으로 볼 때, 천전리 세선각 표현의 일부는 4세기~6세기 전반 경의 적석목곽분 축조시기와 때를 같이한다고 볼 수 있다.

(2) 반구대암각화

반구대암각화의 편년에 관한 연구성과는 다음과 같다. 반구대암각화가 신석기 중기에서 청동기시대에 제작된 것으로 보는 문명대(1973: 38~39)는 반구대암각화를 어로집단과 수렵 집단에 의한 미술로 이해하면서 다양한 새김법에 대한 분류를 시도하였다. 당시 북유럽과 시베리아의 연구성과를 반영하고 각 표현물의 기법비교를 통하여 제작시기를 이해하고자 하는 문명대는, 반구대암각화는 신석기시대 중기를 전후하여 긴 시간에 걸쳐 제작된 것으로 추정하였다.

이에 비해 반구대암각화를 후기 신석기에서 후기 청동기시대로 보는 견해의 황용훈(1977: 165~179)은 한반도 암각화와 북구 및 시베리아 암각화를 폭넓게 비교 연구하여, 반구대암각화에서 물고기 암각을 후기 신석기시대 암각화로, 동물이나 어로·배 표현물에 대해서는 이를 청동기시대 암각화로, 그리고 동물을 잡기 위한 덫이나 그물은 후기 청동기시대로 분류하였다. 이러한 분석은 암각화의 형식과 함께 제작기법을 인근지역 암각화와 비교해서 나온 연구이다. 이 연구를 바탕으로 황용훈은 1987년에 동북아시아의 암각화라는 이름의 단행본을 발간하였다.

문명대와 황용훈은 반구대암각화가 신석기시대에서부터 제작이 시작된 것으로 보는 데 비하여, 김원룡(1980: 22)은 상대적으로 많이 늦춰보고 있다. 김원룡은 어로와 수렵이라는 두 개의 층으로 반구대암각화를 구분하고, 먼저 면각기법의 해수동물海水動物이 제작되다가 차차 선각기법의 산수동물山水動物로 변화해갔다고 보았다. 그 중에서 가장 먼저 제작된 것은 고래그림이고, 따라서 그림의 제작도 고래가 있는 좌측 상단에서부터 하단으로, 그리고 순차적으로 바깥 순으로 그려졌다고 보았다. 그러나 양자 간의 연대 차이는 알 수 없다고 하는데, 반구대암각화에서 노 또는 외양선外洋船의 존재가 표현된 것으로 보아, 이는 청동기시대 후기에서 원삼국시대 초에 해당하는 B.C. 300~A.D. 100년 경이 그 제작시기라고 한다. 이러한 편년은 암각화라는 표현물의 분석에 따랐다고 하기보다는 그 성격이 명확하게 밝혀지지 않는 특정표현물 몇몇을 기준으로 전반적인 틀을 이해한 것이라고 보인다.

발견으로부터 13년 만인 1984년에는 반구대암각화를 처음 조사했던 동국대학교에서 보고서가 출간되었다. 황수영·문명대는 여기서 기법면에서는 그 상한을 신석기시대 후기로 소급할 수 있다고 보았으며, 과도기적 양식은 신석기시대 후기에서 청동기시대 초기로, 그리고 그보다 늦은 스타일화 된 그림은 청동기시대 이후로 설정할 수 있다고 하였다(황수영 · 문명대 1984: 244).

이와 같은 여러 견해에 비하여, 면각화와 선각화의 두개의 층으로 표현물을 분류해서 반구대암각화를 보고자 한 임세권(1984: 526)은, 두 그림의 분석에서 면각이 선행 기법이고 선각은 나중이라고 분석한 바 있다. 내용면에서 이것은 농경과는 관계없는 수렵과 어로행위를 보여주고 있기 때문에 청동기시대로 보기는 어렵고, 선각과 면각에서 차이가 있긴 하지만 모두 신석기시대로 보아야 할 것이라고 한 임세권(1994)은, 그의 학위논문에서는 한층 상세한 분석을 보이고 있다. 신석기시대로 보던 그간의 견해를 수정하여 반구대의 면각동물은 청동기시대 전기로, 선각동물은 청동기유물에 나타나는 동물표현과 관련하여 이를 청동기시대 중기 이후로 보았다.

정동찬(1988: 422) 역시 평면그림과 선 그림의 두 개의 층으로 구분하여 분석하고자 했으며, 선 그림에 비해 평면그림이 선행한 그림이라고 하였다. 그리고 고래 그림이 보이는 것은 신석기시대요, 배 그림이 등장하는 것은 신석기시대 후기이며, 오늘날 원시인과 미개인의 생활상이 신석기시대의 그것과 비슷하다고 하는 인류학적 연구를 근거로 하여, 고래숭배신앙에서 나온 그림은 신석기시대 후기 이전에 그려졌으며, 선 그림은 평면 그림보다 늦은 신석기시대에 제작된 것이라고 하였다.

이와 같은 여러 연구자들의 편년관에 비하면, 장명수(1996: 191)는 자기 나름의 분명한 기준을 세워 그 순서를 규정하고 있다. 그것은 앞에서도 언급된 것과 같이 새김새를 기준으로 한 것인데, 여기에 따라 반구대암각화는 청동기시대로 편년하였다. 후에 여기에 관련하여 보다 정교한 분석을 수행했던 장명수(2001: 113~114)는 반구대에 나타나는 표현물의 제작에 청동기 이상의 금속도구가 사용되어야 가능하다는 점을 들어, 반구대암각화의 제작은 청동기시대 이전으로 올려볼 수 없다는 점을 명시하였다.

이상의 연구자들의 견해를 종합해 보면, 반구대암각화는 신석기시대라는 견해(문명대 1973; 황용훈 1977; 정동찬 1988)와 신석기시대에서 청동기시대에 걸쳐서 제작된 것이라는 견해(황수영·문명대 1984), 그리고 청동기시대라는 견해(임세권 1994; 장명수 2001)와 청동기시대에서 초기 철기시대라는 견해(김원룡 1980)로 정리된다. 각 연구자들의 생각을 보면 대다수가 자신의 주장에 대한 근거를 표현물의 기법을 인접지역의 암각화와 비교하는 데서 얻고 있는 것으로 보이지만, 그 비교조차 직접적인 자료비교의 결과는 찾아볼 수 없이, 다소 추상적 비교에 그치고 있다. 더욱이 소수의 연구자를 제외하고는 자신의 편년관에 대한 기준조차 분명하게 제시하지 못하고 있는 것으로 보인다. 물론 소수의 연구자가 말하고 있는 편년관이 필자에게 반드시 수긍되는 것은 아니지만, 연구자가 자신의 판단기준을 내놓지 못한다는 사실은 가볍게 보고 넘길 문제는 아니다.

이와 같은 반구대암각화의 편년에 대하여, 필자는 일단 큰 폭의 시간대를 지니는 청동기시대의 여러 시기에 걸쳐서 반구대암각화가 제작된 것으로 보고 있다. 그 이유는 나중에 상세하게 언급될 터이지만, 먼저 그림의 정형화 상태에 집중해서 살펴보고자 한다. 반구대암각화의 표현물은 형상묘사라는 측면에서 볼 때, 사실적 기법에서부터 도식화의 단계, 그리고 형상이 규범적이며 정형화한 단계는 물론, 상징적으로 변해가는 단계의 표현물까지 골고루 나타나 있다. 이러한 표현물의 다양한 양식적 면모는 이것이 인근지역에서 일반적으로 나타나는 암각화의 변화양상과 동일한 수준에서 이루어지고 있고, 전반적으로 볼 때 반구대암각화는 상당한 정형화의 수순에 이르고 있는 점이 우선 눈에 띈다.

또한 스무 명 정도의 승선이 가능한 대형 선박의 건조능력에서의 문제와 인근지역의 청동기 유적, 즉 울산시 울주군 두동면 은편리, 두서면 인보리, 언양읍 서부리로 대표되는 고인돌의 존재나 니전리의 청동기시대 주거지와 함께 발굴조사에서 밝혀진 반구대 진입로의 진현 마을에서 청동기시대 주거지가 확인된 사실(울산문화재연구원 2003)에 비춰 볼 때, 청동기시대와의 관련성은 분명한 것 같다.

하지만 모든 표현물이 청동기시대라고 하는 단일 문화대에 제작된 것이라고는 단정할 수 없다. 마찬가지로 반구대암각화의 상한연대는 그럼 언제인가 하는 점에 대해서도 특정한 시기를 집어서 말하기는 어렵다.

반구대암각화 표현물 중에 작살과 같은 도구가 묘사된 점이나 특정 표현물에서 고래에게 작살을 던져서 명중시키고 있는 장면이 나타나는 것과 같이, 작살이 사용된 시기는 신석기시대에서 나타나는 현상이다. 그간 작살이 조사된 곳은 함북 웅기군 서포항 패총, 함북 청진시 농포동 패총, 전남 여수시 삼산면

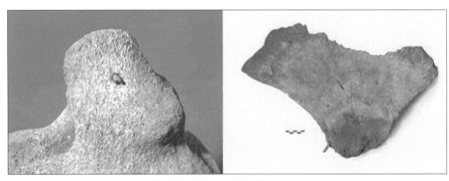

[그림 55] 고래 뼈, 울산 황성동(마경희)

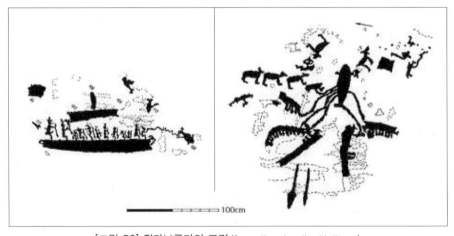

[그림 56] 잘라브루가의 포경(Scandinavia, Jim Nollman)

서도리 거문도 패총, 경남 통영시 욕지면 상노대도 패총, 부산 영도구 동삼동 패총과 같은 신석기시대의 유적이다(김건수 2000: 27). 최근에는 울산 황성동에서 그림 55와 같은 뼈 작살이 박힌 고래 견갑골과 엉치뼈 두 점이 발굴된 사실이 있다. 이것은 고래사냥에서 의례와 관계된 것이라고 알려져 있는 것이다(마경희 2010: 111~126).

이와 같은 유적에서 조사된 자연유물을 볼 때, 강치나 고래와 같은 대형 어류의 뼈가 발견되고 있고, 특히 동삼동 패총과 같은 곳에서는 강치나 고래류의 뼈가 60%를 넘게 나타나고 있다. 이러한 현상을 볼 때 신석기시대는 외양성外洋性 어업의 특징을 갖고 있다고 할 수 있다. 그러나 청동기시대로 들어가면서 생업형태가 달라지면서 장기간 한 지역에서 거주하여야 하고, 또 물을 필요로 하기 때문에 어업형태도 자연스럽게 내수면어업으로 전환된다고 한 김건수 (2000: 28)의 견해를 받아들인다면, 그 상한연대는 조정되어야 한다.

한편 한반도 이외의 지역, 예컨대 구 대륙의 서쪽에 있는 백해White sea의 잘라부르가Zalavruga 암각화에서 발견되는 그림 56과 같은 표현물을 보면, 대형 선박에 의한 포경 장면은 B.C. 4000~3000년에서부터 시작하여 B.C. 2000년대에 이르는 신석기시대로 분류되고 있다(Jim Nollman, 1995). 이와 함께 앞서 선박의 건조능력을 말한 바 있지만, 신석기시대에 만들어진 배가 지난 2005년 경남 창녕군 비봉리 패총유적(사적 제486호)에서 조사되었다는 사실은 이 시대의 선박 건조능력을 결코 경시할 수 없게 한다.

표현물 중에서 20명 정도의 승선이 가능한 배의 묘사가 사실적이라기보다 승객에 대한 피상적인 표현일 수도 있다. 하지만 당시에 이러한 배의 건조능력 또한 충분히 갖고 있었다고 생각하는 것이 여러 정황으로 보아 자연스러운 현상일 것이다.

한반도에서 신석기시대의 실물 배가 확인된 사실이나 신석기시대의 어업의 특징이 외양성 어업형태라는 점, 그리고 포경과 관련된 고래뼈의 존재와 함께 다른 지역에서 포경을 묘사한 암각화가 신석기시대로 편년되고 있다는 점에서 볼 때, 반구대암각화의 상한연대는 신석기시대로 올려 보는 것이 옳지 않은가 하는 것이 최근 필자의 생각이다.

물론 신석기시대 유적으로서 울산만 남쪽에서 조사된 우봉리 · 성암동 · 황성동유적도 편년에 참고되는 좋은 자료이다.

(3)칠포리형 암각화의 편년

1980년대 후반까지 한국 암각화에서 울산 반구대암각화나 천전리 암각화에 비해 별종으로 취급받던 칠포리형 암각화는 이제 경상북도와 전라북도를 아우르는 넓은 공간에서 조사되었다. 이러한 현상은 한국 암각화의 큰 흐름이 칠포리형 암각화라는 것을 확인하게 하였으며, 그 연구의 첫머리에 고령 양전동 암각화가 있다.

양전동 암각화 발견 이후, 1980년대 말부터 이어지는 조사는 양전동 암각화와 같은 유형의 암각화가 집중 조사되는 시기였다. 이러한 암각화는 지금까지 한반도 이외의 그 어떤 지역에서도 찾아볼 수 없었던 매우 독자적 형태로서, 그것은 인근지역의 조사결과 확인된 사실이다.

최근 내이멍꾸 지역에 대한 조사에서 칠포리형 암각화와 동일한 자료가 나왔다고 발표된 바 있다. 이를 공개한 고려대 한국고대사 연구팀의 자료를 검토한 바 있는 필자의 소견은, 아무래도 발표 자료와 칠포리형 암각화를 동일한 것으로 보는 것은 무리한 점이 많다고 판단되었다.

양전동 암각화와 같은 구조의 암각화는 그 원형이 포항 칠포리, 또는 경주 석장동에 있다고 보는 입장에서 본고에서는 이를 통칭 칠포리형 암각화라고 한다.

칠포리형 암각화의 발견 · 조사 시기는 1980년대 말부터 1990년대 초반에 집중된다. 더불어 칠포리형 암각화에 대한 연구도 이 시기부터 활발하게 전개되었다. 그것은 새로운 암각화자료의 지속적인 발견 조사가 있었기에 가능한 것이었다. 칠포리형 암각화의 제작시기에 대한 연구성과는 다음과 같다.

최초의 연구는 이은창(1971: 37~39)에 의해 시작되었다. 이은창은 고령 양전동 암각화를 러시아 하바로프스크 인근 사카치 알얀의 암각화와 비교하여, 양전동 암각화는 신상인면神像人面이라고 하면서 주변에서 수습된 유물을 근거로 이것은 금속 초기에 들어선 문화적 성격을 갖추고 있다고 하였으며, 아울러 선사시대로 올라갈 가능성도 있다고 명시하였다.

첫 연구에서 이은창이 신상인면이라고 한 이래, 오랫동안 이 유형의 암각화는 신상인면을 나타낸 것이라고 불리어져 왔다. 이러한 생각의 바탕에는 같은 유형의 암각화가 더 이상 나온 적도 없고, 연구의욕을 자극할 수 있는 또 다른 자료적 발견이 늦었던 데에서 기인한다고 하겠다. 그러다가 제2기 암각화연구가 시작되는 1989년 말에 같은 유형의 암각화가 새롭게 조사되고, 여기에 힘입은 일련의 연구자들(송화섭 1993; 이상길 1995; 이하우 1990, 1994; 임세권 1994; 장명수 1995)은 동일 유형의 암각화에 대한 성격구명과 함께, 그 발전순서에 대한 연구성과를 발표하였다. 이때의 연구의 특징적 현상은 이전에 비하여 연구자 자신의 편년관에 대한 나름대로의 기준을 비교적 명확히 제시하고 있다는 점이다. 이것은 이전에 비하여 한국 암각화연구가 보다 정교해졌다는 것을 말한다.

송화섭(1993: 135~136; 1994: 31, 45~71)은 일련의 암각화를 칠포리의 석검형상을 기초로 하여 이것은 검파형 기하무늬라고 하면서, 양식변화에 따른 진행수순도 초기에 포항 인비리와 여수 오림동의 석검암각화를 놓고, 포항 칠포리ㆍ영천 보성리에서 고령 양전동ㆍ고령 안화리로 발전해갔으며, 이는 다시 남원 대곡리ㆍ영주 가흥동 순으로 달라져갔다고 하였다. 따라서 제작시기는 이른 것이 청동기시대 전기에 해당되고, 늦은 것은 청동기시대 후기에 이르는 것이라고 하였다.

칠포리형 암각화를 북아시아의 인면 암각화와 같은 맥락에서 보고 있는 임세권(1994: 149~154)은, 그 제작시기는 청동기 중ㆍ후기로서 순서는 양전동을 그 전형으로 하여 양전동에서 대곡리Bㆍ보성리〉칠포리ㆍ안화리ㆍ대곡리A〉가흥동〉석장동으로 변모하였다고 정리한 바 있다.

이하우(1994, 2008a)는 암각화제작의 초기가 청동기시대 중기이고, 말기는 B.C. 4~3세기 세형동검문화기에 이르는 것이라고 하였는데, 이에 따라 암각화의 변화과정도 초기 〉발전 · 정형기 〉소멸기의 과정을 포항 인비리 · 포항 칠포리에서 경주 석장동으로, 여기서 다시 영천 보성리 〉고령 안화리 〉고령 양전동 · 고령 지산리 〉남원 대곡리 순으로 정리하였다. 그리고 이러한 진행순서와는 별도로 영천 보성리에서 영주 가흥동으로, 경주 석장동에서는 내남 안심리로 가면서 소멸기를 맞이하였다고 정리하였다.

이에 비해 이상길(1996: 168~171; 2000: 165~166)은 주변 청동기시대 유적과 관련해서 암각화의 제작순서를 규정하고 있는데, 각 유적의 제작순서에 대해서는 안심리 〉석장동 · 보성리 〉안화리 · 대곡리 〉칠포리 〉양전동 〉가흥동으로 그 순서를 정리하였다. 그러나 장명수(1995, 2001)는 이 구조적 형상의 암각화를 청동기시대 후기에서 초기 철기시대의 철기문화의 유입에 따른 사회적 갈등과 정치 · 사회적 다양성이 반영된 제단화로서의 암각화라고 하였다.

제작시기별 수순에 대하여 장명수는 가장 먼저 석장동과 안심리 암각화를 생성기의 것으로 보고 석장동 · 안심리 〉보성리 · 안화리 · 지산리 · 대곡리 B · 양전동 〉칠포리 〉대곡리 A · 가흥동 순으로 발전순서를 정리하고 있다.

이상에서 거론된 각 연구자의 연구성과는 다음과 같이 정리된다. 발전순서에 대해서는 연구자 간 일치를 본 것은 아니지만, 제작시기는 대체적으로 청동기시대에서 초기 철기시대로 모아지고 있다. 필자도 이러한 편년에 대하여 같은 시각으로 보는 측면이 있기 때문에 청동기시대 중기에서 초기 철기시대로 정리해도 큰 무리가 없다고 생각한다.

연구자마다 다르게 나타나는 양식변화에 따른 시기별 발전순서는, 우선 보기에 초기 혹은 발생기를 어떠한 유적에 두고 있는가 하는 데 따라 이어지는 순서도 자연스럽게 다르게 규정된다. 그리고 그간 연구자가 제시했던 기준마저 일치되지 않기 때문에 제작순서에 대한 견해 차이는 쉽사리 좁혀지기도 어렵다. 필자의 입장에서 이 연구를 수행하는 데 있어 제작순서는 중요한 사항이기 때문에, 제작시기별 순서를 분석하는 과정에서 보다 자세하게 형상변화에 대한 생각을 밝히고자 한다.

(4) 그 외의 암각화에 대한 편년

대구 천내리 암각화나 고령 봉평리, 그리고 포항 석리 암각화에 대한 것은 본 연구를 통해 처음 밝혀지는 것이기 때문에 여기에 대한 선행연구는 없다. 그래서 여수 오림동이나 함안 도항리, 대구 진천동 등에 대한 연구성과를 검토하는 가운데, 이와 함께 여러 암각화에 대한 제작시기를 살펴보고자 한다. 여기서 몇몇의 유적은 발굴에서 나온 자료를 동반하고 있다. 따라서 필자는 이견을 가지고 있지 않은 유적에 대해서는 조사자의 견해를 인정하면서 여기에 접근하고자 한다.

비교적 이른 시기에 조사된 여수 오림동 암각화는 한반도 서남쪽 지역에서 조사된 유적이다. 암각화가 있는 고인돌은 발굴조사 후 그 위치가 옮겨졌으며, 발굴과정에서 몇몇 유물의 확보가 이루어졌다. 고인돌에 대한 발굴결과, 보고자(李榮文·鄭基鎭 1992: 88~89)는 세장형 석촉과 비파형동검, 그리고 유구석부와 관옥이 나온 것을 근거로 오림동 고인돌의 조성시기를 청동기시대 전기 중·후반 경으로 보고 기원전 7~6세기를 상한으로, 기원전 4세기 전후의 시기를 하한으로 설정할 수 있다고 하였다. 여기에 대하여 오림동 암각화를 청동기시대 중·후기로 보는 연구자도 있다(임세권 1994: 154).

오림동 암각화에 대한 송화섭(1994: 47~73)의 생각은 이것이 검파형암각화와 한 계통으로서, 제작시기는 청동기시대 전기에 해당한다고 하면서 같은 석검형암각화가 있는 인비리보다 다소 뒤지는 것으로 보았다. 이상과 같은 견해가 서로 약간의 시간적 차이를 보이고 있는데 비하여, 장명수(1996: 206, 2001: 126, 131)는 여기에 대하여 보고자의 견해에 동의하면서 이를 청동기시대 후기로 설정하였다.

오림동 암각화보다 조금 늦은 시기에 조사된 함안 도항리 암각화(창원문화재연구소 1991)는 그 제작시기에 대한 연구자들의 견해가 대체로 유사한 시간대를 가리키고 있다. 여기에 대하여 송화섭(1993: 118~121)은 이를 B.C. 4~5세기라고 보았다. 같은 유적에 대하여 이것이 천전리의 기하문이나 양전동의 그림과 같은 시기로 생각된다고 한 임세권(1994: 150, 154)은 도항리 암각화가 청동기시대 중·후기에 제작된 것으로 보았으며, 장명수(1996: 192~193, 2001: 111, 131)는 이를 좁고 얕은 선 쪼아 새김으로 보고 그 자신의 양식변화의 기준에 맞춰, 이는 면 쪼아 새김보다 나중으로서 청동기시대 말기로 분류된다고 한다. 이러한 견해는 서로 유사하게 모두 청동기시대 후기로 그 시점이 모아지고 있다.

앞의 두 유적이 고인돌에서 나온 것임에 비해, 입석에서 나온 대구 진천동 암각화는 유적에 대한 발굴에서 석축기단 주변에서 무문토기편과 홍도편, 유구석부 등의 유물확보가 이루어진 곳이다. 이러한 유물에 의해 진천동 암각화는 영남지방 전기 무문토기시대에 해당하는 곳으로 알려졌다. 진천동에 대한 발굴보고서(이백규·오동욱 2000: 47)에 따르면, 무문토기편 중 구연부의 구순각목토기 등의 발견에 따라 입석과 석축기단의 축조시기는 무문토기시대 전기 전반 경으로 편년된다고 한다. 장명수(2007: 19)는 이것이 청동기시대 전·중기에 민무늬토기, 돌널문화를 가진 사람들의 제의공간이라고 하였다.

밀양 활성동 암각화는 고인돌 하부구조인 적석유구의 축석에 제작된 것이다. 현장 설명회 자료집(경남발전연구원 2002: 18)에 의하면 이것은 무문토기시대의 유적으로 알려졌으나, 활성동 암각화에 대한 본격적 연구를 수행한 장명수(2003: 43~62)는 제단유구가 송국리형 장방형 주거지보다 뒤에 해당되는 원형 주거지 위에 축조되었으며, 층서상 인접한 원형점토대토기와 굽다리 토기가 나오는 경작유구 층위와 연관되었기 때문에 이를 초기 철기시대 원형덧띠토기문화와 관련되었을 것으로 보았다.

또한 장명수는 같은 글에서 동일한 도검류암각화로서 밀양 활성동과 더불어 사천 본촌리 암각화를 언급하고 있는데, 본촌리 암각화에 대해서는 이를 순천 우산리 고인돌 출토의 비파형동검과 비교하여 B.C. 6세기 경의 늦은 시기로 편년하고 있다.

한편 사천 본촌리와 비교되는 자료는 가장 최근에 조사된 의령 마쌍리 암각화가 있다. 마쌍리 암각화 역시 본촌리와 마찬가지로 도구를 갈아서 쓰게 되는 숫돌에 새겨진 암각화자료이다. 묘사된 그림의 내용도 본촌리처럼 한 자루의 석검이 새겨진 것이다. 본촌리와 마쌍리의 자료는 그것이 동일한 접촉감염 주술형태에서 비롯되고 있다는 문화적 관점에서 양자를 서로 비슷비슷한 시기에 놓을 수 있을 것으로 보인다.

북한의 무산 지초리 암각화에 대한 서국태(2004: 14)의 생각은 다음과 같다. 지초리 암각화 바로 옆에 있는 동굴 안에서 실시된 발굴조사의 결과, 여기서 나온 석관묘의 부장품이 무산 범의 구석유적 집 자리 4기층의 것과 같기 때문에 이를 신석기시대로 소급할 수 있다고 하였다. 그러나 장명수(2007: 17)와 최광식(2007: 310)은 보고자의 견해와는 다른 의견을 내고 있는데, 장명수는 동굴 내부 무덤에서 굽다리 토기라든가 검은 간토기, 화분형 깊은 바리 등 민무늬토기가 나온 것을 보고, 암각화 역시 이 유물과 관련된 것이라 하여 청동기시대-초기 철기시대에 해당되는 것으로 보았다. 최광식 역시 이 유적에서 여러 시기의 유물이 함께 출토되는 양상이고, 그 중 청동기시대 유물이 중심적이기 때문에 암각화도 청동기시대로 보는 것이 보다 합리적일 것이라 하였다.

무산 지초리에 대해서는 간접자료와 그림 42로 제시된 도면상 자세한 것은 알 수 없지만, 이것이 반드시 동굴 속의 석관묘와 관련된다고 볼 수는 없다. 기하문암각화나 동심원이 농경과 관련성이 깊기 때문에 지초리 암각화도 청동기시대의 현상으로 보는 것이 타당해 보이는데, 지초리에서 기우제와 관계된다고 판단되는 동심원암각화와 와상선문, 번개문이라는 기하문암각화가 함께 나타나고, 그 규모가 비교적 크게 나타난다는 현상을 고려하여 필자는 이를 일단 천전리 암각화와 비교되는 청동기시대 중기 정도에 놓고 가능성을 좀더 살펴보고자 한다.

최근 조사된 나주 운곡동 암각화의 편년규정은 의외로 까다롭다. 우선 조사된 암각화의 표현기법이 세선각에 의해 제작된 것이기 때문이다. 그러나 가는 선각으로 제작된 것이라고 하여 이것을 모두 역사시대라고 보는 것은 합당하지 않다. 인근 북아시아 미누신스크 지역 암각화의 경우, 신석기시대에서 청동기시대에 나타나는 표현물에서 세선각 표현이 발견되는 사실이 있기 때문이다. 아울러 운곡동 암각화 역시 주변 송국리형 주거지 등의 청동기시대 유구와 관련성을 볼 때, 고인돌 축조시기와 때를 같이하는 청동기시대 중·후기 이후의 자료라고 보는 것이 좋을 것이다.

밀양 안인리 암각화는 유적보존 조치로 인하여 내부조사가 이루어지지 않았다. 그래서 직접적인 편년자료는 확보되지 못하였으나, 조사자는 주변의 수혈주거지와 밀양 살내유적, 대구 진천동 입석유적과 비교함으로써 청동기시대에서 원형점토대토기와 관련되는 초기 철기시대 전환기에 해당하는 것으로 보인다(경남발전연구원 2007: 88~92).

묘역식 고인돌의 출현이나 제단과 같이, 묘제로서의 고인돌이 그 성격변화를 가져온 것은 초기 철기시대의 사회변동과 깊은 관계가 있다고 보고 있는데, 제단암각화로서 밀양 활성동과 안인리 암각화를 연구한 장명수는 안인리 Ⅱ지구 1호 고인돌에서 나온 단면 삼각형 덧띠토기와 무문토기 말기형 쇠뿔잡이 토기를 참고하여 이는 이미 초기 철기시대에 들어선 것이라고 하였다(장명수 2007: 18~21). 이러한 견해에는 문화적 변화단계에 묘역식 고인돌이 출현한다는 생각에서 필자도 동의하고 있는 부분이다.

대구 천내리 암각화는 고령 봉평리 암각화와 포항 석리 암각화와 함께, 이 글을 빌어 처음 분석되는 유적이다. 봉평리 암각화는 이를 보고한 대가야박물관의 보도자료에서 이미 다루어진 것이기는 하지만, 깊이 있는 분석이 이루어진 것이 아니고, 석리 암각화와 천내리 암각화도 본 연구를 통해서 처음 공개되는 유적이기 때문에 선행연구는 없다. 여기서 이 세 유적은 암각화의 내용상 함께 언급될 성질이 아니기 때문에 따로 구분해서 살펴보도록 하자.

대구 천내리 암각화는 동심원암각화로 구성되는 유적으로서, 필자의 기준에 의하면 암각화는 규모면에서 작은 편이고, 선각의 깊이도 얕은 것으로써, 기법의 정교성의 측면에서는 섬세한 편이다. 천내리 암각화를 표현물에 국한해서 보면 이 모든 기준에서 발전된 양상을 보이고 있다. 그래서 시기적으로는 다소 후대에 속하는 철기시대 초기로 자리매김될 수 있지만, 주변 고인돌 분포나 여기서 1.9km 떨어져 있는 진천동 입석과의 지근거리라는 관련성으로 볼 때 그렇게 많은 시기 차이를 두기도 어렵다. 따라서 이 부분에는 좀더 신중하게 접근할 필요가 있다.

고령 봉평리 암각화는 고령에 함께 분포하는 양전동 암각화나 안화리 암각화는 물론, 지산리 암각화와도 전혀 다른 유형의 암각화이다. 양전동이나 안화리와 같은 곳에서는 칠포리형 암각화가 나온 데 비해, 봉평리에서는 두세 자루의 동검과 함께 원과 같은 기하문에서 지그재그 형태의 알 수 없는 표현물이 조사되었기 때문이다.

봉평리 암각화는 순평리의 석기 제작소, 순평리 입석, 봉평리 지석묘와 밀접한 관련을 가진 유적이다. 암각화 앞의 퇴적층에 대한 조사에서 청동기시대 석기박편 포함층이 확인되었고, 이것은 암각화가 새겨진 바위 면의 하단부를 덮고 있다. 이를 통해 봉평리 암각화의 제작시기를 일단 석기박편 포함층이 형성된 청동기시대로 파악할 수 있게 되었다(대가야박물관, 2008: 3).

봉평리에서 제작시기를 말하는 자료는 이 층위 분석자료와 함께 유적에 묘사된 동검표현이 있다. 이 동검은 묘사된 손잡이 모양이 석검과는 전혀 다르게 나타나고 있다. 석검의 경우 검 날이 묘사된 경우가 없기 때문에 그 날이 뚜렷하게 표현된 것도 석검으로 보는 것을 어렵게 한다. 손잡이 부분을 잘 보면 검파두식이 나타나 있고 칼코등이, 즉 심부鐔部가 크게 묘사되었다. 이것이 보기에 따라서는 소위 안테나식이라고 하는 평양 부근에서 나온 검파두식이나 대구 비산동 동검의 검파두식과도 유사한 측면이 있다. 하지만 이 부분이 비산동에서 나타난 새를 묘사한 것인지는 그 상태로 봐서 분명하지 않다.

심부가 유난히 강조되고 둥글게 나타난 동검으로는 내몽골문물고고연구소의 조문환수검鳥紋環首劍이나 환수검, 쌍조수촉각식검雙鳥首觸角式劍이 있고 오르도스박물관의 쌍조수환수검雙鳥首環首劍이 있다. 이러한 동검은 그 심부에 새 머리 두 개를 서로 등대고 있는 것처럼 묘사한 특징이 있어서 봉평리의 심부와도 흡사하다. 그러나 이와 같은 동검과 봉평리의 동검을 계통적 선상에 놓기에는 성급한 접근이라 할 것이다. 따라서 제작시기에 관한 것은 인근 순평리의 석기 제작소에서 수집된 석검(대가야박물관 소장)을 참고하여 우선 청동기시대 중·후기에 두고자 한다.

포항 석리 암각화는 단순기원 형태의 둥근 원으로 보이는 암각화이다. 그러나 세부적으로 관찰하면 이것은 보기에 따라서 인면과 유사한 측면이 있다. 원 내부 3분의 1 지점에 횡으로 그어진 선각이 있는데, 이러한 표현은 인면을 구성하는 입으로 보이고 그 위의 바위구멍 두 개가 눈을 구성하고 있는 형상이기 때문이다. 하지만 관찰시점에 따라서는 다른 형태로 인식될 수도 있는 표현물이다.

이와 같은 것은 비교적 단순한 기원과정에서 만들어진 것으로 볼 수도 있지만, 세부적으로 작은 바위구멍을 활용하여 나타나는 인면형태를 봤을 때 반드시 그렇다고 단정할 수는 없다. 석리 암각화 주변으로 멀지 않은 곳에 금광리의 고인돌과 중산리의 고인돌, 상정리의 회오리형 바위구멍 유적, 그리고 윷판형암각화로 구성된 눌태리의 윷판재가 있는데, 이러한 유적이 석리 암각화와 일정부분 관련성이 있다고 보기 때문에 석리 암각화의 제작시기도 철기시대 초기에 놓고 보고자 한다.

포항 대련리 암각화는 고령 지산리와 부산 복천동과 같이, 고분에서 나온 암각화이다. 지산리 암각화는 다른 장소에 있는 것을 떼어 와서 고분축조에 사용한 것으로 알려졌으나, 대련리는 그것과는 달리 고분축조와 시기를 함께하여 제작된 것으로 판단된다. 그것은 고분축조에 쓰인 다른 석재와 마찬가지의 판상절리의 바위를 사용하였기 때문이다. 암각화를 제작한 기법도 5~6세기 동북아시아를 관통하는 시대적 표현기법인 세선각으로 제작되었다. 따라서 대련리 암각화는 주변의 석곽묘 축조시기와 같이 A.D. 5~6세기 경에 제작된 것으로 보고자 한다.

그러나 부산 복천동 암각화는 이와 차이가 있다. 물론 복천동의 암각화도 기존의 암각화를 떼어내어서 활용한 것으로 알려져 있지만, 암각화의 내용을 볼 때 반드시 그런 것만도 아닐 것이다. 복천동 암각화는 배 위에 회오리 문양이 있고, 뒤에는 기도하는 사람 형상과 같은 것이 묘사되었는데, 이러한 표현은 이것이 사자의 영혼을 싣고 영계로 간다고 하는 배의 상징성과도 밀접한 것으로 이해되기 때문이다. 복천동 암각화도 5세기 중엽의 복천동 고분 79호 수혈식석곽묘의 축조시기와 일치한다고 보는 것이 자연스럽지 않을까 싶다.

2) 한국 암각화의 제작시기별 순서

이상과 같이 한국 암각화에 관한 연구자들의 편년 관을 살펴보면서 유적에 대한 필자의 생각을 밝혔다. 여기서는 한국 암각화의 제작에 따르는 전반적인 수순을 살펴보고자 한다. 이러한 문제는 한국 암각화에 반영된 제의성의 중심축과 같은 부분이 시간적 흐름에 따라서는 어떻게 달라져갔는가 하는 데 대한 종합적 고찰을 위한 것이다.

하나의 암각화유적이라고 해서 한 시기에 모든 표현물이 제작된 것은 아니다. 반구대나 천전리 암각화, 그리고 칠포리나 보성리·양전동·안화리·대곡리 암각화와 같은 유적만 하더라도 이것이 여러 차례에 걸쳐서 제작이 이루어졌다는 것은 이미 암각화의 현황을 말하는 과정에서 살펴보았다. 따라서 여기서는 여러 개의 제작층이 조사되는 반구대암각화, 천전리 암각화를 분석하여 한국 암각화를 제작시기별로 정리하고자 한다.

칠포리형 암각화에 대해서는 칠포리가 두 개의 제작층으로 분석되기 때문에 어느 정도 구분되는 자료제시가 가능하다. 그러나 다른 유적의 경우, 표현물에서 너무 소략한 내용이거나 개인적 연구로서 자료 분석을 수행하는 것이

제도적으로 용이하지 않은 문제가 있기 때문에, 칠포리형 암각화에 관해서는 포항 칠포리와 남원 대곡리를 제외하고 하나의 단일유적에 대해서는 모두 한 개의 제작층으로 보고 이 작업을 수행하고자 한다. 또한 이 과정에서는 그 외의 여러 암각화자료의 제작에 따르는 수순도 함께 정리될 수 있을 것이다. 분석되는 순서는 제작시기가 가장 이르다고 판단되는 반구대암각화를 시작으로 하여 시차를 갖고 있는 유적별 제작순서를 살펴보기로 하자.

(1)반구대암각화의 제작순서

한국 암각화에서 사물에서 그 형상을 따온 구상표현물이 나오는 곳은 천전리와 반구대암각화가 있다. 간혹 소규모의 구상표현물이 조사되기도 하지만, 그러한 것은 양 유적과 비교하기에는 크게 미흡하다.

천전리와 반구대암각화를 비교했을 때, 양자 간에서 반구대암각화가 더 이른 시기라는 것은 앞에서 논의된 바와 같다. 반구대암각화는 신석기시대 말기에서부터 수차례에 걸쳐서 제작된 것이다. 이를 표현상의 속성에 따라 분류하고 그 제작순서를 분석하게 되면, 시차에 따르는 층위를 제시할 수 있을 것이다. 이와 같은 생각을 바탕으로 필자는 이미 선행연구에서 제작층의 분석에 대한 가능성을 분석해 본 적이 있다(이하우 2004b, 2007b: 39~76). 여기서 그 내용을 살펴보기로 하자.

제작층에 대한 필자의 분석방법은 다음과 같다. 먼저 전체 암각화표현물에 대하여 이를 표현상의 속성이 같은 것끼리 유형에 따라 분류하였다. 그 다음 표현물의 중복관계를 분석하여 분류된 유형에 따른 제작수순을 이해하였으며, 마지막으로 겹쳐진 순서에 의해 구성표현물의 유형에 따르는 제작층별 도면을 제시하는 것이었다.

반구대에서 표현상의 속성이 같은 유형 분류는 다섯 개 정도가 찾아졌으며, 여기에 대해서는 나중에 각 제작층별 특징적 현상을 말하는 가운데 다시 논의될 수 있을 것이다.

중복상태를 보이는 표현물은 다음과 같이 분석된다.

반구대암각화에서 중복상태를 보이는 것은 약 18개 그룹 정도가 조사되었다. 그 중에서 동일유형의 중복을 제외하면, 서로 다른 유형끼리 중복상태를 보이는 곳은 10개 정도가 있으며 이 10개의 그룹에 대한 분석결과, 전체 암각화에서 제작시기별 유형에 따르는 제작순서를 얻을 수 있었다. 필자는 본고에서 선행연구의 내용을 수용하면서 당시의 연구결과를 수정·보완하여 시기별 충위를 제시하고자 한다.

중복상태의 표현물은 면 새김 위에 선 새김이 겹쳐진 상태, 선 새김 위에 면 새김이 중복된 것, 그리고 새김법이 혼재한 상태의 표현물로 분석되었다. 분석에 대한 보다 자세한 사항은 선행연구를 참고하기로 하고, 여기서는 그 중 한 부분을 살펴보는 것으로 그것을 대신하기로 하자.

반구대암각화의 전 표현물은 그 속성에 따라 대체적으로 5개의 타입별로 분류되는데, 수순에 따르는 각 타입의 제작은 그 중복관계를 이해함으로써 정할 수 있다.

중복상태의 분석에는 그림 57-①, ②, ③이 중심이 되었으며, 층위분석에서 가장 중심적인 것은 역시 잘 알려진 표현물로서 그림 57-③과 같은 그룹이다. 그림 57-③은 서로 다른 표현상 속성을 가진 여러 유형의 그림이 일정공간에서 중복되면서 전체가 마치 한꺼번에 제작된 것처럼 보이는 곳이다. 여기에 대한 필자의 분석결과, 일반적으로 '울타리 또는 목책에 갇혀 있는 호랑이'로 인식되었던 부분(황수영·문명대, 1984: 205, 221, 240; 김원룡, 1980: 15)이 사실은 전혀 무관한 두 표현물이 중복되면서 그렇게 보이게 된 것으로, 울타리로 보이는 것은 가장 아래 층위를 형성하는 고래잡이 배를 나타낸 것이라는 결론을 얻었다.

따라서 그림 58은 그림 57-③의 층별로 겹친 순서에 따라 복원한 것으로써, 그림 58에 따르면 가장 바탕에 두 척의 고래잡이 배가 오른쪽의 고래를 잡고 있는 형상이고(그림58-A), 그 위에 얼마간의 시간적 간격을 두고 선 새김의 점박이사슴이 새겨졌다(그림 58-B). 또 다시 그 위에는 면 새김의 사슴이 점박이 사슴 위에 새겨졌으며(그림 58-C), 마지막으로 그림 58-D와 같은 최상위에는 호랑이와 표범이 제작되었다(이하우 2004b, 2007b: 49~50). 결국 그림 57-③에서는 그림 58에서 A·B·C·D로 나타난 모두 4개 타입의 표현물과 4개의 층위가 확인되었다.

    타입별로 분류된 표현물은 동시에 구별되는 각각 하나의 제작층으로 형성된다고 할 것인데, 선행연구에서 제시된 각 시기별 층위는 다음과 같다(이하우 2007b: 58~63). 도면은 그 제작순서에 따라 최초의 제작층으로 그림 59의 제 1

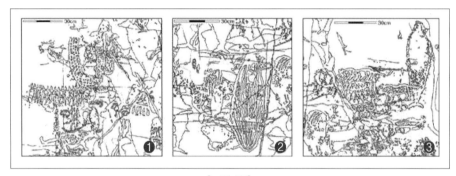

[그림 57]

[그림 58]
그림 54-③의 복원도

제작층이 있다. 그 위에 그림 60의 제2 제작층이 겹쳐지고, 또 그 위에 그림 61의 제3 제작층이 겹쳐서 제작되었다. 그 위에 그림 62의 제4 제작층이 있으며, 마지막 단계에서는 그림 63의 제5 제작층이 그 이전의 모든 제작층의 최상위에 있다. 본고에서는 필자의 선행연구에서 제시된 도면의 일부를 수정하여 재사용하였다.

각 제작층의 표현물을 살펴보면, 제1 제작층은 4척의 고래잡이 배와 몇 마리의 고래와 같은 것으로 구성된다(그림 59). 여기에는 좌측의 별도의 바위에도 작살을 머리 위에 들고 있는 사람이 있다. 이 제작층에서 가장 눈에 띄는 것은 두 척의 배가 한 마리의 고래를 잡고 있는 것으로, 이러한 표현물로 구성된 층위는 반구대에서 최초로 제작된 것이다.

제2 제작층은 동물표현에서 허리부분이 압축된 것과 같은 짧은 허리에 작달막한 체형의 동물표현으로 구성된다. 모두 선 새김으로 제작되었으며 선 새김표현은 동물의 생태적 특징을 묘사하기 위한 것이다. 같은 층위의 표현물에서 손상된 형상이 다수 보이는 것은 그 위로 다른 제작층이 연이어 중복되었기 때문이다(그림 60).

제3 제작층은 육지동물로 이루어지는 층이다. 산양·사슴과 같은 초식동물과 함께, 작게 묘사된 멧돼지나 늑대와 같은 동물로 구성되는 이 층위는 제2 제작층의 상위에 새겨진 것으로서, 서로 짝지어 있는 사슴과 같은 동물이 그 중심적 표현물이다(그림 61).

제4 제작층은 반구대암각화를 대표하는 고래무리와 같은 표현물로 구성된다. 이 층위에는 고래와 함께 3마리의 거북이와 가마우지, 그리고 하단에는 사지를 벌리고 있는 사람이 포함된다. 생태적 특징상 고래의 체적이 넓은 면적을 차지하기 때문에, 상대적으로 아래층을 형성하는 제1~3 제작층의 표현물들이 바닥에 많이 깔려 있었을 것으로 판단된다(그림 62). 간혹 고래의 몸체 속에서 이전 층위의 표현물 흔적이 보이는 부분도 있다.

제5 제작층은 반구대에서 가장 최상위의 층위이다. 선 새김으로 크게 묘사

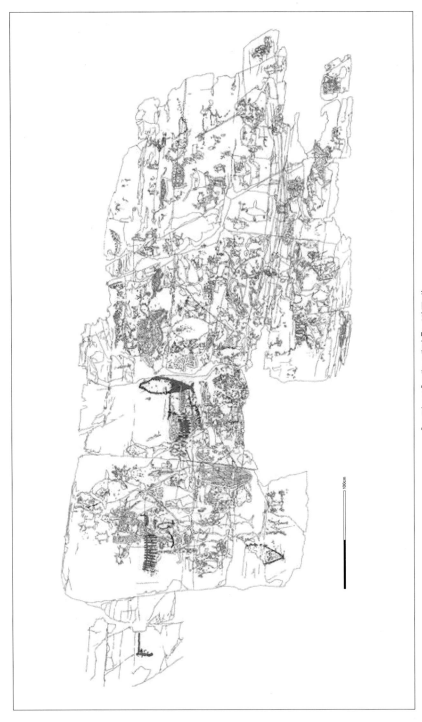

[그림 59] 제1 제작층, 반구대

100cm

[그림 60] 제2 제작층, 반구대

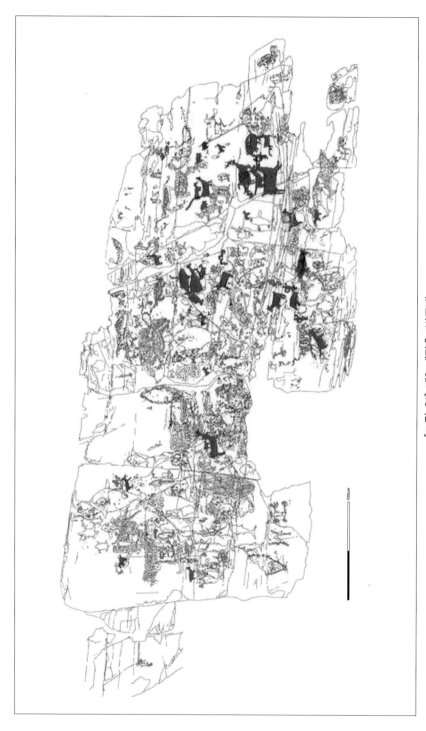

[그림 61] 제3 제작층, 반구대

[그림 62] 제4 제작층, 반구대

[그림 63] 제5 제작층, 반구대

된 호랑이나 표범과 같은 동물과 배가 불룩하게 나온 새끼 밴 멧돼지·호랑이·사슴, 그리고 상체를 아래로 향한 고래로 구성되는 층위이다. 이 제작층 구성표현물의 특징은 뚜렷한 선 새김으로서, 동물표현에서 가장 정형화되고 도식적인 형상을 가지고 있다는 점이다(그림 63).

이상과 같이 제시된 제작층 간에 그 시간적 간격은 알 수 없다. 각 층별 시차는 적어도 동물 암각화를 표현의 도구로 지닌 동일한 문화적 배경 아래에서 이루어졌으며, 그 환경이 지속되는 한계 내에서 제작되었다는 사실은 자명하다. 하지만 가장 최초에 제작된 제1 제작층이 신석기시대 후기로 추정되기 때문에, 그 이후 불규칙적인 시차 아래 영속성을 갖고 암각화의 제작은 지속되어왔다. 제작시기의 하한은 아무래도 청동기시대 중기까지는 이어진다고 보인다.

(2) 천전리 암각화의 제작순서

반구대암각화와 같은 구상암각화가 조사된 천전리 암각화도 제작시기에 따른 제작층을 도출해 낼 수 있다. 천전리는 반구대암각화와는 달리 이러한 구분이 수월하게 나타나는 유적이다. 그림 64·65·66과 같이 층위별로 나타나는 표현물의 내용이 서로 현저하게 다르게 나타나 있기 때문이다.

우선 가장 바탕을 차지하는 표현물은 여러 마리의 사슴과 함께, 허리가 길고 엉덩이를 마주대고 있는 동물, 활 쏘는 사람, 물고기와 같은 것이 있다. 이와 같은 구상표현물은 천전리에서 가장 최초 단계에 제작된 그림으로서, 당초 병풍과 같이 펼쳐진 바위의 전면에서 많은 공간을 차지하며 새겨졌을 것이다. 하지만 그 위로 다시 기하문암각화가 제작되면서 거의 대부분의 동물표현은 규모 있게 제작된 기하문암각화에 깔려 원형을 잃어버렸다. 이러한 점은 기하문암각화 사이에 간간이 드러나는 동물표현이나 알 수 없는 새김 흔적이 보이는 데서 잘 알 수 있다.

좌측 부분에서는 비교적 온전한 상태의 동물을 찾아볼 수 있다. 그림 64와 같은 것은 사물을 구체적으로 나타낸 구상표현물로서, 천전리에서 가장 먼저 제작된 제1 제작층이다.

제2 제작층은 기하문암각화로 구성되는 층위이다. 마름모꼴 문양을 비롯하여 동심원, 물결 문양, 회오리형 문양과 함께, 간혹 구상형태의 사슴뿔과 같은 모양이라든가 서 있는 사람 형상, 가면 형상도 찾아볼 수 있다.

기하문암각화는 보기에 따라 두 가지 유형으로 나눌 수 있다. 그림 65의 세로 열 7을 중심으로 그 양쪽의 문양은 형상과 기법에서 차이가 있다. 왼쪽의 문양대는 새김의 폭이나 깊이가 보다 깊고 조밀한 상태로 나타나는데, 형상도 마름모꼴 문양과 동심원암각화, 그리고 둥근 형태에 세로 선각이 있는 문양과 같은 것으로 구성되어 있다. 여기에 비해 오른쪽의 문양대는 그 새김 폭이나 깊이에서 가늘고 성긴 모양이다. 구성된 문양을 봤을 때, 왼쪽에 비하면 형상이 분명하지 않는 마름모꼴과 4개의 겹 둥근 연속무늬가 있다. 여기서 가장 분명

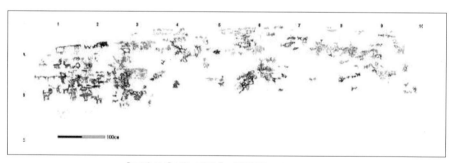

[그림 64] 제1 제작층, 천전리(국민대박물관)

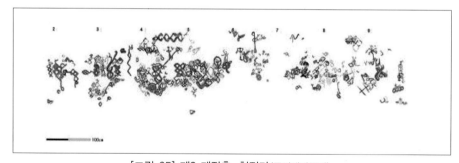

[그림 65] 제2 제작층, 천전리(국민대박물관)

하게 나타나는 표현물은 회오리형 와상선문과 그 아래에 유기적으로 이어진 사슴뿔과 같은 표현이다.

제3 제작층은 도면으로 제시할 수 없는 부분이다. 이것은 천전리에서 동물 표현과 기하문암각화 단계 위에 무수하게 찍혀 있는 타날흔 단계를 말하는 것이다. 타날흔은 동물이나 기하문을 막론하고 전반적으로 그림 위나 빈 공간을 가리지 않고 새겨져 있다. 따라서 이것은 기하문암각화의 제작이 이루어진 다음, 그 위에 무차별적으로 찍혀진 것으로써, 이 부분을 또 하나의 층위로 분류하여 제3 제작층으로 보고자 한다.

천전리에서 마지막으로 제작된 표현물은 그림 66의 가늘게 새겨진 세선각으로 구성된 제4 제작층이다. 이 세선각 표현과 함께 나타나는 것으로 명문이 있다. 하지만 본고의 연구범위를 선사시대에 한정하고자 하기 때문에 제4 제작층의 세선각과 명문단계는 구분되는 층별 도면으로 제시하여 전반적인 이해를 돕는 수준에서 그치고자 한다.

동일하게 구상형태의 동물이 조사되는 반구대와 천전리 암각화를 상호비교하면, 표현물에서 양자는 비슷하지만 그 표현양식에서는 차이가 있다. 먼저 구상표현이라는 측면에서 양자를 살펴보면 서로간의 관련성을 찾아보기란 쉽지 않다. 그러나 천전리에서 그림 64의 왼쪽 부분과 같이, 동물의 대부분이 서로 마주보거나 엉덩이를 맞대고 있는 암수 한 쌍, 또는 어미와 새끼가 짝을 이룬 사슴과 같은 표현물로 구성되는 것을 볼 때, 비교될 수 있는 부분을 찾아볼 수

[그림 66] 제4 제작층, 천전리(국민대박물관)

있다. 이를 형상표현의 측면에서 보면, 반구대암각화는 5개의 서로 다른 제작층을 형성해가는 가운데 속성에 따르는 층별 변화를 동반하고 있다. 그러나 천전리 동물의 경우에는 기법에서 차이가 있는 것도 있지만, 거의 대다수는 동일한 유형이다. 그렇기 때문에 표현물에서 시차의 발견이나 또 세분화의 가능성이 있더라도 천전리 동물 표현을 하나의 제작층으로 보고, 그 표현상의 특징을 반구대암각화의 각 층위와 비교하여 상대적 제작순서를 규정할 수 있다.

천전리의 동물은 모두 면 새김이다. 형태적인 면에서 보면 동물표현은 도식적이면서 운동감 없는 경직된 자세로 묘사되었다. 생태 면에서 보면 허리가 길게 묘사된 두 쌍의 갯과동물 외에는 모두 사슴으로 보이지만, 동물 종에 따른 생태적 특징은 잘 나타나지 않는다. 큰 뿔과 긴 목, 짧은 꼬리 이외의 종에 따른 구체적 표현도 찾아볼 수 없다. 이러한 사항을 볼 때, 천전리 암각화는 동물의 생태를 상투적으로 보고, 이미 인식된 형태에 따라 새기는 도식화 과정의 표현이라고 하겠다.

천전리와는 다르게 반구대암각화는 신석기시대 후기에서부터 제작이 시작된 유적이다. 고래사냥과 관계된 어로활동의 제1 제작층 단계에서부터 동물의 생태적 표현이 잘 나타나는 제2 제작층 단계, 짝지은 동물표현이 다수를 점하는 제3 제작층 단계, 그리고 고래무리가 주가 되는 제4 제작층 단계를 비롯하여, 동물표현에서 방안선각의 격자문이 나타나는 제5 제작층 단계까지 여러 차례에 걸쳐서 제작되었다. 여기에 맞춰 표현양상도 차차 달라진다고 할 때, 천전리는 이미 동물 종에 따른 특색과 같은 표현상 차이도 거의 나타나지 않는다. 상투적 체형묘사라든가 경직된 형태로 짝을 이룬 사슴과 같은 표현이 나타나는 점을 보아, 상호간에 차이가 있긴 하지만 천전리의 제1 제작층은 반구대 제3 제작층과 일정부분 비교될 수 있다.

천전리 동물표현과 반구대 제3 제작층을 함께 살펴보면, 무엇보다도 두 유적에서 모두 사슴이 나오고 두 마리의 동물이 서로 짝지어 분포하고 있다는 점은 우선 시선을 집중하게 하는 부분이다. 짝 동물은 사슴과 같은 초식동물로서 우선 동물의 종에서 같다. 서로 마주보거나 어미와 새끼로 보이는 동물이 두 유적에서 동시에 보인다는 점도 주목된다.

표현상의 속성이라는 부분에서 이와 같은 점을 봤을 때, 도식화나 상투적 묘사라는 측면에서 천전리가 반구대보다 진행된 양상이긴 하지만, 일단 다른 비교기준이 제시되기 전까지는 천전리의 동물표현은 반구대 제3 제작층과 비슷하거나 다소 늦은 단계에 놓고 보았으면 한다.

천전리의 이어지는 기하문 단계인 제2 제작층 역시 이 부분에 대한 시기, 순서를 정하기란 쉽지 않다. 반구대암각화에서 제3 제작층 다음단계인 제4, 제5 제작층과는 처음부터 비교가 불가능한 부분이다. 하지만 본고에서 그 선후를 놓고 논의가 있어야 하기 때문에, 일단 가설假說로서 반구대의 제5 제작층보다 나중 단계에 천전리 기하문암각화 단계를 두고자 한다. 반구대암각화 제5 제작층의 동물표현 중 내부를 구획한 격자문에서 기하학적 요소가 있고, 또 일부 표현물에서 갈고 문지른 흔적이 있다는 점을 주목해 볼 수 있었기 때문이다. 이러한 표현은 주술과 같은 상징성을 깊게 내포하고 있기 때문에, 동물표현과 기하문암각화라고 하는 전혀 상반된 표현상의 차이가 있음에도 불구하고 비슷한 문화인식에서 오는 시대적 양식이 표출되었을 가능성을 염두에 둘 수 있다.

(3) 칠포리형 암각화의 선후

칠포리형 암각화에 대한 도상의 발전이나 양식변화에 따른 시기별 순서에 대한 내용은 먼저 그 기준이 제시되어야 한다. 그것은 동일한 구조의 표현물의 시기별 순서를 이해하는 것에 대한 조건이기도 하고, 암각화의 양식적 변화과정을 정리하는 방법이기도 하다.

각 유적에 따른 제작순서는 앞에서 검토한 바와 같다. 연구자별로 그 발전순서를 정하는 기준은 표 4와 같이 정리할 수 있는데, 표 4에 따르면 제시된 분류기준이 연구자마다 차이가 있고, 그 내용 또한 지나치게 간단하다. 그리고 무엇보다 판단의 근거가 명확하게 제시되었다고 보기에는 미흡한 점이 있다.

이와 같은 형편에서 필자는 나름대로의 기준을 세워서 이를 검토하고 순서별 변화상을 정리하고자 한다.

규범적 모델은 계속해서 반복 재현된다고 할 때, 칠포리형 암각화는 연속적으로 한반도 남부지방에서 재현된 양상이다. 이것은 경상북도를 중심으로 한 지역의 신앙 상징물로서, 그 형상 속에는 시대적 가치관이 잘 반영되어 있다고 하겠다.

암각화가 반복 제작되는 과정에서 맞이하는 변화는 항상 표현상의 속성屬性이 유지되는 범위 안에서 가능할 것이다. 또한 그 원형을 어떤 곳으로 보는가에 따라, 표 4와 같은 서로 다른 발전의 수순을 제시할 수 있을 것이다. 필자는 그 원형을 포항 인비리에 두고 가장 앞선 단계의 유적을 포항 칠포리와 경주 석장동 암각화로 보고자 한다. 두 곳을 가장 앞선 단계로 보고자 하는 이유는 우선 그곳에서 칠포리형 암각화, 즉 검파형암각화의 형상을 정립해가는 과정을 보여주는 여러 표현물과 함께, 이 암각화의 기본속성을 만들어가는 첫 단계의 그림이 발견되었기 때문이다.

여기서 칠포리형 암각화의 기본속성을 살펴보자. 칠포리형 암각화의 기본

[표 4] 검파형암각화의 발전

	양식의 발전 [초기-발전기(정형기 · 변형기)-소멸기]	분류기준
송화섭	인비리 · 오림동-칠포리 · 보성리 -양전동 · 안화리-대곡리 · 가흥동	양식적 변화(단순-장식)
임세권	양전동-대곡리B · 보성리-칠포리 · 안화리 · 대곡리A-가흥동-석장동	내용, 기법 상 특징 비교의 상대연대
이상길	안심리-석장리 · 보성리-안화리 · 대곡리 -칠포리-양전동-가흥동	형식 분류와 중복상태
장명수	석장동 · 안심리-보성리 · 안화리 · 지산리 · 대곡리B · 양전동-칠포리-대곡리A · 가흥동	좁고 얇은 것-넓고 얇은 것 -넓고 깊은 것
이하우	인비리, 칠포리 · 석장동-보성리-양전동 -대곡리A-안화리-대곡리B · 가흥동	대-소, 비정형화-정형화, 단순화-장식화-단순화

형상은 검파형암각화이다. 그 속성은 직사각형에서 좌우 양변은 둥근 곡선으로 안으로 들어가 있다. 그 내부에는 불특정의 선각으로 구획을 나누고, 구획된 공간에 바위구멍을 새겼다. 이러한 형태는 같은 유형의 암각화에서 표현상 속성으로 작용하고 있다.

필자는 형산강 수계에서 조사된 손잡이에 작은 원형의 홈이 있는 실물의 석검과 포항 인비리 암각화의 석검(그림 67-a, b)이 칠포리형 암각화의 성립을 이끈 표현물로 생각하고 있는데, 칠포리에서 초기형인 칠포리 A에 속하는 석검은 그림 67-c와 같은 검신과 손잡이가 분리되는 표현물이고 그림 67-d와 같은 것은 이것이 초기형으로 성립한 칠포리 A에 속하는 표현물이다. 이와 같은 포항 칠포리 A야말로 칠포리형 암각화의 성립을 말해주는 중요한 자료로서 그 가장 고졸한 형상은 이와 같은 유형의 원형이 될 것이다. 이 부분에 대해서는 보다 상세하게 후술될 것이다.

그림 68과 같이 제시된 도면은 칠포리형 암각화의 초기 형에 대한 표현상 속성을 도면으로 작도한 것이다.

칠포리형 암각화의 원형을 말하는 명칭은 검파형암각화라고 하겠는데, 검파형암각화라는 것은 바로 석검 손잡이에서 나온 용어이다. 명칭에 대해서는 앞서 선행연구가 제시되어 있고(송화섭 1994: 31; 이하우 1994: 55~56), 본고에서도 암각화의 형태의 발상에 대해서는 제의적 요소를 분석하는 단계에서 다시 그 성격을 명확히 하고자 한다.

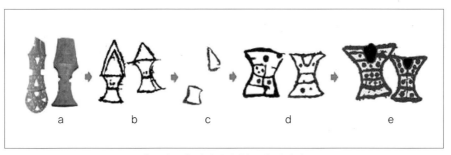

[그림 67] 인비리와 칠포리 암각화

그림 67-d는 칠포리 A에 속하는 것으로서, 칠포리를 대표하는 칠포리 B(그림 67-e)보다 선행양식이다. 그것은 칠포리의 주 암각화 바탕 면에 깔려있는 것과, 그리고 오른쪽에 누운 바위의 표현물이 같은 양식이기 때문이다. 따라서 칠포리 A와 같은 초기형에서부터 정형定型을 찾아가는 과정에서 칠포리 B의 그림 67-e와 같은 것이 형성된 것으로 판단된다.

칠포리 A는 양 허리가 완만한 곡선으로 들어가 있고 상하 양변이 비슷하다. 그 상변에서 U자형의 홈은 아직 찾아볼 수 없다. 암각화 가운데에는 수적으로 일정하지 않은 가로 선각이 있다. 이 선각으로 구획된 내부에 역시 일정하지 않게 몇 개의 바위구멍을 새겼다. 그런데 현재까지 명확하지 않은 사항 중의 하나가 상단의 U자형 홈의 성격인데, 이것은 혹시 그림 67-d의 상단의 바위구멍이 U자형 홈으로 발전해간 것은 아닐까 한다.

칠포리에 비하여, 석장동 암각화에서 조사되는 검파형암각화는 8점에 불과하다. 그 형상은 칠포리 A와 크게 다르지 않다. 상단의 U자형의 홈이 보이지

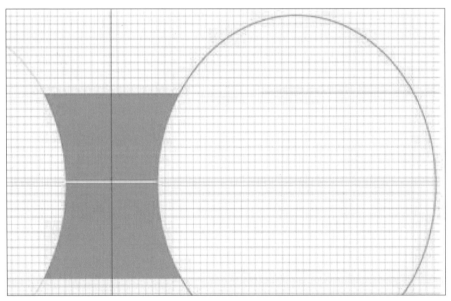

[그림 68] 칠포리형 암각화의 기본형

않는 점은 동일하지만, 몇 개의 표현물에서 빛과 같은 짧은 선각이 묘사된 것이 있다. 그러나 중간의 가로 선각은 규칙적으로 하나만 보인다.

칠포리와 석장동 두 유적에서 검파형암각화를 제외한 나머지 표현물은 공히 다양하게 나타나고 있는데, 칠포리가 4개의 종류인데 비해, 석장동은 7개 종류로 다채로운 형상이 조사되고 있다. 다른 지역 표현물이 검파형암각화라는 단일한 형상인데 비하면, 다양한 종류의 표현물로 구성되는 곳이 칠포리와 석장동이다. 이와 같은 여러 공통점을 볼 때, 칠포리 A와 석장동 두 유적 중에서 어디가 더 고식인지는 현상에서 구분이 쉽지 않기 때문에 본고에서는 그 판단을 유보하기로 한다.

다양한 표현물에서 단일한 형상으로 정돈되어가는 것이 발전상 수순이라고 한다면 석장동이 더 앞선 형태일 수 있다. 그러나 석장동에서는 빛을 묘사한 것과 같은 짧은 선각표현이 있기 때문에 칠포리보다 선행양식으로 보기 어렵다. 이 부분만을 놓고 본다면 칠포리 A와 석장동 두 유적에서 칠포리 A에서 이러한 요소가 없기 때문에 칠포리 A가 더 고식으로 볼 수 있지만 분명히 못 박을 수는 없다. 상단의 홈의 경우 칠포리 A단계에서는 당초 바위구멍으로 묘사되던 것이 점차 U자형의 홈으로 바뀌어가는 양상이 나타나고 있다. 그렇기 때문에 포항 인비리 다음 단계로서 포항 칠포리와 경주 석장동을 애써 구분하지 않고 동시에 놓고 보고자 한다. 이 세 유적은 모두 영일만에서 형산강으로 통하는 곳이다. 이러한 지리적 요인도 무시할 수 없다.

경주 안심리와 석장동의 그림을 초기형식으로 보는 연구자(이상길 1996; 장명수 2001)도 있다. 필자의 입장에서 석장동은 확실하지 않다고 하더라도 안심리는 장식적인 요소, 즉 빛이 나는 것과 같은 짧은 선각이나 상단의 U자형의 홈이 제거된 다음의 조야粗野한 형상으로 하여, 늦은 시기의 그림이 오히려 가장 이른 시기로 판단된 것으로 생각하고 있다. 안심리는 제의와 관계된 암각화가 질료적으로 변천해간 이후에 잔존하게 된 형태로 판단된다. 새롭게 부각된 재료가 암각화를 대신한 후에 별도의 루트에서 제작된 표현물이기 때문에, 형상

면에서 그 기본속성만 남은 것이 안심리 암각화와 그리고 영주 가흥동 암각화라고 판단된다.

고대의 예술품에 대하여 오늘날 우리의 분류기준이 아닌, 고유의 뜻에 가까운 분류체계를 찾아야 한다는 것은 두말이 필요 없다. 그러나 오늘을 살아가는 우리가 그와 같은 분류체계를 이해한다는 것이 현실적으로 가능하지 않기 때문에, 보다 근사치로 접근하고자 하는 과정에서 연구자는 자신의 시각에 대한 판단기준을 제시하여 타당성을 구하게 되는 것이다.

이 시점에서 필자는 암각화가 어떻게 변화해가는가 하는 그 순서를 제시하고자 한다. 필자가 보는 발전의 수순은 형상의 발견, 그리고 명료성과 촉각성이라는 측면에서 초기형태가 단순하고 투박스러운 데서 시작하여, 시각적인 면에서 점차 정형화하고 장식화되어간다고 보고, 단순화〉장식화로 진행하는 것을 그 순서로 보고자 한다. 여기서 나중에 장식적 요소가 없어지게 되면서, 그 기본형이 가지는 속성에 따라 다시 단순화의 과정을 반복하게 되는 것이 변화에 따른 자연스러운 발전수순으로 생각한다(이하우 2008a: 157~158). 이에 따르면 형상에 대한 발견이 이루어진 초기형에 포항 인비리와 칠포리 A, 경주 석장동 암각화가 있다(그림 69). 그리고 이것이 이동 혹은 전파와 같은 파급에 의해 영천 보성리, 고령 안화리 등에서 다양한 형태의 변화를 거친 것으로 보인다.

형태변화는 보성리에서 가장 많이 나타난다. 검파형이라는 그 기본속성만 같을 뿐이지, 약 20여 점의 그림은 제각기 다른 형태로 진화하였다. 상단의 홈과 석장동의 짧은 선각이 보성리에서 동시에 나타나고 있다. 이것은 안화리에서도 비슷한 양상이다. 그러나 별도의 진화과정을 가진 것으로 보이는 칠포리 B와 양전동에서는 그 이전 지역에서 다채롭게 나타나던 변화도 절제되고 비교적 안정적인 표현으로 나타난다. 여기서 대칭적이고 균형적이면서 가장 완성적 표현물로 구성되는 유적은 바로 칠포리 B와 양전동이다.

양전동의 각 그림은 몇 점만을 제외하고 모두 상단과 좌우 측면에 마치 빛을 묘사한 것과 같은 선각이 있다. 이 선각표현은 석장동 단계에서 처음 나타나던 것으로, 발전기에 들어서면서 전 유적에서 공히 발견되는 현상이다. 다양한 면모로 나타나던 이 짧은 선각표현은 양전동에서는 상단과 좌우 측면에서 고르고 안정된 모습으로 나타나게 되었다.

양 허리로 들어간 곡선은 칠포리 A, 석장동에서부터 보성리로 오면서 서서히 완만해지던 것이, 양전동에서는 그 정도가 더하여 거의 직선에 가깝게 변한다. 즉 양쪽으로 곡선을 이루면서 들어간 허리 표현이 초기에서 발전기로 오는 동안 그 곡선의 완급 정도가 점진적으로 수직에 가깝게 변해간다. 그러나 이러한 발전수순과 다르게, 칠포리 A에서 자체적으로 발전해가는 칠포리 B에서는 곡선의 완급이 오히려 균형적으로 급해지는 면모로 나타나기도 한다. 비슷한 시기에 만들어진 것으로 보이는 칠포리 B와 양전동의 형태가 크게 차이가 있다는 것은 그 발전의 과정이 서로 달랐기 때문이다.

새김 선의 폭과 깊이도 점차 얕아지고 있다. 칠포리 A에서 3~4cm 정도로 비교적 넓게 조사되던 각선의 폭과 깊이가 점진적으로 좁고 얕아지더니, 양전

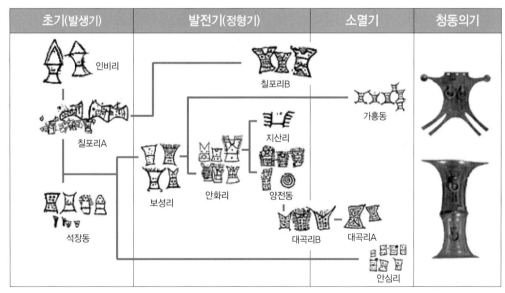

[그림 69] 칠포리형 암각화의 변화상

동을 거쳐 대곡리 B 단계에서는 빛의 방향이 맞지 않으면 잘 보이지도 않을 정도가 되었다. 이러한 선각은 대상 표현에 있어서 명료성의 관점과 눈으로 봐서도 만져질 것 같은 촉각성 현상과도 관계 깊은 것으로, 형상 측면에서는 명료한 것에서보다 명료하지 못하게 바뀌어가는 것으로 보인다.

소멸기의 표현물은 다양하게 나타나던 장식적 요소가 생략되고 간략하게 변한다는 표현상의 특징이 나타난다. 그것은 앞선 단계의 그림이 지니고 있던 장식적 요소가 모두 제거되고, 발전과정에서 안으로 내재해 있던 기본형만 잔존한 조야한 모습만 남기 때문이다. 형상의 단조로움 때문에 보는 시각에 따라서는 종종 가장 이른 시기로 분류될 가능성도 있다. 내남 안심리나 영주 가흥동 단계의 그림이 여기에 속한다.

단순한 형상으로 남은 소멸기의 그림은 여러 암각화가 연차적으로 이동하는 가운데 변화한 것으로 보이지는 않는다. 칠포리형 암각화가 소멸을 맞이하게 되는 시기에 자연스러운 파급에 따르는 전파루트와는 별도로 이동해간 결과로서, 이것은 암각화가 새로운 상징형태로 바뀌어간 이후에도 보수성을 갖고 전승된 것으로 판단된다.

여기서 상단의 U자형 홈을 서로 비교해 볼 필요가 있다. 상단의 홈이 무엇을 나타내는 것인지는 아직 알 수 없다. 시베리아 청동기시대 중기에 해당하는 오쿠네보 문화(Окуневской культуры)에서 인면신상의 이마에 나타나는 U자형 홈과 비교하여 그 성격을 이해하려는 시도가 있지만, 칠포리형 암각화가 인면이 아니기 때문에 처음부터 상호비교 대상은 아니었다. U자형 홈이 나타나는 현상도 형태적 발전의 연장선상에서 봐줘야 할 필요가 있다.

상단에 U자형 홈이 있는 곳은 칠포리 A의 일부와 칠포리 B단계, 보성리, 안화리, 양전동과 대곡리 B에서 나타나고 있다. 그러나 칠포리 A의 나머지와 석장동, 안심리, 영주 가흥동에서는 이러한 홈이 보이지 않는다.

U자형 홈이 있는 것도 있고 없는 것도 있는 두 양상을 하나의 연장선상에서 보아야 한다는 것은 분명하다. 그렇지만 U자형 홈이 그렇게 계통적으로 나타

나고 있는 것도 아니다. 여기서 그 발전순서를 규정하고자 한다면 이 부분 역시 형상변화의 기준으로 제시된, 아예 없거나 단순 투박한 형태에서 정형화, 장식화로 진행한다는 기준에 적용해 볼 수 있을 것이다. U자형 홈을 기준으로 본 수순은 그것이 적극적으로 나타나기 시작하는 보성리 단계에 와서 점차 정돈된 형태를 보이는 순으로 보성리 〉 안화리 〉 칠포리 B, 양전동 〉 대곡리 B와 같이 정리될 수 있다고 하겠다. 이러한 수순은 그림 69로 나타난 양상과도 같다.

뵐플린(Wölfflin H., 2004)은 미술의 발달과정을 5가지의 명제로 이해할 수 있다고 하였다. 필자가 기준으로 제시한 내용과 뵐플린의 미술양식 발전의 과정에 대한 기준이 되는 5가지의 명제, 즉 선線적인 것에서 회화적인 것으로(촉각 상에서 시각상으로), 평면성에서 깊이감으로, 폐쇄성에서 개방성으로, 다양성에서 단일성으로, 명료성에서 불명료성으로 진행해간다는 것과 비교할 때 여러 면에서 일치하는 부분이 있다는 점을 발견할 수 있다. 물론 뵐플린의 이론이 반드시 규칙성 있게 적용되는 사항이라 할 수도 없고, 무조건 신뢰되어야 하는 것도 아니다. 뵐플린 자신 북유럽의 선사미술에 적용하였을 때 검증된 사례가 있고, 원시미술에 적용할 경우 다소 수정이 필요하다는 것을 말한 바와 같이, 적용되어야 할 명제에 따라 수정도 필요하다. 그렇지만 적어도 칠포리형 암각화라는 단일형상의 표현물에 적용했을 때, 많은 부분에서 맞아 떨어지고 있다는 점은 암각화에서도 일정부분 그 효용성이 있다는 것을 증명하는 것이다.

첫번째 명제인 선적인 것에서 회화적인 것으로(또는 촉각상에서 시각상으로)라는 부분은 앞에서 칠포리형 암각화의 발전양상과 비교에서 간략하게 언급된 바 있다.

폐쇄성과 개방성이라는 명제도 주변입지에 대한 공간이 어떻게 달라졌는가 하는 점에서 수긍되는 측면이라 하겠다. 초기의 유적이 곤륜산의 작은 계곡과 같이 은폐되고 폐쇄적인 곳에서 점차 개방적인 공간을 찾아가는 양상과도 같다. 하루 중 대부분 음영 속에 있는 서북향에서 남향이라는 광명계를 찾아가는 방위조차도 폐쇄성에서 개방성이라는 측면과 관련성이 있다. 물론 암각화 표현물이 대상이 아니라 입지조건에 한하는 것이긴 하지만, 점차 그 중요성이 입증되고 있는 유적의 환경적 문제를 도외시할 수는 없다.

다양성에서 단일성으로 발전해간다는 명제로서 암각화를 보면, 우선 칠포리 A의 경우 검파형암각화와 동반하여 석검·여성성기형·동물발자국·바위구멍 등 여러 형태의 표현물이 조사된다. 유사한 시간대로 보이는 경주 석장동의 경우에도 역시 다양한 표현물이 동반되는 것을 볼 때, 이것은 예외가 아니다. 이와 같이 검파형암각화와 동반해서 나타나는 여러 표현물이 영천 보성리나 고령 안화리, 포항 칠포리 B단계에서는 크게 달라져 단일형태만으로 묘사되었다. 그 중에는 비록 동심원이 동반된다고는 하지만, 고령 안화리나 양전동을 비롯하여 남원 대곡리에서도 별반 다르지 않다.

형태의 변화라는 측면에서 이 부분은 다소 교정이 필요해졌다. 전반적으로 볼 때, 각 표현물에서 나타나는 새김새와 함께 선각의 굵기, 깊이도 확실하고 명료한 상태에서 점차 얕아지고 가늘어지면서 장식적 변화가 있는 불명확한 형태로 달라져간다는 점에서 뵐플린의 이론은 충분히 적용 가능하다. 그러나 칠포리 A에서 칠포리 B로 변해가는 양상은 이와 차이가 있기 때문에 일정부분에서 교정은 필요하다.

이상과 같은 사항을 정리하면 다음과 같이 요약될 수 있다.

필자의 분류에서 형태변화에 따른 발전순서의 기준은 형상에 대한 발견과 그리고 명료성이라는 측면에서 볼 때, 새김 선의 폭은 넓고 깊은 것으로 진행되어간다. 시각적 조형문제에 있어서는 단순 투박한 것에서 정형화의 형태로, 그리고 정형화된 형태는 다시 장식화의 과정을 겪고, 장식적 요소는 또 다시 단순화의 과정이 있기 때문에 단순〉정형·장식화〉단순화의 과정을 반복하는 것으로 정리할 수 있다.

이에 따르면 검파형암각화의 초기·발생기(단순〉정형화)〉발전기(장식화)〉소멸기(단순화)의 과정은 앞에서 제시된 그림 69와 같이, 기계 인비리〉포항 칠포리 A·경주 석장동〉영천 보성리〉고령 안화리〉포항 칠포리 B·고령 지산리·고령 양전동〉남원 대곡리 B〉대곡리 A 순으로 보고자 한다. 또한 소멸기로 접어든 이후 이러한 순서와 다른 갈래로 경주 안심리, 영주 가흥동에서도 제작이 이루어진 것으로 정리된다. 여기서 소멸기의 과정에 대하여 필자는 이것이 새롭게 한반도로 진출하는 세형동검문화의 접촉과 관련성이 있다고 보고 있는데, 이 과정과는 별도로 소멸기 암각화의 제작이 수행되었을 것으로 판단한다.

이상과 같이 뵐플린의 5가지의 명제는 한국 암각화에서 적어도 칠포리형 암각화와 같이 구조적 형태로 나타나는 표현물에는 충분히 적용해볼 만하다.

(4) 그 외 암각화의 선후

반구대와 천전리 암각화, 그리고 칠포리형 암각화를 제외한 암각화에 대한 편년연구는 연구자의 인식 차이에 따라 약간의 오차범위를 갖고 있다. 하지만 전체를 보면 전반적으로 청동기시대에서 철기시대 초기에 걸쳐 제작된 것으로 정리된다. 이러한 시각은 대체로 안정적 편년관을 갖고 유적을 보고 있다는 반증이라 하겠는데, 필자도 이러한 시각에 대하여 공감하는 부분이 있다. 여기서는 그 외의 암각화에 대한 제작의 선후관계를 정리하고자 한다.

제시되는 암각화자료 중에서 일부는 고고학자료의 수집이 이루어진 곳도 있고 그렇지 못한 곳도 있다. 유물이 확보된 곳은 유물을 근거로, 그렇지 못한 경우에는 암각화의 규모, 기법에 따라 앞서 제시된 기준에 의하여 그 수순을 살펴보고자 한다.

가장 이른 시기에는 무산 지초리와 대구 진천동 암각화를 놓을 수 있다. 대구·진천동은 고고유물의 확보로 안정적 편년이 가능한 곳으로, 청동기시대 중기의 제의공간이다. 지초리에 대해서는 간접자료와 조악한 도면상으로 자세한 것을 알 수 없는 형편이다. 그러나 이것이 규모가 큰 동심원암각화를 비롯하여 기하문으로 구성된 유적이라는 측면에서 접근할 수 있지만, 서국태의 견해처럼 신석기시대의 현상으로 볼 수는 없다. 왜냐하면 그가 비교하고 있는 동굴의 발굴에서 나온 토기의 장식문에 비해, 굵은 선각으로 나타나는 암각화는 규모나 제작방법에서 판이하게 달라서, 이를 근거로 제작시기를 유추해 보는 것은 어려운 사항이다. 또한 지초리에서 규모가 큰 동심원암각화와 회오리형 문양, 번개문이라는 기하문암각화가 나타나는 현상이 울산 천전리 암각화와도 충분히 비교되는 자료이기 때문에, 따라서 지초리는 청동기시대 중기 전반 경으로 보고, 진천동과 지초리를 여기서 가장 이른 시기에 놓고자 한다.

그 다음의 자료는 아무래도 사천 본촌리 암각화를 염두에 두게 된다. 이것은 숫돌이라는 유물 위에 제작된 것으로 이를 장명수는 B.C. 6세기에 두고 있다. 필자는 본촌리 암각화가 비파형동검과 같다고 하지만, 그것이 분명한 동검을 표현한 것이라고 단정하기 어렵고, 형태묘사도 간략하게 표현되었기 때문에 상대적으로 그렇게 이른 시기로 보이지는 않는다. 하지만 출토지가 청동기시대의 주거지라는 점에서 이것을 보고자(조영재 1998: 49)의 견해와 같이 B.C. 6세기 경에 두어도 그리 큰 문제는 없을 것이다. 아울러 새롭게 조사된 의령 마쌍리의 자료도 자연스럽게 같은 성격의 암각화자료라는 점에서 본촌리와 유사한 시기로 보고자 한다.

제작기법과 관련하여 우리는 나주 운곡동 암각화를 염두에 떠올릴 수 있을 것이다. 왜냐 하면 운곡동 암각화가 표현상으로는 세선각이지만, 선각으로 묘사된 암각화가 반드시 역사시대의 전유물만은 아니고, 주변의 고인돌이나 주거지와도 동일한 시간대의 유적으로 판단되는 것이기 때문이다. 따라서 나주 운곡동은 사천 본촌리, 의령 마쌍리의 다음 단계에 놓고 좀더 두고 보았으면 한다.

이어지는 단계는 함안 도항리가 있다. 도항리 암각화 역시 기하문인 동심원암각화와 바위구멍으로 구성되는 유적이다. 규모면과 기법의 정교성에서 도항리를 볼 때, 별로 크지 않고 섬세하며 장식적이면서 정형화된 표현으로 해서, 이를 늦은 청동기시대로 보고자 한다. 따라서 그 발전 순서는 지초리 · 진천동〉본촌리 · 마쌍리〉운곡동〉도항리로 이해할 수 있다.

같은 기하문암각화로 밀양 안인리와 대구 천내리 암각화가 있다. 안인리에서는 여성성기형암각화와 동심원암각화가 함께 조사되었으며, 천내리는 동심원암각화 단일문양으로 구성되는 유적이다. 안인리와 천내리를 두고 볼 때, 규모나 그림의 정교성에서 분명한 차이가 있다. 안인리의 경우, 유적에 대한 대략적 조사만 하고 보존을 위하여 그대로 덮은 곳이기 때문에 더 이상의 내용은 알 수 없다. 하지만 여러 종의 표현물로 구성된다는 표현상의 비교에서 보면 천내리보다는 앞선 것으로 판단된다. 천내리는 이 일대의 고인돌의 분포상으로 보아서, 그리고 양식변화에서 청동기시대 말기에서 철기시대 초기로 편년되는 안인리보다 발전양상에서의 차이가 분명하게 드러나기 때문에 철기시대 초기로 자리매김할 수 있다. 따라서 동일한 기하문암각화의 수순에서 진천동·지초리〉본촌리·마쌍리〉운곡동〉도항리에서 이어지는 단계는 안인리〉천내리 순으로 정리할 수 있다.

진천동을 비롯한 기하문암각화는 대체적으로 이러한 수순으로 정리할 수 있지만, 여수 오림동이나 밀양 활성동은 같은 틀에서 이해하기 어려운 구상암각화 유적이다. 또한 고령 봉평리도 구상형태로 조사되었다.

봉평리는 아무래도 기하문과 동검형암각화가 함께 나타나는 유적으로서, 인근에서 수습된 석검을 근거로 봤을 때 도항리보다는 앞선 단계로 보인다. 그렇기 때문에 지초리와 도항리의 사이에서 이를 고려해야 할 것이다. 그러나 오림동 암각화는 사람, 석검암각화가 있는 곳으로서 안인리와 비교되는 유적이지만, 안인리의 경우 유적을 다시 묻었기 때문에 제공된 도면상으로 검토할 수밖에 없다. 여기서 주위에 사람이라고 알려진 표현과 유사한 형태가 몇 점 더 확인되는 것으로 봐서는 이것이 과연 사람을 나타낸 것인지는 확실하지 않다. 양자의 현상에 대한 비교는 오림동암각화에 대한 연구자들의 견해가 대체적으로 B.C. 6세기 이후 청동기시대 말기로 편년되고 있는 사실을 받아들여, B.C. 5세기 경의 묘역식 고인돌인 안인리보다 이른 시기로 보는 것이 합당할 것이다.

밀양 활성동과 포항 석리 역시 철기시대 초기에 해당한다고 보아 안인리 다음 단계에서 이해하는 것이 자연스럽기 때문에 이를 오림동〉안인리·활성동〉천내리·석리 순으로 정리할 수 있다.

부산 복천동과 포항 대련리 암각화는 역사시대 이후의 것이다. 복천동은 복천동고분 79호 수혈식석곽묘와 동일한 A.D. 5세기 중엽으로 보이고, 대련리 암각화는 이와 유사하거나 석곽묘의 축조시기인 A.D. 5~6세기 경에 해당하는 것으로 정리하고자 한다.

(5) 한국 암각화의 제작순서

울산 천전리 암각화와 반구대암각화 그리고 칠포리형 암각화 간의 제작시기별 상관관계를 거론하는 것은 어려운 사항이다. 그것은 표현상 상이함에서 오는 것으로서, 암각화의 내용은 물론, 기법 면에서도 많은 차이가 있다. 이러한 관계를 밝히기 위해서는 양자의 관련성에 대하여 먼저 언급하는 것이 자연스러운 순서라고 하겠다.

관련성을 말하기 전에 먼저 한국 암각화의 제작시기를 제시하고자 한다. 관련성은 아무래도 그 수순을 이해하고자 하는 데서 나오는 것이기 때문이다. 제작시기와 순서는 표 5와 같이 요약할 수 있다. 표 5에서 ▷은 연대나 순서의 자리매김이 확실하게 규정되기 어렵다는 것을 나타내는 것이고 ▶는 보다 확실시되는 부분을 말한다고 하겠다. 여기서 천전리나 칠포리 암각화의 경우 확실하다고 표시된 사이에 다시 불명확한 ▷표시가 있다. 이러한 것은 암각화의 제작층간 간격이 커서 그 사이를 명확하게 설명하기 어렵기 때문에 나타낸 표시이다.

표 5에 의하면 가장 앞선 자리에 울산 반구대암각화가 있다. 반구대암각화의 가장 첫 단계의 암각화가 신석기시대 후기로 분류되기 때문이다. 그러나 반구대암각화와 천전리 암각화 간의 순서는 앞에서 분석된 바와 같이, 반구대암각화 제3 제작층과 천전리 제1 제작층을 한자리에 놓고 그 가능성을 살펴보고

[표 5] 한국 암각화의 제작순서

▷ 불명확 : ▶ 보다 확실시

	신석기	청동기시대			철기시대	
		전 기	중 기	후 기	B.C. 4~1	A.D. 5~6
반구대	▷▶	▶▶▶▶▶▶	▶▶▶▷▷			
천전리		▷▶	▶▶▶▷▷▶▶▶▷	▷		▷▶
인비리			▷▶			
칠포리			▷▶▶▷	▷▷▶▶▷		
석장동			▷▶▶▶▷			
보성리			▷▶	▶▷		
안화리			▷	▶▶▷		
지산리				▷▷▶▶▶▷		
양전동				▷▷▶▶▶▶▷		
대곡리				▷▶▶▷▶	▷	
가흥동				▷	▶▶▷	
안심리					▶▶▷	
진천동			▶▶▷			
지초리			▷▶	▶		
봉평리			▷▶	▶▷		
본촌리				▷▶▶▷		
마쌍리				▷▶▶▷		
운곡동				▷▶▶▷		
도항리				▷▶▶▷		
오림동				▷▶▶▷		
안인리				▷▶▶	▶▷	
활성동				▷▶	▶▷	
천내리				▷	▶▷	
석 리					▶▶▷	
복천동						▷▶
대련리						▷▶

자 한다. 천전리 기하문암각화는 아무래도 반구대 제5 제작층과 비교되는 요소가 있으나 그 다음 단계에 놓고 생각해 보았다.

1980년대 말에서 1990년대는 칠포리형 암각화에 대한 조사가 이어지면서 한국 암각화의 큰 흐름은 이 유형이라는 것을 분명하게 하였던 시기이다. 여기에 따라 성격에 대한 다양한 견해가 제기되기도 하였으며, 이와 함께 구조적 형상의 암각화에 대한 원류문제에 대해서도 비상한 관심이 집중될 수밖에 없었다. 따라서 연구자들은 자신의 견해를 뒷받침하고자 중앙아시아나 바이칼·몽골·알타이·내이멍꾸 등지의 북아시아유적에 대한 현장조사를 수행하기에 이르렀다. 그 과정에서 북아시아에 폭넓게 분포하는 인면 암각화의 큰 틀에서 칠포리형 암각화를 보고자 하는 연구자도 있고, 아무르 강가의 사카치 알얀 암각화와 같은 부분에 대하여 이를 새롭게 인식하기도 하였다.

하지만 수차례에 걸친 조사에도 불구하고 비슷하거나 같은 상징성이라는 측면에서 비교되는 표현물은 결코 찾아볼 수 없었다. 그간의 조사는 결국 북아시아나 인접지역 암각화가 칠포리형 암각화와 아무런 관련성이 없다는 사실에 대한 확인 그 이상은 아니었다. 이러한 판단을 바탕으로 칠포리형 암각화에 대한 원류라든가 특정한 지역과 관련성을 말하는 것은 현 상태에서 무의미하며, 아울러 그것은 한반도 남부지방에서 새롭게 성립된 독특한 표현물이라는 생각을 견지할 수밖에 없다.

최근 암각화 원류에 대하여 흥미로운 연구성과가 있다. 그것은 장명수에 의해 제기된 것으로서, 장명수(2000: 20)는 한국 암각화를 제1기 청동기시대와 제2기 초기 철기시대의 현상으로 나누었다. 여기서 제1기의 중심유적인 반구대암각화의 주인공들에 대하여, 이들은 연해주 이북의 북태평양 연안 일대의 포경기술을 가진 집단이 해양경로를 통해 울산만으로 들어온 것으로 보았다. 그리고 그 집단은 일정기간 한반도에 정착해 살면서 면 새김 단계까지는 그들의 문화를 유지하면서 살았으나, 적어도 선새김이 제작되는 후기에 이르러서는 주변의 종족과 혼합되어 농경환경에 적응해갔을 것이라고 하였다. 따라서 한국 암각화에서 고인돌암각화가 나오는 지역은 이들과의 교역에 의해 암각화문화가 파생된 것이라고 하면서, 고인돌암각화가 나타나는 지역이 서남부에 한정된다는 점을 지적하였다.

우선 이러한 지적은 그간 외부적 요인으로 이해하고자 한 한국 암각화의 연구에 있어서, 적어도 고인돌암각화의 원류를 말하는 데는 의미 있게 받아들이게 되는 견해라 하겠다.

같은 시각에서 칠포리형 암각화의 초기형이 있는 포항 인비리와 칠포리, 경주 석장동을 보면 이곳은 울산의 울산만처럼 바다가 육지 깊숙이 들어온 영일만을 끼고 있는 곳이다. 반구대암각화의 배 표현물과 같은 것을 볼 때, 울산만을 중심으로 살아가는 집단은 당시로서는 한반도에서 앞선 항해기술을 가진 집단이라고 할 수 있다. 따라서 선진 항해기술을 가진 사람들은 그리 어렵지 않게 영일만과 울산만을 오갔을 것으로 보이는데, 이러한 외래집단과의 빈번한 접촉은 상호간의 문화적 자극을 초래하였을 것이라는 짐작은 그다지 생경스러운 것은 아니다. 이러한 교류와 자극에 의하여 영일만에서도 암각화의 제작이 이루어진 것은 아닐까 하는 것이 최근 필자의 생각이다. 여기에 대해서는 우선 지리적 요인과 기법적 요인, 그리고 상징적 요인과 같은 부분을 검토해 보기로 하자.

먼저 지리적으로 두 지역은 해안선을 따라 약 70km 정도 떨어진 곳으로 울산만과 영일만이라는 같은 만을 낀 곳이다. 두 지역은 그렇게 먼 곳도 아니면서 서로 닮은 지리적 요인을 가지고 있다. 따라서 필자는 두 지역 간의 접촉은 해양을 통한 교류를 우선적으로 생각하지 않을 수 없다. 물론 육로를 이용한 교섭 가능성을 무시할 수 없다. 하지만 칠포리형 암각화 중에서도 초기 형태로 판단되는 경주 석장동 암각화에서 약 6명 정도의 승객이 묘사된 배가 두 척이나 나타나고 있다는 사실은, 무엇보다도 해양교류 가능성을 우선적으로 고려하게 한다.

기법적 요인으로는 천전리 기하문암각화의 제작과 칠포리형 암각화의 제작이 같다고 하겠는데, 그것은 두 유적 모두 각선을 갈아서 형성된 굵고 깊은 선각으로 구성된 암각화라는 점이다. 이러한 기법은 새긴 각선을 오랜 시간 갈고 문지르는 주술행위의 흔적으로 이해되는 것이다.

마지막으로 상징적 요인을 살펴보기로 하자. 먼저 천전리의 기하문암각화에서 마름모꼴 문양이 이미 여성을 상징하는 문양이라는 점은 앞에서도 수차 언급된 바와 같다. 또한 그것은 농경문화와 관련해서 이해되고 있는데, 칠포리형 암각화가 역시 농경의 풍요를 바라는 여성신과 같은 상징물로 성립된 것이라고 한다면, 이러한 상징성에서 두 지역의 암각화는 충분히 비교될 수 있다. 이와 같은 지리적 요인, 기법적 요인, 그리고 상징적 요인에서 볼 때 서로 유사한 부분이 있기 때문에 필자는 천전리 기하문암각화의 자극에 의해서 영일만 주변에 비로소 암각화가 제작되었을 것이라고 판단한다. 인비리·칠포리·석장동은 모두 형산강 수계로 영일만에 통하는 곳이다.

그러나 이러한 제작이 결코 천전리 기하문암각화에 대한 직접적인 모방에 의한 것은 아니다. 이미 형산강 수계로 통하고 있는 영남지역 여러 곳에는 석검 손잡이에 작은 원형의 홈을 새기는 문화가 폭넓게 확산되어 있었다. 이러한 문화현상에 천전리의 암각화 제작이라고 하는 문화가 자극이 되면서, 마침내 영일만 일대에서도 암각화의 제작이 시작되었다고 판단되는데 이것은 포항 인비리의 석검암각화와 작은 원형의 홈을 새긴 실물의 석검을 비교했을 때 이해되는 부분있다.

울산 암각화문화의 자극에 의해 칠포리형 암각화가 시작되었다는 사실은 그간 암각화가 한반도에서 영남 일원과 동·남해안 일대에서만 조사되고 있다는 점과도 무관하지 않을 것이다. 물론 그 배경에는 이 시기를 전후하여 크게 확산되는 고인돌문화와 더불어 농경문화의 발전상이 있었을 것이다.

영일만 주변지역에 고인돌의 파급과 같은 사건은 바위에 대한 새로운 자각으로 이어졌을 것으로 보인다. 그것은 그 동안 무심하게 바라보았던 바위에 대하여 이전과는 다르게 받아들이게 한 자극이라고 하겠는데. 한반도에서 바위는 언제 어디에서나 볼 수 있는 흔한 것이다. 여기에 어떤 특별한 의미를 두지도 않았다. 그러나 이 지역에 고인돌과 같은 묘제의 파급은 이 무심하게 보아 왔던 바위가 사자를 가두고, 사자의 영혼이 머물게 된 공간이면서 또한 사자의 재생을 돕는다는 사실을 발견하면서 바위가 갖고 있는 상징성은 이전과는 전혀 다르게 새롭게 받아들이게 된 것이다. 이러한 현상은 러시아 연구자 데블레뜨(Деблет М.А., 1998, 2000)가 말했던, 예사롭지 않은 바위는 영혼의 부활을 도우며 또 영혼의 안식처가 되기 때문에 드디어 거기에 암각화가 새겨진다고 하는 견해가 있는데, 그와 같은 일이 이 지역에서도 시작된 것이다.

그럼에도 불구하고 반구대암각화, 천전리 암각화와 칠포리형 암각화의 상대적 제작시기를 이해하기는 쉽지 않다. 그러나 기법적 요인의 검토결과, 이것이 주술로 기능한다는 동질성을 봤을 때, 필자는 포항 인비리, 칠포리, 경주 석장동에서 암각화제작은 천전리의 기하문암각화의 영향에 의한 것이라고 보고자 한다. 그렇다면 그 제작시기도 천전리 기하문암각화의 제작시기에 어느 정도 근접해 있을 것이라고 할 것이다. 따라서 칠포리형 암각화는 천전리 기하문암각화에 이어서 칠포리 A · 석장동 〉보성리 〉안화리 〉칠포리 B · 지산리 · 양전동 〉대곡리 B 〉대곡리 A 순으로 정리되며, 소멸기 단계에서 가흥동, 안심리로 이어진다.

여기서 그 외의 여러 암각화자료에 대한 수순도 함께 요약 정리하기로 하자. 그 외의 암각화자료는 그 첫머리에 진천동 · 지초리를 청동기시대 중기 후반에 놓고, 봉평리 〉본촌리 · 마쌍리 〉운곡동 〉도항리 〉오림동 〉안인리 〉천내리 · 활성동 · 석리 〉복천동 〉대련리의 순서로서, 이것은 앞의 표 5와 같이 정리된 바와 같다. 이러한 과정에서 지초리와 같은 유적에 대한 분석이 이루어지지 못한 점은 아쉬운 부분이지만, 차후 보다 자세한 자료가 알려진다면 한층 깊은 분석이 가능할 것이다.

이상과 같이 분류된 한국 암각화의 제작시기별 순서에 맞춰서, 이어지는 장에서는 한국 선사암각화의 제의표현과 그 성격, 그리고 변천양상을 분석하고자 한다. 그 순서는 먼저 표현상으로 나타나는 유적별 제의적 요소를 분석하고, 그 다음 제의적 요소의 시기별 변천양상에 대하여 그 흐름을 살펴보기로 하자. 분석은 반구대암각화와 천전리암각화, 그리고 칠포리형 암각화를 중심으로 하여 수행될 것이다.

IV

제의표현과 변천양상

한국 암각화는 대체로 앞장의 표 5 한국 암각화의 제작순서로 정리될 수 있다. 이것은 필자가 보는 발전순서의 기준을 중심으로 전 유적을 제작시기별로 종적으로 구성한 것이다.

　이 장은 한국 선사암각화의 제의표현의 형태나 제의의 성격을 살펴보고자 하는 부분이다. 그 방법으로 한국 암각화에서 각 유적별로 제의적 표현을 분석하고, 이어서 그 분석에 따른 시기별 변천양상, 즉 제의표현에 대한 종합적 소견으로서 한국 선사암각화의 제의표현에 따른 형태와 제의의 성격이 시간적 흐름 속에서는 어떻게 달라졌는가 하는 것을 밝혀보고자 한다.

　한국 암각화가 말하고 있는 여러 요소에서 제의적 요소만을 분리해서 분석하기에는 어려운 점이 많다. 그것은 암각화에 나타난 표현물이 당시대의 가치중심적인 사항이나 유행적 양식을 가지고 있어야 하는 것은 물론, 암각화가 지닌 상징성 속에 신앙이나 주술적 요소를 계통적 갖추고 있어야 한다는 조건이 충족되어야 한다.

　그렇기 때문에 각 유적에 나타난 표현물에 대하여 상징성을 검토하고, 여기서 분석된 제의적 표현양상이 전반적으로 통용될 수 있는 의미를 갖추고 있는가 하는 측면을 중점적으로 살펴보고자 한다.

1_유적별 제의표현의 분석

1) 반구대암각화의 제의표현

반구대암각화의 제의표현을 분석함에 앞서, 많은 표현물 중 어떤 것이 제의의 내용을 반영하고 있는 표현물인가 하는 것을 밝히는 것이 선행되어야 한다. 암각화의 제작 동기가 분명히 신앙이나 의례의 산물이라고 한다면, 전체 표현물 모두가 그 대상이 되어야 한다는 것은 분명하다. 그러나 그렇다고 하더라도 현실에서는 모든 표현물을 대상으로 하는 것은 거의 불가능하기 때문에, 우선적으로 제의적 요소가 발견되는 표현물을 그 대상으로 할 수밖에 없다. 따라서 반구대암각화 중에서 주술이나 제의적 성격을 갖추었다고 판단되거나 또는 신앙양상을 나타내고 있는 특정 표현물을 중심으로 그것을 찾고자 한다.

이러한 방식으로 분석된 제의적 요소가 전체의 성격으로 대변될 수 있는가 하는 것은 여전히 지난한 문제일 수밖에 없다. 필자는 이와 같은 고민을 해결하기 위한 방편으로 암각화 제작시기에 따른 층위를 분석하고, 각 층위별로 나타난 표현물을 분석하여 거기에 접근하고자 한다.

반구대암각화는 최소 다섯 시기의 제작에 따른 층위를 가진다. 반구대암각화에 대한 제의적 요소를 찾고자 하는 시도 역시 이 다섯 시기에 따라 달리 구명되어야 할 것이다.

그간 수행된 표현물의 형태에 대한 분석을 보면, 이것은 연구자마다 다소간의 차이가 있기 때문에, 먼저 제의적 요소를 갖추고 있다고 인식되어 왔던 표현물에 대하여, 이를 필자의 시각에서 다시 분석하고자 한다. 그 다음 각 제작시기별 층위가 갖추고 있는 제의의 양상을 밝혀 보기로 하자.

(1) 형태분석

① 사람표현물

반구대암각화에서 제의와 관련된 요소를 잘 갖추고 있는 보편적 표현물은 역시 사람이다. 먼저 사람에 대하여 그 형태를 분석하여, 반구대암각화에서 사람이 갖고 있는 행위나 동작이 무엇을 뜻하는 것인지를 살펴보도록 하자.

반구대암각화에서 사람은 그림 70과 같이 모두 17점이 있다. 이것은 그림 7, 그림 8의 반구대암각화의 분포상태와 같이 A-1면에 3점, A-2면에 1점, A-3면에 6점, A-4면에 5점, B면 상단에 1점, C면에 1점이 조사되었다.

다양한 동작을 나타내고 있는 사람은 정면 모습과 측면 모습으로 구성된다. 정면 모습은 가면형태를 포함하여 모두 5점이 조사되었고, 측면은 12점이 조사되었다. 여기에는 도구와 같은 것을 들고 있는 것도 8점 포함된다.

사람에 대한 지금까지 연구자들의 시각은 대체로 다음과 같다.

가장 주목되는 표현물로서 그림 70-3과 같은 사람표현에 대하여, 이것은 풍요기원의 고래사냥과 관련되어 있으며 남근을 세우고 의식의 춤을 추는 제의에서의 샤먼의 형상이라고 분석되어 왔다. 그 외의 사람에 대한 언급은 별로 없지만, 그림 70-4와 같은 그림에 대해서는 이것이 고래사냥에 있어서 의례의 모습을 나타낸다거나 사지를 벌린 샤먼의 형상이라고 말해져 왔다. 여기서 사지를 벌린 여성형상에 손가락이나 발가락이 묘사되어 있으며, 정면 모습의 표현이라는 점에서 그림 70-4와 같은 것을 샤먼으로 보는 견해는 그대로 인정된다. 인근지역에서 나타나는 샤먼표현물이 사지를 벌리고 나타나고, 반드시 정면 모습으로 조사되는 현상과도 잘 비교될 수 있기 때문이다(임세권 2002:4; 이하우 2007c:173~174).

반구대암각화에서 정면 모습의 그림은 그림 70-15, 70-16도 거기에 포함되는 것이지만, 이러한 것은 어떤 특정의 행위를 나타낸 것과 같아서 무어라고 단정하기 어렵다. 그렇기 때문에 일단 여기서 제외하고 보면, 두 점의 가면과 함께 그림 70-4 단 한 점 외에는 정면 모습은 없다고 할 수 있다. 그 외 나머지 사람은 모두 무언가 행위를 나타내고 있다.

그림 70-3과 같은 엉거주춤한 자세에 성기가 묘사된 형상이 의식의 춤을 추거나 절을 하려는 자세라고 보는 경우도 있다. 하지만 필자는 가면과 그림 70-4의 정면 모습 1점 이 외에 조사된 사람은 모두 그 자세가 삶의 과정에서 나온 실생활과 밀접한 행위를 나타낸 것으로 보고자 한다. 가령 그림 70-2, 70-5, 70-9와 같은 것도 이것을 다르게 보는 사람도 있지만, 필자는 이러한 표현 역시 머리 위로 손을 올려서 긴 장대를 잡고 던지려는 동작을 나타낸 것으로 판

[그림 70] 사람, 반구대

단하고 있다. 특히 그림 70-2와 같은 표현물에 대하여, 이것이 긴 나팔이나 피리를 불고 있는 사람이라고 하거나(임세권 1994: 36, 1999: 63; 정동찬 1996 : 77; 장명수 1997a: 86), 독침을 쏘는 사람(장석호 2000: 36)이라고 보는 시각도 있다. 그러나 이 표현물에 대한 채록과 분석의 결과, 긴 장대의 끝이 예리하게 묘사되어 있고 머리라고 알려진 부분의 중간에 작은 공간이 나타나 있어서, 필자에게는 사람 머리 위에 묘사된 또 다른 기물을 새긴 것으로 판단되었다. 따라서 이것은 머리 위로 두 손을 올려 끝이 둥근 장대 같은 것을 잡고 던지려는 행위를 나타낸 것으로 판단된다. 같은 동작의 그림 70-5, 70-9의 경우도 동일한 행위 끝에 나온 동작으로 보고자 한다. 즉 이것은 작살과 같은 것을 머리 위로 들고 멀리 던지고자 하는 작살잡이를 나타낸 것이다.

그림 70-3과 같은 표현에 대한 연구자들의 생각에 대해서도 반드시 재검토가 있어야 한다. 사실 반구대암각화의 성격을 말하는 데 있어 가장 빈번하게 논의되는 표현물은 바로 그림 70-3이다. 이것은 두 팔을 올려 손을 머리에 대고 있으며, 다리는 엉거주춤하게 굽히고 있는 자세이다. 아랫배 부분에 돌출부위가 있어서 이를 남성성기로 보고 있는 모양이지만, 엉덩이 부분에도 이와 같은 표현이 있기 때문에 이를 성기표현으로 단언할 수 없다. 또한 자세로 보아 춤을 추는 행위와 연관시켜 보는 것도 어렵기 때문에, 대다수 연구자의 시각처럼 '이것이 성기를 세우고 춤을 추는 모습이요, 제의에서의 샤먼'이라고 보는 시각에 대해서는 결코 동의할 수 없다. 물론 이러한 그림도 제의와 관련된 것이라고 하는 게 본 연구의 목적에도 합당하고, 그렇기 때문에 과장된 성기를 달고 춤추는 모습이라고 규정되는 것이 글의 무난한 논의를 진행하기에는 유리할 수도 있다. 그러나 잘못된 형태분석은 본질을 호도할 수 있다고 생각하기 때문에 형태분석은 보다 신중하게 수행되어야 한다.

그림 70-3을 잘 보면 얼굴 한가운데 뚜렷하게 눈을 묘사하였다. 그렇기 때문에 눈에 대한 표현은 특별히 주목해서 보게 되는데, 그렇다면 이것은 보다 멀리, 그리고 자세하게 보기 위하여 손으로 눈 그늘을 지어서 바라보고 있는

동작이라고 판단하게 된다. 그렇다면 이 사람은 제의나 의식과는 전혀 상관 없이, 실생활에 있어서 사냥과 관련하여 먼 곳을 살피는 사람이라고 해야 할 것이다.

그림 70-1, 70-8, 70-10, 70-11, 70-12, 70-13, 70-17과 같은 허리부분의 긴 돌출 부분에 대해서도 이것이 성기를 표현한 것으로 보는 시각이 있다. 이러한 표현물과 비교해 볼 수 있는 자료로서 그림 71과 같이, 북아시아에 폭넓게 분포하는 수렵 및 전투장면을 묘사한 암각화를 들 수 있다. 제시된 자료의 허리부분에도 반구대암각화와 같이 허리에 부착된 도구가 있는데, 이것은 수렵용이나 전투용의 곡괭이나 도끼鬪斧로 알려져 있는 것이다.

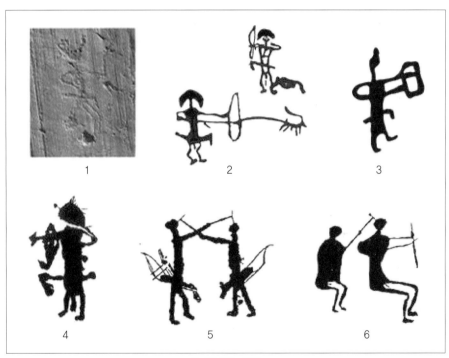

[그림 71] 사람
1. 옐란가쉬, 알타이(이하우, 청동기시대) 2. 첸뜨롤노이, 몽골(오클라드니코브, 청동기시대)
3. 하브쯔가이트, 몽골(오클라드니코브, 청동기시대) 4. 팔로, 몽골(이하우, 청동기시대)
5. 사기르Ⅱ, 카자흐스탄(Э.Самашеву. 청동기시대)
6. 야만 우스, 몽골(Э.А. Новгорадовой 청동기시대)

특히 그림 71-5, 71-6은 이와 같은 곡괭이나 도끼를 사용하여 적을 공격하는 장면이 잘 나타내고 있다. 이와 비교해 볼 때, 반구대암각화의 사람 허리에 나타난 것은 성기표현과는 무관한 수렵 또는 전투를 하기 위한 도구를 묘사한 것이 분명하다.

이상과 같은 분석에 의하면, 반구대암각화에 나타나는 사람의 대다수는 생업과 관계 깊은 표현이고, 그 중에서 오직 그림 70-4야말로 샤먼과 같은 존재를 나타낸 것이다. 그림 70-4는 통상 샤먼으로 규정되는 사지를 벌리고 손가락이나 발가락이 묘사되는 형상으로 정면성을 지니고 있는 반면, 일반적인 사람의 경우 측면성의 형태로서 다양한 동작이 묘사되어 있고, 일종의 생업과 관련한 도구를 착용하고 있다.

샤먼 표현에 대한 일반론은 반구대암각화에서도 예외 없이 적용되었다. 그 것은 정면에서 관찰된 형상묘사와 사지를 활짝 벌리고, 손가락이나 발가락을 쫙 펴고 있는 자세와 같은 것이 샤먼이라고 규정하게 되는, 하나의 형식으로 성립될 수 있다는 명제에도 부합하기 때문이다(А.П. Акладиков 1979: 43; 김정배 외 1998: 52; 李祥石·朱存世 1993: 163~167; 盖山林 1995: 163~167; 임세권 2002: 3~4; 이하우 2007c: 173~174). 그렇다고 한다면 그림 70-7, 그림 70-14의 표현물도 역시 의례나 입문식Initiation과 같은 의식에 동반되는 가면을 나타낸 것이 분명하고, 이와 함께 70-4는 샤먼으로써 제의적 성격을 잘 갖춘 표현물이라는 것을 확인하게 된다.

②동물

반구대암각화를 구성하는 대부분의 표현물은 동물이다. 표현된 개채 수는 연구자마다 그림을 인식하는 시각차에 따라 다르지만, 전체에서 모두 197점으로 분류되었다. 이 중에는 육지동물과 바다동물이 있고, 그리고 한 마리가 단출하게 나타나는 것이나 두 마리 이상의 개체가 서로 짝을 이루고 있는 그룹도 있다. 그 중 단독으로 분포한 동물은 몇몇 표현물을 제외하고는 제의적 요소를 말하기 어렵기 때문에, 본고에서는 그룹을 이루고 있는 표현물을 중점적으로 살펴보고자 한다.

짝을 이룬 동물

동물표현은 2점에서 3점까지 짝을 이루어 나타나는 동물이 제의적 요소를 보다 많이 반영하고 있을 것으로 판단된다. 왜냐 하면 단독으로 서 있는 동물은 암각화에서 매우 보편적으로 나타나는 것이기 때문에 이를 보고 무엇이라고 분석할 내용이 사실상 없기 때문이다.

짝을 이룬 동물은 서로 다른 종의 동물이 짝을 이루고 있거나, 아니면 같은 종끼리 묘사된 것이다. 서로 다른 종이 짝을 이룬 것은 그림 72-1, 72-2, 72-3, 72-4와 같은 것이고, 같은 종끼리는 그림 72-5, 72-6, 72-7, 72-8과 같은 것이 있다.

서로 다른 종의 동물이 짝을 이룬 것은 동물 중에서 한 마리는 사슴 종의 초식동물로서 그 등에 또 다른 종의 동물이 올라타고 있는 형상도 있고, 야수로 보이는 동물이 한 마리의 사슴을 쫓고 있는 양상으로 나타나는 것도 있다. 그러나 같은 종끼리 짝을 이룬 동물은 어미와 새끼를 나타낸 사슴이나 마주보고 있는 동물과 같은 것이다. 그 중에는 어떤 동물을 묘사한 것인지 종을 알 수 없는 동물끼리 짝을 이룬 경우도 있다.

그림 72-1과 72-2는 모두 등 위에 다른 종의 동물이 있다. 위에 있는 동물은 육식동물의 특징적 현상인 긴 꼬리와 쫑긋한 귀를 갖고 있는데, 이러한 동물은 우선 보기에 서로 거리감을 가지고 떨어져 있는 별도의 동물로 생각할 수도 있으나, 등 위로 겹쳐진 상태를 보아 처음부터 이러한 구상을 염두에 두고 제작한 것이 분명하다. 등 위의 동물은 길고 뾰족한 주둥이와 쫑긋한 귀, 굵고 긴 꼬리가 있는 것으로 볼 때, 이는 시베리아에서 한반도까지 폭넓게 분포하는 붉은꼬리여우와 같은 동물을 나타낸 것으로 보인다. 붉은꼬리여우는 어떤 행동을 취하거나 걸어갈 때 길고 굵은 꼬리가 수평으로 뻗는 특징이 있다. 따라

서 이 동물은 서로 다른 종의 동물이 하나의 그룹을 이루고 있는 것이다.

그림 72-3, 72-4와 같은 동물은 사슴의 뒤를 두 마리의 늑대와 같은 갯과 동물이 쫓고 있는 모습이다. 그림 72-3의 사슴은 덧새김 기법으로 제작된 것이다. 뿔이 없던 기존의 동물머리에 뿔을 덧새기고, 그 뒤에는 갯과동물 두 마리가 쫓는 형상을 추가하여 새롭게 구성된 표현물로 조사되었다. 이렇게 하여 당초의 그림과는 전혀 다른 표현물이 만들어지게 된 것이다. 이것은 늑대와 같은 동물이 사슴을 쫓는 유형의 패턴pattern화된 동물구성으로써, 북아시아와 같은 곳에서 보편성을 갖고 조사되는 표현물 중 한 종류와 동일한 구조가 되었다.

사슴의 복부에는 무엇을 나타낸 것인지 분명하지 않은 깊게 판 둥근 흔적이 있다. 그림 72-4도 이와 같은 유형으로, 사슴과 그 뒤를 쫓는 늑대와 같은 동물 표현에서 하나의 시점을 가진 측면성의 표현물이다.

그림 72-5, 72-6, 72-7의 그림은 어미사슴이 새끼사슴을 데리고 있는 모양으로 구성되었다. 72-5는 어미 등 위에 작은 새끼사슴이 묘사되었다. 그림 72-6은 어미의 품 안에 작은 사슴이 묘사되어서 새끼를 보호하고 있는 것과 같이 되어 있다. 이러한 구성 역시 광범위한 지역에서 흔히 조사되고 있는 보편적

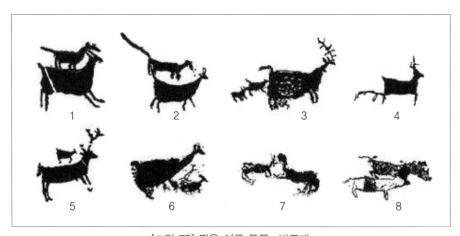

[그림 72] 짝을 이룬 동물-반구대

표현물의 하나이다. 이와 같은 표현물에 대해서는 동물의 번식과 풍요를 위한 것이라고 이해되고 있다.

그림 72-7은 반구대암각화에서도 작게 묘사된 표현물에 속한다. 동물은 그 종을 알 수 없으나 한 쌍의 사슴과 같은 초식동물로 보이는데, 두 마리가 서로 마주보고 있는 형상으로는 반구대에서 유일한 것이다. 이와 함께 또 다른 짝을 이룬 동물로는 그림 72-8과 같이, 전체에서 상단에서 소와 같은 체형을 가진 두 마리의 동물이 있다. 하지만 이것은 그 종을 말해주는 생태적 표현이 없기 때문에 정확히 어떤 동물을 표현한 것인지 알 수 없다. 그 중 한 마리에게는 선 새김과 면 새김이 동시에 적용되었다.

고래무리

동물 중에서 가장 주목되는 표현으로 그림 73과 같은 고래무리가 있다. 모든 고래는 상단을 향하여 올라가고 있는 양상인데, 고래와 함께 거북이와 3마리의 가마우지가 이 그룹을 함께 형성하고 있다.

고래의 무리는 파노라마panorama적인 웅장한 화면을 구축하고 있는데, 부감법에 의한 구도는 높은 곳에서 전체를 조망하는 것과 같은 화면구성으로써, 보는 사람으로 하여금 보다 실체감을 느낄 수 있게 하며, 전반적인 삼각구도는 반구대암각화의 조형성을 유감없이 발휘하고 있는 화면구축이다.

크게 무리를 이루고 있는 그림은 다시 그 안에서 3개의 작은 소그룹으로 구분될 수 있다. 상단의 거북이와 함께 구성되는 그룹은 여기서 가장 중심적인 그룹이다. 이 그룹을 형성하는 고래 중 한 마리는 그 등에 작은 새끼고래를 업고 있고, 바로 옆에는 가마우지와 같은 새가 한 점 묘사되어 있다.

새끼를 업은 고래에 대해서는 의견이 분분하지만, 이것은 필자의 호주 암각화 조사 중 직접 목격한 바에 의하면Hervey bay, Queensland 새끼를 업고 있는 고래가 분명하다.

또 한 마리의 고래에게는 작살이 등에 박혀 있는 것도 한 점 있다. 이러한 표현물은 이 고래가 이미 잡혀 죽임을 당한 고래라는 것을 알 수 있게 한다. 작살 부분을 살펴보면, 여기에는 많은 정성이 깃들어 있으며, 또 정교하게 묘사된 것이라는 사실을 한눈에 확인할 수 있다.

다른 하나의 소그룹은 좌측 하단에 있다. 이 소그룹의 특징은 구성그림이 모두 측면성을 갖고 있다는 점이다. 이러한 측면묘사는 유영하는 고래의 생태를 돋보이게 하고 있는데, S자형의 체형묘사는 사실성을 가지고 있으나 등에 분출되는 물줄기 표현은 기하학적으로 도식화되어가는 양상이 잘 나타난다. 이 그룹에는 상어와 같은 동물도 함께 구성된다. 상단의 그룹과 이 그룹을 포함하여 전체는 삼각구도의 화면구성을 형성한다.

우측에 있는 가장 작은 그룹은 고래 좌우편에 두 마리의 가마우지와 같은 새가 있는 것이다. 이 고래는 배 부분이 불룩하게 부풀어 있어서 새끼를 밴 것

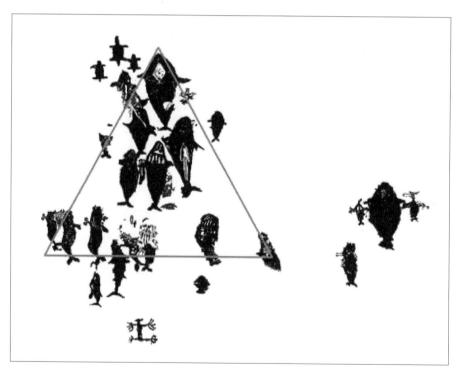

[그림 73] 고래무리-반구대

으로 보이는데, 상체의 등에는 무엇을 나타낸 것인지 알 수 없는 흔적이 있다. 새는 양쪽에서 마치 고래를 보호하고 있는 형국이다. 그 중 오른쪽의 새는 입에 물고기를 물고 있다.

전체에서 3개의 소그룹은 각각 분리해서 존재하는 것은 아니다. 두 번째 그룹을 보면 다소 차이가 분명하지만, 이것은 측면성이라는 묘사방법의 차이에서 오는 것일 뿐, 상단을 향하여 올라가고 있다는 지향점을 놓고 봤을 때는 큰 틀에서 모두 같은 구성이다.

일반적으로 고래의 종이 무엇인가 하는 문제에 관심이 많은 모양이지만, 특별한 종에 대한 분류를 목적으로 하지 않는 한, 전체 화면구성에서 무슨 종의 고래인가 하는 문제는 본 연구에서 그렇게 중요한 사항이 아니다. 고래가 무리를 이뤄 구성된다는 사실과, 그리고 구성된 표현물이 말하고자 하는 상징체계가 더욱 중요하기 때문이다.

고래와 함께 그룹을 형성하는 것으로 거북이와 새가 있다. 거북이는 그 생태적 특징이 별로 나타나 있지 않고, 단지 상투적인 형상의 거북이로 묘사되었다. 그러나 고래와 함께 구성된 3마리의 새에 대해서는 이것이 그간 바다에 사는 물개 또는 바다사자라고 보는 시각이 있고, 펭귄 또는 바다새라고 보는 연구자도 있다. 필자는 이 새가 하늘을 날 수 있으면서 물 속의 물고기를 잡고, 뭍에서도 살 수 있는 가마우지와 같은 것으로 보고자 한다. 그림의 형상이나 생태면에서 새의 입에는 부리가 있으며, 그 부리에는 물고기가 물려 있다. 발에는 물갈퀴가 있고, 그리고 하늘을 날고 있는 동작묘사도 잘 나타난다. 이런 점에서 가마우지와 같이 물과 뭍, 하늘의 삼계三界를 똑같이 오갈 수 있는 새의 특징묘사가 충실하다고 할 것이다.

고래무리와 함께 구성된 것으로 사지 벌린 샤먼이 하단부에 함께 포함되고 있다. 제작기법상 동질성이 발견되면서 그룹 전체를 주도하는 것과 같은 양상의 화면구성을 볼 수 있기 때문이다.

표현물 중에는 몸체 내부에 선각과 같은 장식문양이 있는 동물이 있다. 이러한 동물은 단독으로 나타나기도 하고 그룹으로 나타나기도 하는데, 이와 같은 동물표현에 대하여 보다 자세히 살펴볼 필요가 있다.

선각이 있는 동물은 그림 74와 같은 것을 이르는 것인데, 그것은 배가 몹시 부른 상태의 동물과 뒤집혀진 고래 두 마리에서 나타나는 현상이다. 반구대암각화에서 선 새김은 다른 동물의 경우, 그 동물의 생태적 특징을 나타내는데 활용되었다. 그에 비하여 이것은 생태표현과는 무관하게 나타나는 선 새김으로써, 여기서 몸 내부에 선각이 있는 동물을 보다 자세히 살펴보기로 하자.

그림 74-1은 힘 있게 뻗은 긴 꼬리와 쫑긋한 두 귀, 그리고 잘 발달된 견갑부를 볼 때 호랑이로 보이는 동물이다. 배가 크고 아래로 처져 있는 모양으로 보아 이것은 새끼를 밴 것으로 보인다. 배에 시문된 선각은 외곽에서부터 차츰 몸 안쪽으로 선을 그어오다가 복부 중간에 와서는 오각형의 공간을 만들고, 다시 그 내부에 동그라미를 새겼다. 이러한 선각구성은 보는 사람의 시선을 한 곳으로 집중하게 한다.

그림 74-2는 호랑이와 같은 범류의 동물과 사슴을 새긴 것이고, 그림 74-3은 3마리의 멧돼지를 나타낸 것이다. 74-2의 범류의 동물과 사슴은 중복상태를 보아 사슴이 먼저 새겨진 다음에 그 위에 범이 제작된 것으로 보이지만, 두 그림 사이에 제작 시차는 거의 없어 보인다. 여기서 두 동물은 배가 부른 점 외에는 달리 공통점도 없는데 왜 그렇게 구성한 것이지는 알 수 없다.

동물의 몸 내부를 선각으로 구획한 그림에 대하여, 이것이 사냥꾼들에게 분배를 위한 동물체 분해도를 나타낸 것으로 보기도 하고, 또는 X레이 기법으로 투시화법을 나타낸 것이라고도 한다. 하지만 이러한 견해에 대하여 투시화법의 암채화가 가장 많이 나타나는 호주를 비롯한 다른 나라의 X선 형식을 보면 내부기관이나 골격이 잘 표현된 해부도와 같다. 하지만 반구대암각화에서는 이러한 것이 결코 내부기관을 나타낸 것이 아니다. 그렇기 때문에 X레이 기법으로 볼 수 없다고 한 임세권(1984:518)의 시각은 정확하게 그 실상을 지적한 것이다.

여기서 그림 74-4, 74-5를 제외하고 몸 내부에 방안선각 표현이 있는 동물의 체형을 보면 모두 배가 불룩하게 나와 있다. 이것은 새끼를 밴 동물을 묘사한 것으로 판단되는데, 이와 같은 문양의 시문도 새끼 밴 동물에 대한 특별한 표식을 나타낸 것으로 보인다. 그렇다면 이러한 격자문의 선각문양은 결국 동물의 수태를 성스럽게 생각하고, 수렵에 있어서 금기를 말하고자 하는 데서 나타난 문양일 가능성이 크다. 그렇다면 그림 74-1, 74-2, 74-3과 같은 동물표현은 이것이 새끼를 밴 동물이기 때문에, 동물증식과 풍요와 관련하여 이러한 동물은 잡아서 안 된다고 하는, 사냥에서 금기시되어야 하는 동물에 대한 표식으

[그림 74] 내부 선각이 있는 동물-반구대

로 말할 수 있을 것이다. 여기에 관해서는 층위별 표현물의 제의성을 분석하는 부분에서 좀더 세심하게 분석될 수 있을 것이다.

그림 74-4, 74-5와 같은 그림도 몸 내부에 선각이 있다. 이러한 동물에 대한 내부선각은 그것이 무엇을 말하는가 하는 것이 이미 암시되어 있다. 선각이 새겨진 고래는 모두 뒤집혀진 상태라는 것을 감안해야 하는데, 그것은 이미 잡혀서 죽임을 당한 고래이기 때문이다. 이와 같은 것에 한하여 이것은 사냥물 분배를 위하여 동물체를 분해하는 해부도를 나타낸 것이라는 견해(김원룡 1980: 16~17)는 인정될 수 있을 것이다.

그림 74-4와 같은 그림에서 고래 위에 사람이 두 팔을 쳐들고 환호하고 있는 것으로 보이는 표현물이 있다. 사람 표현물을 분석하는 부분에서 이것은 샤먼과 같은 것으로 분류되지는 않았지만, 보기에 따라서 고래분배를 주도하면서 포획과 분배에서 부정을 씻고 있는 샤먼이나 사냥지도자와 같은 존재를 묘사한 것으로 볼 수도 있으나 확실한 것은 아니다.

이어지는 글은 반구대암각화의 각 제작층별 제의적 요소를 찾아보고자 한다. 그 분석은 새롭게 수행된 형태분석의 결과에 따른다.

제작층별 구성표현물은 이미 앞장에서 제시된 그림 59~63의 도면과 같다. 제작층에 따른 제의적 구성요소는 각 층위별로 진행된다.

(2) 제작층에 따른 제의적 요소

① 제1·2 제작층

반구대암각화의 제1 제작층~제5 제작층까지 각 층위별 표현물에서 제의성을 잘 갖추고 있다고 판단되는 것은 제작층을 구성하고 있는 그림에서 수적으로 얼마 되지 않는다. 특히 제1 제작층과 같은 층은 고래포획과 관련된 조업장면이라든지 작살잡이와 같은 실생활과 밀접한 표현물로 구성되고 있다. 그렇기 때문에 제의적 요소를 말하는 것은 사실상 어렵다. 제2 제작층의 경우도 여기서 크게 다르지 않다. 제2 제작층은 동물표현에서 체형을 의도적으로 압축한 것과 같은 짧은 허리의 작달막한 동물로 구성되고, 그나마 그룹을 이루지 못하고 산발적으로 분포하기 때문에, 여기서 제의적 요소를 찾는다는 것이 얼마나 어려운 일이라는 점을 인정하지 않을 수 없다. 하지만 이와 같은 층별 표현물에도 제의와 관련한 내용이 반영되었다는 것은 분명하기 때문에 당연히 분석되어야 할 것이다.

그림 59와 같은 제1 제작층은 전 표현물이 생업과 관련해서 나온 것이기 때문에 제의적 요소를 찾는다는 사실 자체가 난감하다. 그러나 제2 제작층을 보면, 무질서한 배치와 산발적 분포를 보이고 있지만, 이러한 점은 넓게 보아 그림의 위력에 대한 보편적 믿음에서 나온 것으로 생각할 수 있다. 이것은 곰브리치 E.A(1996:36)의 견해와 같이 동물을 암각화와 같은 그림으로 재현하였을 때, 실제의 동물은 그림을 그린 사람의 힘과 능력 앞에 굴복할 것이라는 믿음에서 그 제작이 이어진 것이라고 하였는데, 바로 제2 제작층이 그것과 같은 의미의 표현으로 판단된다. 왜냐 하면 반구대암각화에서 제2 제작층만큼 생태적 묘사가 자세하게 나타난 층위도 없기 때문이다.

제2 제작층의 동물표현을 보면, 묘사된 동물의 체형과 같은 것은 제작에 따르는 양식의 독특함이 잘 나타나 있다. 그러나 동물의 습성이나 가죽의 문양·뿔·꼬리, 쫑긋한 두 귀의 표현과 같은 외양적인 생태에 대한 관찰력은 그 어떠한 층위의 표현물보다도 사실적 관점에서 뛰어난 묘사라고 하겠다. 이러한 현상은 동물에 대한 정교한 관찰력에서 온 것으로서, 이것은 동물에 대하여 잘 알면 알수록 암각화 주인공의 능력이 배가되고, 동물도 결국 그 능력에 쉽게 굴복할 것이라고 생각에서 나온 것이다. 따라서 제2 제작층에서 발견되는 요소는 동물사냥의 성공적 수행을 위하여, 소위 유사율類似律에 바탕을 둔 동종주술의 결과라고 생각할 수 있다.

동종주술은 유사한 것은 유사한 것을 낳는다고 하는 것으로써, 결국 동물표현에서 생태를 얼마나 잘 묘사하는가에 따라 그 주술적 능력이 큰 힘을 발휘할 것이라고 보았던 데서 비롯된 것이다.

각 표현물에 대하여 특정부분을 갈거나 타격한다든가 하는 가공흔적은 일반적으로 발견되는 사냥주술과 같은 것이지만, 그러한 것이 제2 제작층에서 보이지 않는다는 사실은 암각화를 제작한 이후에 더 이상의 주술적 행위가 없었다는 것을 말한다.

②제3 제작층

제의적 요소가 비교적 충실히 나타나는 층위는 그림 61의 제3 제작층으로 보인다. 제3 제작층은 서로 짝지어 있는 동물표현으로 구성되는 층위로서, 그림 72와 같은 동물은 모두 제3 제작층을 구성하고 있는 것이다.

짝지은 동물은 대부분이 사슴과 같은 동물이다. 그림 72-1에서 그림 72-7까지 모두 사슴이 표현되어 있다. 사슴은 등 위에 여우와 같은 것이 올라타고 있거나 육식성 동물에게 쫓기기도 하고, 새끼사슴과 같이 표현되기도 하면서 서로 마주보고 있는 것도 있다.

암각화에서 사슴은 산양과 함께 북아시아에서 가장 폭넓게 조사되는 동물이다. 선사시대 북아시아 사람들의 고유한 조형전통의 전형이 바로 사슴이라고 하는데(Кубарев В.Д. 2003: 106), 사슴은 온순한 동물로서 비교적 수월하게 얻어지는 식량원이었을 뿐 아니라, 인간에게 많은 것을 베푸는 영적 동물로 인식된다.

북아시아의 넓은 공간에서 사슴에 대한 일반화된 생각도 사슴은 수렵문화의 이상이 구현된 동물이라는 것이다. 같은 선상에서 우리는 야쿠트(Якут)족이나 축지(Чукзи)족의 순록사육을 염두에 떠올릴 수 있을 것이다.

실지로 북아시아 암각화유적에서 조사되는 사슴은 그림 75의 여러 표현물처럼 가장 풍부하고 질적으로 우수한 그림으로 나타난다. 예컨대 사슴의 뿔을 실제 이상으로 체적의 5~6배 크기로 과장하여 묘사하기도 하고, 두 뿔을 둥근 태양광처럼 표현하기도 한다. 간혹 조사되는 그림 75-i와 같은 스키타이 동물양식의 사슴은 사슴에게 새의 영적 능력을 투영하여 새의 부리, 새의 눈을 가진 두부와 새 날개와 같은 뿔로 묘사하였다. 이러한 표현은 그 어떤 것보다도 조형미를 잘 갖추고 있는 것인데, 북아시아 전 유적에서 사슴이 없는 암각화유적은 찾아볼 수 없을 만큼 사슴은 암각화의 보편적 소재이다.

사슴은 선사인의 식량원으로서 당초 풍요를 상징하는 것이었으나, 점진적으로 태양을 상징하는 상서로운 영물로 신성시되었다(최근영 1985: 24~29). 숭배적 의미를 지닌 동물이며(아리엘 골란 2004: 154~163), 성격마저 온순한 동물이기 때문에 쉽사리 잡혀 식량이 되었다. 종에 따라서 엄청난 크기의 로시(лоси)와

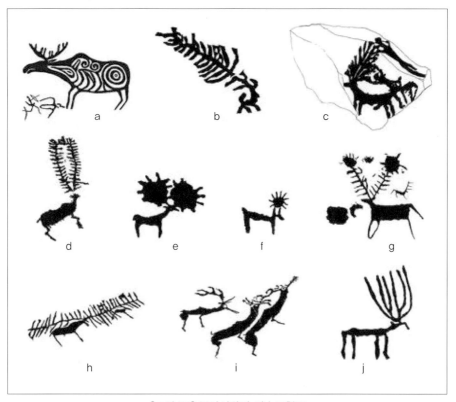

[그림 75] 북아시아의 사슴표현물
a.사카치 알얀, 러시아(오클라드니코프) b.팔로, 몽골(이하우) c.이흐 두를지, 몽골(이하우)
d.노곤 혼드, 몽골(동북아역사재단) e.드쥬라말, 알타이(체례미신) f.우스뜨-모자가, 뚜바(데블레트)
g.옐란가쉬, 알타이(이하우) h. 옐란가쉬, 알타이(이하우) I.차강가, 알타이(이하우)
j.비치그티크 하야, 뚜바(킬루노브스카야·세메노브)

같은 사슴 종은 그 어떤 동물보다도 풍성한 고기를 제공하였다. 그래서 사슴은 신이 사람을 위하여 보내주는 선물로 생각하게 되었으며, 사람은 사슴을 그들에게 보내주는 자연의 신master of mountain과 같은 영적 존재와 좋은 관계를 유지하기 위해 부단히 제물을 바치고 제사를 올리기도 하였다(서영대 1992:74).

반구대에서 조사된 육지성 동물 97마리 중 그 절반이 사슴으로, 사슴은 45마리가 조사되고 있어서 고래를 제외한 한 종류의 동물로 가장 많은 분포를 보여주고 있다. 수적으로 많은 부분을 차지하는 사슴은 반구대암각화의 주인공들 역시 친숙하게 생각한 동물이었을 것이다.

그림 76과 같이 등 위에 여우와 같은 동물이 새겨진 것이나, 갯과동물에게 쫓기는 형상의 사슴표현물(그림 72-3, 72-4)을 좀더 살펴보기로 하자. 그림 76은 동물과 활을 겨누는 사람이 동시에 나타나 있다. 사람은 사슴이나 여우에 비하여 다소 작게 나타나 있다. 이와 같은 구성에서 활 쏘는 사람과 동물이 별개의 표현으로 볼 수도 있으나, 대·소 원근법과 같이 암각화에서 표현물의 실지 크기와 비례는 반드시 일치하는 것은 아니다. 또한 묘사된 그림의 크기도 화면구성에서 중요성의 척도가 되는 사항이므로 여기서는 동물이 주가 되어야 한다.

그림을 보면 활은 사슴의 머리에 닿고 있으나 실지로는 등 위의 여우를 겨누고 있다. 이러한 것은 천전리 암각화의 활 쏘는 사람의 예, 그리고 몽골과 같은 한반도 인근지역의 사냥 장면에서 화살이 향한 표적은 정확히 목표물을 겨누고 있고, 그 화살의 궤적도 함께 나타나고 있다는 일반현상에 비추어 볼 때, 이것 역시 등 위의 여우를 노리는 것임에 틀림이 없다. 이러한 동물과 사람의 구성에서 발견되는 사항은 동물을 보호하고자 하는 동물수호의 염원이 바탕이 된 표현물이라는 것을 말해준다고 할 것이다.

반구대암각화는 쪼아서 새긴 제작기법상 그 면은 쪼아낸 정도에 따라 고르거나 거칠게도 나타난다. 하지만 특정의 몇몇 표현물은 쪼아서 새긴 다음 그 부분을 문질러서 부드럽게 한 것도 있다. 이런 기법은 그림 76을 비롯하여 좌측 상단의 거북이와 고래의 일부, 그리고 호랑이와 멧돼지의 일부에서도 발견되는 사항이다.

황용훈(1987: 231)은 암각화 제작기법에서 이와 같이 갈아서 새기는 행위는 감응주술에 의한 신앙형태와 관련되며, 여러 가지 기원행위와 연관된다고 한 바 있다. 갈아파기는 주술적 기원행위이면서 문질러서 제작하는 행위 자체도 매우 중요시된다고 한 견해(송화섭 1993: 127)가 있는데, 이것이 그대로 적용된다고 한다면, 그림 76과 같이 동물을 갈고 문지른 흔적은 여기에 어떤 주술행위가 가해졌다는 것으로 판단될 수 있다.

주술呪術, Magic이란 사람이 갖고 있는 삶의 문제를 초자연적 능력에 호소하여 해결하려는 일련의 기법을 말한다고 하겠는데, 동물과 같은 구상형태의 암각화에 주술이 가해진 흔적은 북아시아 암각화에서 흔히 보이는 사항이다. 그림 77과 같은 자료는 사람이나 동물 몸체의 전체 혹은 일부에 암각화제작이 끝난 이후에 제작과는 별도로 추가된 주술행위의 흔적이다. 그림 77-1, 77-3, 77-4, 77-5, 77-6에는 동물의 심장부와 같은 곳에 강한 도구로 타격한 사냥주술의 흔적이 있다. 특히 그림 77-4, 77-5와 같은 것은 그 전방에 날카로운 바위가 있는데, 햇빛이 그 바위의 끝을 비출 때 생기는 그림자는 사슴의 심장을 가리키게 되는 구조이다. 심장부의 쪼아낸 흔적은 그때 타격한 자국으로써, 이러한 것은 사냥주술의 결과에 의한 것이다.

[그림 76]
짝 동물과 사람-반구대

그림 77-2에서 제의행위를 하는 샤먼 주위에도 쪼아낸 많은 흔적이 있는데, 이러한 표현은 기우제와 관련된 것으로 보고 있는 것이다. 그림 77-3과 77-7은 북아시아 넓은 공간에서 태양산양으로 불리고 있는 표현물로서, 이 동물의 뿔이 만드는 둥근 원이나 그 내부에도 쪼아 내거나 선각으로 훼손한 흔적이 무수하게 나타난다.

이처럼 동물 표현물에 다시 어떤 압력을 가하는 행위 또는 주술의 형태가 정확히 무엇을 위한 것인지는 알 수 없다. 하지만 심장부와 같은 곳에 타격흔적이 있다는 것은 사냥주술에서 비롯된 것이 분명하다. 이러한 것은 동물암각화의 심장부를 때림으로써 실지 사냥에서도 사냥물의 그곳을 타격할 수 있다

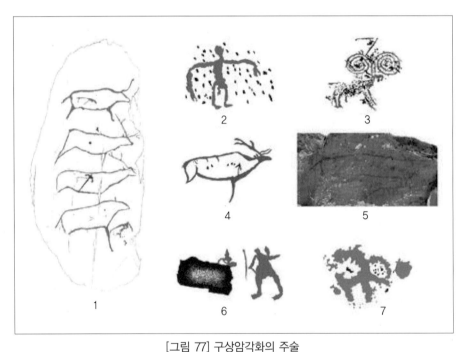

[그림 77] 구상암각화의 주술
1.쿠루만 따우(신석기시대, 이하우), Altai
2.말라야 바야르스카야 핏샤니차(청동기시대, 이하우), Khakasia
3.칼박타쉬II(청동기시대, 이하우), Altai 4.아글라 흐뜨이(신석기시대, 이하우), Khakasia
5.칼박타쉬(청동기시대, 이하우), Altai 6.아글라 흐뜨이(청동기시대, 이하우), Khakasia
7.비치그티크 하야(청동기시대, 이하우), Tuva

는 동종주술의 흔적이라는 것은 분명하다.

　비록 동일한 형태는 아니지만 반구대의 동물에게 다시 그 위를 부드럽게 갈아낸 흔적도 같은 의미에서 주술행위의 흔적이라는 것은 틀림이 없다. 인근지역의 주술형태가 쪼아 내거나 문지른 흔적을 비롯하여 각양각색으로 다양하게 표출되는 데 비하여, 반구대에서는 비교적 단순한 양상을 보인다. 여기서 나타나는 주술의 형태도 큰 틀에서 프레이저 J.G.의 주술원리 안에서 이해될 수 있을 것이다.

　야생동물이 주를 이루는 암각화의 기원 형태는 실존하는 동물의 풍요와 번식을 기원하고, 또 사냥의 성공을 간구하는 것이라는 러시아인 연구자 데블레트(Девлет М.А., 2000:99)의 견해는, 같은 동물표현으로 이루어진 반구대암각화의 주술형태를 이해하는 데 있어서 중요한 실마리를 제공해준다. 반구대암각화 역시 동물의 풍요를 위한 공감주술로서, 그 형태는 표현된 동물을 어루만지는 것과 같이 새겨진 면을 부드럽게 갈고 문지르는 행동으로 드러나고 있다. 결국 이것은 사냥의 대상이 되는 동물 종의 번식을 기원하는 데서 오는 것이고, 번식의 기원은 보다 손쉬운 사냥과 그 성공을 얻고자 하는 유감주술과 같은 효험을 기대한 것이라고 말할 수 있다.

　앞에서 그림 72-3, 72-4는 개과 동물이 사슴의 뒤를 쫓고 있는 것이다. 이와 같은 표현물 역시 그림 78과 같이, 북아시아의 여러 암각화유적에서 발견할 수 있는 것이다. 표현상의 특징은 한 마리의 사슴을 쫓고 있는 한두 마리의 갯과동물이 한 세트로 구조화되어 묘사되기도 하고, 간혹 사냥꾼과 같은 것이 일상적 구도나 비율과는 맞지 않은 작은 크기로 사슴을 쫓거나 활로 겨누고 있는 것도 있다. 이러한 것은 모두 동일한 패턴에 속하는 것이다.

　그간 이와 같은 표현물이 발견된 곳은 알타이의 칼박타쉬, 옐란가쉬, 바르부르가즈이를 비롯하여, 하카시아의 아글라 흐뜨이와 뚜바의 알드이 모자가, 그리고 레나 강 상류 쉬쉬키노와 같은 곳이다. 또한 앙가라 강 중·상류에서도 여러 개체분이 발견된다고 하지만, 필자에 의해 확인된 것은 아니다.

이러한 표현물은 그림 78-1, 78-2와 같이 그 뿔이 태양처럼 묘사된 태양사슴인 경우도 있고, 그림 78-3과 같이 엉덩이에 회오리 문양이 새겨진 것도 조사된다. 대부분 달리는 형태로 묘사되었으나, 동세는 잘 나타나지 않고 도식적 경향의 표현이라는 특징이 있다. 특히 이와 같은 유형은 한 개의 유적에서 한 점 이상의 표현물이 발견된 적이 거의 없을 정도로 희소한 자료이다.

하카시아의 아글라 흐뜨이와 같이, 신석기시대에서부터 나타나기 시작한다는 이 유형은 그림 78-5, 78-6과 같은 스키타이시대 표현물처럼 사회수준이나 규모가 크게 성장한 상태에서도 동일하게 등장하는 것이다.

그림 72-3의 경우, 복부에 분명하지 않는 흔적이 있다. 이것이 동심원이나 회오리 문양과 같은 것을 표현한 것인지는 현 상태에서 알 수 없다. 하지만 그림 72-3, 72-4와 그림 78은 동일한 주제가 제작으로 이어진 구조적 형상의 표현물이라는 점은 분명하다.

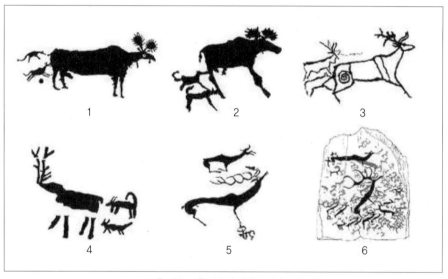

[그림 78] 사슴을 쫓는 야수

1, 2.칼박타쉬, 알타이(쿠바레프. 청동기시대) 3.아글라 흐뜨이, 하카시아 (이하우. 신석기시대)
4.알드이 모자가, 뚜바(데블레트. 청동기시대) 5.옐란가쉬, 알타이(이하우. 스키타이시대)
6.바르부르가즈이, 알타이(쿠바레프. 스키타이시대)

대체로 신석기시대와 청동기시대에 걸쳐서 나타나는 표현유형의 특질 하나가 신화적 소재라고 하는데(Девлет М. А., 1998: 168~173; 2000: 99), 데블레트에 따르면, 이 시기의 신화는 세계를 이해하는 근본적인 방법이었으며 자연과 사회현상에 대한 이해체계로서, 암각화 속에는 이러한 기본적인 신화적 개념이 부호화되어 나타나 있다고 한다. 물론 이 시대에 묘사되는 주제가 무엇이라 할지라도 표현소재는 동물의 모습으로 나타나게 되는데, 그림 72-3, 그림 78과 같은 구성의 표현물이야말로 선사시대 신화체계를 잘 간직하고 있는 것이라고 하겠다.

이와 같은 구성은 시베리아의 태양사슴을 쫓는 야수라고 하는 구어적 내용이 바탕이 된 표현으로 알려진 것과 동일한 구성이다. 남반구에 비하여 하절기가 짧은 북반구 지역에서는 태양과 관련한 천문현상을 동물과의 관계로 이해하고자 하는 신화체계가 광범위하게 확산되어 있다고 한다. 이러한 신화체계는 백야나 일식과 같은 자연현상에서 기인된 두려움에서 나온 것으로 이해될 수 있을 것이다. 반구대암각화에서 그림 72-3과 같은 표현물이 조사된다는 것은 반구대암각화의 일부 표현물 역시 북아시아의 넓은 공간에서 공유되어 온 문화현상의 하나로 이해되어야 하는 것이 아닐까 한다.

그림 72-5, 72-6, 72-7과 같은 표현물은 어미와 새끼사슴이 서로 어울려 있는 구성이다. 등 뒤에 새끼사슴이 있기도 하고, 또 어미의 가슴 앞에 새끼사슴을 묘사하여 외부의 위협으로부터 보호되는 것과 같은 표현물도 있다. 이러한 표현 역시 천전리를 비롯하여 몽골과 같은 인근지역에서 조사되는 것 중 하나로서, 동물계의 풍요를 위하여 종의 번식을 기원한 것으로 이해된다.

제3 제작층을 이루는 표현물에서는 서로 짝지은 동물이 조사되고, 또한 암각화 제작 이후에 특정한 그림 몇 점에서 주술 흔적으로 보이는 갈아낸 흔적도 발견된다. 이와 같은 표현물의 분석에 따라 이 층위는 동물의 번식과 풍요를 기원하는 층위라고 말할 수 있다. 여기서 나타난 주술형태는 사냥의 대상이 되는 동물 종의 번식과 그리고 동시에 사냥에서 성공을 기원하는 동종주술의 형태이다. 이러한 풍요기원 및 주술형태도 북아시아라는 광범위한 공간에서 공유되는 표현의 주제가 반구대와 같은 곳에서도 유사한 형태로 암각화 제작으로 이어진 양상이다. 이와 같은 점에서 반구대암각화 역시 인근지역에서 공유되는 표현상의 가치관을 함께 하는 암각화유적이다.

③제4 제작층

제4 제작층은 이전의 여러 제작층보다 짜임새 있는 화면구성의 층위이다. 제4 제작층을 대표하는 그림은 그림 73으로 정리되는 고래무리이다. 3개의 소그룹을 형성하고 있는 그림 73에서 제의적 요소를 갖추고 있는 표현물은 최상단의 거북이와 가마우지와 함께 구성되는 고래 무리, 그리고 우측 중간의 가마우지 두 마리와 고래, 최하단의 사지 벌린 사람에게서 찾을 수 있다. 이 표현물들은 서로 고래와 유기적으로 연관되어 있으며 그 연관성을 찾는 작업이야말로 제의적 요소를 구명하는 것이 될 것이다. 이것은 고래무리와 거북이, 가마우지, 사지 벌린 사람의 성격을 밝히는 것으로 그 본질에 한층 접근할 수 있을 것이다.

거북이와 가마우지는 여러 개의 기능을 지닌 동물로 인식되고 있다. 거북이는 물과 뭍을 모두 오갈 수 있는 동물로서, 이러한 점은 하나의 기능보다 초월적이기 때문에 양성체兩性體, amphibians동물이며, 무병장수하는 동물로 알려져 있다. 가마우지 또한 철새로서 해마다 똑같은 장소를 찾아오는 회귀성을 지닌 새이다. 하늘을 날며 땅을 걷고, 물 속도 자유로이 드나든다. 그런가 하면 그 생태를 이용하여 길들일 수도 있어서 사람과도 친근성 있는 새이다.

습성에서 나오는 다양성으로 하여 거북이와 가마우지는 반구대암각화에서 특별한 존재성을 지닌다. 변태하여 모습을 바꾸는 개구리나 땅 위와 땅 속을 다니면서 탈피하는 뱀과 같이, 몇 개의 공간을 자유롭게 넘나들 수 있는 거북이와 가마우지는 그래서 차원을 초월하는 존재로 받아들여진다.

제4 제작층의 화면구성의 특색은 대부분이 고래로 구성되고 있고, 고래무리들은 최상단에서 크게 묘사된 고래를 따라가고 있는 모양처럼 삼각형으로 배치되어 모두 한 방향을 향하고 있다. 또한 그 앞에는 3마리의 거북이가 있는데, 거북이 역시 고래를 어디론가 이끌어가는 모양으로 표현되었다. 상단의 고래 옆에는 가마우지도 한 마리 있다.

또 하나의 작은 그룹에서 가마우지는 고래의 양쪽에서 이를 호위하듯 두 날개를 활짝 펴고 위로 올라가고 있다. 입에 물고기를 물고 있는 것은 물 속을 들어갈 수 있고, 날개를 편 모습은 하늘을 나를 수 있는 능력이 있음을 잘 보여준다. 따라서 거북이와 함께 가마우지 형태로 나타난 표현물은 양성체 동물로서 초월성을 가지고 있기 때문에 영혼의 안내자요 영혼을 영계로 보내기도 하는 조력자로 나타난 것이다. 동시에 영혼의 매개체이기도 한 존재로서(엘리아데 M./이윤기 옮김 1993: 411) 고래를 인도해가는 것으로 구성되어 있다.

모든 사물, 동물도 사람과 마찬가지로 영혼을 가지고 있다고 믿는 애니미즘animism적 사고방식은 동물이 죽은 후에도 그 영혼은 존재한다고 믿어 왔다. 반구대에서 작살이 박힌 고래를 볼 때, 이것은 이미 살해된 고래이다. 함께 표현된 모든 고래는 하나의 방향성을 가지고 있다. 이 또한 같은 죽임을 당한 고래의 영혼을 나타낸 것이라고 한다면, 그림 73과 같은 고래표현물에서 우리는 이러한 영혼이 그를 포획한 사람에게 해코지하지 않도록 하는 위령의례의 장면을 생각할 수 있다(서영대 2002: 12~14). 따라서 하단의 사지 벌린 사람은 샤먼으로서 고래의 영혼을 달래어 저세상으로 무사히 보내는 제사를 지내거나, 그 영혼을 하늘에 보내기 위한 의식 중 탈혼脫魂 망아현상忘我現狀의 상태를 표현한 것으로 보인다.

차원을 넘나드는 동물로서 거북이와 가마우지가 묘사된 것도 이들이 영혼의 안내자로서, 또 고래의 영혼을 영계 혹은 자연의 주에게 되돌리고자 하는 의식의 조력자 형태로 표현된 것이 제4 제작층이요, 그 의식의 기록이 바위에 암각화 형태로 나타난 것이다. 이를 볼 때 예사롭지 않은 바위가 영혼의 부활을 가능하게 하는 영혼의 안식처로 숭배되었다고 하는 데블레트(Девлет М.А

2000: 100)의 견해는 시사해주는 바가 크다.

반구대에 나타난 동물의 주에 대한 개념은 수렵민족의 세계관에 있어서 하나의 특징적 현상으로써, 대자연에서 특정의 영역은 그것을 주관하는 주인이 있다는 믿음에서 나온 것이다. 좀더 넓은 의미에서 이를 살펴보면 이것은 자연의 주masters of nature라고 하는 개념으로, 그 속에는 산의 주, 강의 주, 바다의 주가 모두 포함된다. 이들은 각자의 공간의 주인이요 보호자로서 자신의 영역 내의 모든 동물을 주재하고, 그 동물을 인간에게 보내서 사냥감이 되게 한다. 따라서 인간은 여기에 감사하고 자연의 주와 항상 좋은 관계를 맺기 위해 애써 왔다. 그렇지만 이러한 신이 결코 숭배의 대상으로 받아들여진 것은 아니었다고 한다(Uno H., 1964: 463~471; 서영대 1992: 73~75, 2002: 4, 7~8; 조셉 캠벨 · 빌 모이어스/이윤기 1996: 152; 조지프 캠벨/이진구 2003: 323~341).

자연의 주에 대한 관념은 한반도에서는 산신신앙과 관련성으로 나타나고 있다. 산신의 동물에 대한 영향력을 볼 때, 수렵문화 단계의 신격이 한반도에서 성격변화를 일으킨 상태가 산신이라고 하는 견해(서영대 2002: 9)는 주목된다.

사실 북아시아의 여러 지역에는 이러한 신적 존재를 위하는 구조물이나 그 존재에게 공물로 바쳐진 동물의 흔적, 공헌에 사용된 그릇과 같은 물건이 남아 있어서 현장답사 도중에 자주 확인되는 사항이다.

그림 79는 그간의 조사 과정에서 수집된 것이다. 그 중 79-1은 뚜바의 헤르비스 닥그 인근의 산과 들판의 주에게 바쳐진 공물로서, 산양을 나무에 올려둔 것이다. 네 발을 철사로 묶어 놓은 것으로 봐서 이것은 살아 있는 양이 공헌된 것이다. 79-2는 하카시아의 샬라비예브스카야(Салавиевская)의 주인이라고 알려진 정령신의 형상으로, 그 앞에는 제물로 바쳐진 소 한 마리분의 유골이 놓여 있었다. 이러한 형태로 표현된 신상을 현지에서는 이즈바야니에(Изваяние)라고 하는데, 이즈바야니에는 하카시아를 중심으로 조사되는 자연정령 신으로서 자연의 주와 같은 개념으로 받아들여지는 신상이다.

79-3은 레나 강 옆의 쉬쉬키노의 주인으로 알려진 하라 아쯔라이(ХараАжи

paн)라고 하는 신상이다. 자연적으로 형성된 거대한 얼굴 형상의 바위를 쉬쉬키노의 주인으로 섬긴 것인데, 그 앞의 나무기둥은 바릴샤라고 하는 일종의 토템폴totem pole로서 이것은 하라 아쯔라이를 섬기기 위한 것이다. 그리고 79-4는 쉬쉬키노의 특정 암각화 표현물에게 바쳐진 동전이다. 79-5는 몽골 울란 바타르 부근 이흐 탱개르에 있는 것이다. 이것은 암각화유적에서 제의에 사용한 용기를 은밀히 감춰 둔 것인데, 이와 같은 것을 봤을 때 여기서는 개인적이고 주기적인 의례가 지속적으로 행해진 것을 알 수 있다. 최근 이곳을 찾았을 때, 몽골의 경제력 성장과 함께 유적 주변은 무속신앙의 중심지로서 새로운 시설이 들어서는 등 달라진 현장을 확인할 수 있었다.

그림 79-6은 하카시아의 아바칸박물관에서 수집한 이즈바야니에이다. 이것은 돼지비계와 같은 기름진 음식을 공물로 바친 흔적으로서, 신상의 입은 기름에 축축하게 절어 있는 자국이 생생하다.

이러한 흔적은 북아시아에서 그렇게 힘들이지 않고 발견할 수 있는 것이다. 그 외에도 몽골이나 미누신스크, 예니세이 강 상류지역은 물론, 오브 강 상류지역과 레나 강 상류지역에서도 쉽게 수집되는 것이다. 과거의 암각화나 신상과 같은 자료가 현대를 살아가는 현지 유목민들에게 그대로 계승되면서 신앙의례는 지속되어 왔으며 그 흔적도 잘 남아 있다.

물론 이러한 지역은 과거와 지금의 생활이 그렇게 판이하게 달라진 곳이 아니다. 그렇기 때문에 의례와 같은 것도 어느 정도 영속성을 갖고 수행되었을 것이다. 환경적으로 생활방식이 완전히 달라진 한반도와 같은 곳에서는 아무래도 이러한 자료를 참고하여 그것을 복원해 볼 수 있을 것이다.

앞서 수집된 자료를 볼 때, 고래를 주재하는 동물의 주 또는 자연의 주에게 행하는 의식에는 일정한 형태가 있었을 것인데, 그와 같은 행위를 암시하는 표현물은 하단에 있는 샤먼이 제의행위의 모습으로 나타나고 있다는 점이다. 여기서 제의와 관련하여 샤먼의 의미를 분석해 보기로 하자.

북아시아에서 암각화의 조사는 통상 주변에 대한 발굴 작업이 병행된다. 예

[그림 79] 자연의 주와 공물
1. 공물, 헤르비스 닥그 근방, 뚜바 2. 샬라비예브스카야의 주인, 하카시아
3. 하라 아쯔라이, 쉬쉬키노의 주인, 레나 강 4. 공물, 쉬쉬키노, 레나 강
5. 제의에 사용된 용기, 이흐 탱개르, 몽골 6. 이즈바야니에, 아바칸박물관 야외전시장, 하카시아

컨대 하카시아 북부의 말라야 바야르스카야 핏샤니차(МалаяБоярскаяПисан ища)유적에서는 타가르시대의 청동 솥과 특히 제의용구였던 딸랑이(Марака) 같은 것이 암각화유적 바로 앞의 쿠르간 발굴에서 나왔다고 한다(Деблет М. А. 1976; 엘리아데 1992: 172). 그런데 이것은 암각화유적의 샤먼이 들고 있는 것과 동일한 것으로서 암각화유적 바로 앞에서 이러한 유물의 출토는 이곳이 제의 장소로서의 기능이 있다는 사실을 입증하면서, 동시에 똑같은 유물이 나온다 는 것은 암각화제의가 샤먼에 의해 주도되었다는 점을 고고학자료가 말해준다 고 하겠다. 데블레트 М. А.는 이러한 발굴 작업결과, 많은 암각화유적이 제의 의 중심지였다는 것을 확인할 수 있었다고 한다.

반구대의 제4 제작층에서 고래의 영혼을 달래고 다시 그 영혼을 영계로 보 내기 위한 의식의 집행자로는 샤먼이 묘사되었다. 여기서 샤먼 표현물에 대하 여 좀더 진지하게 분석할 필요가 있다. 그것은 반구대의 샤먼은 물론, 한국 암 각화의 다른 유적에서도 샤먼은 계속해서 등장하고 있기 때문이다.

샤먼은 하단에서 사지를 벌리고 있는 사람이다. 샤먼은 그림 70-4와 같이 사지를 활짝 벌리고, 두 손과 발을 쫙 펴고 있다. 머리는 납작하게 묘사되었으 며 가슴부분에 도드라진 표현과 배부분에 구멍을 나타낸 것으로서, 이것은 여 성을 나타낸 것이 분명하다. 신체구조에서 체형의 비례는 일치하지 않는다.

그림 80은 한반도 인접지역에서 조사된 샤먼 표현물이다. 중국과 알타이를 비롯하여, 미누신스크나 몽골에서 조사된 샤먼 표현물의 특징은 역시 사지를 활짝 펴고 정면성을 띠고 있다. 수족이 강조되어 손가락이나 발가락이 묘사되 는 표현양상이 지역에 따라 다르나 성별에 대한 차이도 대체적으로 분명하게 나타나고 있다. 그러나 대부분은 여성(그림 80-1, 80-2, 80-7, 80-8, 80-9, 80-10, 80-14)을 나타낸 것이 많다.

어떤 것은 특수한 형태의 무복을 입고 있거나 허리장식이 달려 있는 것도 있다. 팔은 위로 올리거나 벌려서 내리고 있기도 하고, 체형의 비례는 거의 무 시된다. 이러한 양상은 반구대의 샤먼표현도 인접지역의 샤먼과 동일한 구조

아래 있다는 것을 확인하게 한다.

손발을 크게 과장하는 것이 사냥꾼의 주술적 힘을 상징한다거나 또는 생산에 관여하는 여자의 상징이라고 보기도 하지만, 정작 사냥꾼의 도구가 과장되어서 나타난 적은 있어도 사냥꾼의 수족이 과장되어 나타난 암각화는 찾아볼 수 없었다. 남성샤먼의 경우에도 손발이 과장되는 것은 여전한 표현상의 특징이다. 그렇기 때문에 이러한 것은 단지 샤먼 표현물에서만 나타나는 현상으로 정의되어도 무방할 것이다.

샤먼을 4가지 유형으로 분류한 미국의 연구사례를 소개한 임세권(2002: 3, 8~11)은 반구대의 샤먼과 같은 표현물을 수족과장형이라 하고, 수족과장형 인물상은 샤먼으로써, 샤먼의 유형은 수직형垂直型, 기원형祈願型, 신호형信號型, 부유형浮遊型으로 분류된다고 하였다. 이러한 내용은 미국의 수족과장형 인물상이 북아시아의 인면 또는 사람 표현물과 유사하다는 오클라드니코프 A.П.의 지적과도 같다(Окладников А.П., 1979). 그렇다면 북아시아의 샤먼의 표현에 대하여 일관되게 발견되는 정면성이라든지 사지를 벌린 형태로 나타나는 구조적 표현은, 환태평양을 아우르는 광범위한 공간에서 나타나는 하나의 현상으로 설명이 가능할 것이다. 물론 반구대암각화를 위시한 한국 암각화의 샤먼도 같은 범주 안에서 이해되어야 할 것이다.

임세권의 분류에 비춰, 반구대암각화의 샤먼은 부유형으로 분류될 수 있다. 부유형은 다리에 대한 표현이 없거나 있어도 두 다리를 벌려서 발이 땅에 닿지 않는 형태로 묘사되는 특징이 있다. 그림 80-1에서 그림 80-5까지, 그리고 그림 80-13과 같은 표현이 부유형에 속하는 표현물이라고 할 수 있다. 반구대의 샤먼도 다리에 대한 표현이 있지만, 팔에 비하여 지나치게 짧아 몸을 지탱할 수 있는 것이 아니고, 양 다리를 좌우로 쫙 펴서 마치 허공에 떠 있는 모습이다. 이러한 것을 부유형이라고 하겠다.

이 부유형은 영적세계의 사람이나 샤먼이 영계를 떠돌아다니거나 여행하는 모습으로 해석되고 있는데(임세권 2002: 10), 반구대의 샤먼이 이러한 형태를 갖추고 있다는 것은 이것이 제의와 관련된 자세라는 것은 분명하다.

샤먼은 시베리아의 에벵키Evenki족의 샤먼에서 유래한 것으로, 그 의미는 지혜가 많은 자 또는 흥분해서 날뛰는 자이다(서영대 2002: 3). 이러한 부분이 의례에서 외형적 모습을 말한다고 한다면, 부유형으로 나타나는 샤먼은 내면적 탈혼 상태를 나타낸 것이다.

샤먼의 중요한 기능은 접신接神과 탈혼이다. 이것은 샤먼만의 고유의 영역이며 특권이기도 하다. 이 의례를 통하여 샤먼은 영신靈神을 만나거나 잃어버

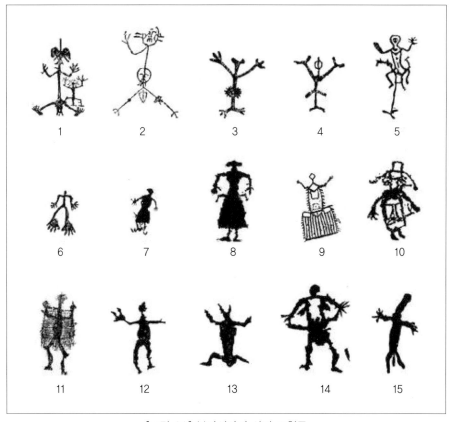

[그림 80] 북아시아의 샤먼 표현물
1~2.허란샨, 영하 3~5.인샨, 내이멍꾸 6.우란차푸, 내이멍꾸 7.옐란가쉬, 알타이
8.이르비스 투, 알타이 9~11.칼박타쉬, 알타이 12~13.살라볼린스키에, 미누신스크
14.이흐 드를지, 몽골 15.팔로, 몽골

린 영혼을 찾기도 하고, 그를 영계로 인도하기도 한다. 탈혼은 영혼으로 여행 soul journey하는 접신여행과 천계상승을 위한 것으로서, 이 특권적 기능을 통하여 샤먼은 천상으로 날아올라가 사람에게 희생된 동물의 영혼을 인도하기도 하고, 병자의 영혼을 정화하기 위하여 탈혼 망아의 상태에 들기도 한다(엘리아데 M. 1993: 221~239).

부유형 샤먼은 바로 이러한 탈혼 상태의 샤먼을 표현한 것으로, 샤먼의 혼령이 하늘을 떠다니는 것을 나타낸 것이다. 반구대암각화의 샤먼 역시 탈혼 상태의 표현물로서, 이는 같은 층위를 구성하는 고래의 영혼을 자연의 주나 동물의 주에게 되돌리는 의식과 관련된다고 볼 수 있을 것이다. 이처럼 샤먼에 대한 부분은 그 중요성이 큰 만큼 나중에 이를 다시 정리하여 그것이 시대적 흐름에 따르는 형태적 변화는 물론, 성격도 보다 분명히 하고자 한다.

반구대암각화에서 있었던 의식의 형태가 어떠한 것이었는지는 알 수 없다. 의식의 과정에서 몇몇 특정의 표현물에 나타나고 있는 덧새김 작업이나, 기원 또는 주술적 목적으로 그림의 내부를 부드럽게 어루만지거나 갈아내는 행위도 있었다고 보인다. 그러나 의식에 참여하게 되는 직접적인 참가자는 항상 소수였을 것이다. 암각화 바로 앞의 공간이 협소하기 때문에 많은 사람이 머무를 데가 못 되고, 또한 절벽 자체가 이미 한갓지고 은밀한 곳이기도 하다. 이러한 곳이 누구에게나 접근이 가능할 정도의 개방공간은 결코 아니기 때문이다.

그렇다면 일반인은 이러한 과정에서 배제되었던 것일까? 그것은 아마도 의식의 내용이나 규모에 따라 다르게 이루어졌을 것인데, 반구대암각화의 환경은 위는 처마처럼 튀어나오고 내부는 움푹하게 들어간 곳이다. 여기에서는 소리나 음향이 증폭현상으로 울려퍼지게 되는 곳으로써, 증폭현상은 장소선정에서 중요한 요소였을 것이다. 이러한 환경면을 고려할 때, 큰 규모의 집단적 의식에서는 일반 참여자도 그 자리를 지켰을 것이나, 그 수준은 아마도 강변에서 이를 지켜보는 정도의 참여였을 것이다. 하지만 구경꾼을 뛰어넘어 제의 전반을 생생하게 지켜보면서 그 실재감을 함께 공유하였을 것으로 생각된다.

현재 반구대암각화 바로 전방으로는 토사가 퇴적되어 언덕처럼 되어 있지만, 1991년 8월의 태풍 글래디스Gladys 이전만 하더라도 이곳은 비교적 널찍하고 깨끗한 자갈이 깔려 있었다.

반구대암각화에 대한 음향효과는 필자도 수차례에 걸쳐 확인한 바 있다. 그 현상은 야간에 보다 현저하게 들리는데, 암각화유적에서 음향효과를 활용한 예는 반구대뿐만 아니라 북아시아의 많은 유적에서도 확인된 바와 같다. 반구대에서 소리가 울리는 입지적 특성으로 보아, 제의과정 전반에 음악과 같은 것이 동반되었을 것으로 보이지만, 환경적 요인 외에 그것을 말해주는 것은 없다.

한편 제4 제작층의 한 표현물 중에는 작살이 박힌 고래도 한 점 있다. 이 고래에 박힌 작살에는 그 어떤 표현물보다도 정교하게 갈아낸 흔적이 있다. 이것은 작살과 같은 부분에 주술이 가해진 것으로 보이는데, 이러한 흔적 역시 성공한 사냥물 또는 사냥도구에 대한 주술적 능력전이를 기대한 데서 생긴 흔적이 아닐까 한다. 도구나 무기류에 주술이 가해진 것은 동일한 행위의 성공적 효험을 기대한 것으로서, 여기서 발견되는 주술형태는 사냥의 성공을 바라는 주술로서 이른바 접촉接觸을 통한 감염주술로 이해될 수 있다. 그리고 이처럼 작살이 박힌 고래를 볼 때, 하나의 표현물에 반영된 제의적 요소는 보다 복합적 양상을 띠고 있었던 것으로 확인된다.

제4 제작층의 제의적 성격은 다음과 같이 요약하여 이를 종합적으로 이해할 수 있다. 이 제작층의 표현물은 무리를 이루고 있는 고래로서, 고래는 이미 죽임을 당한 영혼을 묘사한 것이다. 또한 고래는 양성체 동물인 거북이와 가마우지에게 인도되어 가는 양상으로 표현되었는데, 이것은 고래의 영혼을 동물의 주에게 되돌리고자 하는 생각에서 나온 것으로 보인다. 이 과정에서 함께 등장하는 샤먼은 공중에 떠 있는 부유형으로, 샤먼이 탈혼 상태에서 영혼여행을 하는 모습이라 할 것이다. 이러한 모든 표현물의 현상에서 제의는 샤먼에 의해 주도되며, 그 형태는 고래의 영혼을 위무하고 영혼을 동물의 주에게 인도

하여 다시 새 육신으로 재생해 오기를 소망하는 형태라고 하겠다.

제4 제작층에서 발견되는 또 다른 사항은 사냥의 성공을 위하여 접촉에 의한 감염주술의 형태가 반영된 표현물도 함께 조사된다는 점이다.

④제5 제작층

이어지는 제5 제작층은 앞서 제3 · 제4 제작층과는 다른 양상을 보여주는 층위이다. 제5 제작층의 구성그림은 제시된 그림 63과 같이, 전반적인 표현물이 선 새김이라는 특징이 있다. 표현물의 구성을 보면, 그물과 같은 도구를 제외하고는 먼저 눈에 띄는 것으로 생태적 묘사가 충실한 호랑이가 있고, 복부에서 관찰된 고래도 한 마리 있다. 그리고 또 하나의 유형으로 생김새나 표피적으로 나타나는 문양과는 큰 차이가 있는 선새김 표현의 동물이 있다. 이러한 동물은 몸체 내부에 가로 세로의 격자문의 방안선각이 시문되었는데, 그간 반구대암각화에 나타난 여러 종류의 문양이나, 선 새김이라는 기법에서 나온 것과는 확연하게 다른 형태이다. 필자는 여기서 이와 같은 문양이 있는 동물표현을 분석하여, 격자문은 어떤 상징의미나 제의적 표현으로 기능하는가 하는 점을 살펴보고자 한다.

생태적 선새김 표현의 동물을 제외한 방안선각의 격자문이 시문된 동물은 좌측에서부터 오른쪽을 향한 호랑이(그림 74-1)와 오른쪽에서 왼쪽을 향한 호랑이, 그리고 오른쪽을 보고 있는 사슴 한 마리(그림 74-2)와 중 · 상단에서 조사된 3마리의 멧돼지(그림 74-3)가 있다. 이러한 동물에 나타난 문양은 그림 74에서 함께 제시된 그림 74-4, 74-5와 같은, 이른바 동물의 분배를 나타낸다고 하는 고래에 시문된 문양과는 분명한 차이가 있는 표현이다.

6마리로 조사된 격자문 선각이 있는 동물의 형상적 특징은 동물의 배가 모두 불룩하게 나온 모양이다. 그렇기 때문에 이 동물들은 새끼 밴 동물로 판단된다. 특히 그림 74-1의 호랑이는 묘사에 있어서 몸체 외곽에서부터 엇갈리게 사선이 새겨지다가 내부로 들어가면서 점차 좁아지다가, 궁극적으로 배 부분에서는 5각형의 도형과 같은 형상과 그 내부에 작은 동그라미 한 점을 새겼다. 이러한 선각구성은 배 부분에 보는 사람의 시선이 집중되도록 한다. 호랑이를 보게 되는 사람의 시선은 자연스럽게 불룩한 복부를 바라보게 되는데, 이러한 문양이 묘사된 이유도 바로 새끼 밴 호랑이에 대한 주목성 때문이 아닐까 한다.

그림 74-2의 호랑이 역시 사선의 선각이 엇갈리면서 새겨진 까닭에 몸체에는 많은 마름모꼴 문양이 생기게 되었다. 그 아래에 있는 사슴과 중간의 멧돼지 3마리도 내부에 가로·세로 선각이 서로 교차하면서 전체가 사각형의 방안선으로 가득하게 되었다. 이러한 문양은 교차되는 선각이 조금씩만 달라져도 그 다음 칸에서는 크게 왜곡이 생기는 구조로서, 일정한 것은 아니지만 대체적으로 고르게 분포하다가 복부에 와서는 각 칸의 면적이나 형태도 달라진다. 이러한 구성도 결국 복부를 강조해서 보이게 하는 것으로써, 사슴과 엇갈리게 새겨진 호랑이도 여기서 크게 다른 것은 아니다.

이 내부를 구획하는 격자문 선각은 새끼 밴 동물에서만 나타나는 표현이다. 그렇기 때문에 이러한 표현은 결국 새끼 밴 동물과 같이 수렵에서 금기 또는 신성시되어야 하는 존재를 묘사하는 독특한 구상構想의 문양이라는 점을 분명히 하고자 한다.

격자문이 묘사된 동물은 사슴과 멧돼지, 그리고 두 마리의 호랑이에게 한정해서 나타난다. 사슴의 상징성에 대해서는 이미 살펴본 바와 같기 때문에, 여기서는 나머지 동물의 상징성을 좀더 살펴보기로 하자.

선각문양이 있는 멧돼지는 모두 세 마리가 조사되었다. 멧돼지와 같은 동물은 암각화유적에서 조사 빈도가 비교적 높게 나타나는 표현물로서, 반구대에서는 모두 9마리가 조사되었고, 인근 북아시아 지역에서는 스키타이문화와 관련한 유적에서 높은 빈도로 조사되는 표현물이다.

그림 74-3을 제외한 멧돼지는 그림 81과 같이 반구대에서 3개의 유형으로 나타난다. 그림 81-1은 등에 새끼 멧돼지와 같은 특징을 나타내는 줄무늬가 있고, 그림 81-2는 주둥이가 길게 나오고 등에는 갈기털이 있는 멧돼지의 특성을

잘 드러내고 있다. 하지만 그림 81-3과 같은 것은 큰 귀와 짧은 주둥이, 그리고 두부가 몸에 바짝 붙어 있고, 동그랗게 묘사된 체형으로 하여 사육돼지의 특징이 보이기도 한다.

멧돼지는 연중 번식이 가능하며, 한번에 7~13마리까지 출산하는 동물이다. 생후 얼마 동안은 등에 보호색의 줄무늬가 있다. 머리 위에서 어깨에 걸쳐 긴 털이 나 있으며, 개보다도 뛰어난 후각을 갖고 있다고 한다. 무리생활을 하며 밤에 주로 활동하는 잡식성 동물로서, 날카로운 송곳니가 있어 땅파기에 수월한 동물이다(중앙대백과, 1985: 647).

멧돼지를 묘사한 암각화는 북아시아 전역에서 많이 나타나고 있으며, 돌이나 금속으로 만든 조형물도 여러 곳에서 자주 나온다. 그 중 그림 82와 같은 조각품은 멧돼지의 특징을 잘 간직한 유물이다.

그림 82-1은 뚜바의 코시-뻬이(Коси-пеи)에서 나온 얇은 금박제품으로, B.C. 6~5세기 스키타이시대 남부 시베리아의 멧돼지조각의 특징을 잘 갖추고 있는 것이다. 이것은 유적주변에서 조사된 암각화 표현물의 멧돼지와 동일한 양식을 하고 있다. 그래서 암각화는 이 유물과 같은 시기의 스키타이 동물양식 아래에서 제작된 것이라는 점을 분명히 한다(Kilunovskaya M.·Semenov V. 1993: 58~62).

그림 82-2는 알타이에서 나온 지름 15cm 정도의 강돌을 갈아서 만든 멧돼지 조각품이다. 그림 82-3은 몽골의 고분에서 나온 금제 조각품으로, 사슴의

[그림 81] 멧돼지, 반구대

몸 안에 두 마리의 멧돼지를 돋을새김한 것이다. 이것은 스키타이시대의 신성 동물인 사슴과 멧돼지를 동일시한 하나의 예로 보인다. 그림 82-4는 청동거울 위에 멧돼지 조각을 붙인 것으로, 멧돼지에 대한 이미지가 광범위하게 사용되었다는 예를 잘 보여준다. 그림 82-5는 내이멍꾸 하가점 상층문화에 속하는 영성 소흑석구에서 나온 치레걸이다. 그 상단에는 멧돼지 조형물이 부착되어 있다(동북아역사재단 · 내몽골문물고고연구소 2007: 262).

그림 82-6, 82-7, 82-8, 82-9, 82-10은 한반도에서 나온 멧돼지 조각품이다. 그림 82-6, 82-7은 B.C. 2000년 전반기-1000년 전반기의 것으로 알려진 두만강 지류 회령천 언덕의 오동유적 장방형 집자리에서 나온 것으로, 모두 작은 조약돌을 깨어서 만든 것이다. 그림 82-8은 범의 구석유적의 B.C. 2000년 후반 ~1000년 전반 경 청동기시대 층의 8호 집자리에서 나온 것이고, 그림 82-9는 27호 집자리의 것이다. 그림 82-10은 27호, 28호 집자리에서 나온 찰흙을 빚어 만든 것인데, 여기서는 복골과 함께 남성 조각품과 옥고리 등이 함께 나왔다.

멧돼지는 증식기원과 가정의 평안을 비는 주술적인 기능이 있다고 한다. 그림 82-8, 82-9, 82-10과 같은 범의 구석에서 나온 18마리분의 돼지는 돼지사육자로서 이곳의 주민들이 돼지의 증식을 기원하는 의식에 활용한 것이다. 특히 사람에게 죽임을 당한 돼지에 대한 위령과 돼지의 증식을 기원하고, 동시에 가정과 가족의 안태와 행운을 비는 주술적 신주로서 집집마다 가지고 있던 것이라고 한다.

멧돼지는 북아시아 사람들의 정서에서 신성시된 측면이 있다. 그 특성의 하나로서 멧돼지는 생식적 주술기능이 있는 동물로서 그 생태적인 이중성으로 하여 신에게 바쳐졌다고 한다(Кубарев В.Д. 2003: 72~77).

시문스 P.J.(2004: 29~146)는 멧돼지가 야수적 동물이면서 초식성 동물의 발굽을 갖고 있고, 왕성한 번식력과 함께 땅파기를 좋아하여 고대 여러 종족들은 작물의 풍작과 밀접한 지모신 신앙과 관련되는 동물로 여겼다고 하였다.

이렇듯 광범위한 곳에서 발견되는 암각화나 조형물로 표현된 멧돼지는 일찍부터 사람이 주의 깊게 본 동물이었다. 많은 양의 고기를 생산하기 때문에 비교적 이른 시기부터 가축으로 길들여졌다. 또한 돼지는 육질이 부드럽고 맛이 있는 동물이다. 이런 것은 훌륭한 재물이 되기 때문에 신에게 바쳐졌다. 강한 송곳니를 가진 맹수로서의 야성을 갖고 있으나, 동시에 온순한 면이 있어서 가축이 된 것이기도 하다. 구근류의 식물을 주로 먹지만 잡식성의 동물로서 흙을 먹기도 한다. 멧돼지의 이러한 성격은 돼지를 성스러운 동물인 동시에 또한 부정한 동물로 여겨졌기 때문에 무슬림들은 먹지 않는다. 하지만 고대문화권의 광범위한 지역에서 멧돼지는 풍요를 주는 땅의 신에게 바치는 제물로 선택되었다(아리엘 골란/정석배 2004: 917~921).

멧돼지는 사슴이나 산양과 같은 굽 동물처럼, 그 생태적 이중성으로 하여 신과 통교하는 매개물로서 암각화에 표현되기 시작한 것으로 보인다. 반구대

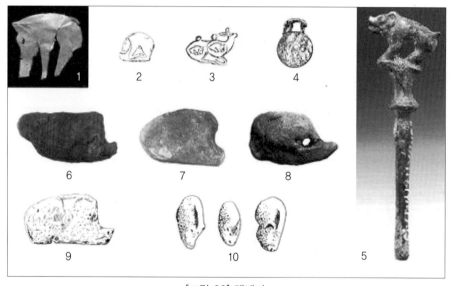

[그림 82] 멧돼지
1.꼬시-뻬이, 뚜바(킬루노브스카야 M.·세메노프 V.) 2.알타이, 알타이박물관(쿠바레프 B.D.)
3.불간 아이막, 몽골(쿠바레프 B.D.) 4.울란드르, 알타이(쿠바레프 B.D.)
5, 6.오동, 북한(조선유적유물도감) 7.범의 구석, 북한(조선유적유물도감)
8, 9. 호곡, 북한(김원룡) 10.치레걸이, 소흑석구(동북아역사재단)

에서도 예외 없이 등장하고 있으며, 그 중에서 새끼를 밴 멧돼지에게는 그 몸체 안에 격자문을 새겨 넣었다.

같은 층위를 이루고 있는 그림 중에는 호랑이도 6마리가 포함되었다. 호랑이와 같은 맹수는 인근지역의 몇몇 암각화 유적에서만 조사될 뿐, 거의 볼 수 없는 표현물이다. 예컨대 알타이 칼박타쉬의 경우 5,000점이 넘는 암각화가 분포하고 있는 초대형의 유적이지만, 호랑이는 단 한 점도 찾아볼 수 없었다. 옐란가쉬의 경우 단 한 점이, 그리고 찬크이르 켈랴에서는 네 마리가 조사되었을 뿐 나머지 필자가 조사한 알타이 암각화 유적에서는 전혀 발견된 적 없는 표현물이다. 하카스코·미누신스크지역과 뚜바지역에서도 전혀 찾아볼 수 없었다.

쉬쉬키노를 비롯한 레나 강 주변이나 바이칼 인근에서도 호랑이는 조사된 적이 없었으며, 내이멍꾸 인샨지구의 암각화의 경우 광범위한 유적에서 단 10여점이 조사되었을 뿐이다. 내이멍꾸 하란샨에서는 5마리 정도가 조사되는 데 그쳤다. 그러나 반구대암각화에서는 전체 개체수가 겨우 이백 수십 점에 불과한 표현물 중에서 23점이나 조사된 것이다. 이러한 사실은 반구대암각화 주인공들의 의식 속에서 호랑이가 얼마나 크게 자리잡고 있었는가 하는 점을 잘 말해준다고 하겠다.

호랑이에 대한 상징성 분석은 인근 여러 종족이 갖고 있는 인식이 바탕이 되어야 할 것인데, 이러한 것은 민족지적 자료를 참고할 수 있을 것이다.

인근지역에서 호랑이에 대한 인식을 보면, 중국에서도 호랑이나 표범과 같은 야수가 숭배된 사실이 있다고 하고(盖山林 1995: 132), 아무르와 우수리 강 주변의 제 종족에게서 곰과 호랑이는 산의 주인으로 여겨지고 있다. 만주족의 경우 산의 평화와 수렵을 관장하는 신은 산신으로서 그 주신主神은 호랑이라고 하는 점이나, 바구찐 퉁구스Barguzin Tungus의 경우 호랑이가 모든 동물의 주인으로 여겨진 사례를 볼 때, 이러한 곳에서 산신은 동물태動物態의 신으로 보이고, 그것이 바로 호랑이라는 것이다(서영대 1992: 70에서 E. Lot-Folk, 박규홍의 견해와 75~76에서 쉬로코고로프 S.M.의 견해를 인용). 이와 같은 사실에서 산신이 호랑이 모습으로 나타나는 것을 수렵문화의 세계관과 상통한다고 본 서영대 (1992: 76)는 호랑이에 대한 중요한 언질로서 산신이 바로 호랑이의 모습과 겹쳐 보인다는 현상을 지적하였다. 뿐만 아니라 우리나라에서도 호랑이에 대한 별칭은 산군이나 산왕, 산지킴이, 산주인이라 하는데, 이러한 말 속에는 호랑이를 산의 주인에 비기고 있다는 점이 잘 드러난다. 그렇다면 반구대암각화에서 조사된 많은 호랑이는 수렵사회의 형태를 고스란히 간직한 표현물로 말해질 수 있을 것이다. 그 중에서 비록 격자문이나 특별한 문양이 나타난 것은 아니지만, 가장 중심부에서 정교하게 제작된 그림 58의 호랑이는 반구대인들의 의식에서 반구대의 주인 또는 산의 주로서 등장하는 것으로 생각할 수 있다. 수렵사회의 신은 동물태로 나타나기 때문이다.

호랑이가 그 크기나 힘, 두려움 때문에 특별한 외경심을 가지고 토템으로 나타났을 가능성도 배제할 수 없다. 토템동물은 부족을 보호하기 때문에 이와 같이 위험한 동물이 토템인 경우, 그 부족은 토템동물로부터 해를 입지 않는다고 믿어 왔으며(Freud G./金玄操 1999: 151) 그러한 이유에서 암각화로 제작되면서 숭배해 왔다고 생각할 수도 있을 것이다.

제5 제작층을 구성하는 호랑이 중 4마리에게는 제작이 완료된 이후에 다시 그 각선을 따라가면서 갈았던 흔적이 생생하게 나타나고 있다. 이것으로 보아 동물과 관련한 또 다른 주술형태가 발견된다고 하겠는데, 호랑이가 산의 주인으로서 수렵사회에서 나타나는 신적 존재라고 한다면, 갈아서 새긴 흔적이 나타나는 현상은 어쩌면 외경심의 대상인 토템동물을 숭배한다고 하는 의식의 하나로 나타났을 것이지만 정확한 것은 알 수 없다고 하겠다.

반구대의 주인이요 자연 신의 형태가 호랑이의 모습으로 나타났다고 할 때, 반구대에서 함께 조사된 내부에 격자문 선각이 있는 또 다른 표현물은 여기서 어떻게 보는 것이 좋을까?

표현물의 내부에 방안선각이 있는 암각화 자료는 세계 암각화유적 여러 곳에서 조사되고 있어서 충분히 비교해 볼 수 있다. 이러한 비교는 우선 외형적 유사성에 대한 단순비교로써, 그것이 동일한 성격이라고 속단해서는 안 된다. 하지만 검토과정에서 공통적 사항이 나타나는 것이 있다면 그것은 한국 암각화의 이해에 의미가 있다고 받아들여야 한다.

그림 83으로 제시된 자료는 인접지역인 중국을 비롯하여 몽골이나 바이칼, 아무르, 알타이의 자료에서부터 시작하여, 멀리 떨어진 호주나 노르웨이와 같은 곳에서 조사된 표현물이다. 이러한 자료의 공통점은 동물이나 사람의 생태적 문양과 전혀 다른 표현이 몸체 내부에 새겨져 있다는 점이다.

동물이나 사람에게 나타난 선각은 그 종류가 다양하여, 몸체 내부를 가로·세로의 격자문으로 나타내거나 원을 새긴 것, 회오리문이나 줄무늬를 새긴 것으로 다양하게 표현되었다. 표현 동물의 내용도 사슴·소·말, 그리고 호랑이와 같은 동물 외에 알 수 없는 동물표현도 있다. 사람과 같은 경우 모두 정면상의 모습으로, 그 머리 위에는 관과 같은 장식물이 있거나 뱀과 같은 다른 동물이 함께 나타나기도 하고, 그 신체 내부에 복잡하게 얽힌 선각이 있다.

그간 동물표현에서 조사된 대부분의 문양은 주로 생태적 문양을 묘사한 것이지만, 이렇게 생태현상과는 무관한 문양이 있는 것은 그림 83으로 제시된 자료와 비슷비슷하게 나타난다.

이러한 문양표현에 대하여 까이샨린은 동물숭배와 관련되는 암각화의 특징은 사람의 손길이 미치지 않는 높은 곳에 보호되고 있으며 비범한 형상으로 나타나는데, 그 형상은 이 세상에서 존재하지 않는 모습으로 여러 부분이 배합된 환상적 동물의 형상을 띤다고 하면서, 그것은 그림 83-5와 같은 인산의 호랑이와 같은 표현물에 잘 나타나 있다고 하였다(蓋山林, 1995: 131~132). 이렇게 묘사되는 표현은 대체로 신성시되는 존재성을 지닌 동물이나 사람에게서 나타난다고 생각되는데, 신성한 존재에 대한 표식은 아무래도 보편적 현상과는 다른 형태나 문양이 표현될 것이다.

신성한 동물이나 숭배의 대상이 되는 존재에게 일상적이지 않은 문양을 시문하는 예는 단지 반구대암각화만의 현상이 아니다. 넓은 공간에서 나타나는 보편현상으로 보이는데, 그림 83의 자료는 그와 같은 요소를 잘 충족하고 있다. 그림 83-1에서 부터 83-10까지는 동물숭배와 관련된 표현물이다. 83-11에서 83-16은 샤먼 또는 신적 존재를 표현한 것이다. 여기서 그림 83-14는 호주 원주민 아보리진들이 자연 정령신으로 섬기는 다라물란Daramulan을 표현한 것이고, 그림 83-12, 83-13, 83-15, 83-16은 그들의 최고신 바이아미Baiame를 나타낸 것이다.

반구대암각화의 제5 제작층에서도 그림 83과 같은 방식으로 격자문 선각문양이 있는 표현물이 조사된다는 것은 그 내·외형적 특징이 역시 신성시되는 존재를 표현하는 공통된 방식이 적용된 것으로 판단된다.

앞서 반구대암각화에서 격자문 선각문양이 있는 동물의 가장 큰 특징은 모두 새끼를 밴 어미라고 하였다. 이러한 동물에게 신성한 존재와 동일한 문양이 있다는 것은 이 동물 역시 신성시된다는 표식으로 받아들여도 좋을 것이다. 그렇기 때문에 내부 선각문양은 새끼 밴 동물을 보호하자는 것으로 이해된다.

반구대암각화에서 사슴·멧돼지·호랑이가 이미 신성한 동물이라는 사실은 위에서 언급한 바와 같다. 그 중에서 새끼를 밴 동물의 몸에는 다시 격자문의 문양을 시문하여 이러한 동물 역시 신성체라는 사실을 분명히 하였다.

새끼를 가짐으로 하여 일상적이지 않게 된 이 동물은 외부의 부정한 위험으로부터 보호되어야 한다. 수태한 동물의 보호는 대자연 속에서 안정적 식량원이 됨은 물론, 영속적으로 자원공급을 받고 살아야 하는 사람의 입장에서 결코 외면할 수 없는 사항이다. 그렇기 때문에 수렵행위에서 새끼 밴 동물은 사냥대상에서 제외되어야 하며, 이를 어긴다는 사실은 사람의 삶을 위해서도, 그리고 그 동물을 사람에게 보내주는 신으로부터 노여움을 살 수밖에 없는 행위이기도 하다. 그렇기 때문에 반드시 금지되어야 하는 것이다. 따라서 이러한 금기를 나타내는 표식으로 새끼 밴 동물의 몸체에는 격자문과 같은 문양을 나타낸 것이다.

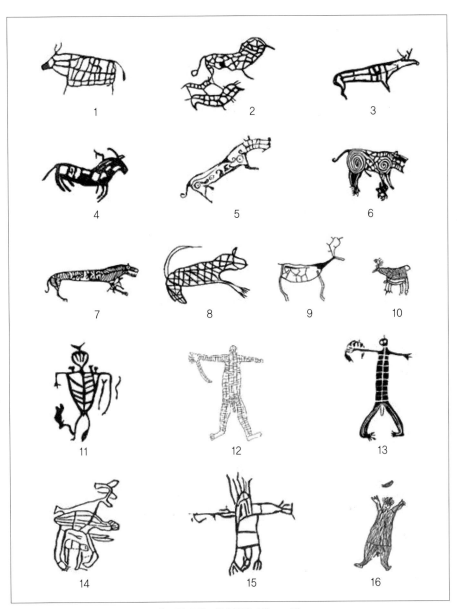

[그림 83] 내부선각 있는 그림

1, 2. 찬크이르 콜랴, 알타이(오클라드니코브 A.P.) 3.사강 자바, 바이칼(오클라드니코브 A.P.)

4.호브드 솜, 몽골(오클라드니코브 A.P.) 5.인샨, 내이멍꾸(까이산린) 6, 7.하란샨, 중국(양진화)

8.사카치 알얀, 러시아(오클라드니코브 A.P.) 9, 10.빙겐, 노르웨이(와일더흥 E.M.)

11.부흐따 아야 데딸리, 바이칼(오클라드니코브 A.P.) 12, 13. 라우라, 호주(호브스 D.R.)

14, 15.버라우라 워터스, 호주(스텐버리 P.) 16.올드 노스로드, 호주(스텐버리 P.)

이상과 같이 반구대암각화에서 각 제작시기에 따른 층위별로 제의적 요소를 살펴보았다. 분석은 그간 논의된 특정 표현물의 형태에 대하여 새롭게 실시하였으며, 거기에 따라 각 제작층 구성표현물 속의 제의적 요소를 분석하였다. 이에 따르면 반구대암각화 제작 초기에 해당하는 제1 제작층의 경우, 제의와 관련된 표현은 거의 찾아볼 수 없다. 그러나 제2 제작층은 동물표현에 있어서 생태나 습성과 같은 것을 비교적 상세하게 묘사하였다. 그래서 이 층위는 실체에 대한 재현력이 높은 층위로서, 수렵의 대상이 되는 동물은 이 암각화 주인공의 힘과 능력 앞에 굴복한다는 믿음에서 그것이 이루어진 층위라고 할 것이다. 따라서 이 층위의 제의적 성격은 동물사냥에 있어서 유사율에 바탕을 둔 동종주술형태로 나타났다고 하겠다.

제1·제2 제작층에 비하여 제3 제작층은 보다 실재감 있는 층위이다. 제3 제작층은 우선 사슴과 같은 순한 초식동물로 구성되고 있으며, 대부분은 서로 짝지은 동물표현이라는 점이다. 짝지은 동물은 동물의 번식과 풍요를 염원하는 데서 나온 것으로 이해된다. 제3 제작층에서는 동물과 관련하여 주술형태도 발견되고 있는데, 그것은 풍요를 위한 동종주술의 형태이다. 또한 제3 제작층에서 조사된 표현물 중에는 사슴을 쫓는 야수와 같은 구성의 표현물도 있다. 이러한 존재가 조사된다는 점은 반구대암각화 역시 북아시아의 문화적 공간 안에서 이해되는 유적이라는 사실을 여실히 보여주는 점이라고 할 것이다.

제4 제작층은 고래와 그 영혼에 대한 위령의례가 지배적으로 표현된 제작층이다. 이것은 자연의 주, 동물의 주라고 하는 정령숭배에 따른 것으로서, 제의과정 전반은 샤먼에 의하여 주도된 것으로 보인다. 물론 여기서 반구대라는 공간구조도 이 의식에서 활용되었을 것이다. 또한 작살과 같은 도구에서 접촉감염 주술형태가 발견되는 것을 볼 때, 암각화제의는 다분히 복합적인 요소가 있다는 점을 보여준다.

제의표현의 변화과정에서 마지막 시기에 해당하는 제5 제작층은 다음과 같이 정리될 수 있다. 사슴·멧돼지·호랑이와 같이 새끼 밴 동물로 대표되는 이 제작층은 이와 같은 동물에게 일상적으로 나타나는 생태적 문양과도 무관한 격자문을 새겼다. 이것은 북아시아는 물론 광범위한 공간범위에서 공유되는 신성체 존재에 대한 특별한 문양으로서, 이러한 동물은 절대로 잡아서는 안 된다고 하는 경고와 같은 금기의 의미라는 것을 알 수 있다. 그것은 오늘날까지도 변함없이 내려오고 있는 전통이다. 이 금기의 표현은 수렵의 대상이 되는 동물뿐만 아니라 반구대의 자연의 주인이면서 동시에 동물의 주인과 같은 특별한 존재인 토템동물의 생식적 보호에도 동시에 작용하고 있다는 사실이다.

여기서 분명히 해야 할 점은 제작층과 제작층 사이의 관계가 결코 단절적인 것이 아니라는 것이다. 몇몇 표현물을 살펴볼 때, 이전 층위에서 제작된 그림이 일정한 범위 안에서 보호가 된 경우가 있고, 그러한 경우 어느 정도의 한계 내에서는 그림의 의미가 이어지는 제작층에서도 영속적으로 존중되고 있다는 점을 확인할 수 있었기 때문이다.

반구대암각화에 대한 제의표현과 그 내용을 분석하는 가운데 주술현상으로 갈아서 새긴 기법이, 층위별로 세분화해서 보는 것이 가능한 것인지에 대해서는 검토해야 할 필요가 있다. 이러한 기법이 제3 제작층에서부터 제4·제5 제작층까지 같이 나타나고 있기 때문이다. 그간 층별 표현물에서 발견된 주술현상은 그것이 나타나는 각 제작층을 분석하고 이해하는 데 활용되었다. 하지만 이러한 현상이 모든 암각화의 제작이 끝난 시점에 그 위에 재가공된 것일 가능성을 완전히 배제할 수는 없다는 것을 상기하지 않을 수 없다. 이 말은 층위별로 구별된 주술형태의 분석이 얼마만큼의 효용가치를 지니는지를 정확히 규정하기 어렵다는 말이다. 그러나 그것이 큰 의미가 없을 수 있다 할지라도 분석된 내용 자체는 여전히 중요하다. 그것은 이 기법이 서로 다른 표현물에서 다른 양상으로 나타나고 있고, 다른 표현물 위에 나타난다고 하는 그 자체로서 이미 반영된 주술형태도 다르다고 보기 때문이다.

이렇게 나타난 기법에 대하여, 반구대암각화의 제작이 모두 끝난 시점이 제

5 제작층이기 때문에 필자는 제5 제작층 단계에서 그 위에 재가공된 것일 가능성이 있다고 보고, 제5 제작층 단계에서 이를 다시 요약 정리해서 그 가능성을 살펴보았으면 한다. 이러한 작업은 위에서 층위별로 세분화해서 본 주술형태가 통합적으로 봤을 때는 어떤 차이가 있을까 하는 실험적 의미도 있다.

반구대암각화에서 나타나는 주술현상은 제2 제작층의 유사율에 바탕을 둔 동종주술에서 시작하여, 그림 84처럼 그 뒤로 이어지는 전 제작층을 막론하고 나타나는 현상이다. 여기서는 이러한 현상을 다각도로 이해하기 위하여 제5 제작층의 완료시점 이후에 나타난 단일현상으로 보고 접근하고자 한다.

갈고 문질러서 나타내는 주술현상이 가장 확연하게 발견되는 표현물은 고래에게 박혀 있는 작살에서 나타난다. 아무래도 이것은 성공한 사냥도구에 대한 능력의 전이와 감염을 위한 접촉감염 주술형태인데, 3마리의 거북이와 4마리의 고래와 같은 무리에게도 동일한 주술흔적이 나타나 있다. 이러한 표현에 대해서는 그 주술형태를 어떻게 이해해야 할 것인지 정리가 쉽지 않다. 그러나 앞서 분석된 바에 의하면 이와 같은 것은 이미 죽은 고래의 혼령이고, 샤먼이나 양성체 동물과 같은 조력자의 도움으로 영계로 보내지는 것이라고 분석되었는데, 이것은 아마 고래혼령에 대한 위령으로서의 어루만짐이고 결국은 새 육신으로 재생해 오기를 바라는 데서 나오는 욕구의 표출이라고 정리될 수 있지 않을까 한다. 하지만 이러한 초기의 제작목적이 그대로 계승되지 않고 나중에 덧씌워진 주술행위라고 한다면 전혀 다르게 해석될 여지가 있다. 또 본질에 보다 근접하기 위해서는 다각적으로 살펴볼 필요도 분명히 있다. 그렇다면 여기서 발견되는 주술형태는 결국 회생이라든지 재생과 같은 것과는 아무 상관없이, 단지 사냥의 성공을 바라는 사냥주술과 같은 것이 행해진 것이라고 단순하게 볼 수도 있다. 이러한 분석은 거북·고래에게 나타난 흔적을 바로 옆의 작살에서 나타난 주술행위와 같은 현상으로 보았기 때문이다.

한 마리의 멧돼지에게도 갈아낸 흔적이 있다. 멧돼지는 이미 그 자체가 벌써 생식과 증식을 기원하는 주술적 의미가 있는 동물로서, 멧돼지에게 주술적

[그림 84] 갈아내 기법의 표현물, 반구대암각화(부분)

100cm

흔적이 나타나는 것은 역시 풍요를 위한 동종주술로 이해될 수 있다.

이처럼 그림을 문질러서 나타난 주술흔적의 표현물은 이상에서 논의된 것과 같은 것만 있는 것은 아니다. 함께 나타나는 표현물 중에는 5마리의 호랑이도 그러한 흔적이 있는데, 그 중 가장 중심부에 있는 두 마리의 호랑이는 이것이 이미 토템동물로 등장하는 것이라고 위에서 논의된 바와 같다.

호랑이는 반구대에 대한 주인이면서 동시에 이 지역에서 동물의 주인과 같은 존재감 있는 표현물로 등장하고 있다. 이러한 토템동물에 대한 어루만짐과 같은 흔적은 아무래도 자연적 재해로부터 종족을 보호하고, 풍요를 비는 것과 같은 신앙적 형태로 이해될 수 있을 것이다. 그러나 가장 왼쪽의 새끼 밴 호랑이에게도 각선을 따라 곱게 갈았던 흔적이 있다. 이러한 표현 역시 새끼 밴 동물과 인과적으로 상호작용하기를 바라는 데서 오는, 자연계의 순환과 풍요를 위한 동종주술, 모방주술과 같은 의미로 분석될 수 있을 것이다.

2) 천전리 암각화의 제의표현

(1) 제1 제작층

천전리 암각화는 그 어느 암각화유적보다 분명하게 구분되는 층위를 가지고 있다. 표현물이 제작층에 따라 확연하게 다른 내용으로 구성되기 때문이고, 그렇기 때문에 분석적 측면의 작업은 보다 수월하다. 각 제작층에 대한 형태분석은 제의표현과 그 요소를 찾아가는 가운데 동시에 실시하고자 한다.

천전리 암각화에서 제1 제작층이라고 할 수 있는 것은 동물표현물로 구성되는 층이다. 이 제작층은 그 다음의 층위와는 전혀 다른 내용으로 구성되어 있는데, 보다 정교하게 분석된다면 제1 제작층도 한 개 이상으로 세분화될 가능성이 있다. 하지만 그 위에 다음단계의 제작층의 중복으로 하여 훼손 정도가 심하기 때문에 더 이상의 분류는 곤란하다.

제1 제작층은 앞장에서 제시된 그림 64와 같은 층위이다. 현재의 상태로 보아 다음 단계의 제작층이 겹치기 전에는 많은 그림들이 있었을 것으로 보이지만, 이어지는 기하문암각화로 인하여 구별되는 개체 수도 얼마 없고, 그림에 대한 판별조차 확인이 어려운 부분이 있다. 그림 1에서 구분된 A-1·2·3과 B-1·2·3·6의 부분에서 표현물이 비교적 잘 남아 있고, 다른 부분은 확인이 어렵다. 그림 64를 보면 그 외에도 많은 표현물이 조사되고 있지만, 그러나 인공적 조명과 같은 것의 도움 없이는 현장 확인조차 어렵기 때문에 분석은 일반적인 관찰에서 발견되는 것에 한하고자 한다.

제1 제작층에서 중심이 되는 표현물은 2마리 정도의 동물이 서로 짝지어 있는 것이다. 여기에 활을 쏘는 사람과 동물두부에 인면이 있는 표현물, 그리고 중간의 떼지어 달려가는 것과 같은 동물 무리가 있다. 이와 같은 표현물의 상징성에 대해서는 다음과 같이 분석될 수 있다.

천전리 암각화에서 동물표현의 가장 특징적 현상은 대부분의 동물이 사슴으로 구성되고, 또 이들은 서로 짝지은 상태로 나타난다는 점이다. 이러한 양상은 반구대암각화에서도 공히 발견되는 사항이다. 두 유적의 차이점으로는 반구대에서는 짝지은 동물이 제3 제작층에서만 나타나는 현상이었지만, 천전리에서 별도로 분포하는 동물이 없을 정도로 전반적으로 짝지은 동물이 조사된다.

그림 85는 천전리에서 조사된 짝지은 동물이다. 여기에는 허리가 길게 강조된 동물, 서로 마주 보는 사슴, 새끼를 데리고 있는 사슴, 그리고 종을 알 수 없는 작은 무리동물이 있다. 이러한 표현물은 모두 두 마리의 동물이 짝을 지어 있는 것으로서, 그림 85-1, 그림 85-2는 어떤 종인지 알 수 없는 동물이 서로 머리를 마주하고 있거나 엉덩이를 붙이고 있다. 이와 같은 동물이 엉덩이를 맞대고 있는 것은 갯과동물의 교미장면을 연상하게 한다.

그림 85-3과 85-7은 서로 마주 보고 있는 사슴이고 그림 85-4, 85-5, 85-6은 새끼를 데리고 있는 어미사슴이다. 그림 85-7은 두 쌍의 사슴과 이를 활로 쏘고 있는 사냥꾼이 함께 구성되었다. 사냥꾼이 쏜 화살은 그 궤적이 잘 나타

나고 있다. 그림 85-8은 무리동물이 달리고 있는 광경으로, 정면 모습의 사람과 같은 표현물이 함께 구성되어 있다. 동물 앞에는 태양 또는 꽃으로 분류되고 있는 표현물도 보인다.

이와 유사한 양상의 동물은 주변지역의 조사에서 몽골 등지에서 풍부하게 조사되었다. 특히 이흐 두를지(Их Дурулжи)와 같은 유적에서 조사된 짝지은 동물은 수적으로 매우 풍부하게 조사되는데, 그림 86과 같이 서로 짝지은 동물은 동물교미와 같은 의미에서 대자연 속에서 왕성한 번식과 풍요를 기원하는 상징물이라 할 수 있다. 번식과 풍요기원의 목적은 수렵사회에서 사냥의 성공과 영속적으로 이어져야 할 식량원의 공급을 위한 것이다.

천전리에서 조사된 것은 우선적으로 반구대암각화의 짝지은 동물과 서로 비교될 수 있을 것이다. 이러한 점을 볼 때 천전리의 제1 제작층은 반구대암각화의 제3 제작층과 유사한 시기에 제작된 것으로 추정되며, 나아가서 비슷비슷한 정신적 배경을 바탕으로 해서 나온 표현물로 이해된다.

구상표현으로 같은 제작층을 구성하는 표현물 중에는 동물의 두부에 인면이 있는 그림 87과 같은 것이 있다. 이것은 그간 '얼굴은 사람얼굴에, 몸은 사슴을 닮은 호랑이로서 반인반수사상이나 전통적인 산신사상의 시원을 밝힐 수 있는 그림'으로 이해되어 왔다. 그러나 형태적 측면에서 이 표현물을 보면, 면 새김의 동물과 선 새김의 인면이 별도로 제작되면서 겹친 것으로 생각된다. 이러한 필자의 시각과 같은 생각으로 이 표현물을 보고자 하는 연구자는 임세권(1994:43~46, 1999:77~78)과 장명수(2001:151)가 있다. 하지만 다른 시각을 갖고 있는 연구자도 있는데, 근래에 와서 천전리 암각화에 대한 재조사를 실시한 장석호(2003:57)는 그간 다수의 연구자들이 보아왔던 형상은 모두 잘못된 것으로서, 애초에 면 새김은 없었으며 모두 선 새김으로 제작한 것이라 하고, 그림 87-2와 같은 도면을 제시한 적이 있다.

이렇듯 여러 연구자들이 서로 다른 결과를 도출해낸 것은 조사방법, 그리고 조사자의 시각 차이에 의한 것이라 할 수 있다. 초기의 조사결과를 보면 당시

로서는 선택의 여지가 별로 없었겠지만, 형상을 채록하는 데 있어서 정교성에
크게 문제점이 지적된다(그림 87-1). 하지만 최근의 조사결과까지 서로 다르게
나타난다고 하는 점은 같은 방법에 따른 결과도 조사자의 시각에 따라 어떻게

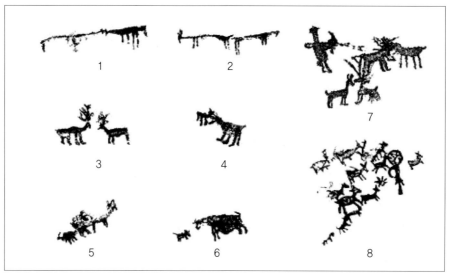

[그림 85] 짝 지은 동물, 천전리(국민대박물관)

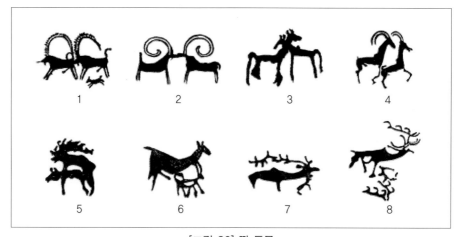

[그림 86] 짝 동물
1, 2, 3.이흐 두를지, 몽골(이하우) 4, 5, 6.호브드 솜, 몽골(오클라드니코프)
7, 8.아브데르-바양, 몽골(오클라드니코프)

달라질 수 있는가 하는 부정적 측면의 일부를 보여준다.

제시된 도면이 각기 장·단점이 있고, 특히 조사자의 개인적인 시각이 크게 작용된다는 점을 지적할 수 있지만, 무엇보다도 현재까지 모든 도면이 필자의 관점에서 실상과 차이점이 발견되는 사항에 대해서는 어떻게 해볼 도리가 없었다. 그렇기 때문에 필자 입장에서 이 부분에 대한 직접적인 채록의 필요성을 절감하여 그림 88, 그림 89와 같은 도면작업을 수행한 바 있다. 따라서 천전리 암각화 전체에 대한 기본 도면은 이미 그림 1(장명수 2004: 5~28)의 국민대학교박물관 본을 따르겠지만, 민감한 부분이 있는 이 표현물에 대해서는 보다 정교한 분석을 위하여 직접 만든 도면을 중심으로 논의될 것이다. 물론 필자의 작업조차 또 다른 연구자에게 부정될 수 있다고 한다면 매우 난감한 일이긴 하지만, 적어도 필자의 조사과정에서 밝혀진 사항으로는 임세권과 장명수의 견해가 타당하다는 것이 확인되었다고 하겠다.

도면작업은 다음과 같은 방법으로 수행되었다. 먼저 옮기고자 하는 일정한 범위에 대한 선정이 있고, 거기에 따라 크기에 맞춰 투명도 높은 비닐을 부착한다. 범위는 가로·세로 50cm 정도가 적당하고, 비닐부착은 접착성이 좋고 떼어낸 다음 깨끗한 소량의 종이테이프가 적당하다. 그 다음 투명비닐 위에 유성 펜을 사용하여 표현물의 형태를 따라 그린다. 이 과정에서 쪼아낸 흔적이나 겹쳐진 상태에 따라 각각 다른 색의 펜을 사용하도록 하고, 필요시에 돋보기를

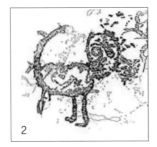

[그림 87] 동물과 가면
1.황수영·문명대 2.장석호 3.국민대박물관

써서 정확하게 관찰한다. 마지막으로 완성 후 투명비닐을 떼어내고, 이를 구분된 색에 따라 색칠하거나 스캔 후 포토샵으로 작업하여 연구 분석에 사용하는 방법이다.

그 결과물은 그림 88과 같다. 그림 88에서 왼쪽은 단색자료이고 오른쪽은 이를 두 개의 층으로 구분한 것이다. 도면에 의하면 최초에 제작된 것은 거친 면 새김의 동물로서, 그 두부에 선 새김의 인면이 중복제작된 것이라고 하겠다. 그림 89는 이를 부분별로 분리해서 보고, 다시 중복된 상태로 되돌려본 것이다. 그림 89의 a와 같이, 동물에서 인면을 제외하고 보면 그 바탕에는 동물두부가 뚜렷하게 있고 초식동물의 특징적 표현으로 나타나는 짧은 꼬리와 분명

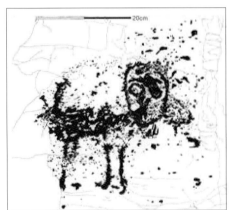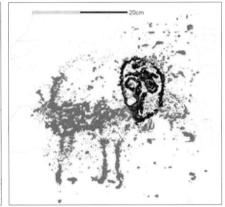

[그림 88] 동물과 가면, 천전리 (이하우)

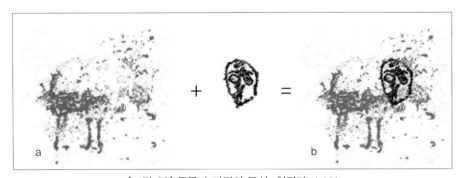

[그림 89] 동물과 가면의 구성, 천전리(이하우)

하진 않지만 그 두부에 사슴뿔과 같은 형상이 있어서, 이를 사슴으로 볼 수 있다. 그러나 인면이 넓은 면적을 차지하면서 하부를 훼손하였기 때문에 동물의 종은 단정할 수 없다.

그렇다면 동물의 두부에 왜 이와 같은 인면을 덧새긴 것일까? 여기서 보다 분명한 본질을 이해하기 위하여 인면표현에 대한 성격을 살펴볼 필요가 있다. 한반도에서는 일찍이 인면을 나타낸 조형물이 여러 점 나온 적이 있다. 그림 90과 같이 조사된 조형물에서 그림 90-1은 양양 오산리에서 나온 약 5cm 정도의 점토제 인면이다. 이것은 신석기시대의 정신세계와 신앙관을 보여주는 좋은 자료이다. 그림 90-2는 부산 동삼동패총에서 나온 조가비 가면이다. 여기서는 조개 팔찌를 비롯한 장신구가 함께 나왔는데, 가면의 모습은 3개의 구멍으로 두 눈과 입을 표현한 간단한 형상이다. 동삼동패총에서는 최근 선각화가 새겨진 토기편이 나와서 신석기시대의 미술현상을 볼 수 있어서 주목되는 유적이기도 하다.

그림 90-3은 웅기 굴포리 서포항에서 나온 B.C. 2000년 후반의 조각으로 약 6cm 정도의 뼈로 만든 인면인데, 이것은 망아지 머리나 뱀의 머리, 인면을 새긴 비녀와 같은 조각품과 함께 나왔다. 인면조각품은 웃는 모습의 남성의 얼굴을 새긴 것으로 보인다. 또한 그림 90-4는 무산 범의 구석유적 27호 집자리에서 나온 것이다. 그 크기는 2~4cm 정도의 것으로, 당초 신체표현이 함께 있었던 것으로 보이는 점토소상이다. 그리고 그림 90-5는 범의 구석 Ⅱ지구 교란층에서 나온 점토로 빚어 만든 이목구비가 뚜렷하게 묘사된 얼굴이다.

이와 같은 자료들을 볼 때, 한반도에서도 이른 시기부터 인면이나 가면에 대한 조형의식이 있었던 것은 사실이다. 그것은 이전의 동물 중심적 사고에서 서서히 사람 자신에 대한 관심이 높아져 가는 중에, 사람이라는 존재성이 크게 부각되는 데서 나온 것으로 보인다. 사람은 얼굴에 그 모든 것이 함축되어 있다고 믿었으며, 거기서 비롯된 상징 주의적 사고에서 나온 것으로 이해된다.

인면 전체를 하나의 흐름으로 이해하고자 하는 것은 어려운 문제이긴 하지만, 여기에 아무르 수추섬의 인면(그림 90-6, 90-7)을 함께 놓고 보면, 수추섬의 인면은 사실적 사람의 형상을 잘 나타낸 것임에 비하여, 양양 오산리나 부산 동삼동, 범의 구석의 인면은 상투적 인식 아래 나타낸 인면이라는 점이 두드러진다. 이에 비하여 서포항의 것은 보다 도식화의 정도가 강조된 표현이라 하겠다.

얼굴모양 조각상들은 구석기시대 이래 사람이 살아간 많은 곳에서 조사되는 것이다. 풍요를 비는 의미의 신상으로 일종의 종족보호신이거나 샤먼상이라고 이해되기도 하였다. 그림 90과 같은 인면 역시 신상표현이라고 볼 때, 일종의 호부護符로 제작하여 집의 특정한 장소에 모셔둔 것일 가능성이 있다고 한다(김원룡 1983: 315).

인면 또는 가면이 대지모신상이거나 조상신을 나타낸 신상으로 받아들여지기도 하는데, 암각화로 표현되는 인면은 동물과 한 그룹으로 나타나는 특징이

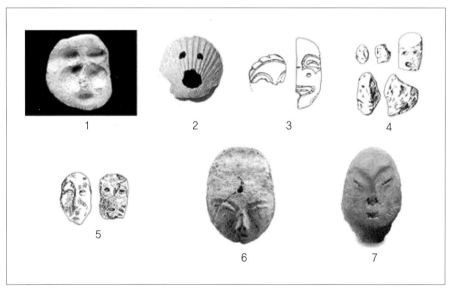

[그림 90] 한반도와 연해주의 얼굴 표현물
1.양양 오산리 2.부산 동삼동 3.웅기 서포항 4, 5.무산 범의 구석 6, 7.아무르 수추섬

있고, 인면이 동물의 요소와 혼합된 형태이거나 천전리처럼 동물형에서 인면으로 바뀌어가는 양상을 보이며 조사되기도 한다(蓋山林 1995: 134).

동물의 몸체를 하고 있고 그 두부에 인면이 덧새겨진 것은 그림 91과 같은 유형과 동일한 형식이라 하겠다. 그림 91-1, 91-2는 뚜바의 알드이 모자가에서 조사된 것이다. 이것은 산양의 머리에 가면형태의 인면이 덧새겨진 것으로, 그 머리에는 소뿔과 같은 것을 달고 있다. 그림 91-3은 몸체 내부에 선각이 있는 사슴의 전신에 걸쳐 사람이 중복제작된 것으로, 알타이의 칼박타쉬에서 조사된 그림이다. 정면성을 지닌 사람의 형상을 볼 때 이것은 무복을 입은 샤먼으로 추정된다.

그림 91-4는 몽골의 하브쯔 가이트의 태양산양 위에 부유형의 샤먼이 중복제작된 것이고, 그림 91-5는 하카시아 듀라 산 암각화의 동물 위에 인면이 중복묘사된 것이다. 이것은 동물두부의 인면이라는 천전리의 표현과 반드시 동일한 것은 아니지만, 이러한 유형 역시 동물의 상위층에 사람이 중복묘사된 구조로서 천전리의 그림 88과 같은 인식에서 비교해 볼 수 있는 것이다.

동물두부에 인면이 덧씌워진 것에 대한 아나티 E.의 견해는 이를 의인화된 형상이라고 하는데(아나티 E. 2000: 123), 의인화된 형상은 유목민시대의 하나의 특징적 현상이라고 한다.

북아시아의 경우에는 고대 얌문화(Ямнойкультуры)의 석인상이 미누신스크(Минусинск)에서 표현되는 양상, 그리고 오쿠네보 문화(Окуневскойкультуры)의 얼굴 표현물(Ричина)에서 가면의 기원을 찾고 있는 것과 같다. 미누신스크에서 조사된 인면의 경우, 인간과 동물, 식물의 이미지가 합성된 복합적인 형상으로서 분노하는 신의 모습으로 나타난 이것이, 오쿠네보 문화에 와서는 자연정령신을 나타낸 이즈바야니에나 무덤의 판석표현과 관련해서 조사되는데(데블레트 M.A.1998: 143~157; 킬루노브스카야 M.E. 2007: 87, 112), 그 형상은 보다 입체적으로 변하여 환상적인 인면표현물로 표출되고 있다. 바로 여기에서 사얀 알타이, 아무르 강 하류, 인산에서 조사되는 인면의 원형을 볼 수 있다고 하는 데블레트의 견해를 인용하여, 킬루노브스카야는 '인면은 시조신과 신인 동형의 우주적 이데아를 담고 있다'고 하였다.

한편, 이옥(1985: 26)은 인간이 동물의 능력을 얻고자 하는 욕망에서 동물상 이나 인면수신人面獸身을 나타난다는 젤레닌Zélénine D.의 견해를 소개한 바 있 는데, 이를 보면 '신상의 형태는 동물로 표현되던 것이 나중에는 인신수면人身 獸面 또는 수면인신獸面人身으로 변하고, 나중에는 사람형태로 변해가는 변천양 식이 있다'고 하였다.

아나티와 데블레트, 킬루노브스카야, 그리고 이옥이 말한 바와 같이, 수렵 에서 문화형태가 달라져가는 과정에 가면이 등장한다는 견해를 그대로 수용한 다면, 천전리와 반구대에서 조사된 인면은 일종의 가면으로 생각할 수 있는데, 특히 그림 88의 인면을 자세히 보면 두발頭髮과 같은 부분에 대한 표현은 없이 얼굴만 나타내었고, 과장된 두 눈과 윤곽선을 봤을 때 이것은 가면을 묘사한 것이 분명하다.

여기서 젤레닌의 견해를 염두에 두고 그림을 보면, 천전리 암각화에서 그림 88의 표현물과 같이 동물에게 가면이 중복된 것은 동물숭배에서 조상신과 같 은 인신숭배人神崇拜로 변해가는 과정에서 그와 같은 표현물이 성립된 것으로

[그림 91] 동물의 두부에 인면이나 사람이 표현된 그림
1, 2. 알드이 모자가, 뚜바(데블레트) 3. 칼박타쉬, 알타이(쿠바레프·자콥슨)
4. 하브쯔 가이트, 몽골(오클라드니코프) 5. 듀라 산, 하카시아(카펠코 V.F)

이해할 수 있다. 그렇다면 이것은 신성에 대한 관념이 동물태에서 인간태로 변해가는 과정에서 나타나는 독특한 암각화자료이다. 이러한 과정에서 신앙양상역시 동물숭배에서 인신숭배의 형태로 달라져가는 양상을 발견할 수 있다.

전체 암각화에서 그림 88이 차지하고 있는 자리는 긴 병풍형태의 바위에서가장 왼쪽에 있고, 그 규모도 식별되는 구상표현의 그 어떤 그림과도 비교할수 없이 크다. 위치나 규모면에서, 그리고 표현의 측면에서도 이것은 천전리암각화에서 특별히 시선을 끄는 표현물임에 틀림이 없다. 이와같이 조형면에서 두드러지는 표현물이 숭배와 관련하여 신성시되는 그림이라는 것은 많은연구자가 공감하는 바와 같다. 따라서 이 표현물을 두 개의 층으로 구분한 그림 89에서 a와 같이 나타나는 동물은 동물숭배와 관련되는 표현물로서 그것이신앙형태 즉 숭배의 대상이 달라지면서 그 두부에는 가면이 덧새겨지게 되었다. 물론 여기서 기존의 신성이 갖고 있는 능력은 중복 제작되어서도 그대로계승된 것으로 보인다.

위에서 논의된 바와 같이 제1 제작층의 제의적 요소를 정리하면 다음과 같다. 짝지은 동물과 서로 마주보는 사슴, 그리고 엉덩이를 맞대고 교미하고 있는동물표현에서 발견되는 요소는 동물의 번식과 풍요기원의 목적이라고 할 수있다. 이것은 사냥의 성공과 영속적으로 이어져야 할 대자연 속의 질서, 즉 안정적인 식량원의 공급을 바라는 데서 기인한 표현이다. 또한 동물의 두부에 가면이 중복된 표현물은 동물숭배에서 인신숭배로 변해가는 과정에서 그러한 것이 나타나며, 이 과정에서 신앙양상은 동물을 숭배하던 신앙체계에서 사람 스스로에 대한 관심이 높아지면서 바야흐로 조상신과 같은 인신숭배로 달라져가는 양상이 나타난 것이라고 말할 수 있을 것이다. 결국 이 표현물은 암각화에남겨진 전 세대의 능력이나 힘, 권위와 신성성神聖性과 같은 것을 다음세대가계승하고, 그 위에서 또 다른 형태로 달라져간 신앙양상이 그대로 담겨 있다고판단된다.

(2) 제2 제작층

제2 제작층을 구성하고 있는 표현물은 비구상형태의 기하문암각화이다. 그림 65와 같은 제2 제작층은 마름모꼴 문양을 비롯하여 동심원, 회오리 문양, 물결 문양, 타원형 문양을 중심으로 이러한 것이 이중 또는 삼중의 문양 대를 이루고 있다. 간혹 그 사이사이에 사람을 닮은 형상이라든가 가면형의 인면이 함께 분포한다.

기하문암각화는 제1 제작층의 구상형태의 암각화에 비하여 바위 전면을 주도하면서 위압감 있게 제작되었는데, 이것은 앞선 시대의 동물 암각화와는 문화적 배경이 확연하게 달라졌다는 것을 잘 보여주는 것이다.

달라진 문화배경의 하나는 전 세대의 표현물에 대한 전반적인 파괴양상인데, 이것은 전 세대의 표현물이 갖고 있는 영능이나 주술력과 같은 마법의 힘에 대한 전반적인 부정의 결과라고 할 수 있다. 이러한 인식으로 해서 바탕에 있는 표현물의 대부분을 무시한 상태로 그 위에 새로운 기하문암각화가 제작되었다.

제2 제작층에서 중심표현물은 단연 마름모꼴 문양이다. 천전리 암각화를 구성하는 그림에서 이 마름모꼴 문양과 함께 나타나는 겹타원형이나 가로 혹은 세로로 묘사된 물결 문양도 모두 마름모꼴 문양을 만들어가는 문양이거나 그 변형으로 볼 수 있다. 그렇기 때문에 넓은 의미에서 제2 제작층은 마름모꼴 문양의 층이라고 해도 크게 어긋나지 않을 것이다. 따라서 마름모꼴 문양에 대한 분석이 선행되어야 전반적인 천전리 기하문암각화의 성격을 이해할 수 있을 것이다.

마름모꼴 문양은 세계 기하문암각화에서는 물론, 토기와 같은 유물에서도 폭넓게 발견되는 문양이다. 그간 여러 연구자들도 천전리 암각화를 이해하고자 하는 측면에서 마름모꼴 문양에 접근하고자 하였다. 여기에 대한 그간의 견해를 살펴보면, 대체로 천전리의 마름모꼴 문양 내부에 바위구멍이 있는 점에 유의하여, 이를 풍요다산을 기원하는 상징으로서 성적인 상징물을 묘사하였다고 이해한 것으로 보인다(송화섭 1993: 119 ; 임세권 1999a: 81; 장명수 2001: 91). 그러나 이러한 시각과는 다른 방향에서 접근하고자 하는 연구성과도 있다. 많은 선사시대의 여성조각상을 보고 그것이 머리에서 엉덩이를 거쳐 하반신에 이르기까지 그 외형이 이미 마름모꼴이라는 데 주목하여, 마름모꼴 문양은 대지모신의 특징을 보여주는 문양이라고 하는 견해도 있다(박영희 2005: 84).

한편 아일랜드의 노쓰와 뉴그랜지 쿠르간 내부석축의 기하문양에 주목하고, 거기서 조사된 기하문암각화의 각 표현물이 시간의 변화를 담고 있는 것으로 이해한 토머스 N. L.(1987: 23)은, 이 마름모꼴 문양에 대하여 ∧모양과 ∨모양 겹침으로써 그것이 만들어진다는 형상변화의 측면에서 보고 이것은 낮과 밤, 그리고 그 교차를 나타낸 것이라는 분석결과를 밝히기도 하였다.

토머스 N. L.와는 달리, 국내 연구자들의 생각은 대체로 마름모꼴 문양이 농경과 관련한 풍요기원의 대지나 여성 또는 여성 성기를 상징하는 문양으로 판단하고 있는 듯하다. 필자 역시 이와 같은 견해에 대하여 세부적으로 차이가 있으나 큰 틀에서는 연구자들의 견해에 동조하는 입장에서 마름모꼴 문양은 여성을 상징하는 문양으로 보고자 한다. 물론 마름모꼴 문양은 2~3겹의 겹마름모꼴 문양이라는 점을 주목해 보아야 할 것이지만.

마름모꼴 문양의 성격과 관련하여 여러 유물에서 나타나는 자료들을 검토해 보기로 하자. 이러한 자료의 검토는 어디까지나 보편적으로 인식되고 있는 마름모꼴 문양의 성격을 이해하기 위한 것으로, 이 자료 자체가 천전리 기하문 암각화와 관련성을 말하고 있는 것은 결코 아니라는 점을 분명히 한다.

마름모꼴 문양과 관련해서 주목되는 자료는 B.C. 5400~B.C. 2700년 경의 쿠쿠테니Cucuteni의 토기, 조각상과 함께 양샤오문화仰韶文化의 토기가 있다(그림 92). 쿠쿠테니의 채색토기는 붉은 채색 바탕에 짙은 갈색의 겹마름모꼴 문양이 있고, 그 마름모꼴 내부에는 사지 벌린 정면상의 여성이 한 점씩 묘사되어 있다. 그림 92-2, 92-3의 조각상도 쿠쿠테니의 유물이다. 여기에도 많은 수의 ∧ 또는 ∨문양과 마름모꼴 문양이 새겨져 있는데, 그 중 그림 92-2의 뼈로 만든 조상을 보면, 두상은 새 머리와 유사한 표현으로 몸에는 복부를 중심으로 겹마름모꼴 문양이 시문되었다. 그림 92-3의 점토조각상은 여성의 몸을 표현한 토르소torso이다. 두 점 모두 하복부에 마름모꼴 문양이 시문되어 있다. 쿠쿠테니의 어떤 조각상은 임부의 상으로, 그 배에 연속 겹마름모꼴 문양이 시문된 것도 보인다.

양샤오의 토기는 그림 92-4와 같은 여성 소조상이 부착된 유물과 함께, 겹마름모꼴이나 그물 문양이 그려진 토기(그림 92-5, 92-6)가 있다.

여성 신체에 표현된 마름모꼴 문양은 그 외에도 어렵지 않게 발견되고 있는데, 잘 알려진 도르도뉴의 비너스Venus of Dordogne, France와 로셀의 비너스 Venus of Laussel, France, 레스퓌그의 비너스Venus of Lesqugue, France를 위시한 대부분 구석기시대로부터 나타나는 여성 조각상을 볼 때, 그 외형은 이미 마름모꼴 형태이다. 이처럼 마름모꼴 문양이 여성에 대한 이미지로 활용된 예는 동서고금을 막론하고 나타나는 사실이다. 물론 이러한 자료가 시공의 차이가 크고 서로 다른 문화권대에서 나온 유물로서 마름모꼴 문양 전체를 설명하기에는 미흡한 점이 적지 않다. 하지만 오히려 이러한 시공의 차이는 여성에 대한 보편적인 표현물로서 마름모꼴이 그 시간과 공간을 뛰어넘어 폭넓게 활용되었다는 것을 잘 말해준다고 할 것이다.

여성과 마름모꼴 문양과의 관계를 잘 보여주는 유적으로 그림 93의 장군애 암각화將軍崖岩刻畵와 수하이사이 암화蘇海賽岩畵를 참고할 수 있다. 장군애는 우리나라 천전리와 거의 비슷한 위도 상에 있는 중국 강소성江蘇省 연운항시連云港市 금병산錦屏山의 암각화유적이다.

장군애는 비교적 작은 유적이긴 하지만 중국 암각화를 논하는 데 있어서 결코 빼놓을 수 없는 중요한 곳으로서, 표현물의 상징성이나 유적의 환경적 측면에서 한국 암각화와 유사한 점이 많은 곳이다. 이곳의 그림은 농작물과 연결되어서 나타나는 사람, 성좌도, 그리고 도형 암각화가 조사되었다. 그 중 한 점의 사람표현은 그 표현상의 특징으로 여성의 머리에 4개의 연속 이중 마름모꼴 문양이 시문되어 있다(그림 93의 왼쪽). 농작물과 연결 묘사된 여성표현은 농경신이 여성의 형태로 등장하는 것으로 인식되고 있는데, 그 머리에 마치 머리띠 장식처럼 마름모꼴 문양이 있다. 그래서 이것은 농경과 관련되거나 여성에 대한 상징문양으로 받아들여지게 된다.

수하이사이 암화(그림 93의 오른쪽)는 내이멍꾸 알라샨의 자료로서, 중간에 교차하는 두 명의 사람과 그 좌우에 각각 인물상이 있다. 이것은 머리에 관을 쓴 여성과 하단에 거꾸로 묘사된 남성의 교접 상으로서, 교접이 이루어지는 부분이 마름모꼴 문양으로 표현된 것이다. 이러한 것은 성기결합의 상징형태가 마름모꼴 문양으로 나타난 예이다.

두 자료에서 장군애는 농경문화의 소산으로 알려진 것이고, 수하이사이는

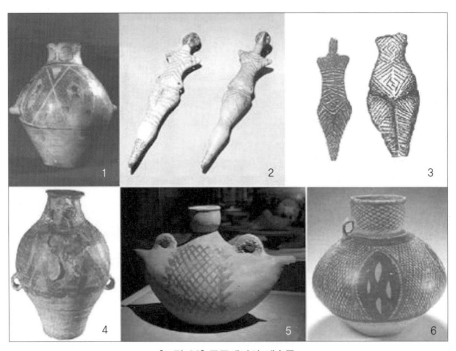

[그림 92] 쿠쿠테니의 예술품
1.토기 2.뼈 조각품 3.소조상(트리폴리아, 우크라이나)과 양사오의 토기
4.인물채도 5.채도 6.채도(양샤오, 중국)

유목문화의 배경을 갖고 있는 것이다. 서로 다른 두 개의 공간에서 모두 여성 또는 성적 상징이 마름모꼴 문양으로 나타나고 있다는 점은 시사해주는 바가 있다.

구석기시대에서부터 내려오는 예술품에서 여성상징이 나타난 몇 가지 유물의 예나 장군애와 같은 자료를 볼 때, 마름모꼴 문양이 여성과 밀접하게 관련된 상징문양이라는 것은 확실하다 하겠으며, 아울러 수하이사이와 같은 자료는 성 교접상의 상징의미도 그 속에 반영될 수 있다는 것을 말한다고 할 것이다. 이처럼 조사된 많은 마름모꼴 문양의 상징이 여성과 깊은 관련성이 있는 것으로 나타나기 때문에, 본고에서 마름모꼴 문양은 여성을 상징하는 도형으로 이해하고자 한다.

천전리를 구성하고 있는 표현물 중에 존재감이 있는 또 다른 것으로 동심원암각화가 있다. 동심원암각화 역시 이를 통하여 기하문암각화에 대한 대체적인 이해가 가능하다 할 것인데, 동심원은 하나의 중심을 갖는 둘 이상의 원을 새겨놓은 것으로서, 비교적 간단한 형상이지만 그 어떤 것보다도 강한 상징성을 갖고 있다.

그간 한국 암각화연구에 있어서 동심원암각화는 보통 태양을 나타낸 것으로 이해되어 왔다. 그런데 이 태양상징이라고 하는 것도 사실 보면, 무슨 대단

[그림 93] 장군애 암각화와 수하이사이 암화

한 분석에 의하거나 근거를 갖고 제기된 것은 아니다. 동심원이 태양상징이라는 주장에 대하여 필자는 이와는 다르게 해석하고자 하는데, 여기서는 분석의 중심이 천전리 암각화이기 때문에 이를 통하여 그간 한반도에서 조사된 모든 동심원암각화의 성격을 함께 논의해 보았으면 한다.

한반도에서 동심원암각화가 발견된 곳은 울산 천전리를 위시하여 고령 양전동, 고령 안화리, 함안 도항리에서 조사된 적 있고, 근래에 들어와서는 대구 진천동의 입석과 밀양 안인리의 고인돌 하부구조, 북한 무산 지초리의 단애에서 조사되었다. 그리고 대구 천내리 화장사 경내의 고인돌에서도 동심원암각화가 새롭게 조사되었다. 이로 말미암아 한반도 전역에서 조사된 동심원암각화는 모두 8개 지역에서 31여 점 이상이 확인된다.

동심원암각화에 대해서는 먼저 몇 가지 관련사항을 분석함으로써 그 성격을 이해할 수 있다. 유적의 입지가 그 문화적 성격과 무관하지 않다는 사실은 이미 직시한 바 있는 것과 같이, 필자 역시 자연조건의 중요성을 인식하면서 동심원암각화가 있는 전방이나 주변의 주어진 환경에 대하여 주목하였다. 우선 입지적 조건이 표현물의 성격과 밀접한 연관성을 갖는다는 생각 아래, 그 입지조건을 살펴보기로 하자. 검토될 수 있는 내용은 동심원이 향한 방위와 동심원이 제작된 바위의 조건, 동심원암각화가 바라보고 있는 전방의 자연적 여건을 중점적으로 분석할 수 있다. 또한 여기서 동심원이라는 형태에 대한 분석도 덧붙일 수 있다.

먼저 동심원암각화가 향한 방위를 살펴보기로 하자. 표현물의 방위는 암각화의 성격과도 밀접하게 관련되는 사항이다. 동심원암각화는 더더욱 그럴 것인데, 왜냐 하면 동심원이 태양상징이라면 인근지역의 태양과 관련된 암각화가 모두 태양을 향해 있다는 향일성의 현상에 비춰, 동심원암각화도 모두 동쪽 또는 동남쪽 태양의 기운이 승한 방향을 향하여 제작되어야 한다. 하지만 그중 한두 개가 동남향을 가리키는 것도 있으나 대부분은 남서쪽이나 서쪽을 향한 것으로 조사되었다. 동남향을 하고 있는 천전리와 천내리 암각화조차 바위가 앞으로 10~15° 가량 기울어진 면에 있는 까닭에, 하루 중 매우 짧은 시간 동안만 햇빛이 비칠 뿐, 대부분의 시간은 음영 속에 있다. 심지어 밀양 안인리의 경우 땅 속의 고인돌 하부구조에서 조사되기도 한다. 이러한 사실은 동심원 암각화가 태양상징이라는 그간의 주장을 다시 생각해 보기에 충분한 점이다. 일찍이 이은창(1971: 39)이 남방을 광명계라고 하여 양전동 암각화가 빛을 중요시했다는 것을 말한 이래, 연구자들은 암각화가 동남쪽의 바위에 집중된 것에 주목하고(장석호 1995: 50~52; 임세권 1999a: 24, 49) 이 방위는 빛과 관계된 것으로 이해하였다. 나아가서 암각화가 향한 시점이 그 성격과 밀접하게 관련된다는 것을 발견하고, 암각화의 배치와 방위를 중심으로 각 표현물의 성격을 구명하고자 한 연구결과도 있다(이하우 1998: 117~122).

암각화가 지닌 향일성向日性은 동북아시아에서 일관되는 특징이다. 방위가 갖는 중요성에 비춰, 표현물의 성격도 그것과 밀접한 관련성이 있다는 점은 동심원암각화를 말하는 데 있어서는 더욱 중요한 사항임은 분명하다.

한국 동심원암각화가 바라보고 있는 방위는 동남에서부터 서향까지 있다. 여기서 서쪽을 바라보는 동심원암각화가 있다는 사실은 태양과 밀접한 관계의 표현물이 일출에서부터 태양이 정점에 달하는 정오까지의 범위 내에서 나타나고 있는 현상, 그리고 통설로 이해되어 온 동심원암각화가 태양상징이라는 주장에 비춰, 향일성이라는 측면에서 크게 상반되는 현상이다. 그러나 동심원암각화가 있는 8개 지역 중 고령 양전동, 고령 안화리, 함안 도항리, 대구 진천동, 밀양 안인리의 5곳은 이것이 N 230° 이상의 남서, 또는 서쪽을 향한 방위를 선택하였다. 이러한 사항은 동심원에서 태양상징과는 다른 상징의미를 찾아야 한다는 점을 말해주고 있다.

더욱이 이 5곳의 바위조건에서 자연바위를 선택한 것이 두개이고, 나머지는 모두 입석과 고인돌, 그리고 고인돌 하부의 땅 속에 묻혀 있던 적석구조물이다. 여기서 주목해야 할 것은 입석이나 고인돌, 그리고 적석구조물의 경우 이것은 의도적으로 조성된 것이기 때문에 거기에 새겨진 표현물 역시 제작단계에서부터 완료까지 위치와 방위선정에 제작자 또는 그 집단의 의도가 깊숙이 개입되었을 가능성이 크다.

전방에 대한 자연적 조건을 살펴보기로 하자. 조사된 유적에서 안인리를 제외하고는 모든 동심원암각화는 그것이 향한 정면에 반드시 물이나 습지가 있다. 그간 암각화와 물이 긴밀한 상관관계 속에 있다는 사실은 모든 연구자가 인정하는 사실이다. 하지만 물과 암각화유적과의 관계는 방향성과는 무관하게 그것이 유적의 전후·좌우 어느 곳에 있더라도 상관 없다. 그러나 동심원암각화가 향한 곳에서 반드시 원칙처럼 물이 발견되는 것은, 동심원의 물과 관련성을 암시한다. 많은 연구자가 동의하는 바와 같이, 암각화가 향한 방향이 의미가 있다면 이러한 사항은 충분히 고려되어야 한다. 따라서 동심원암각화는 태양과의 관계보다 물과 더 깊은 관계가 있다는 것이며, 그렇기 때문에 필자는 동심원암각화는 물을 상징하는 문양이라고 판단한다.

여기서 동심원암각화의 형상의 발견이 어떻게 수행되었을까 하는 문제에 대해 살펴보기로 하자. 여러 겹의 동그라미로 나타나는 동심원암각화는 작은 바위구멍에서부터 동그라미가 점차적으로 확산해가는 형태이다. 동심원암각화를 형상의 발견이라는 측면에서 보면, 현대의 화가들도 자연에서 추상적 형상을 찾아간다는 점에서 별반 다르지 않지만, 선사시대 사람들의 미의식 역시 아무것도 없는 상태에서 돌발적인 발상에 의한 기하문의 창조는 있을 수 없다. 암각화에서 나오는 기하문은 뇌문雷文이나 겹마름모꼴 문양, 회오리 문양과 같은 것이다. 이러한 것도 모두 자연현상에서 그 형상에 대한 발견이 이루진 것으로 판단되는데, 겹동그라미와 같은 동심원암각화 역시 우리 환경에서 쉽게 발견되는 자연현상에서 그것이 이루어졌다고 생각된다.

필자는 그것이 비오는 날 물에 떨어지는 빗방울의 파문이 만드는 모양을 모방하는 데서 이루어졌을 개연성이 있다고 보는데, 물은 가시적인 모양으로 표현하기 어려운 액체이다. 그러나 물에 빗방울이 떨어지면서 만들어내는 모양은 물의 실체적이면서 구체성을 띤 형태가 된다. 그리고 무엇보다도 묘사될 수 없었던 물의 모양을 가시적으로 표현할 수 있는 형태이기 때문에, 동심원암각화는 물에 떨어지는 빗방울의 파문에서 그 형태적 발상이 이루어진 것으로 보고자 한다.

물은 고대 여러 상징체계 속에서 매우 다양하게 나타나고 있다. 창조의 원천이요 풍요와 생명, 재생과 정화, 생명의 근원과 같은 의미를 지니고 있다고 보았다. 물이 흐르는 강은 조상의 세계이다. 강을 통하여 이미 죽은 자의 영혼은 그들의 조상에게 보내졌으며, 다시 물이 흐르는 것과 같이 영혼은 재생된다고 한다(Mircea Eliade/이은봉 1996: 264~277). 하지만 이와 같은 물의 상징성이 아니더라도 빗방울이 물에 떨어지면서 만들어지는 동심원에서 발견되는 상징형태는 얼마든지 그 시대 사람들에게 중요한 의미로 받아들여졌을 것이다. 길고 긴 가뭄 끝에 비가 오면서 생기는 동심원에서 느꼈을 법한 감동이나, 하나의 작은 물방울로부터 시작된 동그라미가 서서히 커지면서 끝없이 확산해 가는 그 형태는 농경생활에 있어서 풍요염원과도 잘 맞아 떨어지는 상징성이 있다.

여기서 필자의 생각과는 다르게 동심원암각화가 물이 아니라 태양을 상징한다면, 이 태양상징을 바위에 새겨놓고 옛사람들은 도대체 무엇을 그렇게 기원하였을까? 북아시아와는 달리 풍족한 일조량의 한반도와 같은 곳에서도 그들은 태양이 영원하기를 빌면서 그 염원을 담아 암각화로 새겼던 것일까? 적어도 한반도에서 나타나는 동심원암각화의 현상을 볼 때, 그렇게 판단되는 것은 참으로 요원한 문제이다.

동심원의 성격과 관련한 외국에서의 몇 가지 연구사례를 잠시 살펴보기로 하자. 한반도와 비슷한 환경대에 있는 중국 장군애 암각화유적에는 별자리를 나타낸 것으로 알려진 많은 바위구멍과 중간에 점이 있는 원 15점, 그리고 5점의 동심원암각화가 있다. 동심원 5점 중 3점에는 외곽선을 돌아가면서 마치 빛이 나는 것과 같은 짧은 선각이 빙 둘러 있고, 나머지 2점은 3중 동심원이다. 장군애 암각화에 대하여 깊이 연구한 리홍푸(李洪甫 1997: 134~137)는 여기서 나타난 동심원은 달로서 달의 위치변화를 나타낸 것이라 하며, 짧은 선각이 둘러싸고 있는 동심원은 소호족의 조상에 의한 태양숭배 유적이라고 하여 동심원과 짧은 선각이 있는 동심원을 구별하고 있다.

브래들리 R.(Bradley, R. 1994: 95~106)은 영국의 여러 곳에서 조사된 동심원 암각화를 분석하였다. 특히 북요크셔 지방을 중심으로 조사된 동심원에 대하여 그것이 나온 장소에 주목하면서, 이것은 일정한 공간을 자신의 영역으로 하는 부족에 의해 그들의 영역표시로서 남긴 것이라고 보았다. 같은 영국의 연구자 토머스 N. L.(Thomas, N. L. 1987: 12~17)은 아일랜드의 쿠르간 석벽의 문양을 검토한 결과, 하나의 원은 하루를 말하고 3중 동심원은 3일을 가리킨다고 이해하였다. 이러한 견해는 동그라미가 태양과 관련된다는 주장으로 보인다.

리홍푸나 브래들리, 토머스와 같은 연구자들의 견해를 볼 때, 동심원과 같은 암각화의 성격이 그 형태적 변화만큼이나 지역 또는 환경에 따라 얼마든지 다르게 나타날 수 있으며, 또 다르게 해석될 수도 있다는 것을 알 수 있게 한다. 더욱이 외국의 경우에도 동심원암각화를 태양으로 보고 있는 연구자들이 있지만, 그와 같은 연구는 하절기가 짧은 북반구와 같은 곳에서 조사지역의 계절변화나 환경에 대한 분석 끝에 나오고 있는 것으로 보인다.

동심원암각화의 성격을 물 또는 죽음과 관련하여 보고자 하는 연구자로서 아닌스키 E. S.(Anninsky, E. S. 2007)와 같은 연구자도 있지만, 물과 관련한 일관된 주장은 호주에서 나오고 있다.

호주 암각화에서 동심원문양에 대한 원주민 틴데일 N.의 1932년 기록에 의하면, 그의 부족은 동심원을 모든 것의 처음과 끝을 말하는 것이라고 이해하고 있다고 한다(Josephine F. 1997: 167). 하지만 그 상징성은 부족마다 차이가 있어서, 동물의 발자국이 일정하게 이어지는 표현과 함께 나타나는 동심원이나 긴 선과 함께 나타나는 동심원은 동물이 다니는 길목의 샘이나 물을 상징하며, 물의 원천에서 흘러나오는 물을 가리키는 것이 동심원이라는 견해가 지배적이다(Barbara M.· Trevor C.· John G. 1982: 30~31).

3중 이상의 동심원이 두른 형상은 물의 원천인 샘이나 웅덩이 또는 폭포를 상징하는 도형으로 이해되고 있는 것이 호주 암각화이다(John M.·Johan K. 1999: 370~372). 호주의 암각화는 대륙에서 멀리 격리된 지역에서 독자적으로 발생한 그림이고, 그리고 현재도 원주민에 의해 같은 문양이 전승되면서 반복 제작되기도 하고 그들의 의식에 동반되는 스텐실Stensiling 또는 모래그림Sand drawing과 같이 재현 활용되고 있다. 그렇기 때문에 물의 상징으로써 호주의 동심원 문양은 한층 주목되어야 할 것이다.

신석기시대의 토기문양에 나타나는 반타원이나 동심반원이 비구름을 나타낸다는 아리엘 골란의 연구결과도, 동심원이 물과 관계되는 도안이라는 것을 보다 분명하게 한다. 토기에 나타난 동심반원을 비를 동반하는 구름상징으로 보고, 그 내부에 나타난 문양은 비를 필요로 하는 식물이나 꽃이라고 한 아리엘 골란은, 이러한 동심반원이 중간에 점이 있는 동심원으로 발전해간다고 하였다(아리엘 골란 · 정석배 2004: 50~64).

동심원을 비 · 구름 문양으로 보고 있는 아리엘 골란의 견해를 전적으로 신뢰하지 않는다고 하더라도 호수나 개울에 비가 오면서 만들어지는 동심원과 같이, 자연현상에서 이러한 문양은 쉽게 발견할 수 있는 것이다. 여기서 나온 것이 동심원으로 발전하였다고 보는 것이 필자의 생각이다.

물에 대한 깊은 관심에서 나온 동심원암각화는 이 시대의 물과 관련된 제의 흔적이 여러 곳에서 조사되는 현상(대구 진천동 유적의 물가 석축기단이나 산청 묵곡리의 구하도舊河道 주변의 좁은 구와 구 측벽에 대한 유물출토 상황, 그리고 대구 동천동의 집수지集水池 근처의 구조물이나 단도마연토기와 같은 유물, 안동 저전리에서 저수지 출수구와 수로에서 나온 많은 수의 토기와 단도마연토기가 조사된 것 등)과 좋은 대비가 된다. 그런 점에서 볼 때, 동심원암각화는 청동기시대에서부터 보다 확산되어 온 농경과 밀접하게 관계된 문양이다.

농경에 영향을 끼치는 요소로서 태양과 바람은 물론, 영농에서 무엇보다도 절대적인 요소는 물이다. 물에 대한 관심은 가뭄과 같은 자연재해를 피하고자 하는 데서 기인하였다. 따라서 동심원암각화는 비를 원하는 데서 오는 동종주술의 의미로, 형태를 나타내기 쉽지 않은 물의 이미지를 물에 생기는 동심원의 모방으로 가시화한 것이다.

결론적으로 동심원암각화는 물에 대한 상징물로 제작된 것이며, 동심원암각화의 제작과 활용은 비가 오기를 바라는 기우제와 같은 의례를 위한 것이다.

물에 대한 의례가 선사시대에도 있었다는 사실은 당시의 수리시설로서 확인된다. 수리시설은 수로나 보, 집수시설 등으로서 농경에 있어서 필수적인 물의 안정적 공급을 위한 중요한 시설이다. 수리시설인 안동 저전리의 수로와 출수구에서 나온 무문토기편, 그리고 창원 상남 선사유적의 인위적 구멍이 뚫린 토기의 저부나 동체부와 같은 것을 볼 때, 이것은 기우제와 같은 의례에서 구멍을 뚫은 토기에서 물이 새나오도록 하여 마치 비가 하늘에서 쏟아지는 형태를 모방한 주술의 결과로 이해할 수 있다.

저전리의 수리시설과 같은 것이 물의 공급을 위해서 사람이 할 수 있는 최대의 인공적 시설이라면, 하늘이 내리는 비는 신의 의지에 따라야 한다. 그래서 신성장소로서의 암각화유적이나 제의공간으로서의 입석, 고인돌과 같은 곳에 동심원암각화를 새겨 넣고 기우제와 같은 의례가 행해졌을 가능성이 있다. 동심원암각화가 있는 고인돌은 적어도 후손에게 특별한 존재감을 갖는 조상의 묘소였을 것이며, 또한 그 조상의 능력에 기대어 비가 오기를 빌었을 것이다. 결국 동심원암각화가 새겨진 입석이나 고인돌, 고인돌의 하부 적석구조물, 나아가서 암각화유적에서 제의 중에는 한발과 같은 가뭄에서 비가 내리길 갈망하는 기우제도 중요한 의례의 하나였다고 하겠다.

이상과 같이 마름모꼴 문양과 동심원암각화를 분석하면서 그 성격을 살펴보았다. 여기서 두 기하문암각화의 상징을 종합해 볼 때, 이것은 농경문화를 바탕으로 발생한 문양이라는 것은 분명하다. 천전리를 비롯한 인근지역의 마름모꼴 문양이 여성과 관련된다고 보는 연구자들(박영희 2005: 84; 송화섭 1993: 119; 이하우 2008b: 65~66; 임세권 1999a: 81; 장명수 2001: 91)의 생각과 같이, 동심원 역시 비 또는 물과 관련된다는 사항은 모두 청동기시대의 정착 농경과 연관되는 것이다. 농경사회에서는 풍요를 기원하는 그 대상이 중시되었다는 송화섭 (1996: 257~258)의 견해와 같이, 농경신앙의 대상물이 기하문암각화였다고 생각할 수 있기 때문이다. 이것은 농경신앙의 핵심요소가 풍요이며, 마름모꼴 문양 즉 여성 상징물은 여성의 생리적 기능으로 하여 풍요·다산의 상징이 되었으며 청동기시대의 여성신 숭배가 곧 농경에서 풍요기원으로 이어진다고 보았기 때문이다.

청동기시대에 비로소 비구상적이며 기하학적 문양이 크게 발전한다고 알려져 있다. 이것은 그 이전 시대의 예술품과 청동기시대의 예술품을 비교함으로써 확인할 수 있는데, 여기서 우리는 비구상적 양식변화와 발전상이 어떻게 진행되고 있는가 하는 점을 좀더 살펴보기로 하자. 아울러 그 변화가 여성성과 어떤 관련성을 갖고 있는지 함께 살펴보고자 한다.

앞에서도 잠깐 언급된 사항이지만 우선 앞서 제시된 그림 90과 같이 나타나는 여러 인면들을 놓고 볼 때, 수추섬의 인면이 사실적인 형상임은 물론 용모의 특징까지도 잘 묘사된 소조상인 데 비하여, 양양 오산리나 범의 구석의 인면은 상투적이라는 점이 눈에 띈다. 그리고 오산리의 두 눈 위에 또 다시 눈과 같은 구멍을 새긴 것에서 우리는 사실적인 용모보다는 무언가 알 수 없는 당시대의 관념적 측면이 더해졌다고 보인다. 그러나 서포항의 것은 그 정도를 넘어서 상징적인 측면까지 발견된다.

양식적 발전 정도에서 확실한 비교자료가 될 수 있는 것은 단일유적에서 여러 시기의 문화층이 함께 형성된 곳의 자료이다. 이러한 자료의 분석이야말로 더 정확한 변천양상을 보여준다고 할 수 있다. 이와 같은 것이 서포항에서 나왔기 때문에 서포항의 조형물을 중심으로 해서 좀더 살펴보기로 하자. 단일유적의 자료 분석이 동시대를 아우르는 종합적 측면에서 다소 미흡한 감이 있고, 지역적인 차이를 감안하기 어려운 문제도 있지만, 시기에 따른 변화양상은 종합적 분석보다 훨씬 상세할 수 있다는 이점이 있다.

서포항에서 시기차이가 있는 인물상만 놓고 비교해 보면, 그림 90-3보다 나중의 유물인 청동기시대 하층문화의 인물상이나 상층문화의 인물상과 비교하면 그 정도는 눈에 띄게 달라졌다. 그림 90-3이 인면의 기본요소가 충족되고 표정이 살아 있으면서 어느 정도 도식화된 상태라면, 그림 94는 이러한 양상이 확연하게 달라져, 94-1에서는 그나마 찾아볼 수 있던 구체적 묘사가 그림 94-4, 5, 6에서는 보다 상징화되어, 그 얼굴도 간단한 역삼각형으로 묘사되었고 신체는 머리에서부터 하체까지 세련된 허리곡선을 가진 모양으로 변했다. 역삼각형의 얼굴에는 3개의 작은 구멍으로 두 눈과 입을 표현하였다. 단순화의 정도는 서포항 청동기시대층보다 이전인 신석기시대 말기의 그림 94-7의 농포동 소조상과 비교할 때, 그 정도는 보다 확연하다. 농포동의 것은 팔을 교차하고 서 있는 소조상으로서, 인체에 대한 사실적인 면모가 남아 있다. 여기에 비해 서포항은 농포동보다 추상적 측면이 강조된 인체표현이라 할 수 있어서, 이렇게 나타난 변화의 차이는 조형물이 시대의 흐름에 따라 점차 단순화되고 도식화, 상징화되어 결국 추상적으로 변모해간다는 것을 한마디로 말해주고 있다.

이와 같은 발전단계는 구상적 표현양상이 점차 상징적이면서 기하학적 표현으로 달라져 가는 변화상을 보여준다고 하겠는데, 인물상과는 다른 장신구나 생활용구 성격의 유물은 조형미를 얻어가는 과정에서 문양의 형태조차 완전하고 확실한 기하학문으로 구축되고 있다.

서포항의 신석기시대 3기층에서 나온 골각기(그림 95-1)를 볼 때 뱀이나 망아지 두상, 사람 표현물은 끈으로 매어달 수 있는 형태로서, 그 변형상태가 매우 디자인적으로 심플해지면서 한층 상징성이 부각된 모습을 보여준다. 특히 뱀을 나타낸 것으로 알려진 그림 95-1a는 장식 문으로 가는 선각이 새겨졌는데, 이 선각은 역삼각형의 기하학문으로 나타난다. 그러나 청동기시대 문화층에 속하는 그림 95-2는 형태면에서는 자연형을 최대한 살리고, 거기에 시문된 단순한 기하문은 장식적 요소로만 작용하고 있다. 이러한 문양은 몸통이 나타내는 구체적 모양이 없기 때문에 보다 독립적이다. 이를 서포항 유적보다 나중의 것이라고 알려진 나진 초도의 숟가락 문양과 비교하면, 현저히 구성미가 돋보이고 변화 있는 기하학적 문양의 마름모꼴 형태로 변해가는 양상이 잘 나타난다.

이상과 같이 검토해 본 결과, 기하학적 문양의 변화는 신석기시대에서 청동기시대에 이르는 과정에서 농경문화가 발전해가는 양상과 밀접하게 관련되어 있는 것으로 판단된다. 소조상에 대한 검토와 골각기에서 여성상과 같은 패용호부가 제작되는 현상과 같이, 성기표현이나 여성에 대한 인식이 깊어지는 것은 농경사회의 전형적인 지모신 신앙 및 농경의례와 관련이 깊다고 하는 사실이나(전호태 1996 : 86), 이 시대에는 남성상보다 여성상이 더 많이 제작된다고 하여, 이는 여성의 생식력과 출산력이 농경의 풍요와 다산을 기원하는 원천과 같은 의미로 사회 전반에 확산되었음을 반영한다는 견해(송화섭 1996 : 274)를 볼 때, 여성에 대한 관심은 기하학적 문양의 발생과 그 축을 같이한다고 볼 수 있다.

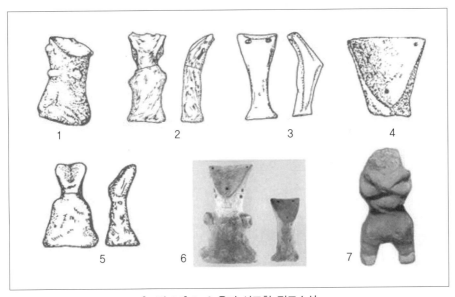

[그림 94] 1~6 웅기 서포항 점토소상
1, 2, 3 청동기시대 하층문화 4, 5, 6 청동기시대 상층문화. 7 청진 농포동 점토소상(신석기시대 후기)

따라서 기하문암각화로 구성되는 제2 제작층의 표현물은 그 중심문양이 마름모꼴 문양 또는 마름모꼴 문양의 변형과 같다고 볼 때, 이것은 여성을 상징하는 문양이며 이러한 문양이 제작된 것은 농경의 규모가 증대되어가는 변화상과 깊이 관련된다고 할 수 있다.

천전리에 함께 구성된 동심원암각화의 성격 역시 물에 대한 상징문양으로서, 농경에 있어서의 안정적인 물의 수급을 바라는 염원에서 기우제와 같은 의례에서 활용되었을 것이다.

천전리에서 기하문암각화의 제작기법을 살펴볼 때, 그 기법은 전반적으로 형상을 쪼아낸 후 갈아서 새긴 것으로 보인다. 암각화 제작기법에 대하여 깊이 분석한 자료도 있지만, 이와 같은 선행연구가 필요 이상으로 세분화되어 있기 때문에 본 연구에 혼선을 줄 우려가 있어서 필자는 천전리에서 기하문암각화의 기법은 쪼아낸 후 갈아서 새긴 것으로 간단하게 정리하여 논의하고자 한다.

최근 천전리를 조사한 장석호(2003: 43~47)는 천전리 암각화의 기법에 대한 여러 견해를 비판적으로 분석하면서, 천전리 암각화는 처음부터 갈아서 제작

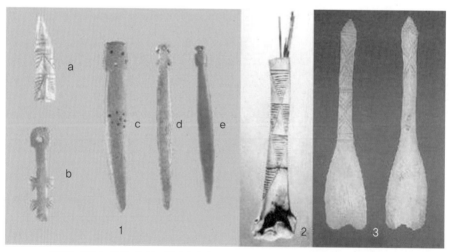

[그림 95] 1, 2.웅기 서포항 골각기(1.신석기시대 3기층 2.청동기시대 하층문화)
3.나진 초도유적 숟가락(청동기시대)

한 것은 없었다고 하였다. 또한 그렇게 보이는 것도 사실은 이곳을 다녀간 사람들이 한번씩 어루만져서 그런 결과를 낳았다고 하여, 갈아 파기 기법의 적용을 일축하였다. 그러나 필자는 천전리에서 보이는 어떤 물체가 지나가면서 남긴 갈아서 새긴 흔적이 뚜렷하게 발견되는 사실에 비춰, 그의 주장에 선뜻 동의하기 어렵다.

쪼아낸 후 갈아서 새긴 기법에 대한 연구에서 황용훈(1987: 230~231)은, 바위구멍의 제작을 예로 들어 기하문암각화를 이해하고 있다. 황용훈은 이 기법이 풍요와 감응주술에 의한 생산을 기원하는 신앙행위의 결과이며, 바위를 비비면서 청원하는 단순한 행위의 결과가 기하문암각화로 성립된 것이라고 하였다.

황용훈의 견해처럼 갈아서 새기는 기법자체가 기원행위와 관련된다는 것에 대해서는 대체로 인정되는 부분이 있다. 하지만 마름모꼴이나 동심원과 같은 표현조차 단순기원행위에 의한 것이 점차 규모를 갖추고 형태를 지니게 된 것이라고 하는, 너무 넓은 폭으로 비약하는 것은 지양되어야 할 것이다.

한국 암각화에서 갈아 파기 기법은 기법 자체가 주술적 기원행위이며, 오랫동안 반복적으로 갈아내는 행위는 주술적 의례행위로서 이것은 곧 농경의 풍요와 생산을 기원하는 것이라고 하여, 이러한 기법 자체가 신앙행위와 관련된다는 점은 폭넓게 인정되고 있는 사항이다(송화섭 1993: 127, 131; 이하우 1994: 109; 장명수 2001: 141). 그렇다면 제2 제작층의 기하문암각화에 반영된 제의적 요소는 이 제작층의 중심 표현물이 여성을 상징하는 문양과 물의 상징문양과 같은 것이라는 점에서 그것은 농경의례와 관련되고, 마름모꼴 문양과 같은 부분에 대한 제의적 요소는 각선을 따라 갈아내는 기법이 이미 주술적 행위로 작용한다는 사실을 잘 알 수 있게 한다.

여기서 주술형태는 여성상징에 대한 동종주술이면서 모방주술이고, 여성상징물을 접촉함으로써 얻어지는 감염주술과 같은 형태도 동시에 발견되고 있는데, 결국 이러한 주술의 목적은 역시 기풍을 위한 것으로 귀결된다고 하겠다. 그러나 천전리 기하문암각화에서 발견되는 양상이 단지 이러한 요소만으로 정리될 수는 없다.

　제2 제작층의 또 다른 표현물로 인면이 있다. 인면은 기하문암각화 전체를 3개로 구분할 수 있다고 볼 때, 그 두 번째 단락의 첫머리에 있다.

　인면은 두 발에 대한 표현은 없고, 이마 위를 잘라낸 것과 같은 넓은 이마와 단단한 턱으로 이어지는 얼굴 윤곽이 선명하다. 두 눈과 코·입은 무표정하여 이것이 가면을 나타낸 것임을 알 수 있다. 제1 제작층에서도 언급된 바와 같이 가면이 동물숭배에서 인신숭배로 달라져가는 과정에 나타나는 것이라고 하면, 기하문과 동반되는 이 시기는 숭배의 형태가 또 달라져서 인면이 신화적 인간을 상징하는 그 자체일 가능성이 있다. 인면은 신석기시대 이후로부터 조상신이나 씨족 또는 종족 수호신상으로 역할한다는 것과 같이, 이것은 천전리 암각화 주인공들의 신상으로 기능하였을 가능성도 있다. 그러나 인면의 양상이 신앙대상이나 참배대상으로서의 신상으로 보기에는 부족한 감이 적지 않다. 그것은 이 층위에서 갈아서 파는 행위가 중요시되며 그것이 바로 주술행위로 이어진다면, 두 번째 단락에 함께 조화롭게 구성된 동심원이나 마름모꼴 문양보다도 인면은 그 존재감이 약한 새김새로 나타나기 때문이다. 이것이 참배의 대상이 된다면 적어도 함께 분포하는 기하문암각화보다도 많은 물리적 가공흔적을 확인할 수 있어야 할 것이다. 그렇기 때문에 필자는 이를 제의에 활용되고 있는 단순한 가면으로 보고자 한다.

　가면이 제의에 동반된다는 것은 인근 암각화유적에서도 많은 수가 조사된다. 청동기시대의 알드이 모자가 유적이나 무구르 사르골과 같은 곳에서는 가면이 종족의 입문식initiation과 같은 행사에 쓰였다는 연구결과가 있다(Девлет М.А. 1998: 143~157, 2000: 100). 이러한 유적에서는 구성원의 입문식에서 동물의 뿔과 날개, 인면이 결합된 형태의 가면이 사용되었으며, 그것은 암각화 제작으로 이어졌다. 여기서 구성원이라고 하는 것은 신성한 샤면의 혈통을 말하는 것이다.

비치그티크 하야(Бичигтик-Хая)와 같은 곳에는 커다란 새와 그 새알과 같은 모양으로 샤먼의 조상에서 후손에 이르는 여러 세대를 나타낸 표현물이 조사되었다. 샤먼은 형상은 둥근 알과 같은 가면으로 표현된 것과 같이, 천전리의 인면도 샤먼을 직접적으로 나타내기보다는 가면으로 표현한 것으로 보인다. 따라서 천전리 암각화에 가면과 같은 형상이 나타나는 것으로 보아 농경의례나 기우제와 같은 의례에는 샤먼제의가 동반되었던 것으로 보인다.

제2 제작층을 함께 구성하고 있는 표현물 중에는 이외에도 회오리 문양이라든가 겹타원형, X자 문양이 있는 타원형 문양이나 인면과 유사한 기하문도 있다. 그러나 이러한 형상이 충분한 분석이 이루어지지 못하고 있는 형편에서 여기에 대한 제의적 요소를 찾아낸다는 것은 어려운 현실이다. 그렇기 때문에 이와 같은 문양에 대한 분석은 차후 이어지는 연구에서 수행될 수 있을 것이다.

(3) 제3 제작층

제3 제작층에 대한 층별 도면은 제시되지 않았다. 제3 제작층은 천전리 암각화의 제1·제2 제작층 위로 덮여 있는 무수하게 쪼아낸 타날 흔적을 말하는 것으로서, 이 부분에 대한 도면작성은 물론, 그것을 제시한다는 것이 사실상 불가능하기 때문이다. 이런 흔적은 그림 96과 같이 나타나고 있는 것을 말하는데, 여기서는 어떤 특정한 형상이나 구성 상태는 알아볼 수 없다.

무질서하게 새겨진 이 흔적은 전체 암면에서 동물표현물이 남은 왼쪽과 오른쪽, 그리고 하단의 세선각 그림이 있는 곳에는 비교적 성기게 나타나고 있지만 그 외에는 전반적으로 고르게 분포하고 있다. 보기에 따라서는 가장자리를 제외하고 사람이 서서 작업하기에 좋은 부분에만 이런 것이 집중적으로 나타난 양상이다.

필자는 타날 흔적이 바탕면뿐 아니라 이미 제작된 다른 표현물, 예컨대 동물표현이나 동심원, 마름모꼴 문양과 같은 기하문 위에도 무질서하게 찍혀져 있기 때문에, 이것은 기하문암각화의 제작이 이루어진 후에 재차 가해진 흔적으로 생각하고 있으며, 아울러 이를 하나의 제작층으로 분류하였다.

전반적으로 나타나는 타날흔이 의도적인 행위에 의한 결과라는 것은 분명하다. 그러나 과연 이것을 한 개의 독립된 층위로 분류가 가능하고 또 그것이 필요한 것인가 하는 점에서는 사실상 확신이 어려운 부분이 있다.

이 타날흔과 같이 무질서하고 아무런 형상적인 발견을 할 수 없는 흔적에 대하여 필자는 이것이 의례의 결과로 생각하는데, 그것은 아마 비를 바라는 기우제와 관련된 의례가 아닐까 한다. 제2 제작층에는 이미 물 또는 기우제와 관련되는 동심원암각화가 조사된 바 있으며, 이러한 흔적 역시 기우제와 같은 의례가 수행되는 가운데 제작되었을 가능성이 있다. 왜냐하면 이와 같은 흔적을 비가 내리기를 갈망하는 인근의 또 다른 유적의 주술형태에서도 동일하게 발견할 수 있는 것이기 때문이다.

타날흔과 같은 것이 기우제에서 비를 나타낸 것으로 알려진 자료가 인접지역에서 조사된 것도 있다. 하카시아의 수도 아바칸의 북쪽에 있는 바야르 산은 그 산정을 따라 길게 바위 띠가 둘러싸고 있고, 이 바위 띠의 한 곳에는 말라야 바야르스카야 핏샤니차(Малая Боярская писаница)라고 하는 소규모의 암각화유적이 있다. 이곳의 한 표현물에서 그림 97과 같은 자료가 조사되었는데, 이것은 샤먼의 제의행위를 나타낸 것으로서, 의식을 진행하고 있는 샤먼의 주위에도 그림과 같은 많은 타날흔이 있다. 이러한 흔적은 비를 청하는 기우제의 모습을 묘사한 것으로, 타날흔은 물이 뿌려지는 행위를 모방하거나 빗방울을 나타낸 모방주술 현상으로 보인다.

모방주술은 기우제와 같은 의례에서 물을 뿌린다든지 천둥소리와 같은 것을 흉내 내기도 하고, 구멍 뚫린 항아리에 물을 담아서 줄줄 흘리기도 한다. 이른바 비가 오는 상태를 그대로 모방하는 것이다. 이처럼 천전리의 전면에 무수하게 나타나 있는 타날흔도 기우제에서 감응을 빌면서 땅바닥에 빗방울이 떨어진 흔적과 같은 것을 모방하여 새긴 것으로 볼 수 있지 않을까. 만약 그렇다면 이것은 빗방울을 모방함으로써 얻어지는 모방주술 행위로 판단될 수 있다. 따라서 천전리 암각화유적은 기우제와 같은 제의의 현장이었으며 그 흔적으로 남은 것이 제3 제작층이라고 하겠다.

제3 제작층 다음으로 이어지는 층위는 제4 제작층이다. 제4 제작층을 구성하는 것은 역사시대의 세선각 표현과 명문이다. 본 연구의 범위가 선사시대의 한국 암각화를 대상으로 하고 있고, 세선각과 같은 그림은 필자가 집중해서 분석해 보고자 하는 연구영역 밖에 있기 때문에, 여기에 대한 분석은 그간 제기된 중복상태에 대한 생각을 정리하면서 그 외의 자세한 내용은 별도의 기회를 만들어서 논의되었으면 한다.

암각화유적에서 전 세대의 능력을 후대가 계승하고자 한 흔적은 인근 여러 암각화유적에서 비교적 풍부하고 다양한 형태로 발견된다. 천전리 암각화에서 여기에 대한 연구의 필요성은 이미 수차례 강조된 바 있다. 천전리에서 역사시대의 기록물 중에 원명·추명이라고 하는 명문은 아래층 위의 사람 상체를 깎아내고 그 위에 새겨져 있다. 이와 같은 현상은 나중에 도래한 집단이 앞선 집단이 남긴 암각화를 훼손한 것이라고 하겠는데, 여기에 대한 그간의 해석은 그와 같은 행위로 하여 '암각화를 통해 기존의 집단에게 부여된 권위나 신성성을 부정할 수 있고 자신들에게 돌릴 수 있다는 의도와 믿음에서 말미암은 것' 이라고 보기도 하였다(전호태 1996: 88~89). 이러한 현상에 대한 러시아연구자 데블레트의 견해는 그림의 전체를 파괴한 것은 전 세대의 그림의 위력에 대한 부정의

[그림 96] 타날흔 a·b(천전리 암각화)

결과이고, 일부를 훼손한 것은 마력의 전이를 원하는 행위라고 하였다. 결과적으로 이러한 것은 넓게 보아 암각화가 갖고 있는 능력이나 신성성, 마법의 힘이 행위자에게 옮겨오기를 염원하는 행동이고 그 흔적으로 이해될 수 있을 것이다. 이 표현물에 대해서는 최근 실시된 조사결과물에서 그 형상에 대한 복원 가능성이 엿보이기도 한다.

3) 칠포리형 암각화의 제의표현

독특한 구조적 형상으로 한반도 남부지방에 분포하는 칠포리형 암각화는 형태에 대한 분석에서부터 연구자의 주관에 따르는 많은 이견을 낳아왔다. 그 차이는 연구자의 수만큼이나 다르고, 또 당분간 이를 확인해줄 새로운 자료의 발견과 같은 계기가 없으면 그 견해 차이를 좁히게 될 것 같지도 않다. 이러한 현실에서 필자는 칠포리형 암각화에 대한 도상분석으로 필자의 생각을 밝히고, 여러 지역에서 조사 된 같은 유형의 암각화 제의표현을 분석하여, 그 성격을 이해하고자 한다. 또한 무엇보다도 이러한 과정에서 시간의 흐름에 따라 달라져간 것으로 보이는 제의적 요소를 살펴서, 칠포리형 암각화에 반영된 제의성이나 그 형태가 과연 어떠한 양상으로 달라져갔는가 하는 사항을 분석하고

[그림 97]
기우제를 거행하는 샤먼
(말라야 바야르스카야 핏샤니차,
하카시아. 이하우)

자 한다. 또한 암각화는 언젠가는 더 이상 제작되지 않고 소멸기를 맞이하게 된다. 여기서는 그와 같은 시기에 있었을 것으로 생각되는 기능적 변화상을 밝혀 보고자 한다. 그리고 이러한 유적에서도 여러 형태의 제의가 행해졌을 것이다. 그렇다면 과연 그 시기는 언제인가 하는 시점에 관한 부분에도 관심을 갖고 살펴보고자 한다.

초기형이 어디인가 하는 지역적 명칭에서 나온 칠포리형 암각화에 대하여 그 성격에 따라서도 명칭은 각 연구자의 생각에 따라 다르다. 인면신상암각화나 방형기하문암각화, 방패형암각화, 검파형암각화 등은 연구자가 보는 성격에 따른 명칭으로, 그것은 연구자가 보는 암각화에 대한 성격 구명과도 밀접하게 관련되어 있기 때문에 쉽게 조정되기 어렵다. 그렇기 때문에 필자 나름대로의 생각을 밝혀 칠포리형 암각화의 제의표현에 대한 성격을 밝혀보고자 한다.

(1) 형태분석과 상징

한국 암각화에서 울산 대곡리 반구대암각화나 천전리 암각화에 비해, 별종으로 취급되던 양전동 암각화와 같은 암각화는 1980년대 후반부터 같은 유형의 암각화가 새롭게 나타나기 시작하여, 그간 경상북도를 중심으로 모두 10여 곳에서 조사되었다. 이러한 성과는 한국 암각화에서 중심이 되는 큰 흐름이 바로 이와 같은 유형이라는 것을 알게 하였으며, 이 구조적 형상을 지닌 암각화의 주인공들이 선사시대 한반도 남부지역을 선도하면서 살아왔다는 생생한 문화적 흐름을 이해하도록 하였다.

이러한 유형의 암각화, 즉 칠포리형 암각화에 대한 그간의 관심은 이것이 어떤 성격의 암각화인가 하는 부분과 함께, 그 원류가 어디인가 하는 점에 집중되었다. 그래서 원류와 관련하여 중국 북방이나 몽골·시베리아와 같은 북아시아에 대하여 조사를 진행하여 왔으며, 조사결과 칠포리형 암각화와 같은 유형은 지금까지 한반도 이 외의 그 어떤 지역에서도 나타난 적 없는 독자성을 지닌 상징물이라는 것을 잘 알게 하였다. 그렇기 때문에 칠포리형 암각화를 우리는 한국식 암각화라고 부르고 있다.

그러나 최근 여기에 관한 새로운 연구 성과가 발표되었다. 그것은 한국식 암각화, 즉 칠포리형 암각화의 기원이 내몽골 지역이라는 주장인데, 그 내용은 다음과 같다.

2008년 8월 한국학중앙연구원 한국학 기획연구단 지원 '한국 상고시대의 신앙과 제사'에 관한 연구를 진행해 오던 고려대학교 한국고대사연구팀(연구책임자 최광식)은 그간의 연구에 대한 중간 발표회에서, 소위 한국식 암각화라고 하는 칠포리형 암각화가 내이몽골 적봉시의 지가영자遲家營子와 상기방영자上機房營子, 극십극등기克什克騰旗, 각노영자閣老營子 등의 유적에서 발견되었다고 보고하였다. 그림 98과 같이 공개된 중간 발표회 자료에 의하면, '상기 유적에서 그 동안 한반도 남부지역에만 분포하는 것으로 알려졌던 검파형 모양 암각화를 새로 발견했다'고 하여, 이를 통하여 한국 암각화의 계통과 성격에 대해 새롭게 이야기할 수 있는 부분이 있으며, 이러한 발견은 '한국 암각화의 기원과 성격을 구명할 수 있는 결정적 단서가 될 것'이라고 보고한 것이다.

필자는 발표현장에 참석하지 않아서 저간의 사정에 대해서는 잘 모른다. 당시 제공된 학술발표회 자료와 사진 자료(그림 98)의 판독에 의하면, 내이몽골 적봉시의 암각화와 칠포리형 암각화의 두 자료를 과연 동일선상에 놓고 비교될 수 있는 것인가 하는 데에는 회의적 생각을 가질 수밖에 없다.

그간의 연구에 의하면, 칠포리형 암각화의 분포상태는 한반도 남부지역을 장악한 제 집단의 성격과 함께, 이들의 이동과 전파, 그리고 그 과정에서 야기되는 변천과 같은 많은 것을 내포하고 있다고 하겠다. 그렇기 때문에 민감할 수밖에 없는 상징문제는 작금에 와서 전반적으로 농경과 관련된 신상이라는 부분으로 가닥이 잡혀가고 있는 것으로 보인다. 그러나 가까운 시일 안에 모두가 공감되는 수준으로 정리되기는 어려울 것이다.

칠포리형 암각화는 다른 형상과 동반해서 조사된 것도 있고 단독으로 구성되는 것도 있다. 거기서 남원 대곡리 암각화를 제외한 모든 유적은 경상북도에 분포하고 있다. 모두 자연암석에 제작되었으며, 발견·조사 시기는 1971년의 양전동 암각화를 제외하고 모두 1980년대 말부터 1990년대 초반에 집중적으로 조사되었다. 이 유형에 대한 연구도 자연스럽게 1990년대 중반부터 가장 활발히 전개되었다.

울산 천전리 암각화와 반구대암각화가 암각화연구의 중심이 되던 시기를 한국 암각화연구의 제1기라고 할 때, 1990년대 초반부터는 암각화연구의 제2기로 볼 수 있는데, 제2기의 연구중심에 칠포리형 암각화가 있다. 그것은 이 구조적인 형상의 자료가 이때 지속적으로 조사되었기 때문이다.

칠포리형 암각화에 대한 연구성과는 1971년 이은창을 필두로 하여, 1990년대 들어와서 처음 칠포리 암각화에 대한 자료보고를 한 이하우(1990) 이후 많은 연구자들(김길웅 1994; 송화섭 1993, 1994, 1996, 2008; 신대곤 1998; 이상길 1996, 2000; 이하우 1994, 2008a, 2009; 임세권 1994, 1996, 1999; 장명수 1995, 1996, 1997b, 2001; 최광식 1995)이 칠포리형 암각화에 대한 연구성과를 발표하였다. 그 내용은 주로 칠포리형 암각화의 성격을 밝히는 데 주력한 것으로 보이는데, 각 연구자들이 밝힌 견해는 이미 연구성과를 검토하는 가운데 소개되었다. 필자는 이를 검파형암각화, 즉 석검 손잡이가 갖고 있는 상징성이 암각화라고 하는 바위에 새긴 그림으로 나타난 것이라고 보고 있다. 여기서부터는 암각화의 형태에 대한 것을 말하고자 하기 때문에 칠포리형 암각화라는 용어는 형태에서 오는 용어 검파형암각화로 바꾸어 부르기로 하자.

검파형암각화라고 하는 시각은 석검이 무기武器나 도구道具로서의 기능적 의미보다는 또 다른 상징적 의미를 갖고 있는 것이 아닌가 하는 데서 출발한다. 석검이 도구인지 아니면 다른 상징성을 갖고 제작된 것인지 하는 부분에 대한 선행연구가 없는 형편에서, 석검의 다른 의미를 말한다는 것이 다소 성긴 부분이 있다. 그렇기 때문에 여기서는 검의 기능성에 대하여 논의될 수 있는 측면을 다각도로 살펴보고자 한다.

석검의 중요한 기능 중의 하나가 도구로서의 역할이라는 것은 분명하다. 조사된 여러 석검에서는 사용 흔적이 나타난 것이 있는데, 그 대부분은 사용에 따른 결손부위가 봉부鋒部보다 도부刀部에 집중되어서 나타나 있다. 이와 같은 사항을 볼 때, 석검은 주로 자르거나 베는 데 사용된 듯하다. 따라서 석검이 실

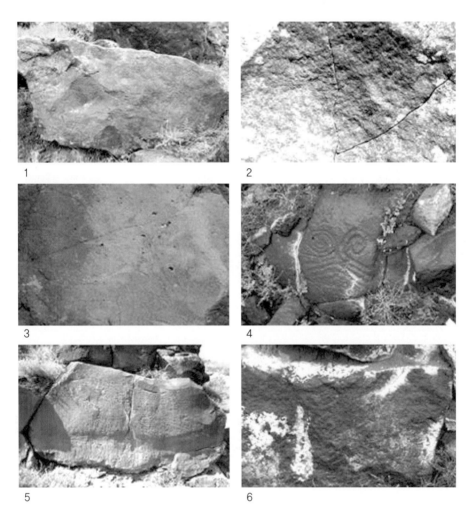

[그림 98] 내이멍꾸 적봉의 암각화
1.가영자(家營子) 2.지가영자(遲家營子) 3.상기방영자(上機房營子)
4.각노영자(閣老營子) 5.극십극등기(克什克騰旗) 6.삼좌점(三座店)

용적인 도구로 사용되었다는 점은 분명하지만, 일반적으로 검劍이 찌르기 위한 도구라고 할 때, 자르거나 베는 데 사용된 것은 검의 본 목적과는 차이가 있다. 이것은 석검이 스스로 발전해서 단계적으로 나타난 것이 아니라, 아마도 이미 있었던 기존의 검과 같은 것을 모방한 것이기 때문에, 당초 목적과는 다른 형태로 쓰인 것이라고 생각할 수 있다. 그렇다면 그 본체는 비파형동검과 같은 것의 모방에서 왔다고 하는 최근의 연구결과(배진성 2007:179)를 그대로 인정해도 좋을 것이다.

석검은 그간 주거지나 분묘 모두에서 조사되었다. 이것은 도구로서의 사용은 물론이거니와 부장품으로까지 폭넓게 활용되었다는 것을 말한다. 부장품으로서의 석검과 관련해서 볼 때, 석검은 처음부터 실용성보다 어떤 상징성이 배태되어 있었다고 하겠는 데, 이것은 중국 동북지방에서 동검이 보기寶器나 제기祭器로서 이용되었다는 연구 성과를 참고할 수 있을 것이다(배진성 2007: 180에서 중총대개中村大介 2003, 石劍と遼寧式銅劍の關係にみゐ竝行關係의 견해를 인용).

동검의 의기로서의 기능은 중국 동북지방에서 조사된 손잡이 끝에 방울이 달려 있는 청동 검과 같은 예에서 그대로 인정될 수 있다. 그림 99는 내이명꾸 오르도스지방에서 조사된 청동검으로, 그림 99-a는 영성寧城 소흑석구小黑石溝 M8501호 무덤에서 나온 것으로 그 손잡이 끝에 방울이 달려 있다. 그림 99-b는 오르도스鄂爾多斯에서 수집된 길이 26.5cm의 청동검이다. 그 손잡이 끝에도 방울이 있다. 방울과 손잡이가 연결되는 곳에 반환형 고리가 달려 있고, 손잡이에는 선문과 톱날 문양이 있다. 이처럼 검의 손잡이 끝에 방울이 달려 있다는 것은 이 청동검이 제기 또는 의기로서의 기능이 있다는 것을 분명히 한다.

그림 99-c는 영성 남산근南山根 돌덧널무덤 출토의 비파형동검으로써, 그 손잡이에는 나신의 남녀가 등을 마주대고 서 있는 것으로 조각되었다. 여성은 두 손으로 가슴을 가리고 있고, 남성은 두 손을 아랫배에 모으고 있는 자세인데, 전체 길이 31.7cm에 손잡이 길이는 9.8cm이다.

이러한 자료를 볼 때, 석검이든 청동검이든 그것이 도구로서 기능하는 수준이 어느 정도인지는 모르겠으나, 그 중의 일부는 반드시 제의와 관련하여 의기의 기능이 있다는 것은 분명하다. 특히 남산근 출토 비파형동검의 손잡이가 나신의 남녀로 묘사되었다는 것은 검의 기능 중에는 이것이 성性적 상징물로서의 기능이 있다는 가능성을 보여준다고 하겠다. 비등한 예로 밀양 활성동의 석검형암각화의 손잡이가 여성성기형으로 제작된 것이나, 멀리 고르노 알타이 바르부르가즈이(Барбургазы)의 쿠르간이나 베르흐니히-깔쥔Ⅱ(Берхнихи-Калзин Ⅱ)쿠르간에서 나온 목제 검 집이 남성성기형으로 제작되었다는 것은, 검이 일정부분 성性을 상징하는 물건이라는 점을 암시한다.

석검이 도구로서의 기능보다 또 다른 상징적 기능을 중요하게 생각한 때문에 그것이 암각화로 묘사된 것이 아닌가 하는 생각을 하게 되는데, 여기서 암각화 표현물로 시선을 돌려보자. 포항 칠포리에서 석검형태의 그림은 모두 세 점이 조사되었다. 포항 인비리에서도 두 점의 석검형암각화가 조사되었으며, 여수 오림동에서는 한 개의 석검형암각화가 조사된 바 있다. 밀양 활성동의 석검형암각화를 비롯하여 최근에는 고령 봉평리에서 동검형태의 암각화가 조사되기도 하였다.

이와 같이 석검이나 동검을 새긴 암각화가 바위나 고인돌의 개석에서 나타난다는 사실은 검이 일반적 도구기능과는 다른 상징적 의미를 갖고 있는 생각을 뒷받침하기에 충분하다. 포항 인비리의 고인돌처럼, 고인돌이라는 것은 이미 죽은 조상의 영역이다. 여기에 석검이 새겨진다는 것은 그 기능에 대해 보다 많은 부분을 말할 수 있게 한다. 여수 오림동의 고인돌에서 조사된 두 명의 사람 중 앉아 있는 사람은 여성으로서, 이를 검을 숭배하는 사람으로 보고자 하는 연구자도 있지만, 그 배가 둥근 형태로 보아 필자에게는 임신한 여성을 나타낸 것으로 보인다. 뒤에 서 있는 사람은 남성 표현물로 생각되는 데, 이 두 사람은 땅을 향한 석검과 하나의 그룹을 이루면서 묘사되었다. 조사된 석검 옆에 남녀가 함께 표현된 점이나 그 중 여성은 임신한 상태를 나타내고 있다는 사실을 볼 때, 석검의 기능 중에는 성적 상징으로서의 기능이 있다는 점은 분명하다고 하겠다.

앞서 살펴본 영성 남산근 출토 동검과 같이, 성적 상징으로 나타나는 석검 자료는 밀양 활성동의 제단유구에서 나온 석검형암각화에서 보다 확실해진다. 활성동의 제단유구 한 곳에서는 석검이 새겨진 돌이 나왔는데, 여기서 나온 석검형암각화는 그 손잡이가 여성성기형으로 묘사되어 있어서 주목되는 것이다. 이러한 것은 국내외에서 나타난 그 어떤 자료보다도 석검의 상징기능 중 하나가 성적 의미를 갖고 있다는 것을 분명하게 보여준다.

최근에는 포항 칠포리의 바위에 새겨진 석검이 하지날 일몰지점을 향하고 있는데, 그것은 석검의 지향성을 말하는 것이라는 견해가 발표되기도 하였다 (이하우 2009). 이러한 자료 역시 검이 의기로서의 기능적 의미를 갖고 있다는 사실을 잘 암시하는 자료이다.

이처럼 칠포리에서 석검의 검 끝이 하지날 저녁 해지는 방향을 가리키고 있는 상태나, 멀리 떨어진 프랑스의 몽 베고Mount Bego와 같은 곳에서 동일한 양

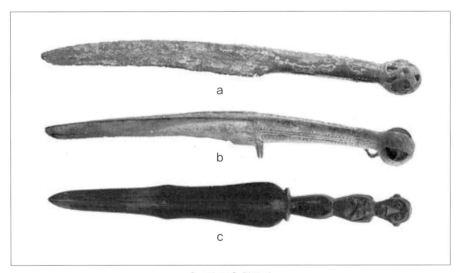

[그림 99] 청동검
a. 영성 소흑석구 M8501호 무덤, 내몽골박물관. b. 오르도스 수집, 오르도스박물관.
c. 영성 남산근 돌덧널무덤 출토, 내몽골박물관

상으로 두 자루의 동검암각화가 새겨져 있는 예(제롬 M. 2003: 25~29)는 그 현상만으로도 의기성이 충분히 인정된다고 하겠다.

그 동안 조사된 석검자료의 일부가 도구로서의 기능이 있다는 것은 앞에서 언급된 바와 같다. 그러나 그 중에서 역시 일부이긴 하지만 다음과 같이 조사된 실물자료는 석검의 상징성에 대하여 다각도로 생각하게 한다.

그림 100과 같이 제시된 석검자료를 살펴보기로 하자. 그림 100-a, b, c는 김해 무계리, 창원 진동리, 부산 괴정동에서 나온 석검으로 이 석검의 제작에는 많은 공을 들여서 만든 조형적 표현의 석검이다. 석재의 결을 이용한 완벽에 가까운 대칭적인 문양은 단순한 도구에 대한 가공 이상의 테크닉이 적용되었다는 점을 지적할 수 있다. 이와 같은 석검자료에서 가장 눈에 띄는 점은 도구로서의 기능에 문제가 있다는 점인데, 또 다른 자료 그림 100-d, e, f, g는 각각 성균관대박물관 소장 석검과 동아대박물관, 계명대박물관, 국립경주박물관 소장품이다. 이러한 석검도 그 손잡이에 필요 이상으로 장식적 요소가 반영되었다. 손잡이에 묘사된 장식은 도구로서 활용할 수 없을 정도로 크고 거추장스럽다. 그림 100-d는 검 날 중간부분이 잘라져 있으며, 그 부분에 마름모꼴의 구멍이 나 있다. 이러한 표현이 어떻게 생긴 것인지는 자세하게 알려진 것이 없지만, 우선 보기에도 이 석검은 이미 도구로서의 기능은 없다고 해야 하겠다. 그림 100-e, f, g는 손잡이에 풍요의 상징으로 통하는 여러 점의 원형의 작은 홈이 새겨져 있다. 그림 100-f는 검 날 부분에도 구멍이 있다.

석검이 도구로서의 기능이라는 측면에서 보면, 검 날은 중요한 부분이다. 여기에 검 날을 둘로 잘라 놓은 것이나 검 날보다 손잡이가 더 강조되거나, 그리고 검 날에 그 기능을 약화시키는 구멍을 뚫어 놓은 것은 더 이상 도구로서의 기능을 찾아볼 수 없다. 이런 점에서 우리는 또 다른 기능을 생각할 수밖에 없다.

석검의 손잡이가 장식적인 것은 청동기시대 전기부터 나타나기 시작하여, B.C. 4~3세기 한국식 동검문화의 도래와 때를 맞춘 시기에는 김해 무계리 석검과 같은 권위적 형태로 변화를 맞게 된다고 한다. 기능성보다 상징성이 강조되는 석검이 점진적인 발전수순에 의해 기능적 측면보다 상징적 부분이 남은 것이 아니라, 처음 성립단계부터 상징기능이 크게 반영되어 나타난 것이라고 이해되는데, 이러한 측면에서 석검을 보면, 그림 100-a는 검 날이 날카로워 보이나 손잡이 표현에서 장대한 측면이 강조되어, 무엇보다도 과시적 목적으로 보여주기 위한 용도에서 사용된 듯하다. 또한 그림 100-a, b, c, d는 석재의 색이 서로 다르게 나타나는 결을 이용하여 아름다운 장식보검을 만들었다. 그림 100-e와 그림 100-f는 서로 유사한 손잡이 장식이 반영된 석검으로, 이단병식의 손잡이 끝에 둥근 장식을 덧붙였다. 그 위에 원형의 작은 홈과 투각 문을 새겨서 장식성을 더하고 있으며, 이러한 손잡이 구조는 손으로 압박감 있게 잡고 사용하기보다는 어쩌면 석기 가공기술을 과시하고자 한 데서 나온 것이 아닐까 할 정도의 정교한 기술력을 자랑하는 석검이다. 더욱이 그림 100-f의 경우 검 날의 남은 부분으로 미루어 보면, 떨어져 나간 검 날 부분에도 작은 구멍이 여기저기에 뚫려 있었을 가능성이 큰 것이다.

그럼 그림 100-e, f, g와 같은 석검 손잡이에 새겨진 원형의 작은 홈은 다만 장식적 목적에서 이 고난도의 작업이 수행된 것인가, 아니면 다른 목적이나 작용을 고려해야 하는 것일까?

잘 알려진 바와 같이 바위구멍의 성격은 이것이 성혈性穴로서 구멍을 파고 그것을 갈아내는 행위가 풍요기원의 성 모방 주술적인 신앙행위라고 보는 견해(황용훈, 1987: 231~244)가 폭넓게 깔려 있고, 별자리를 새긴 것이라는 견해(장명수, 1995; 임세권, 1994; 개산림, 1989; 김일권, 1999, 2006)와 그리고 고인돌에 나타나는 경우에는 피장자의 자손 수와 관련 있다고 하는 견해(이융조, 1981)도 제기되어 있다. 그러나 그간 조사된 바위구멍을 봤을 때, 이것이 하나의 단일성격으로 규정될 수 있는 것이 아니라 나타난 유형에 따라서 여러 가지 형태의 다양한 의미로 정리가 될 수 있다고 하겠다. 하지만 그 중에서도 가장 보편적이면서 일반적 성격으로 드러난 것이 단순기원에서 나온 풍요기원의 성격이라고 할 수 있기 때문에, 여기서는 간단하게 보아서 풍요기원의 작은 홈을 석검의 손잡이에 새긴 것으로 보고자 한다. 이렇게 원형의 홈을 새긴 것만으로도 석검기능의 다양성은 충분히 고려하게 된다.

이상과 같은 분석에 의해 검에 대한 여러 가지 측면의 기능성은 다음과 같이 말할 수 있는데, 그것은 먼저 의기로서의 기능이 있다는 것이고, 그 중에는 풍요기원의 기능과 성적 상징물로 기능한다는 사실을 찾아볼 수 있다. 이렇게 볼 때 '마제석검이 남성의 전유물로서 권위나 위력적인 힘을 보여주며 남성의 심벌로서 인비리나 칠포리의 석검암각화로 나타나는 것으로 생각할 수 있다' 고 한 송화섭(2006a: 57)은, 암각화에서 석검의 날 부분이 위쪽을 향하고 있는 현상이 남성생식기와 같은 측면이 있다고 이해하고 있는데, 이상에서 검토된 일부 자료는 그 실제를 말해준다고 하겠다[검이 남성의 성기를 상징한다는 주장은 러시아 크라스노야르스크의 암각화연구자 자이카 A. Л.와 칠포리 암각화를 답사하는 가운데 깊숙이 논의된 바 있다. 자이카 A. Л.는 단검이 북아시아와 같은 폭넓은 지역에서 남성상징물로 인식된다는 점을 말하였으며, 또한 검의 상징성 중에는 비를 부르고, 천둥이나 번개가 치는 현상이 있다는 요지의 대화를 나눈 적 있다].

그런데 칠포리에서 석검이 여성 성기형암각화와 결합된 양상으로 나타나고 있고, 석검의 검 날과 손잡이가 분리된 것도 조사되었다. 이러한 표현물의 존재는 칠포리에서 검파형암각화가 성립된 것이 아닌가 하고 바라보게 되는데, 칠포리에서 조사된 표현물 중에는 석검과 여성 성기형암각화가 함께 나타나는 것이 있다. 이러한 자료는 석검이 성적 상징물로 구현되어서 나타난 것이라고 할 수 있는데, 그 중 어떤 것은 석검의 검 날과 손잡이가 분리되어 나타나는 것도 있다. 석검이 둘로 나뉜다는 것은 손잡이를 따로 만들어 결합하는 유경식有莖式 석검을 염두에 떠올리게 한다. 석검뿐 아니라 많은 비파형동검이 그러한 방식으로 제작되었다는 것을 볼 때, 검 날과 손잡이가 분리되어 나타난다는 것은 크게 이상한 일은 아니다. 하지만 이것이 암각화로 표현되었다는 데서 다른 의미를 찾게 된다.

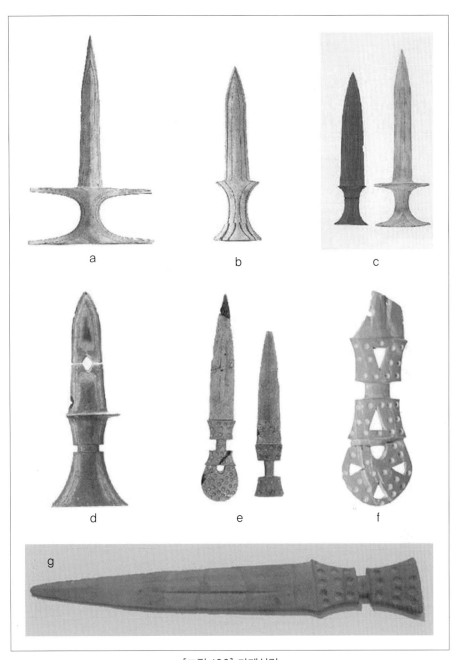

[그림 100] 마제석검
a. 김해 무계리 b.창원 진동리 c.부산 괴정동 d.성균관대박물관.
e.동아대박물관 f.계명대박물관 g.국립경주박물관

한반도에서 나타난 석검형암각화는 모두 8개가 조사되었다. 그 중 하나는 검 날과 손잡이가 분리된 것이고 나머지는 모두 유병식有柄式이다. 따라서 칠포리에서 나온 석검은 유경식 석검이 아니라 검 날과 손잡이가 분리되면서 이것이 검파형암각화로 성립되는 양상을 보여주는 것으로 판단된다.

칠포리에는 석검형암각화가 나타나기도 하고 거기서 검 날은 없어지고 석검의 손잡이만 남은 표현물도 있다. 그 양상은 석검과 여성 성기형암각화가 함께 붙어서 조사되는 것이 있고, 손잡이 형태가 여성성기와 동반되는 것도 있어서 성기표현이 지닌 상징의미가 석검의 손잡이와 동일시되거나, 아니면 석검의 손잡이에 전이되어서 나타나는 것으로 판단된다. 이 과정에는 석검이 가지고 있는 도구로서의 기능을 제외한 여러 기능 중에서도 성적요소性的要素는 물론, 의기로서의 기능이나 농경에 직접적으로 작용하는 천둥과 번개, 또는 비의 상징성도 반영되어서 나타나는 것이 아닐까 한다.

석검의 기능성과 관련하여 매우 중요한 자료가 있다.

그림 101과 같은 것은 그동안 영남지역에서 수집된 석검자료이다. 이러한 손잡이에 원형의 홈이 있는 석검은 주로 경주 일대에서 수집된 것이다. 그 외의 울산 수집품을 비롯하여 경주 월산리, 울산 구수리 b-6호 건물지, 포항 초곡리 5호 건물지에서 나온 석검 편이 있고, 그림 101에서 제시된 자료 외에도 이러한 것은 경주 양남 하서리, 울산 굴화리, 청도 진라리, 그리고 경주 출토품으로 알려진 이양선 수집품도 있다. 앞에서 살펴 본 그림 100-e, f, g 역시 동아대박물관 소장 의창 평성리의 것을 제외하고는 모두 경주 일대의 수집품으로 알려져 있다. 이러한 석검은 그 손잡이에 모두 원형의 작은 홈이 새겨져 있다. 그렇기 때문에 이것은 의기로서의 기능이 강하게 나타나는 것이다. 물론 석검에 새겨진 작은 홈이 일정한 숫자로 나타나는 것은 아니다. 이 홈이 석검 손잡이의 한쪽 면에만 있는 것을 볼 때, 이것은 남에게 내보이기 위한 것이며, 그렇기 때문에 석검은 도구로서의 기능보다는 의식에 사용되는 것과 같은 측면이 강조된 것은 분명하다.

필자는 그림 100-e, f, g의 석검과 그림 101의 자료가 나온 공간적 의미에 대하여 관심이 있다. 이러한 석검이 나온 곳이 모두 영남지역이고, 그것도 경주에서 영일만으로 흘러드는 형산강 수계를 중심으로 조사되었다(그림 102).

잘 알다시피, 검파형암각화가 나타난 곳 역시 영남지역으로서, 그 공간 면적은 그림 102와 같이 이러한 석검이 나온 곳과 겹쳐지는 공간이다(황창한 2008). 이를 볼 때 우리는 원형의 홈을 새기는 석검문화와 검파형암각화가 관련성이 있다는 점은 충분히 이해할 수 있으며, 그것이 결국 검파형암각화의 제작과 관계된 것이 아닐까 한다.

옛날부터 영남지방을 근거지로 살아온 사람들은 사물을 추상적으로 표현하는 성향이 깊었던 것으로 보이는데, 그것은 검파형암각화의 성립으로 잘 드러나고 있다. 추상성은 검파형암각화의 표현양식이기도 한데, 이것은 이미 천전리에서 기하문암각화로 발전적인 면모로 나타나고 있다. 이와 같은 양식은 역사시대에도 그대로 이어진 양상인데, 이러한 특징을 경상도 지역에 내재한 하

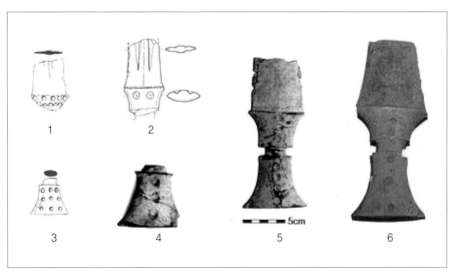

[그림 101] 경상도에서 발굴 수집된 석검
1.경주채집 2.울산채집 3.경주채집 4.경주 월산리
5.울산 구수리b-6호 건물지 6.포항 초곡리 5호 건물지

나의 지역적 특색으로 볼 수 있다는 점은 앞서 정병모(2010: 46)에 의해 지적된 바와 같다.

추상성은 이 지역에서 손잡이에 원형의 작은 홈을 새긴다고 하는 석검문화를 만들어내었으며, 이것은 결국 검파형암각화의 제작으로 이어졌을 것인데, 이미 이러한 결과를 배태한 잠재적 요인은 포항 인비리의 한 고인돌에서 발견된다. 인비리 고인돌의 석검형암각화를 볼 때, 그 제작에는 형산강 주변에 확산되어 있는 홈을 새기는 석검문화에 암각화라고 하는 또 다른 문화적 자극이 주어지면서 성립된 것으로 판단된다.

그렇다면 형산강 또는 영일만에서 암각화의 보급과 같은 사건의 문화적 배경은 어떻게 생각할 수 있을까? 그것은 아마도 농경문화의 발전과 더불어 확산된다고 하는 고인돌과의 관련성으로 이해될 수 있을 것인데, 이 고인돌문화의 파급을 타고 천전리와 같은 암각화문화의 영향이 영일만에 자극이 되면서 드디어 검파형암각화로 성립하게 된 것이 아닐까 하는 생각이다.

영일만에서 암각화 제작이라고 하는 자극의 단초는 아무래도 상징성의 유사성, 제작기법의 동일성, 지리적 근접성과 같은 것을 염두에 둘 때, 동해상 약 70km 거리의 울산 천전리 암각화를 제외하고는 달리 생각할 수가 없다. 이 과정에 대한 필자의 생각은 해양교류를 염두에 두고 있다. 물론 서로 동일한 시간대, 동일한 성격은 아니지만 같은 대곡천의 반구대암각화에서 조사된 배와 역사시대의 천전리의 배, 그리고 형산강의 석장동 암각화의 배와 같은 표현물이 일찍이 두 지역의 해운능력을 말한다고 할 때, 우선적으로 해양교류의 가능성을 고려하지 않을 수 없기 때문이다. 지리적 접근성에서 보더라도 선박과 항해기술을 보유한 사람들에게는 서로 만으로 통하는 동해안을 타는 것이 보다 수월했을 것이다.

고인돌문화의 파급과 같은 사건은 영일만 주변에서 바위에 대한 새로운 자각으로 이어졌다. 그것은 그 동안 무심하게 바라보았던 바위에 대하여 이전과는 다르게 받아들이게 된 계기라고 하겠는데, 한반도에서 바위는 흔한 것이지만 큰 의미를 둔 것은 아니었다. 여기에 고인돌과 같은 묘제의 보급은 이 무심한 바위가 죽은 자를 가두기도 하고, 그의 영혼이 머무는 공간이 되면서 또한 그의 재생을 돕게 된다는 사실을 발견하게 되면서, 바위가 갖고 있는 상징성은 이전과는 전혀 다르게 받아들이게 되었을 것이다. 드디어 예사롭지 않은 바위는 영혼의 부활을 도우며 또 영혼의 안식처가 되기 때문에 거기에 암각화가 새겨진다(Деблет М. А., 1998, 2000)고 하는 일이 영일만에서 시작된 것이다.

(2) 제작시기에 따른 제의표현의 성격 분석

칠포리형 암각화의 발전순서는 한국 암각화의 편년에서 이미 검토되었다. 거기에 따르면 암각화의 초기 · 발생기〉발전기〉소멸기의 수순은 그 가장 초기형의 위치에 기계 인비리〉포항 칠포리 A · 경주 석장동이 있다. 이것은 영천 보성리에서 재현되면서 고령 안화리〉고령 지산리의 순으로 발전되어가다

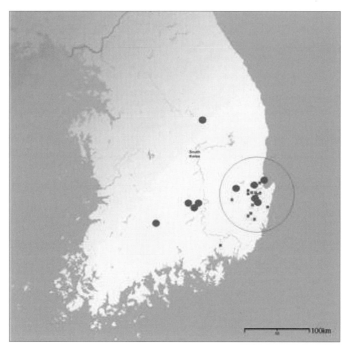

[그림 102]
검파형암각화와 홈이
새겨진 석검의 분포

가, 가장 정형화의 단계에 이르는 자료는 포항 칠포리 B와 고령 양전동이며, 아울러 남원 대곡리 순으로 진행해간 것으로 요약된다. 그리고 다른 갈래로는 보성리에서 가흥동으로 이동하는 루트, 석장동에서 안심리로 가는 루트에서 소멸기 단계를 생각할 수 있다. 이러한 수순은 칠포리형 암각화 전체를 하나의 문화적 발전수순 안에서 흐름으로 생각한 것이다. 요약된 수순은 그림 69와 같이 정리된 바와 같다. 다음은 칠포리형 암각화의 제작시기에 따라 달라져가는 제의적 요소를 분석하기로 하자.

① 칠포리 암각화

같은 유형에서 가장 초기형으로 칠포리 암각화와 경주 석장동 암각화가 있다. 두 유적 중 어느 것이 앞선 단계의 유적인가 하는 것은 분명히 하기 어려운 부분이다. 그렇기 때문에 일단은 두 유적에 대한 선후 구분은 유보하여, 같은 선상에서 먼저 칠포리 암각화부터 분석하고자 한다.

칠포리 암각화는 모두 7개의 지점에 분포되어 있으며 그 중 대표적인 곳은 곤륜산 A지점이다. 칠포리 7개 지점에서 표현물의 대부분은 모두 단일 층위를 갖고 있는 데 비하여, 곤륜산 A지점은 두 시기의 제작층으로 조사된다.

표현기법의 차이와 표현물의 겹친 정도에 따라 분석하면 칠포리 A(제1 제작층)와 칠포리 B(제2 제작층)로 구분할 수 있는 칠포리 암각화에서, 칠포리 A는 그림 103과 같이 우측의 길게 누운 바위의 표현물(103-a)과 중심부의 주 암각화 바탕에 깔려 있는 표현물(103-b), 그리고 주 암각화 상단부 평탄부에 있는 석검 한 자루(그림 103-c)와 왼쪽에 길게 누운 바위에서 둘로 분리된 석검과 검파형암각화 한 점(103-d, e)으로 구성된다.

여기서 가장 주목되는 표현물은 둘로 분리된 석검과 여성 성기형암각화이다. 분리된 석검은 형상에 대한 발상과 관련해서 주목되는 것이고, 여성 성기형암각화는 앞에서도 언급된 바 있는데, 칠포리에서 이 유형이 조사된다는 자체가 전체 암각화의 성격을 말해준다고 하겠다.

검파형암각화가 여성 성기형암각화와 동반되는 현상에서 우리는 그것의 상징의미가 석검의 손잡이와 동일시되거나, 아니면 여성성기가 지닌 의미가 검파형암각화에 전이되는 것과 같은 현상의 표현물을 발견하게 되는데, 잘 알려진 바와 같이 성기숭배는 농경사회와 밀접한 관계를 갖고 있다. 특히 여성성기에 대한 숭배는 농경사회의 전형적인 지모신地母神 숭배나 농경의례와 관련이 깊은 것이다(김영진, 1996: 20, 전호태 1996: 86). 사람은 농경과 함께 정착생활을 하게 되면서 많은 부분에서 문화적 변화를 갖게 되었다. 그가 속한 자연환경과 그리고 사람이라고 하는 자신에 대한 관심이 크게 높아졌다. 이러한 과정에서 성기숭배와 같은 현상도 사람에 대한 관심증대에서 오는 현상이 아닌가 한다.

이 시대 농업의 생산력 증대는 모든 사람의 소망이고, 그 터전이 되는 땅에 대한 관심도 고조되었다. 아울러 땅은 그 원초적 생산력으로 하여 여성의 생리적 기능과도 같은 것으로 생각하게 되었다. 여기서 비롯된 것이 성기숭배요, 이것이 바로 여성 성기를 풍요·다산의 원리로 이해하게 된 것이다. 여성이 출산의 원천이라고 보게 된 이유는 남성에 비해 여성의 출산현상이 가시적으로 나타나기 때문일 것이다.

여성의 출산이 농경의 생산력과 동일시된 것은 여성과 땅의 상호작용에서 나온 유사주술의 한 현상, 즉 동종주술 또는 모방주술의 원리와 같다. 여성의 이미지는 땅의 이미지와 같다고 생각하였으며, 여기서 복합적 표현양상으로 나온 것이 칠포리 암각화의 제1 제작층을 구성하는 칠포리 A이다. 칠포리 A의 여성 성기형암각화와 검파형암각화의 제작은 농경의 기풍의례와 밀접하게 관련되어 있으며, 그것은 바로 종족번식은 물론이요 풍요를 비는 의례로 이어졌다. 함께 조사된 석검형암각화나 동물발자국과 같은 것을 볼 때, 풍요와 같은 의미 속에는 농경수행집단의 성격과 같은 것도 나타나고 있다는 점은 분명하다.

칠포리에서 제2 제작층은 그림 104와 같은 표현물로 구성되는 칠포리 B 암각화이다. 모두 12점이 조사된 제2 제작층의 표현물은 앞서 제작된 제1 제작층과 시간적 차이에 대해서는 알 수 없다. 그러나 두층 위간의 그림이 서로 표현상의 기법, 스타일에서 차이가 있는 것으로 봐서는 어느 정도의 시차를 가진 것임은 물론, 거기에 반영된 제의의 형태도 차이가 있다는 사실은 충분히 나타난다.

곤륜산 A지점의 제2 제작층인 칠포리 B를 구성하는 것은 그림 104-a와 같은 주 암각화와 그림 104-b의 계곡 속에 있는 기울어진 바위에 제작된 것, 그리고 주 암각화의 위쪽에서 뒤로 연결된 바위 위에 새겨진 그림 104-c와 같은 것이다. 이 표현물의 특징은 소박하게 제작된 칠포리 A에 비해, 우선 그 규모 면에서 확연하게 달라져 굵고 깊은 각선을 가지고 있다. 이와 같은 형상은 전체 유적을 압도하는 힘으로 보인다.

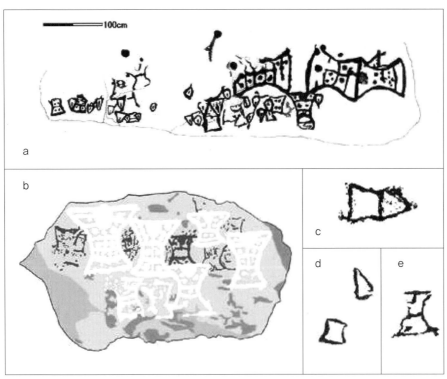

[그림 104] 칠포리 A(제1 제작층), 곤륜산, 칠포리
a.중심부의 오른쪽 암각화 b.중심부의 주 암각화
c.주 암각화의 위 부분 d, e.중심부의 우측 편 암각화

칠포리 암각화의 제작과정은 먼저 바위 표면을 단단한 도구로 쪼아서 형태를 잡은 다음, 그 각선을 따라가면서 돌과 같은 단단한 도구로 갈아낸 것이다. 이러한 점은 칠포리에서 산발적으로 분포하는 작은 규모의 검파형암각화 중 제작과정 도중에 중단된 것으로 보이는 표현물에서 확인된다. 따라서 가로 36cm에서부터 80cm 정도, 세로 39cm에서 72cm 정도 되는 그림 규모는 물론, 5cm 정도의 각선의 폭이나 깊이에서 짐작되는 제작시간과 노력은 상당하였을 것으로 보인다.

제작에 이처럼 많은 시간과 노력을 기울인 이유는 갈아 파기 기법이 바로 기원행위로 이어지며, 하나의 그림을 반복해서 갈고 문지르는 것은 주술적 의례행위로 설명될 수 있기 때문이다. 그렇다면 암각화를 제작하는 그 자체가 이미 주술적 행위이고 그 결과로 남은 것이 또 암각화라는 것인데, 칠포리에서 많은 수의 여성 성기형암각화가 조사되는 현상이나, 앞서 언급된 것과 같이 검파형암각화는 지모신 신앙과 관련된다는 사실과 관련해서 보면, 이러한 그림에서 제의표현은 역시 암각화의 제작기법에서 찾아볼 수 있을 것이다.

칠포리 B 정도 되는 규모의 그림을 5cm 이상의 각선의 폭과 깊이를 얻기 위해서는 상당한 노력이 있었다. 이것이 많은 사람에 의해 어느 한순간 동시에 이루어진 것인지, 아니면 특정의 인물에 의한 것인지는 알 수 없다. 하지만 칠포리 상두들에 있는 제단(그림 21)이 칠포리 B와 동시대의 유적이라는 전제하에서 암각화 앞의 공간과 이 제단을 볼 때, 집단적인 제의수행은 아무래도 제단에서 이루어진 것으로 보이고, 암각화유적은 특정의 소수인물에 의해 그 제작과 주술의례가 수행되었다고 판단된다.

여기서 암각화유적과 같은 신성공간에서의 특정인물과 관련하여 상징에 대한 일반적인 인식을 살펴볼 필요가 있다. 이것은 당시대에 암각화를 공유하는 모든 사람들이 암각화를 보고 그 뜻을 알았겠느냐 하는 것으로서, 이러한 물음은 제작에 특정의 인물만이 참여했을 것이라는 생각을 확인하기 위한 것이다.

신앙 활동은 오늘날에도 대부분의 종교에서 사제를 필요로 하고 있다. 사제는 종교 직능자로서 종파에 따른 전통과 형식의 계승자이며 수행자이다. 경전을 해석하며 그 실천행위로서 의식을 집전하기도 한다. 당연히 이에 따르는 권위는 그들을 신도 위에서 군림하도록 하였다. 암각화시대에 제의를 주도하고 또 그것을 제작하게 되는 인물도 오늘날의 종교 직능자와 크게 다르지는 않았을 것이다. 따라서 검파형암각화에 대한 일반인의 인식도 그것은 삶을 풍요롭게 하는 '위대한 그 어떤 것'이라고 하는 정도의 매우 일반적 상식 수준에서 그치는 것이지, 자세한 상징의 뜻이나 내용에 대해서는 별반 아는 것이 없었을 것이다. 이러한 점은 천군에 의한 종교적 영역으로 알려진 소도蘇塗가 현실정치력이 제한되는 성역으로 존재했다는 사실을 볼 때, 일정부분 이해되는 사항이다. 그것은 적어도 특정 인물이 알고 있는 상징성이나 종교적 비의秘意를 공개함으로써 거기에 따르는 권위마저 포기하지는 않았을 것이기 때문이다. 종교 직능자는 당연히 샤먼과 같은 존재로 보이는데, 그것은 칠포리와 동시대에 해당하는 경주 석장동 유적에서 샤먼 표현물이 조사되는 점에서 확인할 수 있다.

검파형암각화의 의례형태는 농경의 기풍의례와 밀접하게 관련되어 있다. 그것은 암각화의 제작이 주기적으로 반복되는 작업으로 형성되었다는 점에서 알 수 있는 사항이다. 검파형암각화가 여성신을 상징하는 신체神體로서 의미가 있기 때문에, 이를 반복해서 갈고 문지르는 행위는 주술적 관념에서 이해된다. 생산력을 지닌 존재로 인식된 신상으로서 암각화에 대한 풍요기원의 행위는, 아무래도 여성신상에 대한 성적결합을 의미하는 모방주술imitative magic적 의례행위로 이어졌다고 하겠다.

칠포리를 비롯한 검파형암각화는 서로 같은 유적에서 조사된 것도 그 형상에서 차이가 있다. 이러한 현상에 주목하여 필자는 칠포리 암각화가 이 일대 여러 농경부락을 상징하는 문장과 같은 의미가 적용되어 나타난 것이 아닐까 하는 생각을 밝힌 적이 있다(이하우 1990: 38~39). 이를 다시 말하면 암각화는 각 표현물마다 표현상의 차이가 있는데, 그것은 크기나 가로·세로의 비, 내부를 분할하게 되는 선각의 수나 바위구멍의 수가 다르다는 것이다. 따라서 이러한

차이는 유적을 중심으로 주변에서 농경에 종사하는 여러 부락의 특성이 반영
된 결과, 암각화마다 크고 작거나 서로 다른 여러 차이가 나타난 것은 아닐까
하는 것이다. 물론 칠포리 주변의 부락은 검파형암각화를 신앙 대상으로 하여
집단적 의례에도 참가하게 되는 구성원일 것이다. 이런 점은 넓은 의미에서 지
금도 북아시아 유목인들 사이에서 활용되는 탐그(тамги)나 타마그(тамаг)와 같
은 가계의 상징 마크나 유서 깊은 가문의 문장과도 유사한 측면이 있다. 그렇
기 때문에 검파형암각화에서 발견되는 표현의 차이는 이를 신앙하는 각 집단
의 성격 차이가 반영된 것이라고 말해질 수 있다.

이 시점에서 칠포리 A와 칠포리 B의 조형적 변화상을 살펴 보기로 하자.

칠포리 암각화는 2개의 표현상 속성으로 구성된 제작층을 갖고 있다. 그것
은 제작의 선후에 따라 다르게 나타난 것으로써, 그림 105는 그 2가지의 속성별
로 표 6과 같이 크기를 측정하고 측정된 수치별 평균치에 따른 비율을 기준으
로 작도된 것이다. 대부분의 측정수치는 고만고만한 범위 안에서 나타고 있다.
그렇기 때문에 산술평균으로 처리되어도 무리는 없다.

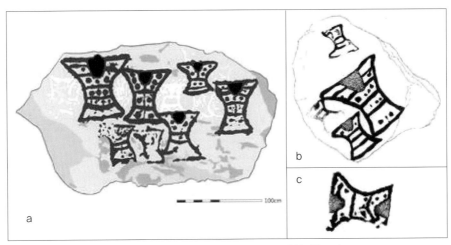

[그림 104] 칠포리 B(제2 제작층), 곤륜산, 칠포리
a.중심부 암각화 b.계곡 속의 암각화 c.주 암각화의 위 부분 암각화

도안된 그림 105에서 a, b 두 그림은 측정된 수치에 따른 구성이기 때문에 칠포리 암각화에서 초기형인 칠포리 A와 정형기의 칠포리 B를 대표하는 도안으로 생각해도 좋다. 그림 105에서 b는 도안과정에서 상단의 폭을 중심으로 한 것이고, b′는 세로 길이를 중심으로 만든 것이다. 따라서 두 그림의 크기나 형태는 아무런 차이가 없이 단지 a에서 b로 달라져가는 형태적 변화상을 비교하여 살펴보기 위한 것일 뿐이다.

필자는 그간 한국 암각화에서 조사된 표현물을 제작시기별로 구분해서 보고자 하였다. 그것은 암각화의 보다 정교한 연구를 위한 것이라고 하겠는데, 그것은 표현물의 겹쳐지고 중복된 상태를 살펴봄으로써 알 수 있는 현상이다.

제작 시차에 따르는 층위 분석은 칠포리 암각화에서도 그러한 작업을 수행한 바 있는데, 앞에서 제시된 그림 103과 그림 104는 시차별로 구분된 제작층이다. 그렇다면 제1 제작층은 그림 105-a로, 제2 제작층은 그림 105-b(또는 105-b′)로 대신할 수 있다고 하겠다.

[표 6] 칠포리 제1제작층과 제2제작층 측정값의 비율

	제1 제작층					제2 제작층				
	상 단	세 로	하 단	허리폭	상단:하단	상 단	세 로	하 단	허리폭	상단:하단
1	13	16	15.5	11	1:1.19	82	71	56	34	1:0.6
2	55	75	55	31	1:1	58	61	46	26	1:0.69
3	17	21	16	14	1:0.94	46.5	37.5	36.5	21	1:0.78
4	34	43	27	20	1:0.8	47.5	61	38	24	1:0.8
5	60	66	54	32	1:0.9	51	49	47	23.5	1:0.92
6	50	62	44	25	1:0.88	70	75	56	34	1:0.8
7	31	35	34	19	1:1.09	95	90	63	40	1:0.66
평균	37.14	45.43	35.07	21.71		64.28	63.5	48.93	28.93	
비율	1:1.22		상단:허리 1:0.63		1:0.97	1:0.99		상단:허리 1:0.45		1:0.75

    제1 · 제2 제작층의 형태적 특징은 그림 105를 살펴보는 것으로 말할 수 있다. 그림 105-a는 상단과 하단의 길이에 대한 비율이 대체로 비슷하고, 사각형을 이루는 외형에서 양 허리부분은 완만한 타원형의 곡선을 이루며 안으로 들어가 있다. 대칭성을 구축하고 있는 표현물은 전체적으로 균형미와 안정감을 잘 갖추고 있다. 내부에는 선각을 새겨서 공간을 구분하였는 데, 제1 제작층에서는 그것이 없는 것도 있고 서너 개의 선각이 있는 것도 있으나, 한 개만 나타나는 것이 다수 있어서 이것은 이단병식 석검의 손잡이와 동일한 형태로 보인다.

    그림 105-a는 제1 제작층의 표본 그림이지만, 이것은 동시에 검파형암각화에서 가장 이른 형태이기도 하다. 그렇기 때문에 검파형암각화 전체에 대한 표현상의 속성으로 작용하게 되는 형태라고 할 것이다. 이후로 이어지는 전 유적의 표현물은 이와 같은 속성 아래에서 제작된 것으로, 이러한 것은 포항 칠포리를 비롯하여 경주 석장동, 경주 안심리, 영천 보성리, 고령 안화리, 고령 양전동, 고령 지산리, 남원 대곡리와 영주 가흥동에서 공통적으로 발견되는 사항이다.

    초기형인 그림 105-a와 정형기의 그림 105-b(또는 105-b′)의 차이점이라고 한다면, 우선 가장 큰 변화는 표현상으로 각 부분의 비율이 달라졌다는 것이다. 그림 105-a에서는 상단과 하단의 폭이 그리 큰 차이가 없지만, 그림

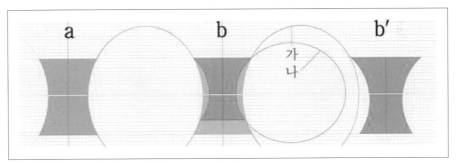

[그림 105] 칠포리 암각화의 각 부 비율에 따르는 형태분석
a.제1 제작층 b.제2 제작층-상단 폭 기준 b′-세로 길이 기준

105-b에서는 일정한 폭만큼 상단이 더 넓어졌다.

측정값에 따르면, 상단과 세로 폭의 비율은 그림 105-a에서 1:1.22, 그림 105-b는 1:0.99로서, 그림 105-a에 비해 그림 105-b에서 상단의 넓이는 약 19% 정도 커지면서 이 부분의 비는 거의 비슷해졌다. 그러나 상단과 하단의 폭은 그림 105-a가 1:0.97, 그림 105-b는 1:0.75로서 두 표현물 간의 차이는 하단이 약 23% 정도 현저하게 좁아진 것으로 나타난다. 허리 폭은 그림 105-a가 1:0.63이고, 그림 105-b는 1:0.45이다. 그 차이는 약 29% 정도가 좁아졌다. 이 부분에 대해서는 그림 105에서 허리 표현을 만들기 위한 원으로 나타냈는데, 그 차이는 '가'와 '나' 정도의 차이로 나타난다고 하겠다.

도면상으로 나타나는 두 표현을 비교해 보면, 그림 105-a는 상·하단의 비는 거의 같다. 넓이에 비해 긴 세로 길이와 상하 좌우 어디로 놓아도 대칭적인 형태는 이를 안정적인 표현으로 받아들이게 된다. 하지만 그 안정감을 넘어서는 긴장감과 같은 느낌은 전혀 받을 수가 없다.

여기에 비하여 그림 105-b는 그 형태적 특징으로 좌우가 서로 대칭을 이루고 있고, 상단과 세로 길이의 폭은 그 차이를 느낄 수 없이 거의 비슷하게 달라졌다. 허리부분을 만드는 곡선은 완전한 원으로 나타난다. 그림 105-b의 특징적 면모에서 좌우 대칭적 형태는 제1 제작층의 그림 105-a의 하단 폭에 비하여 상단의 폭이 보다 넓어지고 허리는 좁아졌다. 이렇게 되면서 다만 안정적이기만 하던 형태는 전반적으로 크게 긴장감이 고조되면서 시각적인 집중성과 안정감, 그리고 긴장감까지 고루 갖추게 되었다.

형태에서 나오는 조형적 측면을 살펴보면, 시각적 부분에서 시선은 하단에서부터 그 허리를 거쳐 상단으로 따라 올라가게 하는데, 허리부분에서 긴장해서 따라가던 시선은 좁은 허리를 지나면서부터 팽창감이 커지더니 결국 상단에서 폭발적인 상승감으로 고조되면서 마무리되었다. 표현물의 외형을 따라 사람의 시선이 따라가는 것을 시각적 운동감이라고 한다면, 그림 105-b에서 운동감은 한껏 커졌다. 그 차이는 '가'와 같은 타원형의 원에 비해 '나'의 완전한 원의 형태로 만곡이 보다 심해져서 나타난 정도의 차이라고 할 수 있다. 이 검파형암각화가 신앙의 대상물이라면, 이러한 긴장감이 흐르는 모양새는 기원자의 갈망이 암각화 표현을 통하여 그 대상에게 훨씬 잘 전달될 수 있게 된 형태적인 완성이라고 할 것이다.

형상 측면에서 가장 큰 변화라고 한다면, 그것은 무엇보다도 이전에 비해 보는 사람의 시각적 측면을 한층 고려한 것이라고 하겠다. 우선 좌우 대칭이라는 측면에서 살펴보면, 대칭적 형태는 보는 사람의 시각적이고도 정신적인 집중을 요구하는 형태로서, 그렇게 상단은 넓어지고 하단은 좁아지면서 전반적으로 안정감과 긴장감을 동시에 가지게 되었다.

이렇게 하늘을 향해 펼쳐지는 느낌이라든가 깊어진 허리만곡이 만들어내는 긴장감의 고조와 같은 변화를 초래한 바탕에는 무엇이 있을까? 여기에는 그 이전단계와는 달라진 환경적인 배경이 있을 것인데, 그것은 적어도 사회의 발전에 비례한 신앙의 규모가 야기한 변화로서 받아들여질 수 있다.

사회규모와 생업활동의 성장은 단지 삶의 공간이던 주변 환경에 대하여 보다 집중하게 되었는데, 이러한 현상은 시간과 공간, 환경에 대한 사고전환을 야기하였다. 이념적이면서 종교적 문제는 점차 신앙행위의 반복공간을 요구하였으며(이성주 2007:71~101), 이러한 시점에 그 하나의 구현된 현상으로 B.C. 5~4세기 경 한반도 남부지방에서는 묘역식墓域式고인돌이 출현하는데, 칠포리에서 상두들의 제단과 같이 이곳에도 묘역식고인돌이 등장하였다고 한다면, 이 시기에 예배의 대상이면서 또한 주술의 대상이라고 하는 암각화의 의미 확대는 드디어 검파형암각화에 대한 조형적 변화를 촉진하게 된 것이라고 말할 수 있다. 따라서 그 표현도 발전적으로 변하면서 주술의 대상으로서의 암각화는 드디어 경배대상으로 신상을 '바라본다'고 하는 시각적 측면까지도 고려된 것이라고 할 수 있다. 결국 검파형암각화의 조형적 변화가 이루지면서 드디어 칠포리에서 검파형암각화가 완성된 것이다.

②석장동 암각화

앞에서는 칠포리 암각화에 대한 층별 분석과 거기에 따른 제의표현을 찾고
자 하였다. 칠포리의 A·B 두 층위를 비교해 볼 때, 규모면이나 주술 또는 제의
적 표현이라는 측면에서 제1 제작층인 칠포리 A보다 제2 제작층인 칠포리 B에
와서 정형화되고 전반적으로 점차 고르게 정돈된 형태를 보여준다. 그러나 칠
포리와 선후 구분이 어려운 경주 석장동은 칠포리와 분명하게 차이가 있다.

먼저 입지적 요소에서 크게 다르다. 칠포리가 작은 계곡 속의 서북향의 유
적인 데 비하면, 석장동은 햇빛이 항상 비치는 곳으로 보다 밝은 공간을 선택
하였다. 특별한 의미가 있는 암각화의 환경이 다르다는 것은 의식을 지배하는
문화적 여건이 두 지역에서 벌써 차이가 있다는 점을 말한다고 하겠다.

표현물의 구성요소라는 측면에서 보면 석장동도 다채로운 표현물이 등장하
고 있다. 검파형암각화나 석촉문양이 있고, 여성 성기형암각화와 동물 발자국,
사람 발자국이 있다. 또 다른 표현물로는 사람과 동물, 그리고 배의 형상도 조
사되었다.

여기서 경주 석장동의 제의적 표현과 그 내용이 칠포리와 또 어떻게 다른가
하는 점을 살펴보기로 하자. 눈에 띄는 가장 큰 차이점은 무엇보다도 구상표현
물인 한 점의 사람과 동물이 조사된다는 것이다. 사실 검파형암각화 유적에서
구상형태의 표현물은 몇 점의 석검과 성기형암각화를 제외하고는 거의 조사된
적이 없다. 그런 의미에서 석장동에서 사람과 동물이 조사된 현상은 매우 인상
적이다.

사람은 사지를 벌리고 서 있는 정면 모습이다. 이 사람은 그림 106에서 a와
같이 한 점의 검파형암각화 위에 서 있는 모양으로 표현되었다. 앞에서 샤먼의
표현상 특징이 정면성의 사지 벌린 자세라고 규정된 것처럼, 석장동의 사람도
정적인 자세로 사지를 벌리고 서 있으면서 정면성을 지니고 있기 때문에 이것
은 샤먼을 나타낸 것이다.

석장동에서 샤먼이 조사된다는 사실은 자연의 힘을 조작하기 위한 주술적

효능을 믿는 문화에서, 그것이 초자연적 존재를 믿는 신앙형태로 바뀐 것으로 보인다고 한 앞서의 논의를 확인하는 표현물이다. 따라서 석장동에서 암각화의 신앙의례는 샤먼이라는 종교 직능자에 의해 주도된 것으로 나타난다. 이 표현물은 그것이 검파형암각화 위에 서 있기 때문에 샤먼보다 상위개념의 존재를 묘사하였을 가능성도 있다.

석장동 표현물에 대하여 좀 더 살펴보기로 하자. 사람 옆에는 동물도 한 점 조사되었다. 동물의 형태는 긴 허리에 꼬리는 수평으로 뻗어 있고, 두부는 명확하게 나타나지 않았다. 그런데 이 동물은 4개의 다리가 있고, 그 발끝이 동그랗게 묘사된 특징이 있다. 한국 암각화에서 울산 천전리 암각화의 일부, 그리고 반구대암각화도 동물로 구성되는 유적이지만, 발굽이 동그랗게 표현된 동물은 한 점도 나온 적이 없던 표현물이다. 그러나 이러한 것이 고르노 알타이의 차강가(Чаганга)와 같은 암각화유적에서 다수 발견된 바 있는데, 차강가에서 네 발이 동그랗게 묘사된 동물은 모두 소나 말·낙타와 같은 가축에게서 찾아볼 수 있는 현상이었다. 석장동의 동물은 그 종을 알 수 없는데, 수평으로 뻗은 긴 꼬리를 봤을 때 이것은 육식동물의 특징을 보여주는 것이다.

석장동 유적 전면에서는 동물 발자국과 같은 표현물이 많이 분포하고 있다. 발굽이 동그랗게 묘사된 동물과 이 동물 발자국형 암각화는 아무래도 불가분의 관계가 있을 것으로 보이는데, 이처럼 동물 발자국과 같은 것을 새긴다는 것은 풍요와 직결되는 사항이다. 동물의 발이 특별히 강조된 것도 발자국과 연관되는 풍요의미로서, 동물 종의 풍요와 생식의 의미로 그런 표식을 나타낸 것이 아닐까 하는데, 나아가서 석장동에서 조사된 여성 성기형암각화나 동물 발자국, 그리고 사람 발자국도 같은 의미에서 바라볼 수 있을 것이다.

사람 발자국의 경우, 예컨대 『삼국유사三國遺事』 기이奇異편에서 '강원이 한 거인의 발자취를 밟고서 기를 낳았다(姜嫄履跡而生弃)'고 하는 내용과 같이, 동물 발자국도 동일한 의미에서 생식과 관련하여 그 본질에 접근할 수 있을 것이다. 이 점에 대해서는 다른 연구자도 역시 종족번식과 동물의 풍요를 빌고자 하는 데서 비롯된 표현물로 보고자 한다(임세권 1994: 134; 장명수 1996: 74).

석장동에는 여성 성기형암각화도 5점 발견된다. 성기형암각화는 칠포리와 같은 형태로, 예각이 둔화된 역삼각형의 중심에 작고 길쭉한 홈을 새긴 것이다. 그 중에서 두 점은 그림 106에 제시되었으며, 나머지 3점은 동물 발자국과 함께 배치되어 있다.

여성 성기형암각화가 새겨졌다는 것은 여성에 대한 생식능력의 숭배와 같은 것이고, 이러한 숭배는 농경사회의 전형적인 지모신 숭배나 농경의례와 관련이 깊은 것으로, 여성 성기형암각화와 발자국암각화가 함께 보인다는 것은 이것이 풍요를 기원하는 의미에서 제작된 것이라는 점을 알 수 있게 한다.

석장동에는 그림 106-b와 같이 두 점의 배도 조사되었다. 배는 반구대에도 여러 점이 조사되고 있지만, 칠포리형 암각화와 같은 구조적 형태의 암각화유적에서는 발견된 적 없던 표현물이다. 석장동에서 가장 왼쪽 그룹에서 조사된 배는 가로 선각 위에 승선인물을 나타낸 짧은 선각이 있다. 상단의 배에는 4명의 승객이 있고, 하단의 배에는 6명이 있다.

배 표현물에 대한 성격으로 이것이 반구대의 경우, 고래사냥과 밀접한 관계에 있는 것으로 분석된 바 있다(이하우, 2007b: 38, 64). 마찬가지로 석장동 암각화는 그 앞의 절벽 아래로 형산강이 흐르고 있는데, 이 강이 수운에 활용될 수 있는 규모라는 것을 감안한다면, 이 배 역시 강을 통한 이동수단이나 어업과 관련된 표현으로 볼 수 있다. 아울러 형산강의 하구는 영일만으로 이어지기 때문에, 석장동의 주인공들도 선박 건조기술이나 해운과 관련하여 선진기술을 보유하였을 가능성이 크다.

그러나 외면할 수 없는 사항 하나가 암각화로 표현된 배는 사자의 영혼을 영계로 보내기 위한 영혼의 배와 관계가 깊다고 보는 견해가 한국은 물론, 북아시아에서도 폭넓게 나타나는 점(김길웅 1994: 4; 이하우 2010: 39~50; 장명수 1995: 94, 1999: 46, 56; 황용훈 1987: 215; Мартынов А. И. 1966; Пяткин Б.Н. · Март ынов А.И. 1985: 44, 60~61, 73~74; Заика А. Л. 2008а: 54~55)이다. 이를 고려하면, 단순히 생활상과 관련된 것만으로 보기에는 여러 부분에서 부족한 점이 있기 때문에 배와 같은 표현물은 다각적으로 분석되어야 할 것이다.

그림 107은 울산 반구대암각화를 위시하여 북아시아의 여러 지역에서 조사된 배 표현물이다. 그림 107-a, b, c, d, e는 반구대에서 조사된 배로서, 여기서 그림 107-d를 제외하고는 모두 고래잡이와 관련된 배로 판단되는 것이다.

하지만 석장동에서 조사된 배는 이와 다른 형태로 나타나고 있다. 상류를 바라보고 제작된 배는 가운데에 여성 성기형암각화를 두고 그 위·아래에 각각 한 척씩의 배가 구성된다. 성기표현과 배가 함께 구성되는 것은 서로 아무 관련성 없이 제작되지는 않았다고 본다. 두 표현물이 불가분의 관계를 가진다고 한다면, 여성 성기형암각화가 갖고 있는 상징성과 배는 당연히 함께 고려되어야 할 것이다.

석장동의 배 표현물을 이해하기 위하여 북아시아의 여러 지역에서 나온 배를 참고할 수 있다. 그림 107에서 f는 아무르 강 하류의 깔리노프까에서 조사된 여러 척의 배로서 그 사이에 인면형태의 가면이 있는 것이다. 그림 107-g는 레

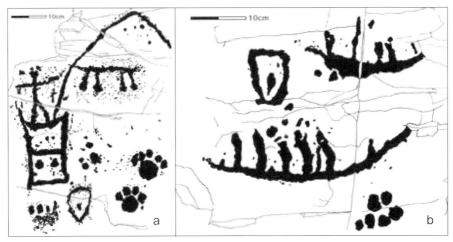

[그림 106] 석장동 사람, 동물과 배 표현물

나 강변의 쉬쉬키노에서 조사된 것이다. 이것은 유적의 가장 높은 곳에 여러 척의 배가 나란히 그려진 것 중 하나로서, 배 아래에는 이 배를 떠받치는 것과 같은 자세의 사람이 묘사되어 있다. 그림 107-h는 앙가라 강 하류에서 나온 것인데 배 위에 뿔 달린 사람이 서 있다. 그림 107-i와 107-j는 예니세이 강의 샛강 뚜바 강변에 있는 샬라볼리노 유적으로서, 이곳에서는 많은 수의 배 표현물이 있는데, 필자의 조사에 의하면 유적의 일부분에서 무려 14척의 크고 작은 배가 조사된 곳도 있다. 배 위에는 동물이나 사람을 싣고 가는 사공이 함께 표현된 것이 있고, 양 팔의 묘사가 없는 사람이 승객으로 표현된 배도 있다. 그림 107-i, 107-j 두 표현물은 모두 사람이 올려다봐야 하는 높은 곳에서 조사된 것이다. 그림 107-k와 107-l은 아무르 강변의 사카치 알얀과 쉐레메찌예프스꼬예에서 나온 것이다. 그림 107-k는 배 아래에 인면형태의 가면이 있고, 그림 107-l은 배 위에 태양신상과 같은 것이 함께 표현되었다.

배가 영혼과 관련되고 특히 강 상류는 조상의 세계로서 사자의 영혼은 조상에게 되돌려 보낸다고 하는 것이나, 물이 흐르는 것과 같이 영혼은 재생한다고 이해해 온 연구자는 마르뜨이노프 A. И.와 패트낀 Б. Н.이다. 최근에는 사자의 영혼을 저승으로 되돌리기 위한 정해진 시점이 있다는 주장이 제기된 적 있다(자이카 A. Л. 2008).

그림 107에서 배는 모두 다른 동물이나 기물, 사람과 함께 조사되고 있는데, 그림 107-a, b, c, e는 이것이 생업과 관련된 표현물이라는 것을 알 수 있다. 그러나 그림 107-f, g, h, i, j, k, l은 함께 조사된 표현물로 가면이나 양 팔에 대한 묘사가 없는 사람·동물, 그리고 뿔 달린 사람과 태양신상과 같은 범상치 않은 표현물이 함께 묘사되어 있다.

마르뜨이노프는 샬라볼리노의 그림 107-i, j와 같은 배는 선조들의 나라로 가는 배라고 설명하면서, 배에 탄 사람은 이미 죽은 자들의 영혼이라고 하였다. 이러한 점에 대해서는 자이카 A. Л.(2008:87)도 같은 생각인데, 그림 107-g, 107-j와 같이 배에 탄 사람에게 양 팔이 묘사되지 않은 점에 대하여, 팔 또는 다리가 없는 모습으로 그려져 있는 배 위의 사람은 이미 죽은 사람의 영혼이기 때문이라고 한다. 또한 머리에 뿔 있는 관을 쓴 사람은 사자들의 안내자로서, 마치 고대 그리스신화에서 죽은 이들을 배에 태우고 강을 건너, 내세의 세계로 데려다 주었던 카론Charon과 같은 인물로 이해하고 있다.

자이카 A. Л.는 이와 같은 배 표현물이 단순한 형태의 그림이지만 그 내용은 당시대 사람들의 세계관에 대한 깊은 의미를 담고 있다고 보고, 배를 포함한 인물들은 우주의 순환주기, 즉 일출과 일몰, 계절의 변화, 죽음과 부활 등의 의미를 가진다고 하였다(자이카 A. Л. 1996, 2008: 87).

석장동과 반구대, 그리고 북아시아의 여러 배 표현물을 비교해 보면 배라는 기물은 그 형상에서 크게 다르지 않은 형태이지만, 사람표현에 있어서는 차이

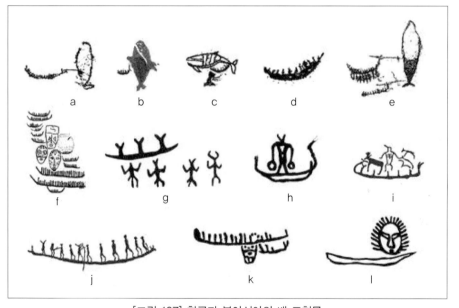

[그림 107] 한국과 북아시아의 배 표현물
a~e.울산 반구대, 이하우 f.깔리노프까(Калиновка, Нижний Амур)
g.쉬쉬키노(Шишкино, Рена) h.앙가라 강 하류(Нижней Ангары)
i, j.샬라볼리노(Шалаболинская писаница) k.사카치 알얀(Сакачи-Алян)
l.쉐레메찌예프스꼬예(Шелемежиюепскоюе, Нижний Амур) Заика А. Л.

가 크다. 우선 사람의 체적을 보면, 반구대의 사람은 그 크기가 배에 비하여 작게 묘사되었으나 석장동과 북아시아에서 조사된 배에 탄 사람은 배 규모에 비해 사람의 존재감이 뚜렷하다. 반구대에서는 선수에 작살잡이가 서 있는 것조차 잘 묘사되어서 이것이 고래사냥 장면이라는 것을 충실히 말해주고 있다. 하지만 다른 곳의 그림은 한 명의 사공이 노를 젓는 표현 이외에는 이렇다 할 동작묘사가 나타나지 않았다. 대부분의 배는 함께 묘사된 다른 표현물, 예컨대 성기형암각화나 가면, 손을 뻗어서 배를 받치고 있는 존재, 뿔 달린 사람과 같은 것이 배와 함께 표현되어 있다. 배와 같이 나타난 사람이나 사물은 함께 구성되는 배의 성격을 일정부분 말해주고 있다고 하겠다.

　　북아시아 지역 연구자의 견해에서 일차 언급된 것과 같이, 배에서 우리는 사자에 대한 장송의례와의 관련성을 찾아볼 수 있다. 우리나라 민속에서 배와 관련된 의례를 떠올려 볼 때, 전북 부안 위도의 전통문화 띠배놀이와 같은 것을 생각할 수 있다. 위도 띠배는 뱃사람들의 풍어를 기원하며 풍족하고 안전한 삶을 위해 재액이나 질병과 같은 궂은 것을 모두 태워 보내고, 삶의 위해요소를 제거하는 상징성을 지닌다. 무속의례나 불교의 천도제에서도 용선은 사자의 영가를 저승에 안전하게 모셔가는 역할을 한다. 바로 이러한 의식은 영혼을 안전하게 피안彼岸의 세계로 보내고자 하는 생각에서 민속의례로 전승되어 온 것이다.

　　이와는 차이가 있겠지만 석장동의 배가 북아시아의 배와 같이 다른 표현물과 함께 조사되는 것처럼, 여성 성기형암각화와 동반된다는 점은 이것이 단지 강을 통한 이동수단이나 어업과 관련된 표현으로 보는 것을 경계하도록 한다. 여성 성기는 농경사회의 의례와 관련이 깊은 것으로서, 이것은 여성이 갖는 고유기능 때문에 풍요다산의 원리로 작용하였다. 이러한 성기형암각화가 배와 함께 묘사된 것은 그 상징성에서 생명의 탄생과 재생의 원리를 발견한 데 따른 것이 아닐까 한다.

　　성기형암각화가 그 성격의 또 다른 일면을 보여준다고 생각되는 것이 있다.

이것은 밀양 안인리의 고인돌 시굴조사에서 여성 성기형암각화가 한 점 조사된 것이다. 그림 43과 같이 나타난 성기형암각화는 고인돌의 상석에서 나온 것인데, 일종의 분묘에서 여성 성기형암각화가 출현한다는 것은 이것이 생명을 불어넣는 재생력으로 작용하는 것이 아닐까 하고 생각하게 된다.

여성은 단 한 차례의 출산으로 모든 생리기능이 끝나지 않는다. 얼마간의 회복기 이후 또 다시 수태가 가능하기 때문에 그것은 재생력을 갖는다. 이러한 여성의 상징물은 고인돌의 피장자가 생명을 얻어서 또 다시 이 세상으로 돌아오기를 기원하는 데서 나타났을 가능성이 있다. 석장동의 배도 동일한 기능적 욕구에서 비롯되었다고 한다면, 여기에 표현된 배는 영혼을 실어 나르는 배요, 영혼을 조상의 세계로 모셔가고 또 다시 새 생명을 갖고 이 세상에 돌아와야 하는 영혼의 배이다.

결국 이러한 표현은 영혼회귀와 관련된 것으로서, 석장동의 배는 반구대에서 나타난 고래잡이 배와는 전혀 다른 양상의 표현물이다. 그것은 영혼을 영계로 되돌리려는 의식에서 나온 장송의례와 관계 깊은 표현물이라고 정리될 수 있다.

칠포리 암각화가 의례 참가부락의 특성이 담긴 상징문장과 같은 성격을 갖고 있으며, 이곳의 제의적 요소는 초기의 칠포리 A단계에서는 성기숭배와 풍요기원과 같은 의미가 있었으나, 칠포리 B단계에서는 신상에 대한 성적결합을 의미하는 모방주술이 적용되었다고 할 수 있다. 그렇다면 칠포리와 비슷한 시간대의 석장동에서 제의적 요소는 어떻게 정리될 수 있을까.

칠포리에 비하여 석장동 암각화에서 주술은 절제된다. 그 대신에 검파형암각화를 비롯한 여러 표현물은 기원의 대상물처럼, 성기형암각화, 또는 사람이나 동물의 발자국과 같은 종족번식이나 풍요기원 성격의 표현물이 보이고, 또한 사자를 영계로 보낸다고 하는 영혼의 배와 같은 자료도 발견된다. 이곳에서는 샤먼과 같은 존재가 등장함에 따라, 의례수행의 집전은 당연히 샤먼이 그 중심축이 되었다. 또한 입지적인 면에서는 여전하게 폐쇄적인 장소이긴 하지만, 칠포리의 음습한 계곡과는 다른, 보다 밝은 남향의 광명계를 선택하였다는 점이 두드러진다.

칠포리 A와 같은 곳에서는 농경에서 풍요를 빌고 주술행위를 해 오던 신앙형태의 유적이 석장동에서는 삶과 죽음과 같은 다양한 욕구를 해결하기 위한 종합적 제장으로서의 면모로 일신된다고 할 수 있다.

③보성리 · 안화리 · 양전동 암각화

환경적 측면에서 암각화유적을 살펴보면, 형산강 수계를 벗어나 영천 보성리나 고령 안화리, 양전동, 그리고 대곡리로 가면서 입지는 점점 더 개방적으로 바뀌어가는 양상이 발견된다(그림 108, 그림 109). 초기 서북향의 계곡과 절벽 위에서, 보다 밝고 햇빛 가득한 열린 공간으로 달라져가고 있다는 양상은 암각화의 기능이 점진적으로 변해가는 것을 반영한다고 하겠다. 암각화의 환경변화를 살펴보면, 초기에 해당하는 칠포리는 작지만 깊숙한 계곡을 연한 곳에 있다. 석장동 역시 접근하기 어려운 가파른 절벽 위를 선택하였다. 이러한 환경은 점차 밝고 개방적인 곳으로 달라져가는데, 계곡이나 절벽과 같은 곳에서 들판이나 강변으로 이동하였으며, 그리고 다시 들판의 야트막한 작은 봉우리로 자리를 옮기고 있다. 하지만 환경이 변해감에도 불구하고 결코 이 신성지역은 쉽게 접근할 수 있는 곳은 아니었다.

환경적 변화는 암각화의 표현에도 영향력을 끼친 것으로 보인다. 석장동의 일부 표현물에서나 보이던 짧은 선각은 환경적 변화에 따라 보성리 암각화 단계에서는 보다 많은 표현물에서 그것이 나타나기 시작하였다. 안화리에서는 한층 발전된 양상을 보이더니, 양전동에 이르러서는 전반적으로 고르게 표현되고 있다. 그러나 이러한 변화에도 불구하고 그 기본적 제의성에 있어서 성격 자체는 큰 변화가 초래된 것 같지 않다. 하지만 규모면에서 보다 균제되고 고른 크기로 나타나던 암각화가, 양전동 단계에 와서는 상단과 좌우 측면에서 번쩍번쩍 광채가 나는 것과 같은 선각으로 나타난다. 이것은 종래의 유적이 갖고 있던 폐쇄적인 면을 버리고 개방적이 되면서, 따라서 표현물도 '보여진다'고 하는 시각적 측면이 강조되기 시작하였다는 것을 말하는 것이다. 이러한 시각적 측면의 고려는 검파형암각화가 파급되어가는 과정에서 지리적·환경적·문화적 요인으로 해서 본성이 변하고, 그 과정에서 빛을 발하는 것과 같은 요소가 부각된 것으로 보인다.

이러한 변화에 맞춰서 당초 풍요를 위한 신앙 상징물이던 암각화는, 차츰 사람의 삶의 과정에서 간구하고자 하는 목적에 따라 그 제의의 대상조차 세분화되고 달라져가는 양상이다. 이러한 점은 무엇보다도 양전동에서 검파형암각화와 함께 동심원암각화가 나타난다는 점을 간과할 수 없기 때문이다.

검파형암각화와 동반되는 동심원암각화는 안화리에서 처음 나타나는 것이다. 그러나 안화리에서는 동심원암각화 위에 다시 검파형암각화가 중복된 양상으로 조사되었기 때문에 존재감은 별로 드러나지 않는다. 하지만 양전동에서는 두 형태의 암각화가 서로 별도의 공간에 부각되고 있어서 검파형암각화나 동심원암각화 모두 동일한 존재감으로 나타나고 있다. 동심원암각화는 안화리에서 한 점이 있고, 양전동에서는 모두 4점이 조사되었다.

동심원암각화에 대해서는 이미 천전리의 제의표현을 분석하는 가운데 그 성격에 대한 분석을 수행한 바 있다. 앞서 있었던 분석에 의하면, 동심원암각화는 물 또는 비와 매우 깊은 관련성이 있다. 이러한 것이 암각화유적은 물론, 입석이나 고인돌, 그리고 고인돌의 하부구조에서도 나왔다. 필자는 동심원암각화가 물의 상징문양이라고 판단하기 때문에, 이와 같은 곳에서 의례 중 가장 중요한 의례의 하나는 역시 갈수기에 하늘에 비를 바라는 기우제와 같은 형태였을 것으로 판단한다. 결국 동심원암각화는 이러한 의례에 활용하고자 새겨진 것이라고 하겠다. 동심원암각화는 일상생활은 물론, 농경에서 순조로운 물의 공급을 바라는 중요한 의제를 위한 것이며, 또한 곡물의 성장을 빈다고 하는 의미도 잘 간직되어 있다.

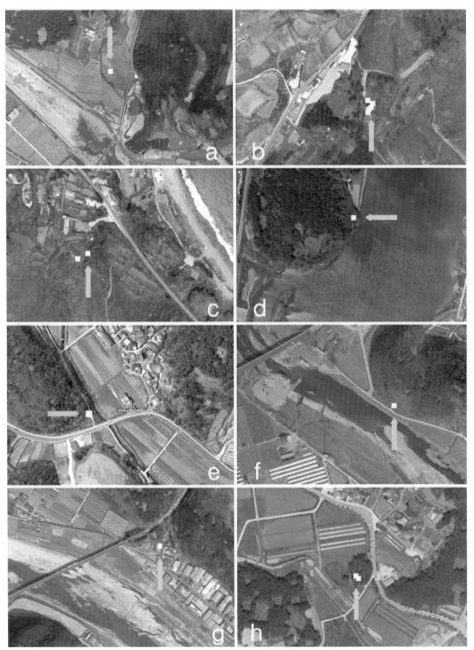

[그림 108] 검파형암각화의 환경적 요인
a.포항 인비리 b.포항 칠포리 곤륜산 A지점 c.포항 칠포리 곤륜산 A지점
d.경주 석장동 e.영천 보성리 f.고령 안화리 g.고령 양전동 h.남원 대곡리

안화리나 양전동에서 조사된 동심원암각화의 제의적 형태는 기우의례로 말할 수 있다. 검파형암각화가 농경에서 풍요기원의 신앙대상이라는 의미와 비교해 볼 때, 암각화유적에서 제의형태는 나날이 발전해갔으며, 결국 기원자가 무엇을 원하고 바라는가 하는 기원의 목적에 따라 그 대상도 보다 구체성을 띠고 나타났다고 하겠다. 따라서 기우제와 같은 목적기원의 대상으로 나타난 것이 바로 동심원암각화이다.

④ 대곡리 암각화

남원 대곡리 암각화는 한국 암각화 중 유일하게 전라북도에서 조사된 유적이다. 남원과 같은 곳에서 칠포리형 암각화가 나타난다는 사실은 이 암각화 주인공들이 지리산과 같은 험한 곳을 넘어서 멀리까지 진출했다는 사실을 말하는 것이다.

암각화가 있는 남원 대산면 대곡리는 크고 작은 산으로 둘러싸여 있는 곳이다. 경상북도에서 이곳까지 현재의 접근로를 살펴보면, 가야산(1,430m) 남쪽을 지나 덕유산(1,614m)과 지리산(1,915m) 사이를 통과하도록 되어 있다. 물길을 통해서는 남강이나 금강 수계권에 속한다. 이와 같은 물길이나 산길이 과거와 동일한 루트는 아니라고 하더라도, 옛길이라는 것이 짐승이 다니던 길을 따라 사냥꾼이 다니고, 그 길이 점차 커지면서 보다 많은 사람들이 지나다니는 길이

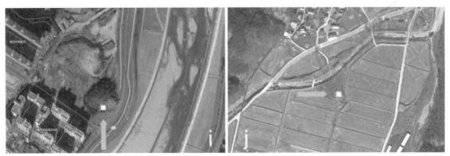

[그림 109] 검파형암각화의 환경적 요인
i.영주 가흥동 j.경주 안심리

되어 바야흐로 근대에 이르렀다고 할 때, 현재의 루트가 과거와 전혀 다른 양상은 아니었을 것이다.

암각화는 남원 대곡리에서 A·B 두 개의 그룹으로 분포한다. 두 그룹은 모두 그 이전 시기에 비하여 규격면에서 커지면서 형태상에도 차이가 있다. A·B 두 그룹 사이에는 표현상의 차이가 있는데, 그 이유는 그림 양식상 제작단계의 차이에서 나온 것으로 보인다. 대곡리 B는 양전동 다음으로 자연스러운 발전단계를 거쳐서 형성된 것으로 보이지만, 대곡리 A는 그림의 구성상 어떤 단계를 거쳐서 이곳에서 다시 굵은 선각의 검파형암각화로 나타난 것인지는 알 수 없다. 두 그룹 간에 어떤 것이 선행된 것인지도 정확하게 규정할 수 없다.

먼저 대곡리 A에 대하여 살펴보면, 대곡리 A는 그 이전의 여러 표현물과도 다르게 검파형암각화의 외곽선이 이중으로 둘러져 있고, 중간 구획선을 중심으로 V자형의 완만한 선각 내부에 남성의 성기형태와 같은 모양이 있다. 아래 부분에는 삼각형의 도형 사이에 3개의 바위구멍이 있다. 삼각형은 이를 뒤집어서 보면 여성 성기형암각화와 흡사하다. 위 부분의 형상을 남성 상징물이 표현되었다고 할 때, 아래 삼각형은 여성상징의 주술적 도형이라고 볼 수 있을 것이다. 이러한 조화는 보기에 따라 두 표현물의 성적 결합을 의미하는 것으로 이해될 수 있다.

대곡리 B는 대곡리 A에서 오른쪽으로 얼마간 거리를 두고 떨어져 있는 바위에 제작된 그림이다. 새긴 각선의 깊이가 너무 얕아서, 광선이 측면에서 비추는 시간대가 아니면 알아보기도 어려운 것이다. 이러한 것은 제작이 오래 지속되지 않고 단발에 그쳤을 것이라는 점을 보여준다. 외형에서 검파형암각화라는 기본속성도 거의 남아 있지 않다. 우선 보기에 3개의 그림은 서로 다른 형태를 하고 있으며, 무엇보다도 대곡리 B가 다른 지역의 그림과 크게 차이나는 점은 양 변의 중간 허리부분이 안으로 들어가 있지 않고 그대로 하단으로 이어지고 있다는 것이다. 이것은 기본형에 대한 의미가 크게 퇴색해서 나타난 것으로 보이지만, 그 표현상 속성은 유지된 것으로 보인다. 왜냐 하면 외형과 내부의 바위구멍이라든가 상단의 홈이 그대로 묘사되고 있기 때문이다. 그러나 이미 영천 보성리나 고령 양전동을 거쳐 대곡리까지 오는 동안 당초 검파형암각화가 갖고 있던 조형성 측면은 거의 남아 있지 않다.

이것은 단지 신앙 대상으로서의 신상 이미지만 남은 것으로 보이는데, 환경적 측면에서 개방적 요소는 이전보다 확연하게 두드러진 양상이다. 그것은 대곡리 암각화가 봉황대라는 작고 아담한 봉우리 위에서 전방을 내려다보는 위치를 점하고 있으며, 그 앞은 넓은 들판이 펼쳐져 있다. 대곡리에서 이러한 장소를 선택했다는 것은 드디어 검파형암각화가 쉽게 올려다 볼 수 있도록 개방적으로 변했다는 의미를 가짐과 동시에, 이를 바라보는 자로 하여금 숭배적 의미를 갖고서 암각화를 대할 수 있도록 바뀐 것이 아닌가 한다.

이렇듯 환경적 입지, 즉 위치상의 변화는 초기의 폐쇄적 공간에서 샤먼과 같은 특정인물에 의한 의례가 베풀어지던 것이, 차츰 변하면서 대곡리와 같은 곳에서는 보다 넓은 범위의 의례 참가자가 참여하고 참배하는 신앙의례로 바뀌어갔다는 것을 암시한다. 이러한 점은 대곡리와 일정한 시간공백이 있는 영주 가흥동과 경주 안심리 암각화가 더욱 쉽게 접근되는 공간이라는 점에서 그렇게 해석될 수 있다.

⑤ 가흥동·안심리 암각화

검파형암각화는 사회·문화적 변화단계를 거치면서 드디어 소멸기를 맞이하게 된다. 여기서는 검파형암각화의 소멸단계에 제작된 것으로 보이는 영주 가흥동과 경주 안심리유적을 살펴보기로 하자.

두 지역은 일단 그림의 규모가 작고 소략한 표현으로 하여 장식적 요소도 거의 보이지 않는다. 오로지 검파형암각화가 갖고 있는 기본적인 표현상의 속성만 남은 것인데, 그 속성의 한 부분으로 허리의 곡선과 같은 것은 동일 유형에서 가장 북쪽에서 조사된 가흥동 암각화의 경우, 지나치게 깊은 만곡을 그리고 있다. 반면 가장 남쪽에 있는 안심리는 그것이 거의 직선에 가깝게 변하였다. 이러한 점은 그간 검파형암각화가 하나의 단일 유적에서도 서로 변화무쌍한 형태로 조사된 것에 비하면 매우 단조로워졌다고 할 수 있다. 이와 같은 양상에서 검파형암각화가 각 집단의 상징적 문장과 같은 성격이 있다는 측면에서 보면, 그간의 여러 유적이 다수의 집단이 한 곳에 모이는 공동적인 제장이었다고 하면, 가흥동이나 안심리 암각화는 개별적 단위집단에 의해 제의적 활동이 수행되었다는 사실을 말하는 것으로 보인다.

가흥동 암각화는 작은 봉우리에서 동쪽을 향한 바위에 있다. 이곳은 그 전방에 제방을 쌓아서 넓어진 곳이긴 하지만, 그 이전에도 비교적 넉넉한 공간을 끼고 있었던 곳이다. 바로 옆의 암괴에 있는 가흥동 마애삼존불과 같은 것을 볼 때, 암각화에 대한 신앙행위가 중단된 다음에도 이곳은 여전히 종교적으로 신성지역이었으며, 신앙적 배경이나 대상이 달라진 환경에서도 같은 공간에 불상이 조성되면서 신성지역의 면모는 고스란히 유지된 곳이다.

안심리 암각화는 더 넓은 개방공간을 찾았다. 유적 뒤로는 산의 구릉이 이어져 내려오고, 그 앞은 들판이 펼쳐져 있는 곳이다. 멀리 산의 연봉이 둘러싸고 있는 들판에는 암각화가 있는 바위 외에 아무런 구조물이나 지형적 표식이 될 만한 것도 없다. 이러한 조건은 바위 자체가 이미 거석숭배의 대상이었을 가능성이 있는 곳이며, 그곳에 암각화가 제작되었다.

⑥ 칠포리형 암각화의 소멸 이후의 현상

지금까지 논의된 검파형암각화를 대략 정리해 보면 다음과 같다.

칠포리나 석장동과 같은 초기의 유적은 일반적인 접근이 쉽지 않은 폐쇄적 공간에 있었다. 그렇기 때문에 소수의 특별한 존재에 의해 의례가 수행되던 암각화의 공간적 의미는, 이것이 다른 곳에서 재현되는 과정에서는 그 환경적 요인도 지역에 따라 달라져가는 양상이다. 이와 같이 폐쇄적인 곳에서 개방적으로 이동해가는 과정에서 주술과 같은 제의형태는 감소해가고, 종교의례 중심으로 바뀌어가는 현상을 발견할 수 있다.

기원의 대상은 다양화되는 양상이다. 이것은 칠포리와 석장동에서 여러 종류로 나타나는 표현물처럼 생식적 풍요와 기풍을 위한 주술의례 중심에서, 안화리와 양전동 단계에서는 표현물의 상징기능에 따라 기원하고자 하는 대상까지도 달라지는 형태가 발견된다. 그것은 동심원암각화의 등장과 같은 현상에서 기인한다.

여기서부터는 검파형암각화의 제의성과 함께 그 신앙적 현상이 암각화를 더 이상 제작하지 않게 된 후대에는 또 어떤 형태를 띠고 나타나는가 하는 문제를 생각해 보기로 하자. 검파형암각화는 일정한 시간이 되면 더 이상 제작이 이루어지지 않게 된다. 따라서 여기서는 암각화의 소멸 이후, 이 암각화의 성격이 어떤 형태로 발전해가는가 하는 문제에 관심을 두고자 한다.

이러한 점을 이해하기 위해서는 먼저 같은 유형의 암각화가 조사된 지역을 주목해 볼 필요가 있다. 그 동안 검파형암각화, 즉 칠포리형 암각화가 발견된 곳은 포항 칠포리, 경주 석장동, 영천 보성리, 고령 안화리와 지산리, 양전동, 남원 대곡리 그리고 영주 가흥동과 경주 안심리이다. 이와 같은 지역의 공통점은 우선 같은 구조의 암각화가 조사되었다는 것이고, 그리고 대부분의 지역에서 암각화의 효용가치가 끝나고 난 다음, 보다 후대에 나타나는 하나의 특별한 현상으로 여성신 또는 신모神母신앙과 같은 것이 전하고 있다는 점이다.

그 내용은 여러 문헌자료에서 찾을 수 있는 사항이다. 먼저 포항의 경우 대왕산의 운제성모雲梯聖母 설화가 있고, 경주에는 선도성모仙桃聖母 설화가 유존한다. 영천에는 골화骨火부인이 있고, 고령에는 정견모주正見母主에 대한 설화가 있다. 남원의 경우에는 지리산 성모천왕聖母天王에 대한 이야기가 전하고 있다. 이와 같은 현상은 검파형암각화가 조사된 9개의 유적이 있는 6개 지역 중, 영주를 제외한 5개 지역에서 암각화와 신모신앙이 겹쳐지는 공간이 있다는 것이다.

그런데 여기에 대하여 각각 경주권·고령권·남원권으로 구분하여 검파형 암각화와 대비해서 본 선행연구가 있다(송화섭 1993: 124~130). 그 내용은 다음과 같이 요약되는데, 그것은 농경신 또는 여성신으로서의 검파형암각화에 대한 신앙형태가 청동기시대 이래 재래신앙으로 민간에 전승되어 왔다. 그 전승되던 신앙형태는 고대국가 성립단계에서 성모신聖母神이나 신모로 숭배되고, 이것이 나중에는 국가적 수호신으로 전환해갔다고 하는 것이다.

이러한 견해는 우선 공감되는 부분이 있다고 하겠는데, 유사한 견해로서 고령 양전동 암각화와 대가야, 그리고 정견모주 설화가 불가분의 관련성이 있다고 본 장장식(2008: 83~90)에 의해서도 확인되는 사항이다.

여기서 관련사항을 검토해 보기로 하자.

먼저 인비리 암각화와 칠포리 암각화, 그리고 석리암각화가 있는 포항에 대하여 살펴보면, 포항에는 운제산 성모[三國遺事 奇異 第1 南解王條에 一作雲梯, 今迎日縣西有雲梯山聖母祈旱應]와 신광의 어래산 산신으로 이해되는 혈례穴禮 부인(최광식 1994: 238~239)에 대한 설화가 있다.

운제산 성모는 지금의 포항시 남구 오천읍과 연일읍에 있는 대왕산 또는 운제산을 중심으로 전해져 오는 이야기로서, 대왕산은 산 아래 연일지역에서 1940년대까지도 기우제를 지낸 감응력이 높았던 곳으로 알려져 있다. 이 산을 넘으면 바로 경주와 통한다. 그런데 포항에는 연오랑 세오녀 설화와 관련된 포항시 남구 동해면 도구리의 근기국勤耆國과 북구 신광면이나 흥해읍으로 비정되는 실직곡국悉直谷國, 그리고 비교적 가까운 안강읍으로 비정된 음즙벌국音汁伐國 등의 소위 국국이라고 하는 존재가 다수 기록되어 있다(이형우 2000: 74~79, 183). 물론 지근거리의 사로국斯盧國의 존재도 있다.

신라 초기 사로국의 경주에는 석장동 암각화가 있고, 이곳에는 선도산 신모(三國遺事 感通篇 仙桃聖母隨喜佛事條)에 대한 기록이 전하고 있다. 선도산 신모는 신라 건국과 관련하여 국가 호국신의 성격을 띠고 있는데, 이 역시 석장동 암각화의 신앙 형태가 후대로 전승되는 가운데 이것이 고대국가 건국과정에서 드러난 것이 아닐까 한다.

보성리 암각화가 있는 영천지역을 중심으로 삼국유사에서 전하는 내용은 골화 부인과 같은 것이다. 골화 부인은 신라 호국여신 형태로 나례·혈례와 동시에 나타나고 있는데, 이것은 골벌국을 통한 전승형태가 삼국통일의 풍운시대에 새롭게 부각되어서 나타난 것으로 보인다.

나아가서 안화리 암각화, 양전동 암각화, 그리고 봉평리 암각화가 있는 고령 역시 가야 산신 정견모주에 대한 설화가 전해오고 있는 곳이다.

'정견모주는 천신인 이비가夷毗訶에 감응한 바 되어 대가야의 왕 뇌질주일惱窒朱日과 금관국의 왕 뇌질청예惱窒靑裔 두 사람을 낳았다'고 『신증동국여지승람』 제29 고령현 건치연혁조(新增東國輿地勝覽 第29 高靈縣 建治沿革條)에서 전하고 있다. 정견모주에 대한 사항은 합천군 사묘조祠廟條에도 정견천왕사正見天王祠가 있다고 전하는 기록이 있다.

정견모주 역시 대가야 건국에 이바지하는 형태로 나타나고 있어서 이는 대가야의 성모신이요 국가 수호신으로 기능한다는 사실을 잘 알 수 있다. 이처럼 양전동 암각화를 대가야의 건국과 결부시켜 보고자 하거나, 이것이 한반도 남부지방의 초기 정치집단의 성격을 설명해주는 중요한 유적으로 보고자 하는 견해 역시 같은 시각에서 비롯된 것이다(최광식 1995; 이형우 2008).

그런가 하면 지리산에는 성모천왕이 있다. 『동국여지승람』 함양군 사묘조(東國輿地勝覽 咸陽郡 祠廟條)에는 '성모사聖母祠가 둘 있는데, 하나는 지리산 천왕봉에 있고 다른 하나는 군 남쪽 엄천리에 있다고 나와 있다. 고려 이승휴의 『제왕운기』에 이르기를, 태조의 어머니 위숙왕후라 한다(聖母祠有二 一在智異山天王峰上 一在郡南嚴川里 高麗李承休帝王韻紀云 太祖之母威肅王后也)'고 하는 기록이 있다.

이와 같은 사항을 검토하는 과정에서 우선 보기에 암각화와 신모사상과의 직접적인 관련성은 나타나 있지 않다. 하지만 암각화에 깃든 종교형태가 암각화 소멸 이후에도 해당지역에서 영속성을 갖고 유지되었을 것이라는 사실은, 종교의 강한 전승력을 생각하면 어쩌면 당연한 일인지도 모른다. 칠포리형 암각화가 세형동검문화의 도래를 맞이하는 과정에서 그것이 이형동기로 달라져갔다고 보는 필자의 입장에서, 암각화에 깃든 신앙적 권위가 새로운 세형동검 문화와 합쳐졌다고 한다면, 그것은 암각화의 소멸 후에도 오랫동안 유지되었을 것으로 보인다. 따라서 칠포리형 암각화에 대한 신앙은 농경문화라는 생활의 터전이 동일한 환경 아래에서 그 모양을 달리하면서 계속 전승되었을 것이다.

신앙 공동체를 형성하는 집단이 중심이 되어 고대국가가 성립되었을 가능성은 다른 집단에 비하면 클 수밖에 없다. 그것은 이미 종단宗團이라는 구심점을 중심으로 결집되는 속성이 있기 때문이다. 이른 단계의 국國의 우두머리가 정치적·세속적 권력 위에 일정집단의 제의행사를 주재하거나 주술을 행하며, 또는 소망하는 바를 신에게 올리는 제사장적 성격의 사제왕司祭王으로 인정된다고 할 때(鄭京喜 1990; 徐永大 1991), 그들의 신앙 대상은 적어도 초기에는 칠포리형 암각화로 표현된 농경과 관련된 신앙이었을 것이며, 세속적 권력을 형성해가는 배경에는 아무래도 암각화에 대한 신앙이 그 구심점으로 작용하였을 것이다.

다음에서 이어지는 글에서는 칠포리형 암각화의 제의시점과 암각화가 더 이상 제작되지 않게 된 원인에 대하여 분석해 보고자 한다. 한국 암각화유적은 암각화 그 자체나 환경에 이미 제의의 시점을 말해주는 내용을 갖추고 있었다고 보인다. 그렇기 때문에 이러한 사항을 분석하고, 또한 칠포리형 암각화가 제작되지 않게 되는 사항에 관하여 고민해 보고자 한다.

칠포리형 암각화는 일정한 시점이 되면서 소멸해갔다. 필자는 그 시점이 아마도 다른 표현매체가 등장하는 시기와 시간적·공간적으로 겹쳐지지 않을까 하고 생각한다. 따라서 이어지는 글에서는 다른 매체가 등장하는 시기를 맞이하여 칠포리형 암각화가 기능적으로 어떻게 달라져갔는가 하는 사항을 중점적으로 살펴보기로 한다.

(3) 칠포리형 암각화의 제의시점과 기능적 변화

① 칠포리에서 제의시점과 성격

한국 암각화유적이 신성지역으로서 이곳에서 제의가 수행되었다는 것은 분명하다. 그러나 암각화에서 제의의 형태는 물론, 그 내용도 알려져 있는 것은 거의 없다. 이를 암시하는 유적도 안동 수곡리의 수조와 같은 구조물이 의례에 물을 사용하기 위한 것이며, 또한 바위구멍과 같은 것은 거기에 장대를 박아놓고 의례가 수행되지 않았나 하는 정도의 추정으로, 보다 직접적인 자료는 없는 셈이다. 그렇기 때문에 한국 암각화에서 제의에 대한 연구는 암각화유적이나 그 주변지역에 대한 종합적이고 다각적인 조사가 수행되지 않는 한, 당분간 암각화 표현물의 분석에 의지할 수밖에 없다.

필자는 그간 칠포리 암각화에 대하여 지속적인 조사와 연구를 수행해 왔다. 이 과정에서 의구심을 갖고 보았던 한 표현물에 대하여, 이것이 지향하는 바가 혹시 칠포리와 같은 유적의 제의 시기나 시점과 관련된 것은 아닐까 하고 보게 되었다.

여기서는 한국 암각화에서, 특히 칠포리 암각화에서 제의시점과 관련된다고 판단되는 표현물에 대하여 이를 분석하고자 한다. 어차피 한국 암각화를 중심으로 하는 연구·분석이 표현물과 유적에 대한 면밀한 조사를 중심으로 진행되어야 한다면, 유적에서 이를 암시하고 있는 부분을 분석하여 해답을 찾을 수밖에 없기 때문이다. 따라서 한국 암각화에서 칠포리 암각화의 제의시점에 대하여, 조사된 내용을 중심으로 이를 밝혀 보고자 한다.

제의시기에 대한 견해를 살펴보면, 암각화가 제의의 목적에서 비롯된 것이라고 하면서도 그것이 언제 수행되었나 하는 점에 대해서는 국내 연구자들 사이에서 언급된 것이 거의 없다. 이것은 시기를 말하는 직접적인 유물 또는 유적에서 발견된 것이 별로 없었다는 사실에 기인한다.

암각화 제의의 시점은 대체적으로 수렵의 계절이나 농경에 있어서 봄의 파종기, 가을의 추수기와 관련한 계절제로서 주기적인 의례가 거행되었다고 생각해 왔다. 또한 특정 유적의 경우 입지적 측면에서 암각화가 빛과 밀접한 관계가 있기 때문에, 그곳에 태양이 비추게 되는 시점과 관련하여 일정한 시기나 계절에 수행된 것으로 논의되어 왔다. 이와 같은 연구 성과에서 그것이 수적으로 얼마 되지는 않지만 일정부분 의미 있다고 생각되는 연구는 다음과 같다.

시베리아 의례 안에서 한국 암각화의 의례를 이해하고자 한 연구는 임장혁(1991)에 의해 수행되었다. 임장혁은 반구대암각화가 시베리아의 암각화와 동일 계통이기 때문에, 그곳과 같은 조건에서 반구대암각화를 보고자 한 것이다. 따라서 반구대암각화를 중심으로 한 제의의 시기는 봄이라고 하는데, 이때는 시간이 교체되는 시기로서 봄, 즉 새해가 정기적 의례의 시기라고 한 것이다. 이때 행해지는 제의의 목적은 지난해 수렵으로 죽임을 당한 동물의 재생을 기원하고 새해의 풍요를 기원하는 의의가 있으며, 아울러 민속학적 바탕에서 전체 암각화의 의미를 풀이하면 반구대암각화는 재생과 농어農漁, 풍물風物을 기원하는 것이라고 한다. 또한 여기서 수행되는 제의는 수렵민이나 어로민의 것으로 정기적인 것과 수시적인 것으로 나눌 수 있는데, 여기서 봄의 제의는 정기적으로 행해진 것이라고 하였다(임장혁 1991: 190~193).

칠포리형 암각화에 대한 제의시기에 관한 것은 도작 농경사회에서는 계절적인 변화의 시점에 다양한 의례가 존재한다고 보는 데서 비롯된 것이다. 봄의 파종시기라든가 가을 수확기의 주기적 제의가 오늘날까지도 반복적으로 이어져 오고 있는 것과 같이, 청동기시대에 주술과 종교적 농경의례로서 암각화를 제작하면서 농경의 풍요와 생산을 기원하는 계절제가 존재하였다고 본 것이다(송화섭 1992: 134). 이와 같은 견해는 이것이 계절의 변화시점에 정기적으로 의례가 진행되었다고 보는 것으로, 그것은 생업활동이 계절 변화에 민감하게 반응되는 것이기 때문에 이 시점에 한국 암각화와 관련한 의례가 수행되었을 것이라고 한 것이다.

암각화유적의 입지조건에 주목한 연구도 있다. 그것은 암각화유적과 태양 빛의 관계에 관심을 기울인 것으로서, 한반도는 물론 북아시아와 몽골, 중국의 여러 지역 암각화유적이 동향이나 동남향이라는 조사 사실에 한국 암각화의 현상을 비교해 본 것이다. 암각화가 빛을 향해 있다는 것은 빛과 관련해서 특별한 의미 부여가 있었다고 이해되는데, 그렇다면 태양이 떠오르는 시점이나 떠오른 이후의 어느 시점이 바로 제의를 올리는 시간이 아닐까라고 하는 견해가 임세권에 의해 제기되었다. 임세권은 춘분이나 하지, 동지에 태양이 뜨는 방향과 암각화가 있는 바위에 빛이 비치는 시각과 방향은 제의와 관련해서 의미를 지닌다고 하였다(임세권 1999: 9~10).

이러한 연구자들의 견해는 일단 예상되는 제의시기에 대한 접근방법으로서, 암각화유적의 제의시기를 논한 몇 개 안 되는 연구로서 그 성과가 인정된다. 그러나 이러한 관점에서 접근은 한반도 암각화뿐 아니라 세계 암각화유적 그 어디에 적용해도 될 만한 너무나 보편적으로 작용할 수 있는 견해라는 점을 지적하지 않을 수 없다.

한편, 제의시기에 대한 것은 외국 연구자들에 의해 분석된 것도 있다(鄧啓耀 2004; Девлет М.А. 1998, 2000: 100; Jérome M. 2003: 25~29). 이를 간략하게 소개하면, 떵치야오는 중국 운남성 창원암화滄源岩畵의 하지제사와 관련해서 지금도 이 지역 주민들이 큰 나무를 세우고 어린 샤먼이 그 위를 오르내리기도 하고, 많은 사람이 그 앞에서 원무를 추는 농경의례가 암각화에 나오는 것과 같은 방식으로 진행되고 있다고 소개한 바 있다.

북아시아 암각화유적에서 가장 큰 샤먼제의는 하지날에 집중된다고 하는데, 데블레트 М.А.는 뚜바의 사얀 호수 주변에서 조사된 가면 표현물의 분석에 의해, 이곳의 의례 중에는 성년으로서 맞이하게 되는 입문식과 같은 통과의례가 중요한 의례의 하나로 하지제와 함께 수행되었다고 하였다.

표현물의 성격을 분석한 떵치야오와 데블레트 М.А.에 비하여, 암각화에서 조사된 단검 표현물의 방향을 분석하여 제의의 시점을 찾아낸 천문 고고학자도 있다. 제롬 М.은 알프스의 로야계곡에 있는 몽 베고Mont Bego, France유적을 조사하였는데, 이곳에 새겨진 단검을 분석하여 그 검 날이 향한 방향의 시점이 특정한 날자를 가리키고 있다는 점을 확인하였다. 분석에 의하면 단검이 향한 방위에 해당하는 날이야말로 이 지역 목동들이 거행하는 제의의 순간을 표시한 것이라는 연구결과를 발표하였다. 제롬 M.의 연구성과는 암각화 표현물에 대한 면밀한 조사결과로 나온 것이어서 그 의미가 자못 크다고 하겠으며, 동시에 제롬 M.의 견해는 칠포리에서 조사된 한 표현물의 현상과 유사한 점이 있어서 주목된다.

칠포리 암각화에 대해서는 이미 유적의 환경 자체가 상징적 의미를 말해주기도 하고, 또 형태적 발상을 암시하는 표현물이 있는 것과 같이, 많은 것을 내포하고 있는 유적으로 잘 알려져 있다. 칠포리 암각화에서 제의 또는 그 시점과 관련된 것으로 판단되는 표현물은 칠포리 암각화의 가장 중심부가 되는 곤륜산 A지점에서 조사되었다.

그림 110은 칠포리에서 주 암각화가 있는 바위 윗부분에 새겨진 석검이다. 이 바위는 그 위가 둥글고 긴 타원형에 서북 측면은 수직면이다. 수직면에 곤륜산 A지점의 주 암각화가 있고, 그 윗부분에는 한 자루의 석검과 11개의 크고 작은 바위구멍과 그 가장자리에 성기형암각화가 새겨져 있다.

여기서 그간 한반도에서 조사된 석검형암각화를 비교하여 칠포리의 석검형암각화를 분석하고자 한다. 석검형암각화는 모두 8점 정도이다. 포항 인비리에서 두 점의 석검이 조사되었고, 밀양 활성동과 여수 오림동, 의령 마쌍리에서도 한 점씩 나왔다. 칠포리에서는 3점의 석검형암각화가 조사되었다. 또한 고령 봉평리에서 한 점의 동검 형태의 암각화가 새롭게 발견되었다.

조사된 단검과 같은 것은 마쌍리를 제외하고는 모두 수직의 바위에 제작되었다. 그렇기 때문에 단검의 끝이 하늘을 향하거나 아니면 땅에 내리꽂히듯이 새겨졌다. 하지만 그림 110에서 조사된 석검은 수평의 바위 위에 있어서 다른 석검과는 근본적으로 차이가 있다. 그림 110을 살펴보면, 석검은 고르지 않은 바위 위에 다소 거칠게 새겨졌으며, 그 크기는 가로·세로 46.5×21cm에 검 날 길이 25cm, 손잡이 길이 21.5cm, 손잡이 허리 18.5cm로 석검은 일단병식에 정삼각형의 검 날로 구성되어 있다. 여기서 이 석검의 끝이 가리키는 방향을 측정하면 그 각도는 N 313° 서북을 향한다.

암각화에서는 어떠한 표현물이라도 의미 없이 제작된 것은 없다. 더구나 그 제작조차 어려운 거친 면 위에 새겨졌다는 것은 이 석검에게 특별한 의미가 반영되었다는 것을 말한다. 필자가 주목한 것은 석검의 방향이다. 그간 이 검 날이 가리키고 있는 방향, 즉 측정된 방위가 중요한 의미를 담고 있지 않을까 하는 생각으로 현장에 대하여 수차례 조사하였으며, 그 결과 2008년의 경우 6월 21일 7시를 좀 지나는 시점에 검 날이 해지는 지점을 향한다는 사실을 발견할 수 있었다. 따라서 이와 같은 점을 보다 확실하게 하고자 측정된 방위각을 분석하게 되었으며, 다음과 같은 사실이 확인된다.

칠포리의 주 암각화가 이미 한국 암각화의 일반적 현상인 남향이라는 방위와는 큰 차이가 있는 서북향을 향해 있고, 석검이 향한 방위도 N 313°로 조사되었다. 그런데 우리가 일반적으로 사용하는 나침판 측정에 의한 각도는 실제 진북과는 차이가 있다고 한다. 이 사실에 대해 한국천문연구원에 문의한 결과, 그 오차는 지역에 따라 다를 수 있으며 경북 포항시 흥해읍 칠포리 일대에서 진북眞北과 자북磁北 간 편차는 현재 기준으로 약 +7° 비틀려 있다는 답변을 들을 수 있었다. 이에 따라, 313-7=306으로 실제 방위는 306°를 나타내는 것으로

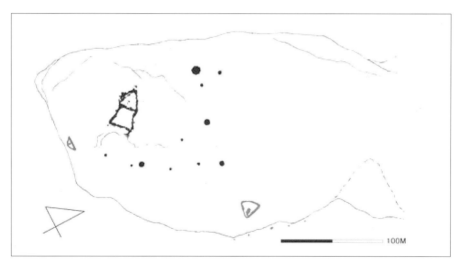

[그림 110] 석검 암각화, 주 암각화의 윗부분(곤륜산 A지점, 칠포리)

확인된다. 새겨진 석검을 보면 그 바닥은 요철이 있어서 고르지 않고, 제작기법도 그렇게 정교하게 새겨진 것은 아니다. 이러한 사실에 비춰 측정시에 있었을지 모르는 오차 값을 감안할 수 있다.

오차를 감안한 방위각은 306(±1)°로, 이 306(±1)°라는 방위를 살펴보았을때, 그 방향과 관계 있는 곳은 곤륜산 건너편의 산이지만, 그 산 위에서 특별하게 조사되는 점은 없었다. 그러나 이 방위와 관련하여 연간 황도의 시간적 변화상과 비교해 보면, 석검의 날 끝이 향한 방향은 어떤 특정한 시간대를 지향하고 있으며 그것은 하지날 일몰지점을 향한 것으로 밝혀졌다.

이러한 관찰의 결과에 따라 그림 111과 같이 Map-Syber Sky4 상에서 이 방위각을 살펴보았을 때, 306(±1)°에 해당하는 시점 역시 하지夏至날의 일몰시간과 관계 있다는 점을 발견할 수 있었다. 포항의 경우 세계의 대도시만을 표기한 프로그램의 특성상 나타나지 않았기 때문에, 방위각에서 근소한 차이를 보이고 있는 대구광역시를 기준으로 살펴보면, Map-Syber Sky4에서 일몰시 그 위치와 거의 일치하는 것으로 나타난다. 따라서 석검의 그 지향점이 하지 Summer Solstics날 일몰시점과 밀접하게 관계된다는 사실을 황도의 변화상에서도 확인할 수 있다.

이것은 앞에서 잠깐 언급된 제롬의 연구와 같은 현상으로 볼 수 있다. 여기서 검 날의 방향에 특정의미를 담은 예가 다른 지역에서는 어떻게 해석되고 있는지를 한번 살펴볼 필요가 있다.

칠포리의 석검과 같은 단검 표현물은 몽골·알타이·시베리아 등지의 여러 곳에 분포하는 사슴돌의 통상적 표현물이고, 또 하카시아의 아글라 흐뜨이(Ор лахты)와 같은 지역을 비롯하여, 멀리 떨어진 알프스 몽 베고 암각화유적에서도 조사되는 표현물이다. 한반도를 벗어나서 쉽게 볼 수 있는 자료가 암각화에서 단검을 표현한 것이라고 하겠다.

사슴돌과 같은 입석에 단검을 비롯한 여러 가지 기물을 새겨 넣는 것은 기념비적 의미의 평화를 기구하는 행위와 관계된다고 알려져 있다. 이에 비하여 아글라 흐뜨이와 같은 유적의 경우, 이곳의 샤먼바위Shaman-Stone라고 하는 가로·세로·높이 약 229×265×70cm 정도의 바위 위에는 동심원과 회오리문, 태양을 상징한다는 수레바퀴를 비롯하여 가면이나 가면을 쓴 사람, 그리고 많은 수의 동물과 20여 점의 청동단검이 조사되었다(Пяткин Б. Н. 1985; Anninsky E. S. 2007: 196~197; 동북아역사재단·러시아과학아카데미 물질문화사연구소 2007: 163).

이곳의 단검은 그 검 날의 방향이 크게 두 개의 방위를 지니고 있는데, 그 지향점은 동쪽과 동남쪽을 향해 있다. 역시 단검은 특정한 시점을 가리키고 있는 것으로 보이고, 또한 함께 분포하는 여러 점의 가면표현물이 등장하는 것도 제의시점과 그 의식의 내용을 담은 것으로 판단되는 것이다.

표현물이 단검은 아니지만 특정시점이 제의와 관련된 것으로 보이는 것은 뚜바 칭게 강변의 우스뜨-모자가(Устю-Мозага)에서도 조사되었다. 우스뜨-모자가의 돌 나침판 바위(Каменый Компас)로 불리는 표현물은 4대의 마차가 서로 다른 방위를 갖고 바위의 네 귀퉁이에 새겨져 있다.

그리고 거기에는 제의와 관련된 짐 실은 황소가 상단에 있다(이하우, 2007c: 170~174). 또한 짐 실은 황소를 향해서 일렬로 줄을 맞춰가고 있는 두 개의 동물 행렬이 조사되었는데, 이 돌 나침판 바위에서 4대의 마차는 네 방위를 나타내고, 두 줄의 동물은 이곳을 중심으로 수행되는 제의의 시점을 나타낸 것으로 알려진 것이다.

단검의 날이 향하고 있는 방향에 중요한 의미가 있다고 생각한 제롬 M.은 그림 112와 같은 몽 베고 로야계곡의 바위에 새겨진 단검을 분석하였다. 제롬 M.(2003: 25~29)은 그림 112-a, b와 같이 나타난 단검 또는 검 그림자가 지정하는 특정 시점이 있다는 사실을 말하면서 여기에 대한 연구 분석결과를 밝혔는데, 검 날의 방향은 이 지역 목동들에 의해 수행되는 제의의 순간을 표시한 것이라고 하였다. 제롬 M.에 의해 제시된 그림 112에서 단검의 방위는 알프스에서 추위가 시작되는 그 경계가 되는 9월 8일을 가리키고 있다. 따라서 이러한 단검을 새긴 것은 결국 이것이 계절을 말하는 해시계로서 기능하게 되는 용도였으며, 결론적으로 이것은 '청동기시대 알프스인들이 계절과 기상변화에 따른 리듬을 지배하는 우주의 진리를 알기 위하여 그들의 태양력을 새긴 것'이라고 하였다. 아울러 단검의 방위는 특정한 날짜와 관련된 종교적 의식과도 관계가 있는데, 여기서 수행되는 종교의식의 성격은 '번성했던 태양에 감사하고 이어지는 다음 해의 번영을 기원하기 위한 의식'이라고 분석하였다.

몽 베고의 단검 표현물을 칠포리의 석검과 비교했을 때, 두 검은 각각 일정한 방향을 가지고 있으며 그것이 특정한 시기의 일몰시점을 향하고 있다는 점에서 우선 일치하고 있다. 그렇다고 하더라도 칠포리의 석검이 제롬의 연구와 동일선상에서 볼 수 있는 것이라고 단정할 수 없지만, 사람의 환경이나 생활방편이 다르다 할지라도 종교나 신앙을 암시하는 표현은 어디서나 유사하게 이루어질 수 있고 또 나타날 수 있는 양상이라고 볼 때, 다양한 상징성을 지니고 있는 검 날의 방향을 특정한 시점을 지향하게 한 것은 제의의 시점을 말하기 위한 같은 사고에서 나온 결과물이라고 하겠다. 이와 같은 생각으로 칠포리 곤륜산 A지점의 석검을 보면 그 방위가 하지날 일몰과 같은 특정시기에 맞물려 있고, 그것은 아무래도 현장에서 있었을 제의시점과 관련된 것으로 판단된다.

그림 113은 하지 때 태양이 지는 일몰시간대의 칠포리 암각화의 스케치로

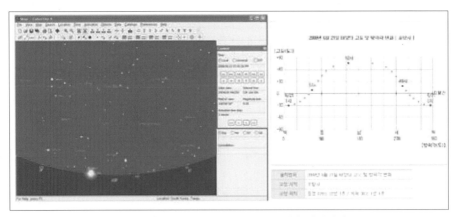

[그림 111] Syber Sky4상의 대구의 태양 방위각과
포항의 태양의 고도 및 방위각 변화표(한국천문연구원)

서, 그림에 따르면 칠포리 곤륜산 A지점의 석검은 하지날 태양이 지는 지점을 가리키기 위한 것이라고 하겠다. 여기서 석검과 함께 제작된 것으로는 바위구멍이 있다. 바위구멍에 대한 최근의 연구성과를 볼 때, 바위구멍의 여러 상징성 가운데는 하늘의 별자리를 나타낸 것이 있다고 보고된다. 칠포리 일대의 바위구멍의 경우, 상두들의 고인돌에 있는 북두칠성형 바위구멍과 신흥리 오줌바위의 바위구멍을 위시하여 많은 수의 바위구멍이 별자리를 나타낸 것으로 알려진 것과 같이, 이곳의 바위구멍도 역시 별자리를 나타낸 것일 가능성은 충분하다(박창범 외 2003: 93~103; 이하우 2004: 23~51). 여기서 석검과 함께 조사된 바위구멍이 만약 별자리를 나타낸 것이라면, 그리고 그것이 어떤 별자리를 나타낸 것인지 알 수 있다면 아마도 제의의 시점과 관련하여 또 다른 내용을 말할 수 있게 될 것이지만 현 상태에서는 더 이상 분석이 어려운 부분이라 하겠다.

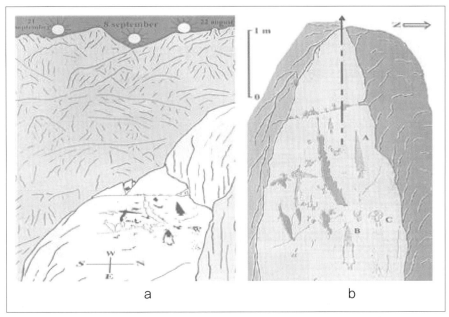

[그림 112] a도면-동검의 방향이 일몰을 가리키고 있는 암각화의 스케치.
b도면-동검, 도끼와 춤추는 사람(제롬 M., 몽 베고)

지금까지 살펴본 바에 따르면 칠포리의 석검 중 한 점이 그간 조사된 다른 곳의 석검형암각화와 차이를 갖고 있는데, 그 차이는 바로 이 석검이 정해진 특정한 방위를 갖고 있고, 또 이것은 표현물에 대한 관찰에 의해 하지날 해가 지는 지점을 향하고 있다는 사실을 알 수 있게 되었다. 여기에 따라 지금부터는 석검이 가리키고 있는 이 하지라는 날이 당대 사람들에게 과연 어떤 의미가 있는 날인가 하는 것을 살펴보고자 한다.

　　암각화시대에 하지라는 관념이 있었는지는 알 수 없다. 그러나 하지가 연중 그 어느 날보다 낮의 길이가 길고 태양이 북쪽으로 가장 많이 치우쳐 있는 날인데, 이러한 날에서 일상적이지 않는 특별한 의미를 찾았을 것이라는 짐작은 당연하다.

　　하지에 대한 의미는 여러 측면에서 연구될 수 있다. 우선 생각 나는 것으로 하지는 농작물에 대한 특성을 알고 그것의 파종과 성장, 그리고 추수와 관련해서 화본학Agrostology적 의미의 시기라는 점을 알 수 있다. 또한 무엇보다도 이 연구와 관련하여 시점과 연관되는 사항은 칠포리에서 수행되었을 제의의 순간과 관계가 있지 않을까 한다.

　　하지와 관련된 일반현상으로, 하지는 24절기의 열 번째 절기로서 6월 21일은 음력 5월에 해당된다. 이날 태양은 황도상에서 가장 북쪽에 위치하여, 한반도와 같은 북반구에서는 낮의 길이가 제일 길고 태양의 남중고도도 최고점에 달한다. 이때를 즈음하여 영일만과 같은 남부지방에서는 단오를 전후해서 시작된 모내기가 끝이 난다. 또한 장마가 시작되는 때이기도 한데, 옛날에는 하지가 지날 때까지 비가 오지 않으면 기우제를 지내기도 했다고 한다.

　　하지가 암각화시대에 과연 어떤 의미를 지녔는지는 알 수 없지만, 암각화와 농경과의 관련성(송화섭 1992: 113~145, 2008: 7~22; 이상길 2000; 이하우 1994: 104~113)으로 해서 짐작되는 부분이 있다. 식물의 파종이나 성장, 추수가 농법이나 기술적으로는 어떤지 몰라도, 그 시기라는 것은 옛날이나 지금이나 그리 큰 차이는 없을 것이다. 그렇기 때문에 이때 이루어지는 농경활동에 대하여 이를 오늘날을 기준으로 보면, 일단 6월은 보리와 밀을 수확하는 철이다. 또한 모내기의 완료를 들 수 있으며 어린 모가 논에 뿌리를 밀착하는 시기이기도 하다. 물론 당시에 이앙법移秧法이라는 것의 존재 여부는 알 수 없으나, 직파법에 의한 파종이라 하더라도 모가 성장해가는 양상은 비슷비슷하게 이루어졌다는 것은 분명하다. 따라서 이 시기는 일부 작물의 수확기이면서 동시에 가을농사에 있어서 가장 중요한 기초적 작업이 완수되는 때이기도 하다. 벼의 착근着根과 같은 작업의 성공적 완수는 풍성한 수확을 예견할 수 있기 때문에, 농경의 가장 중요한 과정이 하지를 즈음해서 수행되었다.

청동기시대의 시작과 더불어 본격적인 영농활동은 그 중요성이나 규모가 보다 확산되었다. 여러 고고학 자료를 봤을 때 밭농사는 물론이고 벼농사도 활발하게 짓게 된 것으로 보인다. 한반도 남부지방에서 많은 숫자로 채집되는 반월형 석도, 송국리의 탄화미와 같은 것은 이러한 농경문화의 발전상을 잘 말해 주고 있다. 진주 평거동유적(경남발전연구원, 2007)의 청동기시대의 밭 경작층을 위시한 밭농사 유적이나 대구 진천동 고인돌과 주거지, 그리고 고인돌 서쪽에

[그림 113] 석검의 전방 스케치(2008년 6월 21일 19:15, 곤륜산 A지점, 칠포리)

서 조사된 경작지(영남문화재연구원, 2003)를 봤을 때, 일상화된 농경의 규모는 이미 수준에 올랐던 것으로 보인다. 특히 안동 저전리의 저수지와 수로, 그리고 울산 무거동 옥현유적(경남대 · 밀양대박물관, 1999)과 부여 구봉 · 노화리유적(충남대백제연구소, 2004)에서 나온 수전유적은 청동기시대의 관개농업의 규모를 잘 보여준다. 옥현유적이나 구봉 · 노화리유적은 골짜기의 수로를 활용하여 농사를 짓고 있었다는 것을 알 수 있게 해주는 것이다. 구봉 · 노화리유적의 수로에서 나온 나무조각이 방사성 탄소 연대법에 따른 연대 측정결과, 기원전 1,300년경으로 나타난 사실은 비교적 이른 시기부터 이미 수로의 물을 이용한 관개농업이 발달했다는 것을 말해주고 있어서, 당시의 농경규모나 수준을 충분히 가늠하게 한다. 이러한 수전유적의 공간적 분포는 한반도 남부지방을 아우르는 형태로 나타난다.

고인돌은 벼농사의 확산과 연관성이 있다고 보이는데, 연간 다모작이 가능한 인도네시아와 같은 동남아시아의 고인돌 분포와 비교하거나, 그리고 고인돌이 하천유역에 많이 분포하고 있다는 사실은 고인돌과 벼농사의 관련성을 말하는 것이라고 하겠다(송화섭, 2001: 53~87). 이러한 사실을 놓고 봤을 때 당시의 영농은 이전에 비해 상당한 수준의 계획영농으로 생각할 수 있으며, 또한 폭넓게 수행된 것으로 보인다.

영농의 발달과 함께 대두될 수 있는 문제는 종교나 신앙에 관한 사항이다. 농사 짓는 일이 사람의 능력만으로 되는 일이 아니다 보니, 농사는 사람이 짓되 풍작은 신의 의지에 달린 것이라고 생각하였다. 신의 보살핌이 없다면 풍성한 수확은 결코 기대하기 어렵다. 더욱 커지고 확산된 농경규모에 알맞게 신앙문제도 점차 규모화되고 세련되어 갔을 것이다. 따라서 암각화유적에서 풍작을 기원하고 우순풍조雨順風調하기를 바라는 제의도 거기에 알맞게 규모화 되었으며, 그 시기는 아마 하지와 같은 시점에 맞춰 대규모의 집단적 의례가 행해졌을 가능성은 충분하다.

인근지역에서 수행된 하지제사를 좀더 살펴보기로 하자. 북아시아에서 하지는 중요한 제의시점이었다. 데블레트 M.A.(1998: 148~155, 2000: 100)에 의하면, 이 지역 암각화유적에서 규모가 큰 샤머니즘 제의는 하지와 일치하는 시기에 행해진 것으로 조사된다고 하였다. 데블레트 M.A.는 특히 뚜바의 알드이 모자가(Алды-Мозага)나 무구르 사르골(Мугур-Саргол)의 암각화에서 인면 또는 가면형태의 암각화를 연구하여, 이곳에서 하지날 의례의 목적은 사람과 동물의 풍요주술이요, 자연생산력을 강화하는 주술의식과 관련된다고 하였다.

데블레트 M.A.에 의하면 하지의 태양이 황도상에서 가장 북쪽에 위치하기 때문에 뚜바와 같은 지역에서는 낮이 가장 길고, 태양의 힘 또한 강력하기 때문에 이 날을 기념하는 하지제(Празднество солнцеворота лета)가 이루어졌다고 한다.

북아시아에서 하지날 의례와 관련된 암각화 자료는 하카시아의 아글라 흐 뜨이 유적과 레나 강 상류에 있는 쉬쉬키노(Шишикино)유적, 몽골 흡스골 아 이막의 모고이(Могой)유적에서 조사되었으며, 보다 남쪽에 있는 중국 운남성의 창원암화滄源岩畵유적과 같은 곳에서도 조사되었다(鄧啓耀, 2004). 이와 같은 곳에서 볼 수 있는 자료는 모두 하지를 기준으로 거행되는 의식의 춤으로써, 둥글게 서서 원무圓舞를 추거나 긴 행렬의 춤을 추는 여름맞이 굿의 형태이다. 또한 이러한 자료는 북아시아에서 중국에 이르는 넓은 공간적 범위에서 하지를 맞이하는 제의가 있었다는 사실을 잘 말해주고 있다. 여기서 아글라 흐뜨이나 쉬쉬키노의 경우는 동물과 관련된 수렵이나 목축문화 단계의 암각화유적이지만, 모고이유적은 흡스골 호수 옆의 초원지대의 자료이고, 창원암화는 농경문화를 바탕으로 발전한 것이다.

칠포리 암각화의 주인공들은 이미 농경의 성숙기에 들어선 단계로서, 옛날이나 지금이나 농사 짓는 데 있어서 씨를 뿌리고, 그것이 싹 터서 자라 이윽고 꽃이 피고 열매를 맺는다는 것은 결코 변하지 않는 사실이다. 당시의 영농방법을 현실적으로 알 수 없다는 사정을 감안하더라도, 이러한 전 과정에서 파종이라든가 김을 매고 물을 대고 하여 성장을 돕거나, 곡물이 잘 여물고 풍성한 수확을 위해서는 매순간 어떤 형태가 되더라도 풍농의례가 있었다는 것은 당연하다.

농경의례는 일회성으로 그치는 것은 아니다. 우선 예상되는 것으로 기곡제祈穀祭와 같은 것이 있다. 연초에 일 년의 영농을 계획하는 단계에 있었을 정월 대보름 제의와 함께, 거기에 동반될 수 있는 성격으로는 윷놀이 같은 농점農占 치기(김일권, 2003b: 463~110, 2004: 57~105; 이하우, 1994, 2004a: 23~51), 제의 후 풍요 주술적 목적과 집단의 단결을 위한 줄다리기 같은 행사도 뒤따랐을 것이다. 농사를 관장하는 별에 대한 영성제靈星祭와 같은 것도 있었다. 봄을 맞이하는 춘분 즈음에서 시작되는 밭 갈고 씨앗 준비에 따랐을 법한 여러 의례를 위시하여 장마기에 비가 오지 않으면 지내게 되는 기우제, 지나친 비를 막고자 하는 기청제와 같은 것도 있다. 파종에서부터 수확까지 모든 과정에서 크고 작은 의례는 일상적이었다. 더욱이 삶의 과정 자체가 의례에서 시작하여 의례로 끝난다고 보아도 별 무리가 없을 선사시대에는 그 정도가 더욱 심하였을 것이다.

칠포리에서 제의시점은 일몰 후 밤을 선택하였다. 그렇다면 제의는 왜 일몰 시점에 맞춰서 수행되었던 것일까? 현실적으로 이 부분에 대한 답변이 쉽지 않은데, 우선 보기에 일몰 이후의 시간은 귀신이 활동하기 시작하는 시간이라는 인식이 한반도 및 주변지역의 보편적인 생각으로 확산되어 있다. 그렇기 때문에 여기에 견주어 보면 오늘날까지도 가정의 기제사는 물론, 동제洞祭나 고사告祀를 위시한 각종 의례가 모두 일몰 이후에서부터 자정을 기해 이루어지는 현상과도 비교되는 부분이다.

이러한 과정에서 의례는 지극히 개인적인 것에서부터 대규모의 집단적인 의례까지 있었으며 규모는 의례의 성격에 따라서 다를 것이다. 집단적인 의례에 대한 것은 시공時空의 차이가 큰 것이긴 하지만, 부여의 영고迎鼓나 고구려의 동맹東盟, 예의 무천舞天과 같은 것이 모두 국중대회國中大會로서 대규모의 집단적 의례라는 것에서 그 실례를 볼 수 있다.

그런데 이러한 의례는 은정월殷正月, 즉 납월과 같은 때에 이루어지기 때문에 수렵과 관련이 있다고 하였는데(최광식, 1994: 145, 152), 여기서 농경과 관련한 의례로서 비교될 수 있는 것은 『위서魏書』동이전東夷傳에서 마한의 기록을 참고할 수 있을 것이다. 마한의 제의에 관한 내용은 다음과 같다.

상시 오월이면 파종을 마친 후 귀신에게 제사한다. 많은 사람이 모여 춤과 노래를 하는데 주야로 쉬지 않고 술을 먹는다. 그 춤은 수십 인이 함께 일어나 서로 따르고 땅을 밟고 뛴다. 손과 발이 서로 응하고 음률에 맞춰 큰 방울을 울리면서 춘다. 시월 농사를 마친 후에도 같이 하였다.

常以五月下種訖 祭鬼神 群聚歌舞 飮酒晝夜無休 其舞 數十人俱起相隨 踏地低昂 手足相應 節奏有似鐸舞 十月農功畢 亦復如之

기록은 집단적이고 많은 사람이 참여하는 대규모의 제의를 말하는 것임에 다름이 없다. 그러나 영고나 동맹·무천과 같은 의례와는 달라서, 오월에 파종하고 제사 지내고, 시월에 농사를 마치고도 그렇게 한 것은 농경의례로서 굿과 같은 형태였다고 보인다. 여기서 오월은 음력으로 하지가 드는 유월에 해당한다. 봄 농사의 수확이 끝나는 이때, 자연적 변화에서 낮의 길이가 길어져 그 정점에 달하는 날은 특별한 날로 주목되었을 것이다. 봄 농사를 마치고 이를 감사하여 귀신에게 제사 지내고, 또 한해의 풍농을 기원하며 가을농사를 위한 파종과 같은 농경 수행의 노고를 위로하기 위해서도 이 시기에 많은 사람이 모여 제사 지내는 자리는 큰 뜻이 있었을 것이다.

따라서 칠포리의 한 석검에 담긴 의미는 암각화 주인공들의 의도에 의한 하지의 태양이 지는 시점을 말하기 위한 것이다. 이때에 맞춰 이곳에서는 대규모의 집단적 제의가 있었으며, 그 대상은 농경신을 섬기기 위한 의례였다고 할 것이다.

제의시기와 관련된 부분은 강한 전승력을 갖고 후대로 이어져 왔다. 암각화에 대한 신앙이 다른 신앙형태로 바꾸어간 후대에도 생활방식이 크게 다르지 않은 삼한과 같은 시간대까지도 의례는 계속 이어져 왔을 것이다. 이 점은 다음과 같은 내용에서 확인된다고 하겠는 데,

귀신을 믿는데 국읍에 한 사람을 세워 천신제사를 주관하고 이를 천군이라 했으며, 또 여러 나라에 별읍이 있어 이를 소도라고 하며 큰 나무를 세우고 방울과 북을 걸어 귀신을 섬긴다.
信鬼神 國邑各立一人主祭天神 名之天君 又諸國各有別邑 名之爲蘇塗 立大木 縣鈴鼓 事鬼神.

위의 내용상 마한은 물론 삼한사회가 서서히 정치체계를 갖추어가는 와중에, 이것은 정치권력과도 불가분의 관계를 갖는 제사권한의 체계를 말하는 것이라고 보인다. 여기에는 천신을 중심으로 여러 신들의 위계화 양상이 나타난 것으로 보이는데, 내용으로 봤을 때 국읍에서 제사는 이미 천신에 대한 체계를 갖춘 것으로 나타나지만, 별읍에서는 여전히 제사의 중심이 귀신이라는 것을 말한다. 전반적으로 일원화되지 못한 체제 안에는 전 시대의 농경신에 대한 신앙형태가 별읍을 통하여 그대로 전승되고 있음을 말해주고 있는 것이 아닐까 한다.

한국 암각화는 수적으로 그렇게 풍부한 것은 아니지만, 이곳에 묘사된 표현물은 여러 형상과 함께 다양한 상징성을 가지고 있다. 이 다양성은 그만큼 한국 암각화의 의미를 구명하고자 하는 작업을 의외로 어렵게 하기도 한다. 하지만 동시에 아직도 분석되지 않은 부분이 남아 있기 때문에 항상 새롭게 한국 암각화를 바라보게 한다.

혹자는 말하기를 내용상 이미 나올 만큼 다 나온 것이 한국 암각화라고 하는 사람도 있는 모양이다. 하지만 암각화 표현물에 반영된 여러 사항을 볼 때,

그간 우리가 알고 있는 것은 과연 얼마나 되며, 또 얼마만큼의 진실성을 가지고 있는가 하는 점에서 교만한 마음을 반성하지 않을 수 없다. 그만큼 각 표현물들은 여러 측면에서 다양한 해석을 기다리고 있다. 여러 가지 상징성의 분석이나 암각화를 더 잘 이해하기 위해서는 유적에 대한 면밀한 조사와 함께, 당분간 표현물을 중심으로 그 답을 찾아야 할 수밖에 없을 것이다.

한국 암각화유적에서 제의와 관련한 여러 형태의 주술, 신앙의례가 있었다는 것은 분명한 사실이지만, 그 제의표현의 형태는 물론 시기에 대해서도 보편적으로 작용하는 몇 개의 견해 이외에는 알려진 것이 없다. 그렇다면 이러한 사항에 대해서도 유적조사에 의해 이를 직·간접적으로 반영하고 있는 표현물을 분석함으로써 그 해답을 찾을 수 있겠는데, 앞서 분석된 석검과 같이, 특별하게 조사된 하나의 표현물로서 연구를 진행하는 그 한계점은 존재한다고 할 것이다. 그렇다고 해서 논의의 가능성 있는 자료를 활용하지 않을 수도 없기 때문에 이를 분석하여 한국 암각화, 특히 칠포리 암각화를 중심으로 그곳에서 수행되었던 제의의 시점과 성격을 알아보았다. 논의된 사항은 다음과 같이 요약될 수 있다.

칠포리의 한 석검형암각화를 분석한 결과, 그것은 하지의 태양이 지는 방향을 향해서 새겨졌으며, 이 하지날의 일몰시점은 칠포리를 중심으로 한 이 지역 집단들에 의해 수행되는 제의시점으로 판단된다. 이곳에서 수행된 제의는 이 시기에 얻게 된 봄 농사의 수확에 감사하며, 다가올 가을농사의 순조로운 풍작을 기원하는 농경의례로서 계절제와 같은 것이었다.

②칠포리형 암각화의 기능성 변천

칠포리형 암각화는 일정한 시점을 맞아 더 이상 제작되지 않고 소멸되어갔다. 그러나 칠포리형 암각화는 소멸기를 맞아 단지 사라져버린 것이 아니라 문화변동 단계에서 그 기능이 달라져갔다고 보기 때문에, 여기서는 소멸기에 나타났을 법한 그 변화양상을 밝혀 보고자 한다.

칠포리형 암각화의 기능성 변화를 이해하는 데 있어서, 아무래도 현상의 본질적 문제에 접근하고자 하는 여러 과정 중에는 관련성을 암시하는 자료에 대해 우선적으로 관심을 기울이게 된다. 이 과정에서 필자는 형상의 유사성은 물론, 용도까지 그렇게 보이는 청동의기靑銅儀器와 같은 것에 주목하고자 한다. 외형이 닮았다고 하여 이를 같은 성격으로 미리 재단하는 것은 곤란하다. 하지만 그 기능적 문제까지도 의기儀器라는 동질성이 발견되고 있을 때, 그것을 외면한다면 오히려 많은 부분에서 본질적 문제를 못 보고 넘어갈 수도 있을 것이다.

암각화가 청동의기와 일정부분 연관성이 있지 않을까 하는 점에 대한 관심은 진작부터 있어 왔다. 그간 제기된 견해를 보면, 외형에서 칠포리형 암각화와 청동의기가 유사하다는 점에서 연구자들은 자신의 시각에 따라 방패문 암각화라든지 패형암각화라고 하는 주장을 뒷받침하는 데, 이를 활용하고 있다.

같은 의미에서 청동의기가 칠포리형 암각화와 직접적으로 관련된다고 본 필자는 그것이 나온 장소가 바로 남원 대곡리 같은 칠포리형 암각화의 공간적 범위에 근접하고 있으며, 그렇기 때문에 이것은 B.C. 4~3세기 경 한반도 서남부지방으로 도래하는 세형동검문화를 맞이하게 되면서, 그 문화적 접촉에 의해 바위에 새겨진 암각화라고 하는 표현매체에서 청동기로 달라진 것이라고 보았다. 이러한 주장은 물론 양자의 유사성에 착안한 것으로, 상세한 분석의 결과는 아니다. 하지만 현 상황에서 그와 같은 생각이 바뀔 만한 다른 사안이 발생한 것도 아니기 때문에 본고에서도 같은 생각으로, 특히 질료적인 측면에서 바위에 새긴 그림이 어떻게 인위적인 변용으로 달라져갔는가 하는 점에 중점을 두고 이를 분석해 보고자 한다.

검파형 동기 · 방패형 동기 · 농경문 동기와 같은 청동기가 의기라는 것은 선행연구에서 확인된 바 있다(한병삼 1971; 이건무 1992; 국립중앙박물관 1992). 하지만 이러한 것이 의기가 아니라고 하는 주장도 있기 때문에 이와 같은 부분을 검토할 필요가 있다. 그것은 심양 정가와자 6512호 고분에서 나온 유물 중, 그림 114의 하단과 같이 제시된 유물을 청동의기와 같은 것이라고 보고, 이것은 의기가 아니라 도끼를 담기 위한 주머니 장식으로 생각하는 데서 온 견해이다(김원룡 1976). 이를 살펴보면, 한반도에서 나온 청동의기는 그 내부나 상단에 부착고리나 구멍이 있어서 이를 어디엔가 달거나 걸 수 있도록 하였으나 정가와자의 것은 외부의 중간에 튀어나온 고리와 같은 것이 있다. 이것이 부착을 하기 위한 용도인지는 알 수 없으나 마치 장식 끈을 달기 위한 것으로 보이고, 규모면에서 청동의기보다 거의 두 배 이상의 크기이다. 형상의 측면에서 볼 때, 문양에서는 판이하게 다르지만 외양에서 방패형 동기와 유사한 점이 있다. 이것은 피장자의 무릎 부근에서 나왔다. 그래서 이를 도끼를 담기 위한 주머니라고 하는 모양이지만, 그 용도를 정확하게는 알 수 없다고 하겠다.

따라서 필자는 정가와자 동기가 형상과 규모에서 청동의기와 같은 시각에서 보아야 하는 것인지는 근본적으로 동의하기 어렵다. 그렇기 때문에 더 이상 분석하는 것은 별 의미가 없다고 보고 이를 의기의 범위에서 제외하고, 이형청동기 중에서 검파형 동기 · 방패형 동기 · 농경문 동기가 암각화와 관련한 의기라는 입장에서 이를 살펴보기로 한다.

칠포리형 암각화에서 청동의기의 요소를 발견할 수 있다는 것은 동일유형의 암각화 전 유적에서 일관되게 발견되는 사항이다. 특히 검파형 동기와 같은 것은 암각화의 문양 두 개를 위 · 아래로 마주 잇대어 놓은 것처럼 외형에서 깊은 친연성이 있다. 아산 남성리, 대전 괴정동 방패형 동기와 농경문 동기의 형태도 크게 다르지 않다. 먼저 이러한 청동의기에 대하여 그 형상을 간단하게 살펴보기로 하자.

검파형 동기

검파형 동기는 마치 칠포리형 암각화 두 개가 위 · 아래로 마주 잇대어 있는 것과 같다. 세부 형태는 중간에 마디가 있어서 상하 두 개로 구분되고, 마디를 중심으로 동일한 형상과 문양이 마주보듯 대칭적으로 반복되어 있다. 둘 중에서 상단의 것이 보다 크다. 상변의 길이는 하변보다 길고 양끝은 좌우로 뾰족하게 나와 있는 가운데, 내부에 문양이 외곽과 일정한 간격으로 돌아가면서 시문되어 있다. 두 겹으로 된 문양은 집 선과 점선이 한 조를 이루어 문양대를 구성한다. 상·하부의 각 부 중간에 고리가 있어서, 그곳에는 끈을 꼬아서 만든 것 같은 둥근 환이 달려 있다. 이를 뒤집어 보면 내부의 위·아래에도 고리가 있어서 이 부분에 끈을 매어 매달 수 있도록 하였다.

검파형 동기는 대전 괴정동, 예산 동서리, 아산 남성리에서 각각 3점씩 나왔으며, 지역에 따라 형태적 차이는 크지 않다. 동서리와 남성리의 동기가 괴정동에 비해 상변의 끝 부분 길이가 날렵하고 길어서 보다 세련된 느낌을 준다. 동서리 동기에는 상단에 손 모양이 있고, 남성리의 것은 두 점에서 각각 사슴과 역삼각형 문양이 시문되어 있다.

검파형 동기는 동서리의 경우 원개형 동기나 동경, 나팔형 동기, 소옥과 관옥을 비롯하여, 여러 점의 동검과 함께 흑도장경호가 나왔고, 남성리에서는 방패형 동기와 동경·관옥·곡옥·선형동부·동착·동검이 함께 나왔다. 괴정동에서는 방패형 동기와 원개형 동기·동검·곡옥·동탁·흑도와 점토대토기

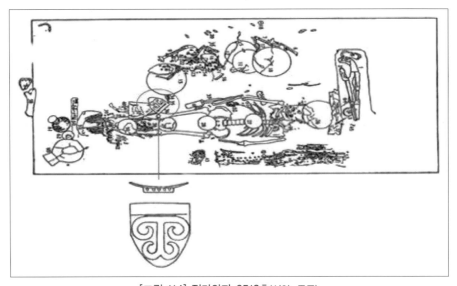

[그림 114] 정가와자 6512호(심양, 중국)

와 동반되었다.

방패형 동기 · 농경문 동기

방패형 동기와 농경문 동기는 모두 3점이 전하고 있다. 방패형 동기는 남성리와 괴정동에서 나왔으며, 농경문 동기는 대전의 한 고물상이 수집한 것을 국립중앙박물관에서 입수한 것으로 알려져 있다.

방패형 동기와 농경문 동기는 모두 상변에 방형의 구멍을 뚫어 두었다. 이것은 어디엔가 매 달수 있도록 한 것으로, 그 구멍은 위치에 따라 상이하게 닳은 흔적이 있다. 특히 농경문 동기는 중심부보다 좌우로 갈수록 닳은 정도가 심하여, 그것은 어디엔가 매달아 놓은 끈이 좌우측에서 더 많이 흔들려서 닳은 것으로 보인다.

남성리의 방패형 동기는 상변의 좌우에 길게 뻗은 가지가 있고 그 끝에는 속이 빈 방울 모양의 둥근 장식이 있다. 그 아래로 날렵한 허리곡선을 따라가면 하부에서 그 끝이 양쪽으로 두 갈래 가닥으로 길게 이어져 있다. 내부에 검파형 동기에서 나타난 것과 같은 둥근 환이 한쪽 면에는 두 개가, 그 배면에는 한 개가 달려 있다. 이것은 동기가 흔들린다면 소리가 나게 되는 구조이다. 방패형 동기의 바탕에는 비교적 정교한 집 선과 점선 문양대가 길게 이어져 있고 문양은 양면에서 약간의 차이가 있다.

괴정동의 방패형 동기는 남성리의 것에 비하여 단순하고 다소 거친 문양으로 구성되었다. 성긴 격자문의 문양대가 외형을 따라 둘러 있으며, 상변의 중간에서 하부로 수직의 동일한 문양대가 있다. 그러나 둥근 환과 같은 장식은 없고 배면에도 아무런 흔적이 없다.

농경문 동기는 괴정동의 동기에 비해 보다 정교한 형상과 문양대를 지니고 있다. 특히 중간 문양대의 좌우 공간에 음각의 그림이 새겨져 있어서 그 내용을 보면, 오른쪽의 것은 머리에 긴 장식을 달고 있는 사람이 따비로 밭을 가는 형상과 함께 괭이를 치켜든 사람이 있고, 왼편에는 항아리에 무언가를 담고 있는 것과 같은 사람이 있다. 배면의 문양은 좌우에 각각 두 갈래의 나뭇가지가 있는데, 끝에는 새가 앉아 있다. 그 아래의 고리에는 둥근 환이 하나 달려 있다.

농경문 동기는 하단부가 크게 깨어져 나가서 이 파손된 곳에 무엇이 있었는지는 알 수 없다. 하지만 남아 있는 부분의 형태로 보아 괴정동의 방패형 동기와 유사한 형상이었을 것으로 추정된다.

이상과 같이 검파형 동기와 방패형 동기, 그리고 농경문 동기에 대하여 살펴보았다. 이러한 청동의기는 우선 암각화와 외형이 유사하다는 점, 그리고 의례와 관련한 의기로서 활용되었을 가능성이 있다는 점에서 주목되어야 한다.

검파형 동기는 앞에서도 언급된 바와 같이, 칠포리형 암각화 두 개가 위·아래로 서로 마주보듯 붙어 있는 모양이다. 동기의 위·아래를 각각 떼어놓고 보면 모두 똑같은 형상이다. 칠포리형 암각화와 이 검파형 동기의 외형적 구성은 거의 일치한다고 하겠는데, 대곡리 A에서 보이는 두 겹으로 된 외곽선이 검파형 동기의 이중 문양 대와 동일하며, 이와 함께 남성리의 방패형 동기도 암각화와 청동의기의 관계를 이해하는 데 있어 중요한 자료로서 서로 대조되는 암각화자료를 찾아볼 수 있다.

남성리 방패형 동기와 함께 비교해 볼 수 있는 암각화자료는 영천 보성리에서 조사되었다. 이 유형의 암각화는 영천 보성리에서 다양한 변화를 갖기 시작하는데, 보성리 암각화 중에서 그림 115-a, b와 같은 표현물은 특히 주목되는 것이다. 남성리 방패형 동기와 거의 동일한 구조를 가지고 있는 그림의 특징은, 상단에 여러 가닥의 짧은 선각이 있으며 양 허리부분은 완만하고 부드럽게 하단으로 내려온다. 두 그림 모두 잘록한 허리부근에서 가로로 구획된 선각이 있고, 그 상하로 각각 두 개의 바위구멍이 있다. 그러나 무엇보다도 하단부에서 급하게 좌우로 뻗은 가지부분은 그 끝이 동그랗게 마감되어 있다. 이 부분에서 115-a와 115-b는 양쪽에 약간의 차이가 있다. 115-a는 이곳이 안으로 다시 감겨지면서 둥글게 마감된 형태이나, 115-b는 허리곡선에서 그대로 좌우로 뻗어나가고 끝 부분만 동그랗게 되어 있다.

보성리의 두 표현물에서 남성리 방패형 동기와 같은 요소가 보이는 곳은 바로 하단 좌우의 마감부분이다. 방패형 동기의 경우는 거꾸로 이 부분이 상변에서 좌우로 뻗어 있고, 그 끝에는 방울 모양의 둥근 장식이 있다. 보성리에서 하단의 동그랗게 말려 있는 부분을 가지런하게 펴서 수평으로 놓고, 상변의 여러 가닥의 선각을 두 갈래로 간략하게 정리해서 상하를 뒤집어 놓게 되면, 방패형 동기와 암각화가 같은 형상이라는 점은 바로 확인된다.

물론 이러한 표현물 몇 개로서 전체를 일반화하는 것은 무리가 있다. 하지만 검파형 동기는 이미 암각화 표현물과 상통하는 형태적 특성이 확인되었으며, 우선 외양이 동일하다는 점에서 이것은 암각화가 질료적인 변화를 가져와 달라졌다는 것을 알게 하는데, 아울러 그림 116과 같이 나타난 것을 볼 때, 암각화와 방패형 동기는 그 표현상 속성이 같다는 점을 확인할 수 있다.

여기서 지적될 수 있는 사항은 세형동검문화의 지리적 공간범위와 암각화

[그림 115] 영천 보성리 암각화에서 청동의기의 요소

가 정확히 일치하지 않는다고 하는 지적이다. 여기에 대해서는 좀더 진지하게 살펴보기로 하자.

그간의 고고학적 연구성과를 바탕으로 봤을 때, 비록 암각화시대와는 다른 역사·문화적 배경을 갖는 후대에 속하는 자료이지만, 호남 동부지역에 속하는 금남정맥과 호남정맥을 경계로 한 전북지역은 백제가 정치적으로 병합하기 전에는 이곳이 가야문화를 기반으로 발전한 곳이었다. 이 호남 동부지역은 특성상 금강·섬진강·남강 수계권으로 구분하여 이해할 수 있다. 각 수계에 따라 권역별로 세력 규모의 차이가 있으나, 대체로 4세기에서 6세기까지의 가야문화권 유물의 분포양상을 잘 보여주고 있다(전라북도·군산대학교박물관, 2004). 이 중에서 칠포리형 암각화와 세형동검문화와의 관련성 부분에서 특별히 주목되는 권역은 금강 수계권이다.

금강 수계권에서 보이는 가야계 토기의 분포가 백제토기와 혼재 양상을 보이고 있지만, 이와 같은 것이 금강 수계권의 북서부 지역에도 나타난다는 사실은 북서부 지역에서 금남정맥을 따라 계룡산 동쪽 지역으로 통하는 루트가 있었다는 점을 시사한다. 특히 이 지역에서 진안군 용담면 월계리 와정토성과 옥

	방패형 동기	방패형 동기 (농경문 동기)	검파형 동기
암각화 유형	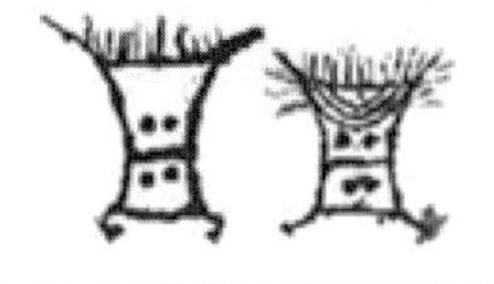		
유적	영천 보성리	경주 석장리	전 유적
청동의기	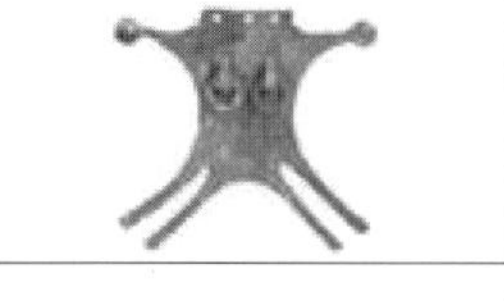	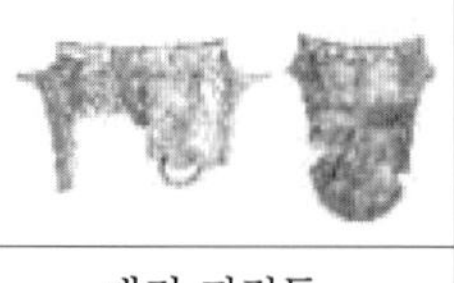	
출토지	아산 남성리	대전 괴정동. 傳 대전	대전 괴정동, 예산 동서리 아산 남성리

[그림 116] 칠포리형 암각화와 청동의기

거리 성재산성이나 주천면 대불리산성과 같은 관방유적, 진안군 주천면 선봉봉수나 대불리 봉수 등의 30여 개소의 통신유적을 볼 때, 이 루트는 당시 가야와 백제 간의 교통의 요충지로서 빈번한 교류는 물론이고 마찰도 더러 있었을 것이다(趙榮濟 1990; 朴天秀 1999; 權五榮 2002; 成正鏞 2002). 이러한 점에서 아마도 이곳이 과거로부터 이미 존재하던 루트였을 것이라고 보이고, 더욱이 암각화시대를 비롯한 세형동검문화기에도 교통로로서 활용되었을 가능성이 크다. 그렇다면 도보로 하루 정도의 거리인 대전을 중심으로 한 청동의기의 공간범위에서 그리 크게 벗어난 것은 아니다.

따라서 칠포리형 암각화의 파급에 따른 재현, 반복과정의 변화 속에서 기본적 속성이 유기적으로 작용하고 있는 현상을 고려하면, 암각화의 표현요소 역시 이러한 공간적 차이를 넘어서는 내재적 속성으로 작용하고 있었을 것이다.

제례용기는 항상 그 시대의 가장 뛰어난 기술을 요구하였다. 이것은 일상적인 재료를 피하고 최상의 고급재료가 소용되며, 숙련된 전문장인이 많은 시간과 노력을 기울여야 했다(우홍, 2003: 186). 청동의기 역시 당대의 귀중한 재료인 청동이라는 소재를 사용하였으며, 가장 뛰어난 기능공에 의해 제작되었을 것이다. 이 정교하고 아름다운 청동의기는 다름 아닌 암각화의 또 다른 변환이며, 새로운 기술과 평범하지 않은 귀금속 재료로 만들어진 이것은 제의 상징물로서 기능하였다. 이러한 현상은 그간 쉽게 변하지 않기 때문에 생사를 초월하였다고 믿어 왔으며, 또한 영혼의 안식처로서 신성한 힘이 있는 바위라는 소지素地로부터 드디어 청동기라는 금속매체로 그 상징성이 옮겨간 것이다.

칠포리형 암각화는 원래 신앙의 목적에서 바위에 새겨진 것이었으나, 그것이 당대의 신소재인 청동기의 보급에 따라 청동의기로 달라졌다. 그러나 바위에 새겼던 그림이 청동의기로 바뀌면서 형상의 측면에서 위·아래가 뒤집혀진 상태로 나타났다. 이러한 현상은 쉽게 이해되지 않는 부분이긴 하지만, 여기에 대하여 필자는 다음과 같이 보고자 한다.

위·아래가 뒤집혀진 형상이라는 것은 상변에 방형의 구멍을 뚫거나 뒷면에 고리를 달아서 어디엔가 매달수 있도록 한 것에서 확인되는 사실이다. 구멍 부분을 살펴보면, 상변의 구멍은 위치에 따라 상이하게 닳은 흔적이 있어서, 이러한 점은 이것이 제사할 때 큰 나무에 걸어놓았던 흔적으로 생각된다고 한 다(한병삼 1971: 12). 그러나 같은 현상에 대하여 필자는 의기의 용도에 대하여 송 화섭과 의견을 나눈 적이 있다. 그 자리에서 송화섭은 '신적 존재임을 자처하 는 자가 이를 그 목에 걸고 등장했을 가능성이 있다'고 하였는데, 이러한 대화 내용은 의기의 성격과 관련하여 의미심장하다고 하겠다. 또한 이상길(1996: 160) 은 이러한 의기가 '샤먼의 무복에 부착되는 것으로서, 제의행위에서 거기에 달 린 유환이 흔들리면서 내는 소리가 방울과 같은 효과를 가져 온다'고 하였다. 이것이 이상의 생각과 같다면 그것은 적어도 어디엔가 부착되었던 물건이라는 것은 분명한데, 그 부착된 곳이 동기의 크기로 볼 때 큰 나무에 걸어놓았다고 한다면 너무 존재감이 없다. 그렇기 때문에 이것은 사람의 옷에 메어다는 복장 장식으로 보는 것이 타당할 것이다.

그렇다면 암각화와는 다르게 위·아래가 뒤집혀진 채 나타난 의기는 무슨 까닭으로 당초와는 반대로 제작되었으며, 또 그 상태로 부착하게 되었는가 하 는 점을 먼저 이해하지 않을 수 없다.

여기서 그림 117과 같은 참고자료를 살펴보기로 하자. 그림 117의 왼쪽의 것은 중국 장강 하류의 판샨反山에서 발견된 것이다. 이것은 목에 걸게 되는 펜 던트와 같은 것으로서, 옥으로 만든 메달 부분에 인면신상이 조각되어 있다. 그림 117의 오른쪽은 절강성 석가하의 패옥으로 역시 남성 모양의 신상이 새겨 진 것이다. 판샨反山의 옥 펜던트는 반월형의 메달에 뒤집혀진 인면신상이 새 겨진 것이고, 석가하의 패옥은 인면신상의 목 부분에 구멍이 있어서 여기에 끈 을 걸면 뒤집혀진 모양으로 목에 걸리게 된다. 그런데 이러한 것은 목걸이 모 양을 하고 있어서 사람의 목에 걸리게 된다는 것을 알 수 있다. 그렇기 때문에 펜던트는 이것을 보는 제삼자의 입장에서는 거꾸로 뒤집힌 모양이지만, 이것 을 목에 거는 사람에게는 뒤집힌 모양이 아닌 바른 형상으로 인지된다. 바꾸어 말하면 그것을 바로 볼 수 있는 사람은 다름 아닌 이 펜던트의 주인으로서, 그가 고개를 숙여 보았을 때, 비로소 그는 뒤집혀진 것이 아니라 바른 형상의 인면신상을 보게 된다.

뒤집혀진 청동의기를 펜던트와 비교하였을 때, 우리는 동일한 현상을 발견할 수 있다. 청동의기를 목에 걸거나 가슴에 부착한 사람이 의기를 보고자 할 때 그는 고개를 숙여서 그것을 보아야 하며, 청동의기를 본다는 행위 자체는 단지 의기를 보는 것만이 아니라, 의기가 지닌 상징성에서 자신을 새롭게 발견하게 되는 경험을 맛보게 될 것이다(우홍, 2001: 100~101). 그것을 목에 건 사람은 자신의 모습이 의기에 투영되어 있다는 사실을 발견할 수 있었으며, 또한 의기의 상징 자체가 바로 의기를 가슴에 부착하고 있는 주인 자신이라는 사실을 자각하게 되었을 것이다.

칠포리형 암각화는 신상으로 만들어진 것이다. 이것을 방패형 동기 또는 검파형 동기로 바꾸어서 가슴에 부착하였다. 따라서 의기는 상하의 이중구조로서 실제로는 뒤집혀진 것이지만, 이를 보는 사람의 눈에는 암각화와 같이 바른

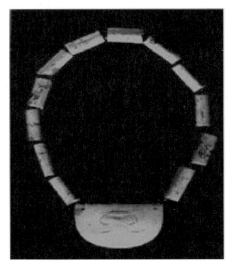

[그림 117] 황과 패옥(良渚文化, 중국 절강성고고연구소)

형태로 보이게 된다.

청동의기 중에서 검파형 동기는 다른 것과는 차이가 있는 구조이다. 검파형 동기는 그것이 두 개가 위·아래로 서로 맞물려 마주보고 있는 것과 같은 구조로서, 그 중 위의 것이 좀더 크고 아래에 있는 것은 보다 작다. 그 윗부분에 손이나 사슴, 또는 역삼각형이 새겨진 것도 있다.

이러한 검파형 동기가 사람의 가슴에 부착되었을 경우, 방패형 동기보다 더 발전된 형태가 보이는 데, 이는 부착하게 되는 사람은 물론, 제삼자로서 바라보게 되는 사람의 시각까지 고려된 것이다. 검파형 동기에서 맞물린 두 개의 형태 중 아래의 것은 이것을 패용한 사람의 시각에 맞춘 것이고, 위에 있는 것은 이를 바라보는 제삼자의 시각에 맞춰 설계된 것이기 때문이다. 이러한 현상에 비춰보면, 예산 동서리나 아산 남성리 상단에 있는 손 모양과 사슴 모양, 역삼각형 문양은 적어도 동기의 주인이 아니라 이를 바라보는 타인의 시각에 맞춘 문양이라고 생각할 수 있다. 그래서 검파형 동기는 두 개의 시각을 고려한 이중구조라는 것이다.

이와 같은 분석내용을 요약하면 다음과 같이 정리된다.

바위에 새겨져서 주술과 신앙의 대상이 되던 암각화는, 바위의 그림이라는 표현물에서 드디어 청동의기라는 금속매체로 그 질료적 변천變遷을 이루었다. 이러한 사실은 의기가 당대 최고의 재료와 기술력을 요구하며 늘 탈속적이어야 한다는 원리와 같이, 칙칙하고 무거운 바위에 새겨진 암각화가 금빛으로 빛나는 귀금속으로 바뀌게 되었다. 따라서 가슴에 부착된 청동의기는 이를 보는 자로 하여금 환영과도 같은 충격으로 받아들여졌을 것이다. 부착한 사람 자신은 물론이고, 이를 바라보게 되는 다른 사람으로 하여금 암각화 속의 초월적 존재의 현신으로 은유적으로 받아들여질 수 있었다.

당초 영일만으로 통하는 형산강의 수계에서 정신적인 시대적 가치 중심은 손잡이에 풍요의미의 원형의 작은 홈을 새기는 석검에 있었다. 이것이 검파형

암각화로 새겨지면서 그 시대정신의 중심축도 암각화로 옮겨갔는데, 이 암각화가 다시 청동의기로 달라지면서 암각화가 갖고 있던 그 시대의 정신적 측면이나 상징성은 고스란히 청동의기로 옮겨갔다. 그것이 샤먼이나 제사장과 같은 존재의 가슴에 부착되면서 드디어 암각화가 갖고 있던 상징성은 마치 살아 있는 존재처럼 등장하게 되었다.

2_제의표현의 시기별 변천양상

이상과 같이 한국 암각화에서 표현상으로 나타나는 제의표현을 분석하였다. 가장 먼저 제작된 것으로 보이는 울산 반구대암각화를 위시하여 울산 천전리 암각화, 칠포리형 암각화 계통에 대한 제의표현의 분석은 한국 암각화 전체를 하나의 틀 안에서 종적으로 나열하고, 그 안에서 각각 다르게 나타난 제작층위에 따라 수행되었다.

물론 한반도에서 조사된 모든 암각화가 하나의 문화적 바탕에서 나온 것으로 보는 시각은 한층 심도 있게 분석되어야 하는 사항이다. 하지만 본 연구의 목적이 한국의 암각화라는 하나의 테마 안에서 제의와 관련된 제 현상이 어떻게 나타나고 변해갔는가 하는 양상을 밝히는 데 있기 때문에, 전체를 하나의 큰 흐름으로 보고 유적별·시기별로 제의성이나 그 형태가 어떤 양상으로 나타나며 또 어떻게 달라져갔는가 하는 모양을 구명하는 것이 그렇게 생경스러워야 할 이유는 없다.

여기서는 그 동안 분석되어 온 제의표현에 대한 것을 정리하면서 그 종합적 소견으로서 제의성의 형태는 물론, 그것이 시간과 공간을 달리하면서 어떻게 변해갔는가 하는 변천상을 밝혀 보고자 한다. 가장 첫 단계의 유적으로 반구대 암각화가 있다. 천전리의 가장 초기단계의 그림보다도 반구대의 제1 제작층이 선행된 것으로 판단되기 때문이다. 이러한 점은 한국 암각화를 표 5. 한국 암각화의 제작순서와 같이 전체를 하나의 발전상의 수순으로 놓고 살펴볼 수 있을 것이다.

한국 암각화에서 가장 초기단계에 반구대암각화가 있다. 반구대암각화와 같은 유적에서 모든 표현물은 일단 전체를 수렵미술이라고 규정하고, 유적은 종합적인 제의장소라고 말할 수 있다. 하지만 표현물에 대해서는 이를 제작 순으로 층위별로 세분화하였을 때 비로소 그 속에서 서로 다른 면모와 차이를 발견할 수 있다.

반구대암각화의 제1 제작층에서는 제의나 신앙·주술과 같은 요소를 찾아볼 수 없었다. 아무것도 발견하지 못하였다는 것은 온전히 글을 만드는 이의 능력부족이긴 하지만, 이 층위의 중심적 표현내용이 고래사냥과 같은 어로작업의 역동적 현상과 생업표현이라는 부분이 워낙 분명하게 나타나기 때문이기도 하다.

그러나 제2 제작층의 동물표현에서는 다음과 같은 사항을 말할 수 있다. 표현물의 미적이고 조형적 측면에서는 그것이 어떨지 몰라도, 동물의 습성이나 생태표현과 같은 외양에 대한 관찰력은 그 어느 층위보다도 뛰어난 점을 볼 때, 이것은 수렵주술과 관련이 있다고 할 수 있다. 사냥동물에 대하여 잘 알면 알수록 동물은 사냥꾼의 능력에 쉽게 굴복할 것이라는 생각은 제2 제작층 전반에 걸쳐서 상세하고 자세한 묘사력으로 나타났다.

전체 표현물은 무질서하고 산발적으로 구성되었다. 이러한 화면구성은 암각화로 재현된 그림의 마술적 효능에 대한 보편적 믿음에서 나온 것으로서, 그렇기 때문에 제2 제작층은 생태적 묘사력의 성공이 수렵에 있어서 성공과 결부된다는 생각에서 이루어진 층위이다. 따라서 제2 제작층에서 발견되는 제의적 요소는 수렵에 있어서 사냥주술로서 동종주술과 같은 형태라고 할 수 있으며, 물론 그것은 유사율에 바탕을 둔 동종주술이다.

이러한 양상에 비해 이어지는 제3 제작층은 차이가 있다. 제3 제작층의 표현상 특징적 현상은 짝지은 동물이 조사된다는 점이다. 짝지은 동물은 대부분 사슴과 같은 동물이다. 사슴은 반구대와 천전리에서는 물론, 북아시아에서 보편적으로 조사되는 동물이다.

이 사슴이 암수 한 쌍 또는 어미나 새끼가 함께 묘사되거나, 서로 다른 종의 동물과 짝을 이루고 있는 양상은 동물의 풍요와 수호의지가 담긴 것이라 할 수 있는데, 이와 함께 표현물 중 일부에서 갈아서 새긴 흔적도 발견되었다. 갈아서 새기는 행위는 그 자체가 기원행위와 연관되며, 그것은 곧 주술로서 기능하는 행위라고 하겠다. 또한 이 층위의 중요한 현상으로 북아시아의 공통적 신화소를 바탕으로 한 구조적 형상의 암각화가 조사되기도 한다. 그것은 사슴을 쫓는 두 마리 야수와 같은 동물표현을 말한다.

제2·제3 제작층의 큰 특징적 요소로서 주술과 같은 기원행위가 나타난다고 한다면, 이어지는 단계의 제4 제작층에서 드러나는 제의적 요소는 크게 다른 것으로 보인다. 제4 제작층은 무리를 이룬 고래와 샤먼과 같은 표현물이 하나의 층위를 구성하고 있다. 이러한 점은 앞선 분석과 같이, 제4 제작층의 제의 형태가 귀천과 회생기원의 형태라고 할 때, 그 기원의식의 과정에 샤먼의 역할이 있었다는 것이다.

샤먼과 같은 종교 직능자의 등장이 언제부터였는가 하는 문제는 암각화를 제외한 실증자료로서 나타나는 것은 거의 없다. 북아시아 여러 지역에서 조사된 것도 대부분은 오래되지 않는 민속자료에 의존하고 있다고 할 것이다. 가장 왕성하고 다양하게 나타나는 자료는 역시 암각화 표현물로 나타나는 샤먼이다. 샤먼의 표현상 특징은 정면에서 관찰된 모습으로 나타나고 있으며, 사지를 벌리고 서 있거나 정적인 동작으로 나타난다.

또한 손이나 발이 크게 강조되어 있고 허리에 끈과 같은 독특한 장식이 묘사되어 있다. 반구대암각화에서 하단의 사지 벌린 사람표현 역시 이러한 샤먼의 표현 속성 안에 포함된다.

제4 제작층의 제의표현은 무엇보다도 영혼위무와 관련된 층위라고 요약할 수 있다. 물론 그 전 과정은 샤먼이 주도하는 방식이다. 그러나 제4 제작층에서 특정도구에 주술이 가해진 감염주술의 형태를 볼 때, 주술은 여전히 효용가치를 갖고 지속된 의례의 한 방편이었다고 하겠다.

제4 제작층에서 이어지는 층위는 제5 제작층이다. 제5 제작층은 사슴·멧돼지·호랑이와 같은 동물로 대표되는 층위이다. 특징적 표현물 역시 새끼 밴 동물로서, 이러한 동물표현에서 발견되는 점은 생태적 묘사와는 다른 격자문이 나타난다는 점이다.

이러한 문양은 매우 넓은 공간에서 조사되는 현상이다. 필자는 격자문의 시문이야말로 신성체와 같은 존재성의 동물에 대한 표현으로 이해하고 있다. 물론 이와 같은 표현 모두가 하나의 단일한 성격으로 말해질 수는 없다. 어떤 것은 동물의 생태적 문양 또는 내부 장기와 같은 것을 나타낸 것도 있을 수 있고, 또 어떤 것은 동물 분배를 위한 얼개를 묘사한 것도 있다.

하지만 반구대암각화에서 특별한 존재성을 가진 동물에게 나타나는 격자문은 그것과는 다르게 일정한 규칙성을 가지고 나타난다. 따라서 이러한 문양은 새끼 밴 동물을 신성시하는 표식이면서 동시에 수렵에서 금기를 나타낸 표식이라 할 수 있다.

이와 동시에 같은 층위에서는 반구대에 대한 토템동물과 같은 호랑이가 등장한다. 호랑이는 이 지역의 대자연의 주인이면서 동시에 동물의 주인과 같은 존재라고 하겠다. 그러나 이 호랑이에 나타난 문양은 다만 생태적인 표현에 불과하다.

이상과 같이 제작층별로 발전해 온 반구대암각화는 각 층위마다 다르게 나타나는 그 표현이 전반적 과정에서 결코 단절적인 것은 아니다. 종합적이고 계통적인 면에서 앞 세대의 암각화의 상징성은 다음 단계에서도 일정부분 계승적이고 영속성을 갖고 이어지고 있다.

한편 반구대암각화와 천전리 암각화 사이에서 선후관계를 살펴볼 때, 서로 간에 표현상 차이가 분명하지만, 천전리 제1 제작층에 해당하는 동물그림은 반구대 제3 제작층과 비교가 가능하다. 양 제작층에서 유사점은 먼저 대부분 사슴과 같은 동물로 구성되고 있고, 또 이 사슴이 암수 또는 어미와 새끼가 짝을 이루면서 분포한다는 점이다.

이와 같은 것은 아무래도 동물표현에 대하여 풍요기원이라는 암각화의 제작목적이 비슷한데서 나온 것으로 보인다. 표현상 유사성은 비슷한 시간대에 나타나는 동시대적 표현방식이 작용한 것이라고 하겠는 데, 따라서 천전리의 제1 제작층은 반구대의 제3 제작층과 같거나 작은 시차를 가지는 단계에 놓고 보고자 한다.

반구대의 제3 제작층의 제의적 요소가 동물의 번식과 풍요기원의 의지가 담겨진 층위라고 할 때, 천전리 제1 제작층도 일단 같은 측면에서 접근할 수 있다. 하지만 천전리는 좀 더 복잡한 양상이 있다. 그 이유는 대부분이 비슷한 짝 동물로 구성되고 있는 층위이지만 또 다른 형태의 표현물도 동시에 나타나기 때문인데, 우선 안정적 식량원의 공급을 바라는 데서 기인한 동물번식의 풍요기원이라는 점은 동일하다.

그러나 동물의 두부 위에 인면이 중복된 것과 같은 표현물을 볼 때, 이러한 것에 반영된 요소는 또 다른 양상을 보여준다고 하겠다. 즉 자연신 숭배를 바탕으로 한 동물숭배의 신앙형태에서 점차 조상숭배에서 나온 인신숭배 형태로 변해가는 과정의 표현물이 나타나게 되었다. 이러한 표현물에서 암각화에 남겨진 전 세대의 능력이나 힘·권위, 신성성과 같은 것은 표현상 다음세대에 계승된 양상이다.

여기서 한국 암각화에서 구상표현인 반구대암각화와 천전리 암각화의 표현물에 반영된 제의형태를 종합적 측면에서 살펴보고자 한다. 두 유적은 일단 하나의 발전선상에서 비교된다.

초기에 수렵과 관련된 동종주술과 같은 염원의 결과로서 나타난 암각화의 의례문제는, 다음 단계에서는 동물의 풍요에서 나오는 수호의지가 충실하게 반영된 것으로 나타난다. 이것은 반구대암각화와 천전리 암각화 양자에서 동일하게 발견되는 사항이라 하겠다. 하지만 대체로 밋밋하게 나타나는 반구대에 비하면, 천전리의 동물표현은 보다 극적인 측면이 있다. 천전리의 인면과 중복된 동물표현에 대해서는 여러 측면에서 분석될 수 있겠지만, 필자는 이것이 수렵에서 정착생활과 같은 생활형태가 달라지는 과정에서 나타난 것이 아닐까 한다.

이어지는 다음 단계는 반구대의 제4 제작층이다. 여기서는 고래의 영혼을 동물의 주에게 되돌리는 의식과 그리고 그 과정 전반이 샤먼과 같은 종교 직능자에 의해 수행되는 것으로 정리된다. 반구대암각화의 마지막 단계인 제5 제작층에서는 또 달라진 형태의 제의적 요소가 발견된다.

이 층위에는 신성시되는 특별한 동물에 대한 표현이 있다는 점인데, 그것은 바로 새끼를 밴 동물에 대한 수렵에서 금기표현으로 동물표현물에 격자문과 같은 문양이 시문된 것이다. 이러한 점은 자연계의 안정적 순환을 바라는 것인데, 또 여기서는 대자연 속에서 동물과 사람의 공존을 위한 토템동물 형태도 발견되고 있다.

변화의 과정에서는 그 이전과 판이하게 달라진 부분도 있는 데, 그것은 천전리에서 발견할 수 있다. 천전리에서 다음 단계로 이어지는 제작층은 제1 제작층과 구별되는 표현상의 차이만큼, 제의표현도 역시 전혀 다른 양상으로 나타난다. 이러한 점은 동물 두부의 인면표현에 대한 분석이 당위성을 지닌다고 하겠는 데, 천전리 제2 제작층의 표현물은 그 중심문양이 이미 구상표현과는 다른 기하학적 문양이다.

이러한 문양은 동심원이나 와상선문과 같은 일부를 제외하고는 대부분 마름모꼴 문양 또는 그 문양을 형성해가는 과정이거나 그 변형으로 보인다. 그렇기 때문에 제2 제작층은 기본적 문양이 마름모꼴 문양으로서, 이것은 여성을 상징하는 것이다. 따라서 기하문암각화의 제작은 여성상징에 대한 모방주술의 성격이 있으며, 결국 주술행위는 갈아내는 기법으로 나타나고 있으며, 그 목적은 농경사회 단계에서 풍요를 위한 것이라고 규정된다.

기하문암각화의 제작은 농경의례와 관련된다고 하겠는데, 함께 구성된 표현물 중에는 동심원암각화도 있다. 앞에서 분석에 의하면 적어도 한국 암각화에서 동심원암각화는 물을 상징하는 문양으로, 이것이 제작된 목적은 무엇보다도 가뭄이나 한발과 같은 자연재해를 극복하고자 하는 기우의례의 필요에 의해 나온 것이다.

천전리 제2 제작층에서 암각화 제작의 행위 자체는 주술로 인정된다. 물론 인면 또는 가면과 같은 것을 볼 때, 천전리에서 대규모의 농경의례나 기우제는 샤면이 주관하는 형태였을 것이다. 샤면은 선행단계인 반구대 제4 제작층에서 이미 제의 주관자의 모습으로 등장한 바 있다.

천전리에서 이어지는 제3 제작층은 유적 전면을 가득 채우고 있는 타날흔의 층위이다. 이 층위는 특정의 형태를 찾아볼 수 없이 무질서하게 나타나는 것으로서, 천전리의 제1·2 제작층의 표현물 전면을 고르게 덮고 있다.

이 단계는 역시 기우제에 따르는 주술행위로 판단된다. 앞서 제2 제작층의 동심원암각화가 물을 상징하는 문양이고, 물을 상징하는 암각화를 새긴 이유는 그것이 기우제를 위한 것이라고 분석된 바 있는 데, 전면을 쪼아낸 흔적은 바위에 골고루 물을 뿌린 것처럼 나타나 있다. 그래서 이와 같은 흔적도 빗방울을 모방한 모방주술 행위의 흔적으로 생각된다. 타날흔의 조밀성이나 크기 또는 각도가 일정하지 않게 나타나는 점은, 기우제에 동반된 모방주술 행위가 누차에 걸쳐 오랜 시간범위 안에서 수행되었기 때문이라고 하겠다.

다음은 칠포리형 암각화를 대상으로 그 제의표현의 성격이 어떻게 달라지고 있는가 하는 점을 전반적으로 살펴보기로 하자.

그간 칠포리형 암각화의 원형을 찾기 위한 노력은 다각도로 진행되었다. 하지만 필자는 그 원형을 더 이상 외부에서 찾는다는 것이 아무런 의미가 없다고 보고, 이를 한반도의 내부에서 해결하고자 하였다. 그것은 동해안이라는 해양을 통한 외부의 자극에 의해, 영일만 또는 형산강 수계를 중심으로 암각화 제작이 이루어진 것이 아닐까 하는 의문에서 비롯된다.

외부적 자극은 아무래도 천전리를 중심으로 한 울산만의 사람들로 생각되는데, 여기서 오는 자극으로 인하여 영일만에 기하문암각화의 표현요소가 전해지면서 암각화의 제작이 이루어졌을 개연성은 크다. 그렇기 때문에 천전리 기하문 단계에 칠포리 암각화의 제작시기도 어느 정도 근접해 있을 것이므로, 천전리에 이어서 칠포리, 석장동 암각화의 제의표현을 이해하고자 한다.

영일만에서 암각화의 성립에는 당시 형산강 수계를 중심으로 분포한 손잡이에 작은 원형의 홈을 새기는 석검문화에, 암각화라고 하는 새로운 문화적 자극이 있었을 것으로 판단된다. 그렇기 때문에 칠포리형 암각화의 최초 형태는 포항 인비리 암각화에서 찾을 수 있다.

칠포리형 암각화는 하나의 구조적 형상의 암각화가 이동 혹은 전파와 같은 방법으로 한반도 남부지방에서 동·서로 파급된 양상이다. 따라서 칠포리형 암각화는 모두 하나의 발전상에 놓고 그 제작순서에 따라 살펴보기로 하자.

칠포리형 암각화는 초기·발생기 〉 발전기 〉 소멸기의 과정에 따라 형태변화를 나타내고 있다. 초기에서 발전기의 단계에 포항 칠포리 A·경주 석장동 〉 영천 보성리 〉 고령 안화리 〉 포항 칠포리 B·고령 지산리·고령 양전동이 있고 그 다음 단계의 남원 대곡리에서 이어지는 소멸기의 단계에는 영주 가흥동, 경주 안심리의 암각화가 있다.

칠포리형 암각화의 첫머리에 있는 것은 인비리에서 파생된 칠포리 A와 석장동 암각화이다. 여기서 발견되는 제의형태는 먼저 칠포리 A의 암각화가 농경에서 풍요를 기원하는 여성신상을 상징하기 때문에, 주술적 의례행위로 모방주술이 적용되었다고 하겠는데, 물론 주술의 목적은 농경에서 풍요기원이다. 그러나 동 시기의 경주 석장동에서는 주술보다는 신앙의례와 그 대상으로 암각화를 바라볼 수 있다. 그렇지만 두 유적 공히 자로 잰 듯이 제의형태를 규정할 수는 없다. 왜냐 하면 두 유적 모두 다양한 표현물이 동시에 조사되고 있기 때문이다. 두 유적에서 차이라고 하면 배 표현물이나 샤먼과 같은 종교 직능자의 모습이 석장동에서 발견된다는 점이다.

입지적 측면에서 볼 때, 암각화의 위치는 두 유적 모두 크게 다르지만, 공통점은 양자가 은밀하고 쉽게 접근할 수 없는 폐쇄적이라는 점이다. 그러나 점진적으로 다음 단계에서는 보다 개방적으로 달라진다. 그렇게 바뀐 유적은 영천 보성리에서부터 고령 안화리와 양전동으로 갈수록 확실해졌다. 환경이 개방적으로 된 만큼 표현물에서도 시각적인 측면이 한층 고려되기 시작하였다. 그것은 장식적 요소와 정형화된 형상미가 잘 나타난다는 점에서 말할 수 있는 사항이다.

유적의 위치가 완전히 개방적으로 달라진 곳은 남원 대곡리이다. 남원 대곡리에 와서는 누구나 올려다 볼 수 있는 곳을 선택하였다. 이러한 변화는 보다 넓은 범위의 사람이 신앙의례에 참석하게 된 것으로 보이고, 그 양상은 소멸기의 유적인 가흥동과 안심리로 오면서 더욱 개방적으로 변화하였다.

초기단계의 유적은 폐쇄적 공간을 선택하였다. 그러나 보성리, 안화리와 양전동을 거치면서 야기된 환경적 변화는 마침내 암각화의 형상변화를 이끌어, 드디어 암각화는 신앙대상물로서 좌우에 번쩍번쩍 빛이 나는 것과 같은 모양을 지니게 되었다. 또한 안화리와 양전동 단계에서는 암각화 의례의 다양화를 지적하게 되는데, 이것은 의례의 목적에 따라 그 대상까지도 기능별로 달라지는 현상을 말한다. 이러한 점은 기우제와 관련된 동심원암각화가 나타나는 데에서 발견되는 사항이다.

다음은 제의시점에 관하여 분석된 사항을 요약하고자 한다.

한국 암각화유적에서 제의가 있었다는 것은 사실이고, 그것도 정해진 특정의 시기에 수행되었다는 것도 사실이다. 하지만 그것이 언제인가 하는 부분에 대해서는 현 시점에서 정확히 하기 어렵다. 제의의 시점과 관련하여 필자는 칠포리의 한 석검형암각화를 분석하였으며, 이것이 하지날 태양이 지는 방향을 향해서 새겨졌다는 사실을 확인하였다. 여기서 필자는 석검이 가리키는 하지의 일몰시점이야말로 칠포리를 중심으로 한 거주집단들의 제의의 시점으로 보고자 하였다.

분석에 의하면, 이곳에서 수행된 제의는 농경의 계절제와 같은 것으로써,

이 시기에 대규모의 제의가 수행된 까닭은 이때가 봄 농사의 수확기이면서 또 다가올 가을농사의 준비가 완료된 시점이기 때문이다. 따라서 칠포리에서의 제의는 봄 농사 수확에 감사하고 가을농사의 풍작을 기원하는 농경의례이며, 아울러 제의의 시점은 같은 칠포리형 암각화가 분포하는 다른 지역에서도 하지 또는 그와 비슷한 시기였던 것으로 짐작할 수 있다.

칠포리형 암각화는 시간적 흐름에 따라 결국은 소멸되어갔다. 그렇다면 소멸과 동시에 이러한 암각화가 갖고 있던 상징성이나 그 시대적 가치도 사라져 버린 것일까? 만약 그렇지 않다면 한반도 남부지방에서 큰 폭의 시간과 공간대를 갖는 이 구조적 형상의 암각화는 어떻게 달라져갔을까?

이 부분에 대한 의문은 당시 세형동검문화의 확산과 같은 사회변화에서 그 답을 찾을 수 있을 것이다. 한반도에 파급된 세형동검문화의 영향은 서쪽으로 진출한 칠포리형 암각화에도 영향을 미치게 되면서, 바위의 그림이라는 표현매체는 청동기라는 금속으로 변천해갔다. 그 달라진 형태는 바로 검파형 동기·방패형 동기·농경문 동기와 같은 청동의기이다. 암각화가 제작된 소지는 이것이 영원토록 변하지 않아 신성한 힘이 깃들어 있다고 믿어 온 바위였다. 이 바위에 새겨진 그림이 질료적으로 변하면서 이루어진 청동의기 속에는, 그간 암각화에 반영되어 있던 신앙 종교적 상징성조차 그것으로 옮겨간 것이라 하겠는데, 의기와 같은 상징적인 것은 당대 최고의 재료와 기술을 요구하며 무엇보다도 탈세속적이어야 한다. 그래서 바위에 새겨진 암각화는 새롭게 도래한 최고의 신기술이 집약된 귀금속으로 바뀌었다는 것이다. 따라서 바위에서 청동기하고 하는 금속으로 이 시대의 중요한 가치관과 같은 상징축이 옮겨갔다고 하겠다.

청동의기는 그 구성으로 보아 아마도 사람의 목이나 가슴에 걸도록 된 것이다. 여기서 청동의기를 부착하게 되는 사람은 결국 암각화를 대신하는 강한 존재감으로 등장하게 되었다. 주술이나 신앙 대상으로서 중심적 상징물인 암각화는 그것이 청동의기로 바뀌면서 이 시대의 중요한 상징과 같은 모든 것도 청동의기 또는 그것을 소유한 존재에게 옮겨져갔다고 할 것이다.

다음으로 이어지는 장에서는 한국 선사암각화에 있어서 제의성의 형태를 종합적으로 살펴보고자 한다. 여기까지 오는 동안 내용상 충분히 살펴보지 못한 특정의 암각화자료도 있고, 미처 논의되지 못한 주술의 형태와 같은 것도 있다. 이런 불충분하고 미진했던 부분에 대하여 자세하게 살펴보면서 그 성격을 분명히 하고자 한다.

V

한국 선사암각화에서
제의성의 형태

　한국 선사암각화의 제의의 형태를 알기 위하여 앞장에서는 유적별 제의적 요소를 찾아서 그것을 분석하였다. 이러한 과정에서 한국 암각화에 대하여 유적을 중심으로 표현물을 분석하였으며, 새로운 형태분석 아래에서 찾을 수 있는 신앙이나 주술, 그리고 그 의례가 어떤 양상으로 나타나고 있는가 하는 점을 밝혀보고자 하였다.

　본 장에서는 세부유적을 중심으로 한 앞장의 분석에서 충분히 살펴보지 못한 부분, 즉 특정의 표현물이라든지 고인돌과 같은 곳에 나타난 암각화, 그리고 주술의 형태나 제의와 관련된 여러 부분에 대하여 이를 좀더 살펴보았으면 한다. 또한 그 변천양상과 같은 연구의 큰 줄기를 정리하면서 한국 암각화의 제의성을 종합적으로 살펴보고자 한다.

　앞장에서 어느 정도 언급된 내용에 대하여 좀더 첨언하고자 하는 것은 이러한 작업을 통하여 한국 선사암각화의 제의성을 보다 분명하게 드러내기 위함이다.

　또한 여기서 샤먼이나 고인돌암각화, 그리고 주술현상과 같은 것은 앞에서 충분히 논의되어야 하는 부분이긴 하지만, 그렇게 하는 것이 글을 이끌어가는 과정에서 조화롭지 못한 점이 있었기 때문에 여기서 재론하여 불충분했던 사항을 좀더 보완하고자 한다.

　논의되는 순서는 샤먼과 고인돌암각화를 살펴보고 나서 그 다음에 주술현상과 제의시기에 대하여 검토하고자 한다. 마지막에는 제의적 표현의 성격과 함께 그 형태적 특징에 대하여 이를 논하고자 한다.

1_주목되는 표현물

1) 샤먼

한국 암각화에서 제의와 관련하여 가장 주목되는 표현물은 샤먼과 그리고 고인돌이나 입석에 나타난 암각화를 먼저 생각할 수 있다. 이것은 그 자체가 벌써 제의목적에서 만들어진 것이기 때문에, 여기서는 샤먼표현과 함께 고인돌 또는 입석에 나타난 암각화에 대하여 이를 좀더 심층적으로 분석해 보았으면 한다.

샤먼 표현물에 대해서는 이미 반구대암각화 제4 제작층에서 어느 정도 분석되었다. 하지만 샤먼이 반구대암각화 제4 제작층에서만 나타난 것만은 아니고 경주 석장동과 안동 수곡리에서도 같이 조사되었기 때문에, 이들을 함께 비교분석해 보고자 한다. 그것은 암각화의 제의성을 논하고자 하는 연구에서 그 어느 표현물보다도 직접적으로 관계되는 것이기 때문이다.

샤먼과 같은 종교 직능자가 암각화로 표현되기 시작하는 것이 언제인가 하는 문제는 흥미로운 부분이다. 한국 암각화에서 샤먼과 같은 표현물이 나타나는 곳은 반구대와 석장동, 그리고 수곡리유적이다. 반구대에서 샤먼 표현물은 제4 제작층에서 조사되었으며, 석장동에서는 유적에서 가장 좌측 상단에서 조사되었다. 수곡리에서 샤먼은 그간 새를 묘사한 것으로 알려져 있었다. 그러나 필자의 분석에 의하면 이와 같은 표현물도 역시 샤먼이 묘사된 것이라고 하겠다.

암각화에서 샤먼으로 규정되는 것은 인근 북아시아의 경우 앞에서 논의된 그림 80과 같은 형상으로 나타난다. 그림 80을 볼 때, 가장 눈에 띄는 표현은 우선 모든 샤먼으로 규정된 암각화는 정면을 향하고 사지를 벌린 형태로 표현되었으며, 손과 발이 과장된 형태이다. 대체로 성별이 구분될 수 있는 형태로 조사되고 있지만 그렇지 않은 것도 있다. 하지만 여성으로 나타나는 경우가 대부분이다. 어떤 것은 제의에서 무복과 같은 특수한 복장을 하고 조사되기도 한다. 개중에는 알 수 없는 형태의 의식을 진행하는 자세로 나타나기도 한다.

복장상태는 통상 암각화 인물상처럼 성별의 구별을 가능하게 하는 젖가슴 묘사나 성기표현이 있는 것도 있다. 허리에 뱀을 상징한다고 하는 끈 달린 의상을 입고 나타나거나, 아니면 의례를 집행하는 형상으로 조사되기도 한다.

여기서 그림 118과 같이 나타나는 반구대와 석장동, 수곡리의 샤먼 표현물을 보다 자세히 살펴보기로 하자. 그림 118-a는 반구대암각화 제4 제작층의 샤먼으로서, 사지를 활짝 벌리고 마치 허공 중에 떠 있는 것과 같은 형상이다. 그림 118-b는 경주 석장동에서 조사된 샤먼이다. 이것은 검파형암각화의 상단에서 양 팔을 벌리고 서 있는 형상으로 조사되었다. 암각화 위에 서있는 존재감 있는 형상으로 하여 이것이 신적 존재를 묘사한 것일 수도 있다. 하지만 단정적으로 말하기 어렵고, 또 신이나 제사장, 샤먼을 구분하는 기준을 제시하는 것이 현 상태에서 가능하지 않기 때문에 일단 여기서는 의례를 집전하는 샤먼으로 보고자 한다. 그림 118-c는 안동 수곡리의 샤먼 표현물이다. 이것은 무복을 걸치고 양 팔을 활짝 펴고 춤추는 것과 같은 모양으로서, 이와 같이 한국 암각화에서 나타나는 샤먼표현도 인근지역 샤먼 표현물의 범주 안에서 이를 규정할 수 있다.

아메리카에서 샤먼의 유형이 대체로 수직형과 기원형·신호형과 부유형으로 분류되는 사실에 비춰, 한국 암각화를 여기에 견주어 보면, 그림 118-a는 허공 중에 떠 있는 것과 같은 부유형에 속한다고 할 수 있다. 형태적 측면에서 이는 여성으로 보이고, 손가락과 발가락을 쫙 펴고 있다. 하지만 그림 118-b는 그 유형을 4가지 유형 안에서 말하기 어렵다. 한국 암각화에서 샤먼표현이 그 분류에 반드시 부합되는 것은 아니기 때문이다. 그림 118-b는 경직된 서 있는 자세에서 성별은 알 수 없지만 남성을 나타낸 것으로 보이고, 사지를 벌리고 있지만 손발의 표현은 없다.

그림 118-c의 경우, 이 표현은 제의과정에서 무복을 걸치고 빙글빙글 돌면서 춤을 추는 동작과 유사하다. 형상의 측면에서 앞의 분류와 일치되는 부분도 없다. 그러나 팔을 벌리고 서 있는 동작이 굿에 동반되는 춤을 추는 것과 같기 때문에 역시 기원하는 과정에서 나올 수 있는 의례행위로 보고, 이를 그림 36의 의례행위 중의 샤먼과 같은 형상으로 보고자 한다.

사람을 표현하는 데 있어서 문화적 배경에 따라 변형Déformation해서 나타내는 묘사는 그 형상이 사람이라는 것을 알아보기 어렵게 하는 경우도 왕왕 있지만 수곡리와 같이 조사된, 마치 새처럼 묘사된 형태 역시 사람으로서, 또 샤먼을 표현한 것이라고 하겠다.

암각화의 현상에서 샤먼은 신석기시대 유적에서 조사되고 있다. 북아시아 지역의 암각화 중에서 특별한 존재감을 갖는 샤먼은, 신석기시대 이전의 동굴벽화와 같은 곳의 몇몇 표현물이 그러한 것으로 알려져 있지만 분명한 것은 아니다. 여기서 바위라는 매체에, 그것도 노출된 부분에 새긴 암각화만을 대상으로 하기 때문에 이를 제외하고 보면, 초기단계의 샤먼은 아무래도 신석기시대 암각화유적에서 처음 보인다고 해야 할 것이다.

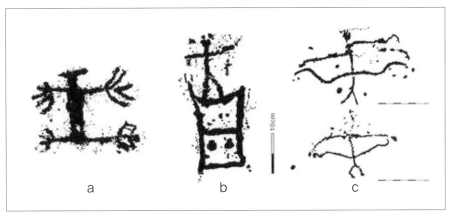

[그림 118] 한국 암각화의 샤먼 표현물
a. 반구대 b. 석장동 c. 수곡리

그림 119는 샤먼 표현물로서 모두 고르노 알타이에서 조사된 것이다. 이것은 신석기시대에서부터 철기시대 초기까지 조사된 표현물을 그 수순대로 나열한 것이다. 지역적으로 알타이라는 한정된 곳의 것이기 때문에 시기적으로 그 달라져간 형태적 차이를 한눈에 볼 수 있다.

그림 119-a와 같은 표현물은 비에르스트에 의해 신석기시대로 규정된 샤먼으로서, 쿠유스 암각화유적에서 조사된 것이다. 청동기시대의 표현물은 그림 119-b, c, d와 같은 것이다. 그림 119-b는 이른 청동기시대의 까라꼴 문화(Каракольская, B.C. 20세기)에서 조사된 샤먼 표현물이다. 그림 119-c는 칼박타쉬에서 조사된 청동기시대 샤먼 표현물이고, 그림 119-d는 역시 칼박타쉬 샤

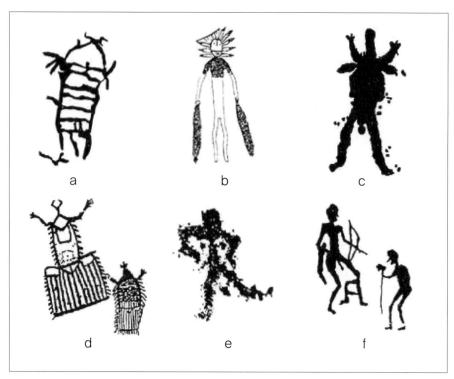

[그림 119] 샤먼
a.신석기시대, 쿠유스, 알타이(비에르스트) b.이른 청동기시대, 까라꼴, 알타이(쿠바레프)
c.청동기시대, 칼박타쉬, 알타이(쿠바레프) d.늦은 청동기시대, 칼박타쉬, 알타이(쿠바레프)
e.철기시대 초기(스키타이시대), 차강가, 알타이(이하우) f.철기시대 초기, 잘그이즈 또베, 알타이

면의 바위에서 조사된 늦은 청동기시대의 샤먼의 의례 모습이다. 이어서 그림 119-e, f와 같은 것은 B.C. 6세기 경의 스키타이(Скифы)시대와 B.C. 4세기 전후 철기시대 초기에 속하는 것까지 모두 순서대로 나타나고 있어서 조사된 시간적 폭은 크다.

이러한 샤먼을 볼 때, 외형적 차이는 신석기시대로부터 청동기시대, 스키타이시대와 그 이후까지도 크게 달라진 점은 별로 없어 보인다. 하지만 각 표현물은 그것이 속해 있는 시기의 문화적 배경이 서로 다르기 때문에, 복장과 같은 차이는 분명하다. 그러나 그림 119-f의 철기시대 초기 현상으로 보이는 잘그이즈 또베의 암각화는 샤먼집단의 위계를 나타내는 것과 같은 표현물로서, 이것은 세계 암각화에서 매우 특별한 것으로서, 묘사된 샤먼표현에서 이목구비는 물론, 표정까지 나타나 있는 희귀한 자료이다. 절을 하고 있는 것과 같은 샤먼은 지팡이를 들고 있으며, 함께 나타난 다른 표현물과 같이 이 사람은 곱추를 묘사한 것이다. 이를 볼 때 철기시대에 와서는 암각화제작도 한층 정교해지고 나타내고자 하는 장면묘사도 충실하다. 또한 이런 표현물은 샤먼표현의 정형이라 할 수 있는 정면성의 원칙에서도 비교적 자유로워졌다.

이상의 알타이 자료는 어디까지나 한국 암각화에서 샤먼을 이해하는 참고자료인 것이지 비교자료로서의 효용가치는 그리 높지 않을 것이다.

이처럼 신석기시대에서부터 보이기 시작하는 샤먼은 청동기시대에 와서 폭넓은 공간에서 비교적 왕성하게 제작된 표현물이라고 하겠는데, 이런 점은 그림으로 제시된 자료 이외에도 무수한 자료가 축적되어 있다.

샤먼이 청동기시대에 와서 조사 빈도가 높게 나타난다는 것은 그만큼 샤머니즘 제의와 신앙 활동이 빈번해졌다는 사실과 함께, 샤먼의 비중이 높아졌다는 점을 말해준다.

이와 같은 자료를 통하여 제의에서 청동기시대 샤머니즘의 규모를 짐작해볼 수 있는데, 이처럼 한반도 청동기시대 암각화유적에서 샤먼표현이 나온다는 것은 당연하고 자연스러운 현상이다.

북아시아의 암각화유적에서 샤먼이 조사되는 빈도는 한 유적에서 서너 점에서부터 수십 점에 이르기까지 매우 높다. 우리나라에서는 반구대암각화 제4 제작층 단계인 청동기시대에 와서야 비로소 이와 같은 표현물이 나타나는데, 물론 그림 118-b의 석장동, 그림 118-c의 수곡리 단계는 제4 제작층보다 나중에 속하는 표현물이다.

한국 암각화에서 이 샤먼 표현물은 단계적이거나 연속적이지 않아서, 전혀 나타나지 않다가도 몇 단계를 훌쩍 뛰어넘어 또 다시 나타나는 양상인데, 이러한 현상이 유적이나 시대에 따른 샤먼의 비중문제에서 오는 것인지는 정확히 알 수 없다.

샤먼제의의 형태에 대해서는 앞장에서 살펴본 바와 같이, 동반해서 나타나는 다른 표현물과의 유기적 관계로 어느 정도 그 복원이 가능할 수 있다.

2) 고인돌 암각화

앞장에서는 한국 암각화에 나타나는 신앙이나 주술, 그리고 그 의례의 성격과 형태적인 측면을 살펴보았다. 이러한 분석은 특히 칠포리형 암각화와 같은 계통적으로 조사된 유적이 큰 비중을 갖고 수행되었다. 그렇기 때문에 포항 인비리라든지 여수 오림동의 고인돌에 새겨진 암각화에 대해서는 접근이 거의 이루어지지 못하였다. 이와 같은 유적에 대한 제의적 표현에 대해서는 유적현황을 말하는 가운데 가볍게 그 개략적인 내용을 말하긴 하였으나, 암각화가 나타난 고인돌이라는 입지에 대해서는 분석이 수행되지 못하였다. 여수 오림동, 포항 인비리, 함안 도항리, 밀양 안인리와 같은 것은 모두 고인돌에서 조사된 것이다. 또한 고인돌의 하부구조나 입석과 같은 제단 구조물에서 나타난 암각화도 있다. 여기서는 앞장의 분석에서 비켜간 것으로 보이는 고인돌이나 입석, 그리고 그 하부 구조물의 암각화를 분석하여 한국 암각화에서 나타나는 제의 표현의 또 다른 측면을 살펴보기로 하자.

고인돌에 암각화가 새겨진 것은 포항 인비리 암각화(그림 14)가 국내에서 처음으로 조사된 것이다(국립경주박물관 1985). 한국 암각화에 있어서 오랜 공백기 끝에 조사된 인비리 암각화는 고인돌 덮개돌에 석검형암각화 두 점과 석촉형 암각화 한 점이 위·아래로 나란히 새겨져 있는 것이다. 석검은 두 점이 비슷한 형태로서, 큰 손잡이에 정삼각형에 가까운 검 날이 묘사되어 있다. 검 날 부분에는 날을 감싸고 있는 선각이 있고, 손잡이 중간에는 하나의 선각을 새겨서 손잡이를 두 개의 공간으로 나눈 이단병식 형태의 석검으로, 그 구획된 공간 한쪽에는 두 개의 바위구멍이 있다. 석촉은 그것이 석촉을 나타낸 것인지는 확실하지 않은 이등변 삼각형에 양 변이 볼록하게 나와 있는 모양이다. 여기서 가장 눈에 띄는 부분은 석검의 손잡이라 하겠는데, 그 모양이 칠포리에서 조사된 검파형암각화와 똑같은 형태이다.

인비리의 석검형암각화와 같이 손잡이에 작은 원형의 홈이 있는 실물의 석검은 그간 형산강 수계를 중심으로 하는 공간에서 여러 점이 조사되었다. 앞서 제시된 그림 100의 동아대박물관 석검과 계명대박물관, 국립경주박물관 소장의 석검은 그 손잡이에 모두 원형의 작은 홈이 있다. 그림 101에서 제시된 석검 자료 역시 손잡이에 원형의 작은 홈이 있는 것이다. 이 석검들은 기능적으로는 의기의 성격이 강하게 나타나는 것이라고 하겠는데, 똑같은 형태의 석검이 암각화로 표현된 것이 인비리의 석검형암각화이다.

아무래도 인비리 암각화와 원형의 작은 홈이 있는 실물의 석검은 서로 불가분의 관련성이 있다고 하겠는데, 이와 같은 현상에서 필자는 이미 이 지역에 확산되어 있던 손잡이에 작은 원형의 홈을 새기는 석검문화가 암각화로 표현된 것이 아닐까 하고 분석한 바 있다. 석검 손잡이에 작은 홈을 새기는 문화는 적어도 형산강 수계를 중심으로 하는 영남지방의 독특한 풍요기원의 문화형태로 이해될 수 있을 것인데, 여기에 암각화문화의 유입이라고 하는 자극에 의해 그것이 인비리 암각화의 석검형암각화로 나타났다고 판단되는 것이다.

인비리 암각화는 칠포리형 암각화의 성립과 관련하여 중요시되는 유적이지만, 그 외 여러 곳의 고인돌에서 나온 암각화도 있기 때문에, 이러한 자료도 역시 중요하게 분석되어야 한다. 이와 같은 자료는 여수 오림동, 밀양 활성동, 밀양 안인리, 그리고 함안 도항리와 대구 천내리, 대구 진천동의 고인돌이나 고인돌의 하부 구조물 또는 입석과 같은 것이다. 최근에는 나주 운곡동에서도 작은 봉우리와 그 옆의 고인돌에서 새롭게 선각암각화가 나왔다.

그런데 오림동과 활성동에서는 석검형암각화와 사람 또는 성기형암각화가 나왔고, 안인리에서는 성기형암각화와 동심원암각화가 나왔다. 도항리와 천내리, 진천동에서는 동심원암각화가 조사되었는데, 진천동은 고인돌이 아니라 입석유적이다. 여기서 조사된 암각화의 형상 또는 성격에 대하여 이를 살펴보기로 하자.

사실 고인돌암각화는 고인돌 덮개돌에서 나온 것도 있지만 고인돌의 하부 구조의 적석유구에서 나온 것도 있다. 이러한 것은 고인돌이 묘제로서의 기능 이외에 또 다른 기능, 즉 제의공간으로서의 기능이 있었다는 것을 말하는 것이 아닌가 한다.

청동기시대에는 무수한 제의가 행해졌다. 모든 삶의 과정에서 의례가 있었을 것이지만, 고인돌과 같은 공간에서 의례는 무엇보다도 고인돌이 조상의 분묘이기 때문에 조상숭배와 같은 의식의 발현에서 나온 것이라고 하겠다. 이러한 점은 고인돌이 장송의례에서부터 시작하여 전반적 제의공간이 될 수 있는 가장 큰 조건이다.

최근 왕성한 발굴조사가 있었다. 그 결과보다 많은 자료적 발견이 있게 되면서 한결 뚜렷해진 것이 고인돌의 제의공간으로서의 기능이다. 발굴에 의해 밝혀진 다음과 같은 자료를 보면, 일부에 한정되는 것이기는 하지만 고인돌이 제의공간으로서의 기능이 있다는 점은 분명하다.

고인돌의 발굴에서 그 하부에 구획된 묘역이 있는 자료는 여럿이 있는데, 거기서 사천 이금동, 창원 덕천리의 고인돌은 지석과 주변부에서 나오는 유물의 출토상태를 보면, 고인돌 조성이 끝난 시점 이후 오랫동안 제의행위가 있었을 거라는 추정이 가능한 곳이다. 이러한 것은 비록 지하 매장부가 있어서 분묘의 역할을 수행한 것이긴 하나, 또 그 주위에 제단과 같은 구획된 묘역이 설치되어서 제의공간의 역할도 충실히 수행한 것으로 보인다. 그러나 경산 삼성리유적(영남문화재연구원 2005)이나 밀양 살내유적과 같이, 지하에 아무런 매장부도 없이 제단과 같은 시설이 갖추어진 고인돌의 조사도 점차 증가하고 있다. 또 지하 매장부에 대한 확인이 실시되지 못하였으나 밀양 안인리의 고인돌도 그 주위에 묘역을 갖추고 있으며, 그 옆에는 별도의 적석제단유구도 있다. 산청 매촌리나 안인리의 예를 볼 때, 사자나 조상들의 묘역 주위에 별도의 공간을 조성하여 제의장소로 이용한 경우도 있었을 것이다.

대구 진천동과 같은 입석도 둘레의 장방형 석축으로 보아 제의장소인 것은 틀림없는 사실이다. 더욱이 입석의 남쪽 석축 한 변이 물가에 잇대어 있었기 때문에 이를 수변의례의 공간(이상길 1998: 276~277)이었다고 한다면, 이와 같은 입석과 함께 일부 고인돌이 제의장소로서 활용된 것은 분명하다. 하지만 이러한 장소의 제의가 어떤 형태였는지는 알 수 없다. 그것이 거석에 대한 숭배에서 비롯된 것일 수도 있고, 조상에 대한 추모의 성격이거나 풍요의 메신저로서의 조상에 대한 숭배와 같은 방식이었을 가능성도 있다고 할 때, 이곳에서 제의가 어떠했다 할지라도 그 속에는 당시 사람들의 풍요와 평온한 삶을 위한 염원이 바탕이 될 수밖에 없다.

앞서 동심원암각화가 새겨진 고인돌이나 입석의 경우, 이러한 곳에서는 영웅적 조상의 영능에 기대어 비가 오기를 비는 기우제가 행해졌을 가능성이 있다고 하였다. 그렇다면 유사한 고인돌이나 그 하부 구조에 새겨진 또 다른 형태의 암각화는 어떻게 보아야 할 것인가. 조사된 표현물 중에는 남녀 두 명의 사람을 나타낸 그림에서부터 석검·석촉은 물론 여성의 성기형암각화까지도 있다.

인비리 암각화는 발견 당시에 이를 장송의례와 관련한 부장품과 깊은 관계가 있으며, 지석묘에 석검을 부장하는 전통에 따라 그 대신 석검을 새긴 것으로 이해하고자 했다. 또는 남성의 권위를 상징하는 의례적인 상징물로서 남성 상징의 도구로서의 석검을 새긴 것으로 보는 견해도 있다. 오림동 암각화에 대한 조사자의 견해는 석검이 조상을 뜻하고 있는 것으로 해석되기 때문에, 석검 좌측의 인물은 조상에게 무언가 기원하는 의식을 행한다고 하였다. 이러한 고인돌암각화에 대한 연구자들의 생각을 볼 때, 우선 고인돌이 사자의 영역이고, 특히 조상에 대한 장의와 관련해서 보아야 할 것이라는 점을 분명히 인식하고 있다는 것이다.

여수 오림동의 경우 발굴된 후 옮겨진 것으로, 하부에서는 석실이 조사되었다. 하지만 조사된 전체 10기의 고인돌의 규모나 구성 상태에 대한 보고자(李榮文·鄭基鎭 1992: 69)의 생각은 이곳의 고인돌은 무덤의 기능보다 권위나 부 또는 집단을 상징하는 기념물이요, 건축물적인 위용과 그 의장을 과시하기 위한 수단으로 고인돌이 축조된 것이라고 그 성격을 말한 적 있다.

함안 도항리는 암각화가 새겨진 바위가 제34호 고분의 봉토에 속해 있으므로 그 관계를 구명하고자 하는 발굴조사를 실시하였다. 그 결과 고분 아래와 주위에서 청동기시대의 주거지와 8개의 분묘가 확인되었는데, 유구 중 7개에서 묘역시설이 나왔다.

밀양 안인리 신안마을에서는 두 점의 암각화가 나오고, 고인돌 옆에서는 원형과 방형이 결합된 상태의 적석유구가 조사되었다(그림 120). 이와 같은 구조의 고인돌을 구획식 지석묘(이백규·오동욱 2000)라 부르기도 하고 묘역식 지석묘(김승옥 2006)라고도 하는데, 고인돌이 묘제이기 때문에 이를 묘역식이라고 하는 것이 보다 자연스러운 점이 있다. 안인리의 두 고인돌도 장방형의 묘역을 가지고 있기 때문에 이곳은 고인돌과 제단구조물이 모두 구비된 상태라 하겠다.

밀양 활성동 살내에서 조사된 1호 고인돌에서는 그림 121과 같은 적석유구가 조사되었는데, 내부에 매장시설과 같은 것은 확인되지 않았다. 이 고인돌의 장방형 적석유구의 모퉁이에서 두 점의 암각화가 나왔다. 안인리의 고인돌에서도 역시 암각화가 조사되고, 의례에 활용되었을 것으로 보이는 적석제단유

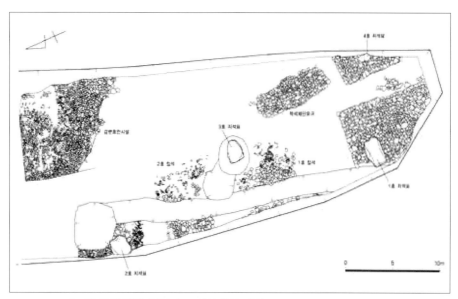

[그림 120] 밀양 안인리 Ⅱ지구 유구 배치도(경남발전연구원 2007: 39)

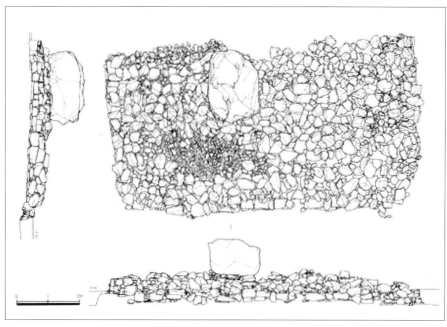

[그림 121] 밀양 활성동 살내 1호 고인돌(경남발전연구원 2007: 89)

구가 별도로 축조된 것이 확인되지만, 활성동에서는 고인돌과 적석제단유구가 결합된 상태로 제단 성격의 고인돌로 축조되었다고 볼 수 있다.

대구 진천동은 고인돌과는 다른 입석이다. 이곳에서 그림 122와 같이 입석을 중심으로 하는 일정한 공간에 제의공간으로 기단을 조성하였다. 가장자리는 판석으로 7~8단 정도 단을 쌓고 그 내부에는 길이 20cm 내외의 천석을 채우고 전면적으로는 흙으로 성토하였다. 석축기단 주변에서는 많은 수의 무문토기 저부편이나 구연부편, 홍도편과 박편, 유구석부가 수집되었다. 이러한 점은 기단 주변에서 일련의 제의행위가 있었을 것이라는 짐작을 가능하게 한다. 따라서 이러한 공간은 집단적인 의례행위가 있었을 것으로 짐작된다.

오림동이나 도항리, 안인리나 활성동·진천동과 같은 유적은 발굴되어서 하부 구조가 밝혀진 유적으로, 그 하부에서 적석유구가 나왔다. 지하 매장부가 없는 것이 있고 적석유구에서 암각화가 나온 특징이 있다. 이와 같은 자료에 대하여 이것이 단순한 매장시설에서 제단으로 의미가 변화된 지석묘, 즉 제단지석묘라 할 수 있다고 하는데(경남발전연구원 2007: 91), 과연 제단지석묘라는 용

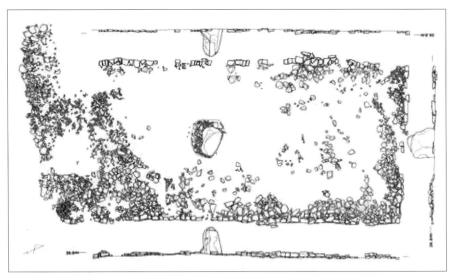

[그림 122] 대구 진천동 입석유적의 평면 입면도(경북대박물관 2000: 21)

어가 타당한 것인지는 모르겠으나 일정부분 제의공간으로서의 기능은 분명히 있었다고 하겠다. 그렇다면 암각화가 있지만 아직 발굴되지 않은 다른 고인돌로서 대구 천내리의 고인돌도 이와 같은 공간을 가지고 있으면서 유사한 기능이 있었을 가능성은 보다 커졌다.

이와 같이 암각화가 새겨진 고인돌이 일종의 제단과 같은 제의공간으로서의 기능이 있다고 한다면 이러한 공간의 제의는 어떤 형태를 생각할 수 있을까. 먼저 고인돌 조성과정에서부터 완료까지 여러 단계의 각종 의례가 있었을 것이다.

고고학적 자료를 바탕으로 Ⅰ단계에서 Ⅴ단계까지 고인돌의 축조과정과 의례를 대비하고 있는 이상길(2000: 117~123)은, 여기서 Ⅰ단계는 정지의례整地儀禮로서 피장자의 사후에 묘 자리의 정비에 따르는 의례단계로 규정하고 있다. Ⅱ단계는 매장시설의 설비와 관련된 의례로서 축조의례築造儀禮의 단계이고, Ⅲ단계는 매장의례埋葬儀禮로서 피장자를 유구 내에 안치하면서 이루어지는 의례이다. 이 단계는 장의와 관련하여 가장 중심이 되는 의례라고 할 수 있을 것이다. Ⅳ단계 역시 매장의례인데, 이 단계는 피장자의 안치와 부장이 끝난 다음, 개석을 덮고 지석을 놓고 상석을 올리는 행위과정에서 이루어지는 의례단계이다. Ⅴ단계는 이 모든 과정이 끝난 후의 과정으로, 제사의례 단계에 해당한다.

이러한 단계별 의례에서 매장의례와 같은 과정을 제외하면 의례양상은 비슷비슷하게 진행되었을 가능성이 있다. 암각화가 있는 고인돌에서의 의례형태를 이상길의 분류단계와 비교해 보면, 아무래도 제Ⅴ단계의 제사의례와 가장 깊은 관계가 있을 것이다. 그것은 우선 일반적인 고인돌과는 달리, 표현된 암각화가 당대의 의식구조의 총체적 모습이 담긴 기념비적 의미가 있는 것이고, 이런 점으로 해서 아무래도 당시부터 이미 특별한 존재성을 갖고 있었을 것이다. 그렇기 때문에 암각화가 있는 고인돌은 일반 고인돌보다 제사공간으로서의 기능이 더 컷을 것이라고 생각하는 것은 당연할 것이다.

세부적으로 볼 때, 인비리와 오림동 암각화 같은 것은 석검이 가진 상징적 기능문제와 관련된 것이라 할 수 있고, 도항리·천내리와 같이 동심원암각화가 있는 곳은 기우제와 같은 의례가 있었다고 할 것이다. 하지만 이러한 모든 곳에서의 의례의 목적은 한결같이 그 근저에는 풍요 또는 평온한 삶을 위한 염원이 있을 수밖에 없다.

이와 같은 곳에서는 살아 생전의 영웅적 업적으로 하여, 존재감 있는 조상의 위업에 기대어 그들의 소망하는 바를 빌었다. 그렇기 때문에 긴 시간 주기적으로 이어지는 제사의례를 생각할 수 있다. 이것은 오늘날 유서 깊은 가문의 불천위 제사와도 비슷한 구석이 있었을 것이다.

여기서 의례에 참가하게 되는 사람은 어떻게 구성되는 것일까? 그 규모는 아무래도 혈연을 뛰어넘는 공동체 집단의 구성원이었다고 보인다. 제의의 또 다른 목적이 집단의 결속을 다지고 공동체 관념을 고취하는 기회가 되기 때문에, 고인돌의 축조에서부터 제의에 이르는 모든 과정은 집단 전체가 참여하는 가운데 그것이 수행되었을 것으로 짐작된다.

고인돌과 같은 것에 표현된 암각화를 놓고, 암각화가 먼저냐 아니면 고인돌의 조성이 먼저 이루어진 것이냐. 또는 그것이 동시에 이루어진 것이냐 하는 논의는 고인돌에서 암각화가 발견된 이후, 지속적으로 논란이 되어 온 사항이다. 그러나 분명한 것은 현재 이를 말해줄 수 있는 자료가 나온 적이 없기 때문에 여기서 구명될 수 있는 사안은 아니다. 이러한 지적은 의당히 있을 수 있는 것이면서 동시에 현실에서 해결될 수도 없는 것으로, 다만 지적을 하기 위한 지적 이상의 의미는 없을 것이다.

고인돌의 조성에는 장소 선정에서부터 완료까지 단계별로 의례행위가 있었고, 이러한 과정에서 암각화의 제작이 있었을 가능성이 있지만 확실하지 않다. 필자의 입장에서 보면 방위설정과 같은 문제 때문에 조성 이후의 단계에 제작된 것이 아닐까 하나, 이 역시 분명하진 않다. 고인돌이나 입석, 나아가서 하부 적석구조물에 암각화가 제작되는 것은 일종의 의례행위에서 나온 것으로 보이는데, 이러한 작업은 여기서 있었던 의례와 상호작용을 갖고 있었기 때문이다.

그러나 한국 암각화에서 조사된 고인돌이나 그 하부 구조의 암각화를 말하는 데 있어서, 어떤 단계에서 암각화의 제작이 수행되었는가 하는 것은 이제 더 이상 큰 의미가 있다고 생각되지도 않는다. 그것은 무엇보다도 그 어떤 작업이 선행된 작업이라 할지라도 암각화에 반영된 제작의지는 물론, 목적 또한 크게 달라지는 것이 아니기 때문이다.

한반도에서 조사된 고인돌 수는 엄청 많지만, 그 중에서 암각화가 조사된 고인돌은 새롭게 조사된 나주 운곡동 암각화를 포함하면 모두 8점에 불과하다. 무수하게 조사된 한반도 고인돌의 분포에 비하면, 거기서 암각화가 나타나는 수는 매우 제한적이다. 8점의 고인돌암각화 중 6개가 영남지역에 집중된 양상을 볼 때, 이 현상은 또 다른 암각화유적으로서 반구대암각화, 천전리 암각화, 칠포리형 암각화의 분포대와 동일하다고 하겠는데, 그것은 고인돌의 확산과 때를 같이한 암각화문화 파급의 영향력에 의한 것이 아닐까 한다.

여기서 하나 덧붙이고자 하는 점은 형상적 의미에서 암각화는 아니지만, 바위구멍과 같은 암각현상이 고인돌에서 무수하게 조사되고 있다는 사실이다. 이것은 고인돌암각화를 말하고자 하는 부분에서 미처 다루지 못한 것이기도 하다. 따라서 차후 이어져야 할 연구 중에는 고인돌에 나타나는 바위구멍도 종합적으로 조사되고 계통적으로 수합·분석되어서 비로소 고인돌암각화의 성격을 분명히 할 수 있어야 할 것이다.

고인돌에서 암각화가 발견되는 것은 오직 한반도만의 현상인가 하는 점에 대하여 살펴볼 필요가 있다. 세계에서 고인돌이 분포하는 곳은 영국 남서 웨일즈해안이나 스코틀랜드, 아일랜드에서 조사되고 있으며(M. Scott Peck, M.D. 1995), 프랑스에서는 부리타니, 까른 섬의 플루달메조·바르느네즈·카르낙·가브리니스 섬에서 조사되었다. 러시아에서는 흑해와 카스피해 사이에 있는 카프카스 지역에서 조사되었으며, 인도에서는 데칸고원 남부에서 조사되었다. 인도네시아에서는 비교적 많은 곳에서 나타나고 있는데, 이곳을 수차례 조사한 송화섭과의 대화에 의하면, 숨바섬과 같은 곳에서는 현재까지도 고인돌의 제작이 이어지고 있다고 한다. 인도네시아에서는 보르네오섬의 북부 내륙, 수마트라·자바와 같은 곳에서 많은 수의 고인돌이 조사되었다.

그 외 태국은 물론 말레이시아 코타키나발루 주변과 일본의 큐슈 서북부 나가사키·사가·후쿠오카·구마모토·오히타·가고시마에서 조사되었으며, 중국 동남부 근해에서도 확인되었다.

넓은 공간적 분포상태를 가지고 있는 고인돌에서 그러나 암각화가 나타나는 예는 극소수이다. 영국의 스코틀랜드와 아일랜드에서 일부 입석에서는 발자국과 기하문, 동심원암각화가 새겨진 것이 여러 점 알려져 있다(M. Scott Peck, M.D. 1995). 프랑스의 바르느네즈와 가브리니스Gavrinis 섬에서도 도끼나 십자형·동심원·방패문 등의 암각화가 조사되었다. 또한 인도네시아의 보르네오 북부 내륙과 숨바 섬의 고인돌에서 기하문암각화가 조사되었다고 한다. 하지만 인도네시아의 경우 현대에도 고인돌은 물론, 암각화가 함께 제작되기 때문에 모든 자료를 선사시대의 현상으로 이해되어서는 안 될 것이다.

이러한 자료들을 볼 때, 고인돌에 암각화를 새기는 작업도 한반도만의 현상이 아닌, 보다 넓은 틀에서 논의될 수 있을 것이다. 프랑스에서 고인돌에 무기류가 조사된다거나 스코틀랜드의 스트래스페퍼Strathpeffer, 아일랜드의 펜리스Penrith와 글리스고Glasgow 주변에서 기하문과 동심원암각화가 나타나는 점은 한반도의 현상과 유사한 부분이 있다.

암각화가 새겨진다고 하는 측면에서 볼 때, 고인돌과 같은 매장시설은 아니지만 기념비적 입석에 그림이 새겨지는 예는 사슴돌(Богни-чоло)과도 비슷한 측면이 있다고 하겠다. 남우랄(ЮжноУрал)과 북카프카스(СеверноКавказ), 흑해 연안에서부터 보이기 시작하여 몽골을 중심으로 바이칼 남부, 샤얀-알타이를 아우르는 넓은 영역에서 조사되고 있는 사슴돌은 입석에 주로 사슴이 새겨지기 때문에 사슴돌로 불리는 것이긴 하지만, 사슴 이 외에 맹수나 멧돼지와 같은 동물이 새겨지기도 한다. 여기서 사슴과 함께 나타나는 표현물로는 검이나 도끼·방패와 같은 무구류에서부터 동심원과 같은 기하문과 평화를 뜻한다는 거울과 같은 상징기물이 새겨지기도 한다. 어떤 것은 사람형상이 조사된 것도 있다.

스코틀랜드와 아일랜드의 입석에 나타난 발자국이나 동심원을 비롯한 기하문암각화, 프랑스의 무구류가 새겨지는 것도 큰 틀에서는 몽골의 사슴돌과 같은 의미의 일종의 기념비적인 의미의 거석으로 이해할 수 있는데, 신석기시대에서부터 철기시대 초기의 것으로 알려진 스코틀랜드와 아일랜드의 입석과 청동기시대에서 철기시대 초기의 몽골 사슴돌, 그리고 한반도에서 조사된 여러 점의 청동기시대 고인돌암각화가 상호 유기적 측면에서 볼 수 있는 것인가 하는 점은 이 시점에서 말하기 어렵다. 하지만 일종의 제의적 장소였으며 기념비적 의미가 있는 거석 기념물에서 동일한 암각화가 나타나는 현상은, 표현물의 성격을 이해하고자 하는 측면에서 일정부분 비교가 가능할 것이다. 역시 아일랜드나 스코틀랜드의 입석이나 그리고 몽골의 사슴돌에서는 케렉수르 Kirgisegur와 같은 제의시설 또는 구조물이 함께 조사되기도 한다. 이러한 점에서 사람이 신이나 조상을 섬기는 데 있어서 갖게 되는 사고방식은 언제 어디서나 비슷하게 표출될 수밖에 없다. 그렇기 때문에 이러한 곳에서 조사된 암각화 자료는 제의성과 관련하여 인간의 사고형태의 비교라는 점에서 하나의 연장선상에서 바라볼 수도 있을 것이다.

2_주술현상

주술에 대한 논의는 그 분석의 기초적 배경에 프레이저 J. G.(1982: 46 ~ 85)의 주술원리가 중심이 되어 논의되었다. 프레이저 J. G.는 주술이란 '인간이 경험하게 된 여러 현상의 원인을 이해하고자 하는 기능으로 하여, 원시과학A form of primitive science의 또 다른 형태'라고 보았으며, 유사성Law of similarity과 인접성Law of contact이라는 측면에서 주술형태를 분석하였다. 전자는 유사한 것은 유사한 것을 부른다는 법칙이며 후자는 감염과 접촉에 의해 효과가 발생한다는 법칙이다. 이에 따르면 주술원리는 유사주술과 감염주술로 구분될 수 있는데, 여기서 유사주술은 다시 동종주술과 모방주술로 나눌 수 있다. 그리고 이 유사주술과 감염주술의 상위개념으로서 이 둘이 결합된 형태로 나타나는 공감주술을 들 수 있다.

그런데 주술은 현상을 제어하는 데 있어서 오로지 인과율因果律에 근거하고 있기 때문에, 여기에는 신과 같은 초월적 존재가 개입할 여지가 없다. 오히려 시행착오를 찾아간다는 점에서 과학과 유사하다 할 것이다. 하지만 주술은 종종 원인과 결과의 관계를 잘못 연결 짓게 되고, 그래서 과학과도 다르기 때문에 주술은 때때로 그 목적달성에 실패하고 만다. 이러한 현상은 인간으로 하여금 스스로의 유한성을 느끼게 하였으며, 따라서 보다 초월적 존재로서 신을 찾고 신에 의지하고자 하였다. 여기서 종교가 발생했다고 보는 것이 프레이저 J. G.의 생각이다. 프레이저 J. G.는 신에 대한 관념의 유무가 바로 주술과 종교를 나누는 척도가 된다고 하였다.

이러한 주장에 대하여 말리노우스키 B. K.(2001: 77~82)는 주술이란 '테크놀

로지Technology가 인간행위의 결과를 보장해줄 수 없을 때 인간이 의지하는 것이며, 불안을 진정시키고 억압된 감정을 표출함으로서 심적 안정을 찾게 하는 기능을 지닌 것'이라고 하여, 프레이저 J. G.의 견해와 차이 있음을 분명히 하고 있다. 말리노우스키 B. K.의 주술과 종교에 대한 생각은 프레이저 J. G.의 시각과는 다른데, 말리노우스키 B. K.는 주술과 종교의 척도는 신에 대한 관념에서 비롯되고 있는 것이 아니라, 행위목적이 어디 있는가 하는 것에 따른다고 한다. 즉 풍요와 다산, 안전, 질병퇴치 등의 구체적 목적을 위한 것은 주술이고, 속죄라든가 신에게 귀의한다고 하는 추상적인 목적을 위한 것은 이것이 바로 종교라고 하는 것이 말리노우스키 B. K.의 생각이다. 따라서 주술과 종교는 그것이 단계를 달리 하는 것이 아니라 같은 사회 안에서 얼마든지 공존하는 것이라고 하였다.

말리노우스키 B. K.는 주술은 어디까지나 심리학적 요인에서 말미암은 것이라고 하여, 그 존재이유로서 요행과 우연의 요소가 많거나 희망과 공포간 감정의 움직임 범위가 폭넓고 광범위한 경우, 그리고 위험한 요소가 두드러진 경우에 주술이 존재한다고 하였다(말리노우스키 B. K., 2001: 78~79).

본고에서는 주술과 종교관에 대하여 전반적으로 이해의 폭을 넓히는데 있어서 말리노우스키 B. K.의 견해를 유용하게 받아들이고 있지만, 글을 이끌어가는 부분에 있어서 프레이저 J. G.의 이론이 폭넓게 확산되어 있다는 점, 그리고 무엇보다도 주술형태에 대한 체계적인 모델을 제시하고 있다는 점에서 유리한 점이 있기 때문에 프레이저 J. G.(1982: 46~85)의 분류방법에 따라 모든 주술은 공감주술共感呪術에 놓고 보고자 했다. 그리고 공감주술은 유사주술類似呪術, homeopathic magic과 감염주술感染呪術, contagious magic로 나뉠 수 있는데, 유사주술은 다시 동종주술同種呪術과 모방주술模倣呪術, imitative magic로 구분된다고 하는 분류를 기준으로 한국 암각화의 주술현상을 바라보고자 하였다. 그러나 이를 바탕으로 암각화를 보고 있지만, 오늘날 주술과 종교의 관계가 그렇게 엄격하게 양자를 구분할 수 있는 것도 아니기 때문에 주술, 종교적

Magico-religious이라고 하는 표현을 폭넓게 사용하였으면 한다.

　주술의 본질은 주문呪文·제의·주술 집전자의 능력이라고 할 때(말리노우스키 B. K. 2001 : 79), 한국 암각화에서 나타나는 주술현상에서 주문이나 주술집전자의 능력에 대해서는 연구의 범위에서 벗어나 있기 때문에 여기에 깊이 접근할 필요는 없다. 그러나 그 중에서 제의는 그 행위 흔적이 어떤 형태가 되더라도 암각화라는 표현물에 남아 있기 때문에, 이 부분을 기준으로 주술현상에 접근할 수 있을 것이다.

　암각화에 남겨진 제의의 흔적 중에서 하나는 암각화 위를 갈고 문질러서 덧새기는 행위라고 하겠는데, 그 행위목적의 분석이 바로 암각화에서 주술표현이라고 할 수 있다. 여기서 행위의 목적은 주술의 목적이고, 그것은 암각화로 나타난 표현물의 성격과도 밀접하게 관계된다.

　한국 암각화에서 반구대암각화가 가장 이른 유적이고 그래서 주술의 가장 초기현상도 반구대암각화에서 발견된다. 그것은 제2 제작층에서 처음 나타난다. 그러나 여기서의 주술형태는 표현물의 현상에서 오는 것이지, 의례의 흔적으로 남은 것이 아니기 때문에 기법적 측면과는 차이가 있다. 그러나 뒤이어 나타나는 제3 제작층으로부터 제4·제5 제작층에서 보이는 현상은 그 위를 다시 갈아서 덧새긴 흔적으로 나타나기 때문에, 이러한 흔적을 필자는 주술현상에 의한 것으로 보고자 한다. 이와 같은 것은 천전리의 기하문암각화와 칠포리형 암각화에서도 공히 발견되는 사항이다. 이 주술현상에 대하여 먼저 반구대 암각화부터 살펴보기로 하자.

　반구대 제3 제작층으로부터 나타나는 주술의 흔적을 층위별로 세분화하는 것이 과연 가능한가 하는 점은 이미 앞장에서 말한 바와 같다. 그것은 암각화의 제작이 모두 끝난 시점에 재가공된 것일 가능성을 완전히 배제할 수 없기 때문이다. 따라서 갈아낸 기법이 주술현상이라는 측면에 한해서는 굳이 층위별로 구분하지 않고 종합적 논의라는 방향에서 그 행위현상을 분석해 보고자 한다.

　기존의 표현물 위에 재차 덧새겨지는 현상은 원래부터 각 표현물이 갖고 있거나 반영되어 있는 상징성이나 의미마저 달라지게 한다. 이것은 전대의 표현물이 후대로 계승되면서 또 다른 효용가치를 갖고 나타난다고 하는 현상의 발견이다.

반구대암각화에서 새롭게 가공되면서 나타난 주술형태는 다음과 같다.

반구대에서 보이는 형태는 처음단계에는 동종주술형태이고 그 다음 단계는 동종주술과 모든 요소의 통합적인 공감주술, 그리고 접촉감염주술과 같은 형태가 발견된다. 이러한 모든 사항들은 사냥과 관련된 수렵주술의 일반적 현상이라 할 것이다. 예컨대 동물의 특징적 요소를 잘 묘사한 제2 제작층의 동물표현에서 발견되는 사항이 유사율에 바탕을 둔 동종주술이라고 할 때, 그 이후의 현상은 모두 갈고 문지르는 기법으로 나타나고 있다. 따라서 이러한 제작기법과 밀접한 주술형태가 다음과 같은 표현물에서는 어떤 형태로 구현된 것인가 하는 점을 분석해 보기로 하자.

고래 무리와 거북이, 그리고 작살이 박힌 고래는 당초 제4 제작층의 구성표현물이다. 이와 같은 동물과 기물에 나타나는 현상을 분석해 보면, 고래와 거북이의 제작 목적은 아무래도 고래의 회생의식과 관련된 것이었다. 그러나 이 동물에게 다시 그 위를 갈아서 문지른 흔적이 발견되고 있고, 이것이 주술의 흔적이라면 이와 같은 표현물은 이전의 성격과는 어떻게 달라진 것일까? 적어도 당초의 목적과 같이, 고래의 회생을 바란다거나 영혼위무와 관련된 의미에서 다시 갈고 문지르고 하는 덧새김 작업이 수행된 것은 아닐 것이다.

여기서는 아무래도 주술행위의 직접적인 효과를 기대하는 데서 이러한 작업이 있었을 것으로 생각되는데, 고래나 거북이와 함께 작살에게도 동일한 흔적이 나타나는 현상은 이러한 것이 모두 사냥을 위한 수렵주술에서 나온 것으로 바라보게 한다. 그 이유는 무엇보다도 고래에 박힌 작살에게 그 어떤 표현물과도 비교될 수 없는 정교한 흔적이 있기 때문이다. 이러한 표현은 작살과 같은 도구에게 가해진 주술흔적으로써, 사냥에 성공한 도구에 대한 마법적 능력의 전이를 기대하는 데서 온 흔적으로 이해할 수 있다.

도구나 무기류에 가해진 주술이 대부분 사냥의 성공을 바라는 주술로서, 프레이저 J. G.의 분류에 따르면 이는 접촉감염주술로 이해된다. 이와 유사한 형태를 우리는 사천 본촌리와 의령 마쌍리의 숫돌에 새겨진 단검 표현물에서 공통적으로 발견할 수 있는 사항이다.

이처럼 동물 또는 도구에서 보이는 주술양상은 수렵주술의 일반적 현상이라고 하겠는데, 이러한 현상을 볼 때 하나의 표현물에 반영된 제의적 요소가 항상 단일한 것으로 나타나는 것만이 아니라, 보다 복합적 의미를 지니기도 한다는 점이다. 그럼에도 불구하고 그림 77의 북아시아의 수렵주술과 같은 적극적인 주술현상은 반구대 동물표현에서는 찾아볼 수 없었다.

그러면 여기서 천전리 암각화와 칠포리형 암각화 같은 유적에서 발견되는 주술은 또 어떻게 표출되고 있는지 살펴보기로 하자.

천전리의 주술형태는 제2 제작층의 기하문암각화에서 발견되는 연마를 통한 동종주술, 모방주술과 더불어 그 다음 단계인 제3 제작층에서는 비가 내리는 흔적을 모방하는 또 다른 형태의 모방주술과 같은 것이라고 말할 수 있다. 제3 제작층의 주술형태는 마치 땅에 빗방울이 떨어지듯이, 바위에 빗방울이 떨어지는 모양을 재현함으로써 나타나는 모방주술 형태이다.

이와 같이 나타난 천전리 암각화의 주술형태는 비교적 간단하게 정리가 될 수 있다. 그 이유는 아무래도 제2 제작층으로 대표되는 기하문암각화의 표현상의 특징에서 수월한 분류가 가능하기 때문이다.

칠포리형 암각화 단계에서는 전반적으로 이를 모방주술의례라고 할 수 있으나, 같은 유형의 모든 것이 다 똑같은 것은 아니다. 앞선 단계의 칠포리 A에서는 주술행위가 잘 나타나고 있는데 비하면, 석장동이나 그 다음 단계의 유적에서는 그것이 정도에 따라 절제된 모양을 보여주기도 하고, 칠포리 B에서는 다시 칠포리 A보다도 더 적극적이고 규모가 커진 행동양식으로 표현되기도 한다. 이와 같은 변화가 오는 요인은 아무래도 환경적인 측면과 함께, 신앙양상이 변하면서 그 결과 제의형태마저 달라진 데서 기인하는 것이라 하겠다. 여기에는 갈아서 새긴다고 하는 이 시대의 기법적인 유행양식도 한몫하였을 것이다.

이처럼 암각화로 나타난 표현물을 통하여 소망하는 문제를 해결하고자 하는 주술행위는 모든 주술에서 근본적으로 동일할 것이다. 그러나 동물과 같은 구상암각화를 갈고 문지르는 행위와 천전리의 기하문암각화를 갈아내는 행위, 또는 칠포리형 암각화를 문지르는 행위를 볼 때, 나타난 행동방식은 새겨진 표현물을 재가공한다는 방법에서 동일하다고 하겠지만, 그 세부적 의미를 들여다보면 서로 다른 형태를 발견할 수 있다. 먼저 반구대암각화의 일부 표현물을 갈아내는 행위는 아무래도 작살을 갈았던 것처럼, 어떤 상황의 어떤 동물을 그렇게 하였는가 하는 부분에서 표현물의 성격과도 밀접한 관련성이 있을 수밖에 없다. 하지만 천전리의 기하문이나 칠포리형 암각화를 갈아내는 행위는 반구대와는 전혀 다르다. 그것은 마름모꼴, 물결무늬, 동심원이나 회오리문과 같은 기하문과 그리고 칠포리형 암각화는 형상을 떠나 이를 제작하게 되는 동작 또는 행위 자체가 보다 큰 의미를 가지는 것이기 때문이다.

천전리나 칠포리 B단계와 같은 굵은 선각으로 이루어진 암각화는 우선 보기에 오랜 시간을 갈아서 만든 것이라는 점은 분명하다. 그런데 이러한 선각을 갈고 문지르는 행위 자체에 주목했을 때, 아무래도 그 동작이야말로 성적행위

[그림 123]
민속자료(울산 어물리, 2008)

와 유사하다는 것을 발견하게 된다. 여기에 대한 설명은 앞에서도 이미 한두 차례 있었기 때문에 다소 진부한 면이 있지만, 되풀이하지 않을 수 없는 것은 이와 같은 현상이 모방주술 의례와 함께 접촉을 통한 감염주술로 이해될 수 있기 때문이다.

이와 같은 방식의 주술행위는 그 행위는 간단하다. 그렇기 때문에 최근까지도 동일한 방식으로 전승되고 있는 양상을 우리는 현대의 민속자료를 통해서 어렵지 않게 찾아볼 수 있다(그림 123). 이처럼 바위를 갈아서 하게 되는 기원으로서의 주술방식은 긴 생명력을 지니고 전승되는 기법이라 할 수 있다. 예컨대 일반의 속설처럼 일념으로 돌을 바위를 연마하는 행위가 몰아의 경지에 다다르면, 어느 순간 거기에 딱 달라붙는다고 하는 형태로 나타나기도 한다.

인근지역 암각화유적에서 천전리나 칠포리와 유사한 주술형태는 사카치 알얀(Сакачи-Алян)암각화를 비롯하여 주오지산(烏海 卓子山, 中國), 허란샨(寧夏 賀蘭山, 中國), 완샨(高雄 万山, 臺灣), 푸타이다오(蒲臺島, 香港) 등의 넓은 지역에서 발견할 수 있는 표현방식이다. 하카스코-미누신스크(Хакасско-Минусинской)에서 조사된 이즈바야니에(Изба́яние)라고 하는 신상 표현물들도 굵고 깊은 선각으로 묘사되어 있다. 그 외 동심원암각화나 회오리문양, 태양상징이라는 수레바퀴와 같은 기하문암각화들도 굵고 깊게 갈았던 흔적이 넓은 공간에서 공히 발견된다. 이렇게 광범위한 지역에서 유사한 기법이 보인다는 것은 이것이 아무래도 주술이나 기원과 같은 행위에 대한 사람의 사고방식이 서로 비슷한 데서 나온 동시발생의 결과물로 보는 것이 맞다.

다음은 한국 암각화에서 발견되는 제의의 시점이나 그 시기에 대한 사항을 검토하고자 한다. 앞서 칠포리에서 제의시점에 대한 분석이 있었지만, 한국 암각화 전반적인 제의시기에 대해서는 거의 논의되지 못하였다. 따라서 다음으로 이어지는 부분에서는 전반적이고 통합적 시각에서 제의의 시기를 살펴보고자 한다.

3_제의시기에 대한 검토

한국 암각화에서 제의의 시기를 말하는 연구성과는 거의 나온 것이 없었다. 한국 암각화를 깊이 이해하기 위해서도 그렇지만, 제의시점과 같은 것을 알기 위해서도 고고자료의 뒷받침과 같은 것이 필수적인데, 결국 이 같은 자료의 확보가 어려운 현실은 이 분야에 대한 연구성과의 빈곤으로 이어지게 되었다. 그래서 이러한 부분에 대한 연구는 표현물이나 환경적 측면에서 분석 이 외에는 참고해 볼 것도 별로 없다.

포항 칠포리에서 제의의 시점은 앞장에서 비교적 상세하게 논의되었다. 칠포리에서 조사된 한 표현물의 분석에서 얻어진 결론은, 이곳의 제의시점이 하지와 같은 날 태양이 지는 일몰시점이 아닐까 하는 의문에서 비롯되었는데, 필자는 칠포리 암각화에서 조사·분석된 석검이 가리키는 방향이 하지날의 해지는 순간이고, 이 순간이야말로 칠포리 곤륜산을 중심으로 한 지역의 집단적이고 대규모로 거행되는 제의시점을 나타낸 것으로 생각하고자 한다는 것이 앞서 분석의 요지이다.

시점에 대한 문헌적 자료의 검토는 일종의 제의의 시기를 말하고 있는 기록으로서, 『위서』「동이전」마한조의 '常以五月下種訖 祭鬼神 群聚歌舞 飮酒晝夜無休 其舞 數十人俱起相隨 踏地底昂 手足相應 節奏有似鐸舞 十月農功畢 亦復如之'와 같은 그 일면을 확인할 수 있다.

여기서 제의에 참가하게 되는 범위를 살펴보기로 하자. 왜냐 하면 암각화유적에서 우선적으로 발견되는 제의의 공간이라 할 수 있는 곳이 매우 협소하게 나타나기 때문이다.

유적의 현황을 살펴봤을 때, 칠포리형 암각화는 표현물별로 각각 형상 차이를 갖고 있다. 이러한 차이는 암각화유적을 신앙적 중심으로 생각하는 각 집단에 따른 차이로서, 그것은 이 암각화 표현물이 부락집단을 나타내는 상징적 문장과 같다는 것을 말한다. 그렇기 때문에 이 제의 참가의 범위는 바로 이와 같은 표현으로 상징되는 여러 집단들이었다. 따라서 집단적 제의의 순간은 그들 모두가 참가하는 자리였으며, 바야흐로 칠포리의 가장 의미 있는 제의는 하지와 같이 낮이 제일 긴 날 해가 진 후에 이루어졌을 것이다. 물론 이때 수행된 제의는 농경에 있어서의 계절제와 같은 것으로서, 이즈음에 얻게 된 봄농사의 수확에 감사하고 다가올 가을농사에서 순조로운 풍작을 기원하는 농경의례였다.

이러한 점은 적어도 칠포리형 암각화가 나오는 여러 유적이 이와 같거나 최소한 비슷한 시기에 이루어졌을 것으로 생각하는 것이 자연스럽다. 그러나 반구대나 천전리와 같은 암각화유적에서는 그 시점을 어떻게 찾을 수 있을까? 물론 여기에 대한 선행연구도 앞서 소개된 내용 이 외는 전무하다. 그렇기 때문에 여기서도 반구대암각화의 환경과 같은 측면을 잘 살펴서 그 시점과 관련된 부분을 찾아볼 수 있을 것이다.

반구대암각화의 환경은 5월에 이르러서야 비로소 빛이 비추는데, 그것도 일몰 직전에나 아주 잠깐 볕이 머문다. 그러다가 그 시간은 서서히 늘어나기 시작하여 5월 말에서 6월 초가 되면 거의 30분 이상 햇볕이 유적을 비추게 된다. 하지만 이때부터 사연 댐 수위도 점점 더 높아지면서 종내 유적은 물에 잠기기 시작한다. 그렇기 때문에 더 이상의 조사는 사실상 불가능해진다.

이러한 환경에서 반구대암각화의 경우, 빛이 비치기 시작하는 시점과 같은 조건이 제의의 시기를 암시한다고 할 수 있다. 그러나 수몰이라는 유적의 환경적 특성상 조사가 불가능해진 부분에 지나치게 신경을 써서 애석해 하기보다는, 또 다른 부분에 주목해야 할 필요가 있다. 여기서는 우선적으로 고려될 수 있는 부분을 제시하여 그 가능성을 점쳐 보고자 한다. 먼저 그것은 아무래도 반구대암각화에서 고래와 같은 표현물이 묘사된 양상에 비춰, 그것이 어쩌면 고래가 울산만을 지나게 되는 고래의 회귀시점과 같은 계절적인 의미에서 그것과 관련하여 살펴봐야 하지 않을까 하는 부분이다. 최근 울산 황성동에서 작살이 박힌 고래 뼈와 같은 것이 나왔는데, 이것은 고래사냥과 관련된 주술의례의 결과물로 생각되는 유물이다. 이러한 것이 사실이라면, 고래가 동해안으로 몰려오는 시기 또는 지나간 후의 일정시점에 있었을 것으로 보이는 고래사냥과 관련된 계절제의 관점에서 제의시점을 고려해야 할 필요도 있을 것이다.

유적에 햇빛이 비치는 것과 관련하여 천전리 암각화를 볼 때, 이곳은 연 중 빛이 비추기는 하지만, 그 시간은 역시 한낮 동안 얼마간에 불과하다. 그리고 한낮은 사람들의 시간이요, 밤은 또 귀신들의 영역이라는 관점에서 보면, 야간으로 나타난 필자의 칠포리 제의시점에 대한 분석이 옳았다고 할 때, 반구대암각화의 제의시점이 반드시 한낮이어야 한다는 조건도 없다. 그렇기 때문에 빛과 관련된다고 할 수도 없고, 현 상황에서 그것을 알 수 있는 방법도 앞서 제기된 봄이라고 하는 계절이나 빛과 관계된다는 것과 같은 막연한 연구·분석 이외에는 별로 있을 것 같지도 않다.

그렇기 때문에 필자의 입장에서 반드시 고려되어야 할 두 번째 사항으로 표현물의 분석 이 외에는 당연히 환경적 요인을 감안해야 한다고 본다. 환경적인 영향이 유적구성에 있어서 중요한 요소임을 볼 때, 반구대의 절벽이나 천전리의 좁은 협곡과 같은 환경에서 입지선정은 어쩌면 소리가 울리게 되는 음향효과를 얻기 위한 곳을 찾았을 가능성도 있다. 사위가 어두운 밤, 음향효과가 극한에 이르는 시점을 찾아서 그때 제의가 수행되었을 가능성도 있을 것이다.

제의시기가 언제인가 하는 문제를 해결하기 위해서는 많은 부분에서 고려되어야 할 사항이 있을 것이다. 본고에서는 우선 그간 제기된 여러 조건에 더하여 제의시점이 밤이었을 가능성과, 그리고 주변 환경이 만드는 음향효과와 또 그것이 극대화하는 시점이 언제인가 하는 분석이 있어야 보다 본질에 근접할 수 있을 것이라고 하겠다.

4_제의표현의 특징

여기서부터는 한국 암각화에 나타난 제의표현을 전반적으로 살펴서 그 특징적인 면이라고 할 수 있는 함축적 의미를 살펴보았으면 한다.

한국 암각화의 제의성이나 표현상의 형태가 갖고 있는 함축적 의미가 무엇이고, 또 그것이 나타나는 특징적 현상이 무엇인가 하는 것을 살펴보기 위하여 앞서 분석된 각 유적별로 나타난 제의표현의 유형을 총체적으로 정리하고자 한다. 아울러 드러나는 제의표현의 요소를 인접지역의 현상과 비교하여 그 특성을 살펴보았으면 한다.

그간 고고자료에서 나타난 제의형태는 산악제의·수변제의·해양제의·생활제의·생산제의·분묘제의와 같은 것으로 분류된다. 제의는 선사시대는 물론 역사시대에 와서도 왕성하게 수행되었으며, 형태적인 면에서는 날로 세분화되어갔다. 그 속에는 암각화제의도 하나의 유형적 특징으로 포함할 수 있다.

한국 암각화에서 제의의 유형은 동물신격으로 나타난 자연신 숭배와 같은 형태에서부터 시작하여, 조상신과 같은 인신숭배 형태도 나타난다. 여기에 농경에서 풍요를 목적으로 농경신을 숭배하기 위한 주술·종교적 기원형태도 발견되고 있고, 특정의 목적 아래 이루어지는 기우제와 같은 형태도 발견된다. 이러한 과정에서 한국 암각화의 몇몇 유적에서 샤먼과 같은 표현물이 나타나기 때문에 제의에서 중심은 당연히 샤먼에 의해 주도되는 형태였다고 말할 수 있게 되었다. 대체로 이러한 형태 안에서 우리는 한국 암각화의 제의표현을 이해할 수 있을 것이다.

반구대암각화의 초기단계의 제의형태는 사냥주술에서 비롯된다는 점에서 우선 북아시아의 암각화 제작 동기를 공유한다. 그런데 일상적으로 발견되는 사냥주술의 대상이 북아시아의 경우와는 약간의 차이가 있는데, 사슴이나 산양과 같은 초식동물이 아니라 사슴과 호랑이와 같이 어쩌면 서로 상반되는 성격을 가진 동물로 조사되었다. 이러한 양상은 층위를 구성하는 표현물이 서로 다른 종으로 구성되면서 야기되는 현상이다. 제2 제작층은 우선 사실성이라는 측면에서 표현된 동물을 볼 때, 제2 제작층의 구성 동물은 머리와 엉덩이 사이의 길이를 의도적으로 압축한 것과 같이 작달막하게 변형되어 나타나고 있다. 그럼에도 불구하고 동물의 습성이나 생태적 표현에서 뿔이나 꼬리는 물론, 표피의 문양이라든가 하는 외양에 대한 관찰력은 뛰어나다. 이러한 점은 동물에 대한 생태적 묘사력이 사냥의 성공과 결부될 수 있다는 생각을 바탕으로 제작된 층위라고 하겠다. 그렇다면 이 층위의 주술형태는 아마도 유사율에 바탕을 둔 동종주술로 생각된다. 이런 점은 '사물을 그린다는 것은 그 사물을 실제로 장악하는 행위로 생각하는 것과 같다'는 생각에서 나온 것이라고 하겠으며(임두빈 2001:150~151), 따라서 이와 같은 인식에서 나온 표현물은 북아시아는 물론 세계 암각화유적에서 폭넓게 나타나는 현상이라 할 수 있다.

같은 층위에서 호랑이와 같은 표현물이 포함되는 이유에 대해서는 이를 이해하기 어려운 구석이 분명히 있다. 동일한 표현상 속성에서 볼 때 이것이 하나의 층위를 구성한다는 것은 분명하다. 그렇기 때문에 상징성과 같은 부분에 대한 또 다른 가능성을 찾을 수 있을 것이다.

그렇다면 반구대암각화에서 호랑이와 같은 맹수의 발견 빈도가 높게 나타나는 이유는 무엇일까? 그것은 먼저 호신숭배와 같은 형태를 생각할 수도 있지만 분명한 것은 아니다. 하지만 제5 제작층에서도 호랑이가 조사되고 있고, 제2 제작층보다 존재감 있는 호랑이가 많기 때문에, 호랑이 표현과 관련해서는 아무래도 토템신앙과 관련하여 이를 바라볼 수 있다. 왜냐 하면 암각화유적에서 호랑이가 조사되는 현상은 북아시아에서도 흔치 않은 일이고, 유독 반구대암각화에서만 고래와 사슴 다음으로 많은, 무려 23점의 호랑이가 조사되었기 때문이다. 이것은 전 표현물에서 약 10분의 1 정도나 된다. 이런 점은 반구대암 각화를 그만큼 특별하게 해주는 요소이다.

제3 제작층은 동물수호의 염원이 바탕이 되어 제작된 층위로 간단하게 정리된다. 그런데 이 층위에 해당하는 표현물 중에 그림 72-3과 같은 구조를 갖춘 것이 있다. 이러한 유형의 암각화는 북아시아라는 넓은 공간에서 하나의 패턴을 가지고 조사되는 양식으로, 이 부분에 대해서는 필자가 특히 주목해서 살펴보고 있는 것이다. 이것은 한 마리의 사슴에 대하여 한두 마리의 늑대 혹은 갯과의 동물이 쫓고 있는 형상이다. 간혹 사슴의 배나 엉덩이에 회오리 문양이나 동심원과 같은 것이 묘사된 것도 있다. 이러한 표현물은 그림 78에서 제시된 예와 같이, 그간 북아시아에 대한 필자의 조사에서 알타이의 칼박타쉬, 하카시아의 아글라 흐뜨이, 그리고 뚜바의 알드이 모자가, 레나 강 상류의 쉬쉬키노와 같은 곳에서 조사된 것이다. 또 알려진 바에 의하면 앙가라 강 유역의 유적에서도 이러한 패턴의 표현물이 다수 조사되고 있다고 한다.

이 그림은 많은 암각화 표현물 중에서도 조사 빈도는 낮게 나타난다. 이러한 표현물의 상징성은, 그것이 제의와 관계되거나 신화내용이 반영된 것으로써, 이와 같은 것이 반구대에서도 발견된다는 사실은, 반구대암각화 역시 북아시아라는 큰 공간에서 공유되는 문화체계 안에서 이해될 수 있는 유적이라는 점이다.

사실 한국 암각화는 그간 북아시아라는 큰 테두리 안에서 형성된 것으로 인식되어 왔다. 하지만 이러한 인식은 한반도문화의 모태가 북아시아일 것이라는 심증적인 생각에서, 깊이 있는 분석도 한번 이루어지지 못하고 통념으로 인식되어 온 것이다. 물론 그 관련성을 입증할 수 있는 자료가 나온 적도 없었다.

그 동안 북아시아 지역에 대한 조사는 한국 암각화의 원류를 해결하려는 중요한 의도가 있었다고 할 것이지만, 그것을 입증할 뾰족한 자료가 수집된 것도 없다. 여기에 힘입어 일부 연구자는 비논리적 근거 몇 개를 들어 북아시아와 한국 암각화는 아무런 관련성이 없는 것이라는 검증되지 않은 연구결과를 내놓기도 하였다.

그래서 제시된 자료는 하나의 실례에 불과하지만, 그림 72-3과 같은 자료의 존재는 양 지역의 연관성을 단정적으로 부정할 수만은 없게 하는 것이다.

사실 반구대암각화의 제4 제작층은 고래무리와 같은 표현물이 주가 되는데, 이 고래무리에 대한 표현은 이미 죽임을 당한 고래의 혼령을 자연의 주와 같은 존재에게 되돌리고자 하는 관념에서 나온 것으로 이해된다. 여기서 자연의 주는 시베리아 샤머니즘 세계관이 만든 환경적인 측면의 신앙체계라고 할 것인데, 이러한 관념이 반구대에서 발견된다는 사실은 광범위한 북아시아라는 문화적 틀 안에 한국 암각화의 세계관도 포함된다는 사실을 확인하는 점이기도 하다. 이러한 정신적이고 내면적인 요소에 대한 검토 하나 없이, 다만 외형적으로 드러나는 모양으로, 그것마저도 비유의 근거가 될 수 없는 적절하지 못한 몇 가지 가설로서 관련성의 유무를 이해하고자 하는 것은 우선 접근방법에서 잘못되었다.

천전리와 같은 곳은 그 첫 제작층이 동물 표현물로 구성되고, 두 번째 제작층은 비구상의 기하문암각화로 구성된다. 거기서 이어지는 단계는 특정의 형상보다는 바위 전면을 무수히 쪼아낸 흔적으로 가득한 타날흔 층위이다. 여기서 제1 제작층과 제2 제작층의 교차현상을 표현 상태로 살펴볼 때, 자연스럽게 진행된 문화적 배경 차이에 의한 것이라고 말할 수는 없다. 그것은 동물표현에서 기하문암각화로 바뀌는 과정에서 당초의 표현물을 모두 무시하는 상태에서 중복 제작된 까닭이다. 중복제작의 양상을 살펴보면 동물표현에 대한 전체적인 파괴행위로 이어졌다고 할 수 있는데, 이러한 현상은 분명히 수렵문화단계에서 그 생활방식이 크게 달라지면서 나타나는 현상이다.

우선 발견되는 사항으로 파괴행위의 원인을 찾을 수 있는데, 그것은 전세대의 그림이 갖고 있는 영적 능력이나 주술력과 같은 마법의 힘에 대한 부정의 결과라고 할 수 있다. 동물로 구성되는 암각화는 유목 또는 수렵문화단계의 표현물이다. 이러한 표현을 무시하면서 그 위에 전혀 다른 기하문암각화를 새겼다는 행위는 수렵문화단계와 기하문암각화로 대표되는 농경문화단계의 교차현상으로 정리할 수 있을 것이다. 그 교차현상에 대한 선행표현에 대해서는 동물 두부에 인면형태의 가면이 덧새겨진 표현물에서 찾을 수 있을 것이다.

천전리와 같은 규모의 기하문암각화는 그간 인근지역에서 조사된 적이 없는 것이다. 유사하게 나타난 암각화도 대부분이 수렵목축단계의 동물 표현물과 함께 구성되거나, 아니면 동심원암각화와 같은 것이 보일 뿐, 천전리와 같은 규모와 다양한 문양으로 구성되는 유적은 찾아볼 수 없었다. 천전리에 비하여 소박한 내용으로 구성되는 유적으로 하카시아의 아글라 흐뜨이(그림 124)나 사프로 노보마을의 쿠르간 호석에서 동심원암각화나 원, 수레바퀴나 회오리 문양과 같은 기하문암각화가 조사된 적이 있다. 그리고 타이완의 까오슝高雄 만샨萬山 암각화(그림 125)와 같은 것도 있다.

아글라 흐뜨이의 샤먼바위와 같은 것은 가면을 쓴 사람과 같은 표현이 있어서, 이것은 제의나 그 의식과 연관된 것으로 이해된다. 여기에 함께 나타나는 동검 표현물과 같은 것은 일정한 방향성을 가지고 있는 것으로 조사되었다. 그렇다고 하더라도 이 유적이 결코 천전리와 비교될 만한 수준의 것은 아니다.

까오슝의 만샨 암각화는 농경사회의 의례현상을 나타낸 자료로 알려져 있는 것인데, 이것 역시 동심원과 회오리 문양, 그리고 제의를 수행하고 있는 샤먼으로 구성되는 것이다. 이러한 유적도 천전리 암각화와는 내용면이나 규모면에서 결코 비교되기 어려운 것이다.

북아시아와 같은 곳에도 샤먼바위나 사프로 노보마을의 쿠르간 호석에 나타난 기하문암각화가 있지만, 동물 표현물에서 기하문과 같은 문양이 묘사되거나 동물이 기하문과 같은 형태로 변형되어가는 것도 조사되고 있다. 그림 126은 알타이와 하카시아·미누신스크·뚜바·몽골에서 조사된 암각화이다. 표현물 중에서 그림 126-c, g를 제외하고는 모두 사람 또는 동물 표현물이다. 그런데 이 표현물들은 어떤 것은 태양상징과 같은 기하문이 함께 나타나거나 태양과 같은 동그라미 속에 사람이 표현되기도 하고, 사람이나 동물 스스로 기하학적으로 변해가는 양상이 보이기도 한다(그림 126-h). 또 그림 126-d, e와 같은 것은 동물 몸체 내부에 기하문과 같은 문양이 혼합된 양상으로 나타나기도 하고, 그림 126-g는 무엇을 나타낸 것인지 알 수 없으나 이미 기하문단계에 다다른 표현물이다. 이러한 것을 볼 때, 수렵문화단계에서도 기하문암각화가 나타날 수 있다는 것으로 판단되지만, 그것이 본격적으로 표현되는 천전리와 비교 대상이 될 규모나 수준으로 발전한 것은 결코 아니다. 그렇기 때문에 천

[그림 124] 아글라 흐뜨이 샤먼바위(장석호 · 보코벤코)

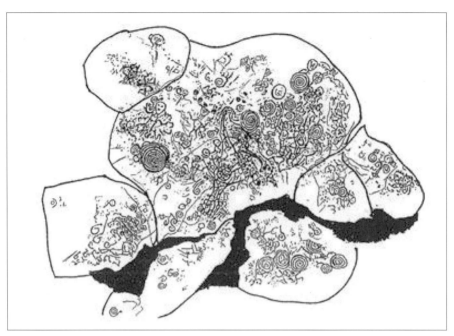

[그림 125] 까오슝 만샨 암각화(리훙푸)

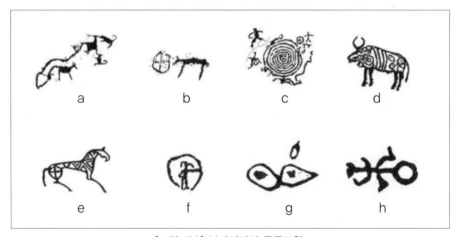

[그림 126] 북아시아의 동물표현
a.옐란가쉬(알타이, 이하우) b.차강가(알타이, 이하우)
c.사프로노보 쿠르간의 호석(하카시아, 장석호 · 보코벤코)
d.비치크티그 하야(뚜바, 킬루노브스카야) e.아프카세브스카야(하카스코-미누신스크)
f.샬라볼리노(미누신스크, 패트킨 · 마르뜨이노프)
g.팔로올(몽골, 이하우) h.이흐 두를지(몽골, 이하우)

전리 기하문암각화는 수렵문화와는 그 맥락을 달리한다고 봐도 좋을 것이다. 따라서 기하문암각화는 다른 방법으로 그것을 이해할 수 있는데, 그것은 표현물의 상징성에 대한 분석으로서의 접근이다.

앞장에서는 천전리의 기하문암각화를 이해하기 위한 방법으로 마름모꼴 문양과 동심원암각화의 성격이 분석되었다. 앞의 분석에 따르면 마름모꼴 문양은 여성을 상징하는 문양으로 이해되고, 동심원암각화는 물을 나타내는 상징문양으로 이것은 비를 바라는 기우제 목적에서 만들어진 것이라고 해석되었다.

이와 같은 마름모꼴 문양이나 동심원암각화는 모두 청동기시대 정착 농경단계에서 나오는 것으로서, 특히 마름모꼴 문양은 그 자체가 이미 여성을 나타내는 상징체로 볼 수 있기 때문에, 천전리의 기하문암각화는 여성신 숭배와 그 틀을 같이한다고 할 수 있다. 하지만 천전리 제2 제작층의 기하문암각화가 더 이상 북아시아와의 관련성을 찾을 수 없는 현실이고, 까오슝의 만산과도 큰 차이가 있기 때문에 인접지역의 어떤 문화단계와 이어지는가 하는 부분은 현 시점에서 좀더 두고 보아야 할 문제이다.

다음은 동일한 구조적 형상으로 나타난 칠포리형 암각화를 살펴보기로 하자. 한국 암각화에서 칠포리형 암각화만큼 특별한 조형미를 갖춘 자료도 없다. 그만큼 완전한 균형미와 대칭성을 갖춘 암각화는 세계 암각화유적 그 어디에서도 쉽게 찾아볼 수 없는 조형성의 표현물이다. 그렇기 때문에 이 독특한 형태의 암각화에 대한 원류는 연구자 숫자만큼이나 다양한 측면에서 검토되고 논의되어 왔다. 원류에 대한 문제는 연구자의 상징과 형상에 대한 분석과 밀접한 관련성이 있고, 그렇기 때문에 이러한 문제를 해결하려는 시도도 연구자 자신의 분석내용과 관련된 공간을 대상으로 이루어져 왔다.

그러나 그간 외부적 요인에 대한 분석으로 그것을 알고자 했던 칠포리형 암각화의 원류에 대하여, 필자는 한반도 남부지방의 내부적 요인에서 기인된 것으로 이해하고자 한다. 왜냐 하면 한반도 주변의 그 어디에서도 이와 유사하거나 같은 속성을 가진 암각화가 조사된 적 없고, 관련성을 나타내는 자료적 발견도 없었기 때문이다.

필자의 분석에 의하면, 내부적 요인의 대상은 천전리 암각화이다. 천전리에서 원형을 찾고자 하는 근거는 먼저 지리적 요인과 제작기법의 요인, 그리고 상징적 요인에 대한 검토에서 양 유적에서 서로 비슷비슷한 속성이 발견되기 때문이다. 그 중에서 가장 닮았다고 할 수 있는 요인은 제작기법이다. 특히 기법면에서 두 유적을 비교했을 때 그 행위양식도 흡사하다. 여기서 기법의 유사성은 유사성만으로 그치는 것이 아니라, 기법이 바로 주술행위로 이어진다고 보는 행위유형에서도 동일하다.

양자가 이러한 측면에서 유사하게 나타나는 현상을 볼 때, 칠포리가 천전리의 영향에 의해 이루어졌을 가능성은 그 어느 곳보다도 크다.

여기서 칠포리형 암각화라고 하는 이 특별한 형태의 암각화를 정리해 보기로 하자.

칠포리형 암각화는 그 형상의 성립에 석검 손잡이의 상징성이 암각화라는 바위의 그림으로 제작된 것이다. 당연히 석검이 갖고 있는 도구로서의 기능을 초월한 상징적 기능이 강조되어서 나타난 것으로 말해질 수 있다.

석검이라는 사물에 대하여 요약하면, 석검이 물론 도구에서 나온 것이라는 점은 분명하다. 하지만 도구로서의 기능보다는 의기로서의 기능이 더 잘 드러나고 있다는 점이 그간의 분석내용이다. 영남지역에서 나온 몇몇 화려한 기교가 적용된 석검이나 석검의 손잡이에 원형의 작은 홈이 새겨진 것을 볼 때, 이러한 것은 단순한 도구를 가공하는 이상의 테크닉이 적용되었다. 이와 같은 장식적 요소를 보더라도 석검의 의기로서의 기능성은 잘 보인다. 그 기능성이라고 하면 아무래도 풍요기원의 의미로 읽혀질 수 있다.

특별한 예이긴 하지만, 밀양 활성동의 석검형암각화, 여수 오림동의 석검과 그 왼쪽에 있는 사람표현물, 영성 남산근 출토 비파형동검의 손잡이와 같은 것은 검이 성적 상징성을 포함하는 도구라는 것을 말한다. 이러한 자료들을 보면

검의 여러 기능 중에는 풍요기원의 의기로서의 기능이 있고, 성적의미의 기능이나 자연계에서 비를 부르는 천둥이나 번개를 상징하는 기능도 있다고 한다. 이러한 기능에 비춰 칠포리에서 석검과 검 날이 분리된 표현물이 조사된다는 사실은 이 암각화가 석검의 손잡이에서 그 형상적 발견이 이루어진 것이라는 견해를 뒷받침한다.

아마 이 상징성이 암각화로 나타나게 된 바탕에는 포항 인비리의 석검형암각화가 그 원형이라고 하겠는데, 그것은 형산강 수계를 중심으로 인비리 암각화의 제작 이전부터 확산되어 있던 그림 100-d, f, g와 그림 101과 같은 실물의 석검 손잡이에 작은 원형의 홈을 새기는 문화전통과 무관하지 않을 것이다.

결론적으로 암각화는 당대에 형산강 유역에 살던 사람들의 인식 속에 이미 폭넓게 자리잡고 있던 석검의 표현의미에, 암각화를 만든다고 하는 새로운 문화요소가 들어오게 되면서 그 자극에 의해 제작된 것이라고 판단된다.

그렇다면 칠포리형 암각화의 제작배경에는 어떠한 의식이 작용하고 있었을까? 그 배경에는 청동기시대의 시대적 양식의 하나라고 하는 부분이 전체를 대신한다는 원리, 그리고 굵은 선각으로 갈아서 제작되는 비교적 단순한 선각암각화 또는 기하학적 문양의 발생이 있다. 그런데 아무리 이 원리나 선각 기하문암각화와 같은 표현방법이 있었다 하더라도, 암각화라는 문화적 인식이 전무한 상태의 한반도에서는 그것이 표현될 방법이 없다. 바로 이런 점에서 고인돌의 보급에 편승된 암각화라는 문화요소의 파급과 그 자극에 의해 인비리·칠포리·석장동에서 처음 그 제작이 이루어졌을 것으로 보고자 한다. 따라서 그 원류에 대하여 천전리 암각화를 주목하게 되는 것이다.

칠포리형 암각화의 제작배경에는 인근지역의 보편적인 기법이나 상징성이 제작에 직접적 영향으로 작용한 것은 사실일 것이다. 인비리나 칠포리·석장동과 같이 그 이전에는 전혀 나타난 적 없던 암각화가 이곳에서 새롭게 발생한 것은 문화적 접촉에 의하지 않고서는 있기 어려운 일이다. 그렇다면 왜 갑자기 암각화문화가 전해진 것일까? 그 이전에는 양 지역 사이에 아무런 교류가 없었던 것일까?

물론 그 이전에도 교류는 분명 있었을 것이다. 그러나 적어도 단순전파라는 문제보다는 청동기시대 초기부터 발전상을 보이는 농경문화가 그 동기가 된 것으로 생각되는데, 앞장에서 제시된 고고학 자료가 말하는 것과 같이 청동기시대 중기부터는 더 큰 규모, 더 세련된 농법에 의한 농경문화가 크게 확산되었다. 이 확산과정에서 두 지역에 거주하는 사람들의 생활방식도 비슷하게 바뀌었다고 보이는데, 바로 이러한 환경적인 변화가 자극이 되어 형산강 유적에서 암각화 제작이 시작된 것이 아닐까 한다. 여기에는 고인돌의 유입과 같은 측면이 영향을 끼쳤을 것이다.

칠포리형 암각화는 칠포리라는 한 개의 장소에만 나타나는 것이 아니라 한반도 남부지방 여러 곳에 분포하고 있다. 여기서 우리는 칠포리형 암각화의 분포공간에 유의해 볼 필요가 있다. 칠포리형 암각화가 조사된 지역은 포항 인비리를 필두로 해서 포항 칠포리, 경주 석장동, 경주 안심리, 영천 보성리, 고령 안화리, 고령 양전동, 고령 지산동, 남원 대곡리, 영주 가흥동에서 조사되었다. 이와 같은 분포지역은 일단 같은 암각화가 지닌 함축적 의미에 그들의 중요한 정신적 가치를 둔 집단들의 고유한 삶의 공간이라고 할 수 있다. 그러나 그 집단의 정체성에 대해서는 정확히 알 수 없다. 우선 이 분포양상은 같은 가치관을 공유하는 집단들의 활동무대이고, 그들의 공간적 점유면적을 말해줄 수 있다고 하겠는데, 그 영역을 보면 한반도 남부지방 가장 동쪽 포항에서부터 서쪽지방 전북 남원에까지 이어진 양상이다.

이렇게 확산되는 전 과정은 상당히 속도감 있게 진행되었다고 할 수 있다. 그것은 다른 암각화유적, 예컨대 반구대나 천전리의 경우 단 한 장소에서만 그것이 이루어지고 있었고, 이러한 사실은 반구대나 천전리 주인공들의 문화가 더 이상 주변에서 발전적 형태를 보이지 않는다는 사실을 암시한다. 여기에 비하여 칠포리형 암각화는 청동기시대 중·후기에서부터 B. C. 4~3세기에 이르는 동안 불과 얼마 안 되는 시간적 흐름 안에서 한반도 남부지방 동·서를 아우르는 모양새를 보여주기 때문이다. 이러한 점은 칠포리형 암각화 주인공들의 민감한 감수성을 말해준다고 하겠는데, 암각화라는 문화형태를 받아들임과 동시에 새로운 암각화를 만들어냈다는 사실, 그리고 한반도 남부지방으로의 빠른 파급속도를 보여주는 현상이 있기 때문이다. 이 같은 새로운 형태의 암각화의 성립을 볼 때, 영남지역에는 일찍이 이곳 사람들에게 배태되어 온 남다른 조형의식이 있었다고 생각되는데, 그것은 사물의 묘사에 추상적 표현력이 뛰어나다는 점이다.

칠포리형 암각화가 시대적이고 정신적 요인의 함축적 의미를 갖는 표현물이라면, 이것이 문화적 변화단계에서는 어떻게 달라졌을까? 아무래도 환경이 달라지면 그 시대적 함의含意와 같은 것도 변화를 맞게 되는 것은 역사의 순조로운 발전과정이라고 하겠다. 그렇다면 칠포리형 암각화가 갖고 있던 당대의 상징적 함의를 포함하는 가치관은 다음으로 이어지는 시기에서 어떻게 달라져 갔을까? 이점에 대해서는 앞장에서 이미 암각화가 어떻게 본질에 대한 인위적인 변용으로 청동의기와 같은 것으로 바뀌어간 것인가 하는 점에 대하여 분석한 바 있다. 사실 청동의기와 같은 것은 그 외형적 유사성에서 이미 연구자들의 관심의 대상이었다. 이것이 바위에 새겨진 암각화를 대신하여 청동기로 질료적인 변천을 맞이한 것으로서, 여기에는 재료적 가치 이상의 시대적 함의까지도 잘 반영되었다고 할 수 있다.

암각화가 청동의기로 달라져가는 배경에는 세형동검문화의 한반도 유입과 같은 일련의 사건이 바탕이 되었다고 보이는데, 새로운 청동기술의 유입은 암각화가 바위라는 표현매체에서 금속인 청동기로 대체되면서, 거기에 반영되어 있던 상징성이나 당시대의 가치와 같은 정신성마저도 청동기로 옮겨간 것이다. 따라서 그 질료적 변환만큼이나 기능적 요소도 크게 달라져, 새롭게 바뀐 물건은 특별한 존재의 목에 걸리거나 가슴에 부착하게 되었다. 이러한 과정에서 칠포리형 암각화는 더 이상 제작이 이루어지지 않게 되었다.

여기서 이와 같은 암각화를 신앙의 대상으로 하여 주술의례를 베푼 사람들은 누구일까? 또한 이 암각화가 상징성이나 가치관이 달라진 다음 청동의기와 같은 것으로 바뀐 다음에도 여전히 중요한 상징물로 받아들이고 있었던 이들은 과연 어떤 사람들일까 하는 점에 대하여 고민하지 않을 수 없다.

아무래도 이 집단들은 보다 후대의 자료에서 그 실체가 드러난다고 하겠는데, 그들은 『위서』「동이전」과 같은 문헌에 등장하게 되는 삼한의 세력을 형성하는 토착민으로 판단된다. 그 이유는 암각화에서 분석된 하지라는 제의의 시점이나 농경의례라고 하는 형태가 그들에게서 전승된 모습이 발견되기 때문이다.

그와 같은 상황은 '常以五月下種訖 祭鬼神'이나 '各有別邑 名之爲蘇塗 立大木 縣鈴鼓 事鬼神'과 같은 부분에 일정부분 암시되어 있다고 하겠다. 또한 이것은 칠포리형 암각화가 조사된 지역에 전승되는 신모신앙과 같은 것도 암각화의 신앙형태가 후대로 계승되면서 나타난 현상이라고 할 수 있을 것이다. 즉 칠포리형 암각화가 조사된 범위와 정확히 일치하는 여성신 신앙현상으로서 포항의 운제부인이나 경주의 선도성모, 영천의 골화부인, 고령의 정견모주, 남원의 성모천왕과 같은 신앙형태는 암각화에 대한 신앙양상이 바뀐 이후에도 외형을 달리하면서 그 지역에서 영속성을 갖고 있었다는 사실이다. 그렇다면 이와 같은 신앙 공동체를 형성하는 집단이 중심이 되어, 소위 말하는 삼한의 국과 같은 정치체가 성립되었을 가능성은 충분하다. 이 집단이 세속적 권력을 형성해가는 배경에 칠포리형 암각화로 구현된 신앙형태가 집단구성원의 정신적 구심점으로 작용하였을 가능성이 있기 때문이다.

한국 암각화에서 또 하나의 현상으로 고인돌암각화가 있다. 고인돌암각화는 1985년 포항 인비리에서 처음 자료보고가 있고 난 후, 최근에 이르기까지 여러 곳에서 조사되었다. 물론 최근의 자료는 발굴·조사에 의해 밝혀진 것이 많다.

그간 고인돌에서 조사된 암각화는 몇 점의 석검암각화에서부터 사람 또는 여성 성기형암각화와 동심원암각화로 구성된다. 서로 겹치는 공간이긴 하지만, 공통된 표현물로는 세 곳에서 석검형암각화가 나왔고 두 곳에서 사람이 나왔다. 여성 성기형암각화도 두 곳에서 나왔다. 또한 네 곳에서는 동심원암각화가 나왔다.

특정의 고인돌이 제의공간으로서의 기능이 있다고 하는 견해는 일찍부터 꾸준히 제기되어 왔는데, 최근 발굴·조사로 인하여 그러한 기능성은 보다 확실해졌다. 암각화가 있는 8개의 고인돌 중에서 그 동안 발굴 조사된 것은 5개가 있고, 그 중 4개에서 하부에 적석유구가 나왔다. 이러한 현상은 암각화가 있는 고인돌이 다른 고인돌보다 제의공간으로 활용되었을 확률이 높다는 것을 암시한다.

동심원암각화가 새겨진 고인돌이나 입석에서는 갈수기에 기우제와 같은 의례가 행해졌을 것이라고 하였는데, 그것처럼 암각화가 있는 고인돌은 아무래도 그렇지 않은 것 보다 제의공간으로 의미는 더욱 클 것이다.

세부적으로 볼 때 석검이나 성기형암각화와 같은 표현물이 새겨진 것은 그 자체의 상징성과 관련된 의례를 생각할 수 있는데, 석검과 같은 것은 남성의 권위와 같은 부분도 찾아볼 수도 있지만 무엇보다도 넓은 지역의 상징체계 안에서는 풍요를 위하여 자연계에서 비를 부르는 천둥이나 번개와 관계되는 것이다. 또 여성 성기형암각화는 영혼회생이나 농경에서 풍요와 관계된다고 하는 부분도 있지만, 구체적으로 이곳에서 암각화와 관련하여 어떤 의례가 행해진 것인지는 알 수 없다. 하지만 고인돌이 조상의 장의와 관계된 것이기 때문에 그 가장 기저에는 조상숭배의 형태가 있었으며, 이것은 조상의 위업에 기대어 그 시대를 살아가는 사람들의 풍요와 안정된 삶을 기원한다는 가장 근본적 욕구가 바탕이 되어 나왔을 것이다.

이것을 굳이 세분화해서 본다면, 도항리나 안인리·진천동·천내리와 같이 동심원암각화가 있는 곳은 비를 내려주기를 바라는 기우제와 같은 의례를 생각할 수 있다. 이에 비하여 인비리나 오림동·활성동의 경우는 풍요의 상징이요 천둥과 번개를 부른다는 석검암각화를 새겨놓고 종족의 풍요와 안녕을 빌었다고 말할 수 있다. 물론 이와 같은 곳에서의 제의는 주기적이고 오래토록 계승되는 방식이었을 것이다.

이 부분에서는 앞장에서 충분히 살피지 못한 특징적 현상을 비롯하여 주술형태나 제의시기와 같은 측면, 그리고 제의표현의 성격이나 그 형태와 같은 것을 인접지역과 비교하여 그 특징적 양상을 찾아보고자 하였다. 또한 고인돌과 같은 곳에 나타난 암각화를 살펴보았다. 다음 장에서는 이상의 연구과정에서 논의된 한국 선사암각화의 제의성 또는 제의표현에 관하여 그 흐름을 전반적으로 정리하면서 이 글을 맺고자 한다.

VI

맺음말

한국 암각화는 1970년 울산 천전리에서 첫 조사 이후, 벌써 40여 년의 짧지 않은 시간이 지나갔다. 그 동안의 조사는 양적으로 한국 암각화를 계통적으로 체계화할 수 있는 자료적 발견을 이루어내었으며, 질적으로도 다양한 유형의 자료를 얻게 되었다.

　총 28개 지역에서 조사된 암각화의 분포양상을 살펴볼 때, 경상남·북도라는 한정된 공간을 중심으로 조사되고 있지만, 그 내용이나 표현상의 차이는 여러 다양한 형태로 나타나고 있다. 구상암각화에서부터 기하문암각화, 그리고 그 양자가 혼재한 형태의 암각화도 조사되었다. 일종의 구조적 형태를 갖고 있는 칠포리형 암각화를 비롯하여, 시기적으로 다소 후대에 나타난 현상이긴 하지만 윷판형암각화와 같은 것도 조사되었다.

　환경적 측면에서 암각화는 자연바위에서 조사되기도 하고, 입석이나 고인돌과 같은 인공적으로 조성된 바위에서도 나타나고 있다. 이러한 환경적 차이는 제작된 표현물의 성격을 이해하게 한다. 그럼에도 불구하고 정교하게 수행되어야 할 연구를 저해하는 요인은 적지 않다. 암각화라고 하는 바위 위에 표현된 그림이 직접적으로 말하지 못하는 사항에 대해서는 고고학 자료와 같은 것의 뒷받침으로 그것을 이해할 수 있는 부분이 있다. 암각화를 이해하는 데 있어서 중요한 사항임에도 불구하고 그와 같은 자료의 부족은 늘 지적되고 있는 바와 같다. 이러한 사정을 극복하기 위하여 필자는 표현물에 대한 현상과 유적의 환경적 측면을 분석하여 그 공백을 메우고자 하였다.

　한국 암각화의 제의성 또는 그 형태를 분석하기 위한 방법은 암각화에 대한 제작층의 분석과 함께, 그에 따르는 제의표현의 분석으로 시작되었다. 여기서 제작시기별 층위의 분류작업은 암각화의 전 제작과정을 잘 이해할 수 있게 해주기 때문에, 무엇보다도 우선해서 이루어졌다. 이러한 작업이야말로 암각화의 정교한 분석을 가능하게 해주기 때문이다.

표현물에 대한 형태분석 역시 암각화연구에 있어서 중요한 작업이다. 한국 암각화의 연구는 발견 초기에 급속하게 이루어진 부분이 있다. 왜냐 하면 이 고고미술사적으로 중요한 유적의 발견이 너무나 갑자기 이루어졌기 때문이다. 그런 만큼 그 동안 수행된 분석내용을 볼 때, 그렇게 정교하게 진행된 것 같지는 않다. 많은 부분에서 새롭게 분석되어야 할 만큼 성급하게 진행된 부분이 있다. 물론 조사와 연구 방법론에 있어서 당시로서는 최선이었겠지만, 다소 정밀하지 못했던 초기작업과 그 분석내용은 이어지는 약 40년의 짧지 않은 시간 동안 사실과는 다르게 왜곡되어 받아들여지는 계기가 되기도 하였다.

최근 수행된 여러 연구성과에서, 초기의 잘못된 형태 분석결과를 무비판적으로 수용함으로써 전혀 발전적이지 못한 결과를 낳는 것을 볼 때, 필자의 입장에서 애석한 마음을 감출 수가 없다. 그렇기 때문에 암각화연구의 첫 단계는 반드시 형태분석에 대한 검토에서 시작되어야 한다.

제의표현과 그 성격을 밝히고자 하는 작업은 제작 층위별로 표현물을 분석하는 데서 출발한다. 각 층위별로 분석된 제의적 요소는 한국 암각화 전반에 걸친 성격이나 표현상의 차이를 보여주게 되고, 또 그 차이가 시간적 흐름 속에서는 어떻게 달라지는가 하는 점에 대하여 살펴보고자 하였다. 그렇기 때문에 이 연구는 유적별·층위별로 수행되었으며, 그리고 시기별 그 변천양상을 살펴보는 것으로 정리되었다.

1980년대까지만 해도 한국 암각화는 울산 천전리와 고령 양전동, 울산 대곡리에서만 그 존재가 확인되었다. 그 후 긴 공백기 끝에 1984년 포항 인비리의 한 고인돌 개석에서 새로운 암각화가 조사된 이래, 1989년부터 1995년 사이에는 다수의 자료가 집중적으로 나타나기 시작하였다. 이 시기에 조사된 유적은 영주 가흥동, 포항 칠포리, 여수 오림동, 함안 도항리, 남원 대곡리, 안동 수곡리, 영천 보성리, 고령 안화리, 고령 지산리, 경주 석장동, 경주 안심리, 부산 복천동, 사천 본촌리 등지에서 지속적으로 발견되었다. 이때의 조사는 개인 연구자의 업적으로 말해질 수 있는 조사가 그 대부분이다.

2000년대에 들어와서 암각화조사는 대구 진천동, 밀양 활성동, 밀양 안인리, 포항 석리에서 또 다른 존재가 확인되었으며, 드디어 북한의 무산 지초리에서도 암각화가 확인되었다.

2007년에는 필자에 의해 대구 천내리의 고인돌에서 여러 점의 동심원암각화가 조사되었으며, 2008년에는 고령 봉평리에서 새로운 자료보고가 있었다. 2009년에는 전남 나주시 운곡동의 작은 봉우리에서 또 다른 형태의 암각화가 조사되었으며, 2010년에는 경남 의령군 대의면 마쌍리에서 소형의 암각화자료가 하나 나왔다. 나주 운곡동의 암각화는 그간 조사된 한국 암각화에서 전혀 새로운 형태의 암각화이고, 마쌍리의 암각화는 작은 숫돌에 새겨진 석검형암각화이다.

이 시기의 특징적인 사항으로 암각화 조사는 고인돌이나 집자리 유적에 대한 발굴·조사 결과에 힘입은 바 크다.

그간의 조사결과, 한국 암각화는 반구대암각화로 대표되는 구상형태의 암각화와 천전리로 대표되는 기하문암각화, 그리고 칠포리로 대표되는 검파형암각화와 같은 유형이 주를 이루는 가운데 크지 않은 규모의 다양한 종류의 표현물도 한 개의 축을 이루면서 조사되었다. 물론 여기에는 독특한 형상미를 보여주는 윷판형암각화와 같은 형태의 암각화도 있다.

윷판형암각화는 한국 암각화가 경상남·북도라는 특정의 지역에서만 나타나는 것과는 다르게, 이것은 남한지역 전체에서 고루 분포하는 양상으로 나타났다. 선사암각화를 중심으로 분석하고자 하는 이 연구범위에서 제외된 윷판형암각화이지만, 이것을 인근지역과 비교했을 때 한반도 주변은 물론, 북아시아와 같은 넓은 공간적 범위의 그 어디에서도 이러한 형상이 조사된 적은 없다. 그렇기 때문에 칠포리형 암각화와 윷판형암각화는 한반도 내에서만 나타나는 독특한 표현물이라 할 수 있다. 이러한 유형이 한반도라는 좁은 공간 안에서 나타나는 사실은 한국 암각화가 생각 이상으로 다양성을 띠고 있다는 점을 충실히 대변한다.

한국 암각화의 제의성을 분석하기 위하여 본고에서는 천전리와 반구대암각화, 그리고 칠포리형 암각화에 대하여 이를 제작 순서대로 정리하였다. 이러한 작업은 서로 다른 유형의 표현물을 일단 큰 테두리 안에서 하나의 계통적이고 발전적인 것으로 보고자 하는 시도였다. 물론 한국 암각화 전체가 연속성을 갖고 제작된 것인지 아직은 분명하지 않다. 그러나 유적별로 달라져가는 변천양상과 함께 정신성의 함축적 의미를 찾고자 하는 의도가 있기 때문에 방법상 문제가 되지는 않는다.

그런데 연구를 진행해가는 와중에 유적과 유적에서 의도하지 않았던 동질성과 같은 부분이 발견되는 현상이 있었는데, 그 특징적 현상은 천전리의 기하문암각화 단계가 영일만과 같은 곳에 자극을 주면서 칠포리형 암각화의 성립에 기여한 것이 아닐까 하는 측면의 관점을 세울 수 있었다는 것이다. 그러나 여기서 두 유적이 필자의 생각과는 다르게, 아무런 관련성이 없다고 할지라도 각 유적별 제의성에 대한 분석 자체는 크게 달라지지 않는다. 왜냐하면 한국 암각화 전체를 하나의 축에 놓고 보고 있긴 하지만, 제의표현의 분석은 유적별로 별도로 진행되었으며, 유적에 따른 시기별 나열만으로도 한반도라는 공간의 변화에 따른 함의라고 하는 부분은 충분히 이해할 수 있는 수준으로 드러나기 때문이다.

이 글에서 3가지 요인으로 분석된 천전리 암각화와 칠포리형 암각화의 관련성에 대해서는 별도의 기회에 반드시 한층 정밀하게 검토되어야 할 것이다.

제의표현에 대한 분석은 제일먼저 울산 반구대암각화가 분석되었고, 그 다음 단계에서는 천전리 암각화가 분석되었다. 이어지는 단계에서는 칠포리형 암각화라는 독자성 있는 형상에 대한 제의적 요소가 분석되었으며, 그 내용에 대해서는 종합적 소견으로 이것이 시간적 흐름 속에서는 어떤 변천양상을 보여줄 것인가 하는 측면에서 암각화의 제의성의 흐름을 살펴보았다.

분석된 유적별 제의적 요소의 흐름 또는 변천양상은 다음과 같다. 반구대의 경우, 초기에는 사냥주술로서 동종주술의 개념에서 표현물이 묘사되었다. 그 다음 단계에서는 동물수호의 염원이 표현상 중심이 된 것으로 보인다. 여기서 다음 단계는 샤먼과 같은 종교 직능자에 의해 고래의 영혼에 대한 위무의식과 자연의 주에게 대한 의식을 진행하는 과정에서, 그 조력자로서 거북이나 가마우지와 같은 양성체 동물이 참여하는 양상이 발견되었다. 여기서 샤먼의 등장은 특기할 만한 사항이다.

마지막 단계에서는 사냥을 위한 공감주술과 접촉감염주술의 형태가 나타난다. 특히 이 마지막 단계의 층위에서는 생활 속의 금기와 관계된 특별한 존재성 있는 동물표현이 등장하고 있어서, 동물에 대한 인식이 크게 달라졌다는 사실을 확인할 수 있다.

천전리의 제의적 요소의 변화상은 그 첫 단계에서는 풍요와 동물수호의 염원이 보편성을 이루고 있는 바탕 위에, 동물태로 나타나는 자연신 숭배형태에서 인신숭배 형태로 달라져간 신앙양상을 보여준다. 그러나 두 번째로 이어지는 단계는 기하문암각화 단계로서, 이것은 농경의례와 관련된 것이다. 여기서는 접촉을 통한 동종주술과 모방주술 형태가 발견되는데, 이 과정에서 그 의례는 샤먼에 의해 주관된 것으로 보인다. 또한 이곳의 중요한 의례 중에는 기우제와 같은 목적이 분명한 제의형태도 발견되고 있다.

세 번째 단계는 두 번째 단계와 계통적으로 연결된다고 할 수 있는데, 세 번째 단계의 형태는 기우제와 같은 제의와 그 결과물로 남겨진 무수한 타날흔이다. 이것은 비가 내려 그 빗방울이 떨어지는 모양을 모방하는 모방주술의 또 다른 형태라고 정리될 수 있다.

제작순서라는 측면에서 천전리와 반구대 양자 간의 시간적 공유면적은 반구대의 제3 제작층과 천전리의 제1 제작층이 표현상 유사한 속성이 발견되고 있다. 그렇기 때문에 동시대적 선상에서 볼 수 있게 되었으며, 그리고 기하문 암각화 단계는 반구대암각화의 제5 제작층 이후로 비정될 수 있다고 하겠다.

칠포리형 암각화는 같은 유형의 모든 유적을 순차적인 발전적 순서에 놓고 유적별로 각각 하나의 단계로서 제의표현과 그 성격이 분석되었다. 칠포리형 암각화와 같은 구조적 형상의 암각화는 그 가장 앞선 단계에 포항 인비리가 있다. 그리고 그 다음 단계에는 포항 칠포리 A와 경주 석장동을 가장 이른 시기에 놓고자 하였다.

본고에서 칠포리 A와 석장동은 천전리의 기하문암각화 다음 단계로 규정되었는데, 칠포리형 암각화의 제의성의 변천양상은 앞서 필자의 기준에 의한 발전 순서대로 그 흐름을 살펴보면, 칠포리 A는 풍요를 기원하며 성적결합을 의미하는 모방주술 의례가 중심이 된 형태라고 정리된다. 그러나 동일시간대로 판단되는 경주 석장동 단계는 주술현상보다 자연계의 풍요의 의미와 함께, 사람의 삶에서 중요한 하나의 과정인 장송의례와 같은 제의형태가 발견된다. 그리고 이곳에서 제의의 과정은 샤먼과 같은 종교 직능자가 그 중심으로 나타난다.

이어지는 영천 보성리, 고령 안화리, 양전동은 이전에 비하여 유적의 환경이나 위치가 점점 개방적인 공간으로 달라지는 양상으로 나타난다. 보성리와 안화리의 경우 표현물에서 제의의 달라진 형태는 찾아볼 수 없으나, 암각화의 형상 측면에서 점차 장식적 요소와 다양성이라는 측면이 강조되고 있다.

칠포리형 암각화가 종족의 상징문장과 같은 성격이 있다고 본다면, 보성리 암각화를 중심으로 하는 사람들은 이전 단계보다 여러 성격의 부락구성에 의한 유적으로 보인다. 이것은 암각화의 형태적 의미로서, 다양하게 나타나는 표현물에서 발견할 수 있는 사항이다. 이러한 변화상을 초래한 이유는 무엇일까? 그것은 암각화의 환경적 측면이 폐쇄적 공간에서 점차 개방적으로 달라지는 데서 야기된 현상이 아닐까 한다.

양전동과 유사한 시간대로 보이는 칠포리 B는 이전 단계인 칠포리 A의 모방주술의례가 보다 확대된 면모와 정형화된 양상으로 나타나고 있다.

안화리를 거치면서 양전동에서는 장식적인 요소와 다양한 면모가 점차 고르게 정형화하고 있는 양상이다. 여기서 무엇보다도 부각되는 사항은 암각화가 다만 주술과 종교의 대상에서 이제는 당면과제가 무엇이고 또 무엇을 원하는가 하는 기원의 목적에 따라, 그 표현 대상도 기능별로 세분화해간다는 점이다. 이러한 현상은 동심원암각화가 기우제와 관련된 물의 상징물로 분석된 데에 따르는 사항이다.

칠포리형 암각화가 영일만에서 시작하여 남원 대곡리와 같은 곳에까지 파급되면서, 그간의 제의의 성격과 형태도 달라져 왔다. 초기에 주술의 대상이던 암각화는 환경을 달리하면서 서서히 종교적 상징물이요 신앙의 대상으로서 신상이미지로 변해 온 것 같다. 여기서 의례가 규범화되고 점진적으로 그 규모가 커진 것과 같은 변화를 초래한 중심에는 이동이나 전파과정에서 달라진 환경적 요인이 있었을 것이다.

대곡리 단계에서도 이곳을 중심으로 모이게 되는 구성부락은 복수의 단위였을 것으로 보인다. 그러나 칠포리형 암각화의 마지막 단계에 속하는 영주 가흥동이나 경주 안심리의 경우 개별적이고 단일집단에 의한 유적으로 바뀌어 간 것으로 보인다. 이와 같은 점은 표현물의 단순성에서 발견되는 사항이다.

여러 형태의 암각화에 대한 분석과정에서는 동심원암각화라는 일정한 표현물은 물론, 샤먼과 같은 특정표현물에 대해서도 보다 심층 분석하였다. 또한 고인돌이나 입석에 새겨진 암각화도 함께 분석하였다. 특히 동심원암각화는 그간 태양을 상징하는 문양으로 이해되어 온 것이지만, 동심원암각화의 방위나 환경적 측면, 그리고 형태적 발상이라는 측면에 대한 새로운 분석에 의하면 그것은 태양과의 관련성보다는 물과 관계 깊은 문양으로 판단되었다. 따라서 한국 암각화에 있어서 동심원암각화는 농경과 관련하여 물의 수급과 한발을 피하기 위한 기우제 목적에서 제작된 것이다.

기우제와 같은 의례는 천전리 제3 제작층의 타날흔 단계에서도 발견된다. 이러한 점을 볼 때 우리는 암각화표현물을 통하여 생활 방편의 변화상을 발견할 수 있다.

샤먼은 북아시아와 같은 곳에서는 이미 신석기시대에 나타나고 있는 것이다. 그러나 한반도에서는 반구대암각화 제4 제작층 단계와 경주 석장동, 그리고 안동 수곡리에서 조사되었다. 여기서 조사된 샤먼 역시 인근지역에서 규정되는 범주 안에서 표현되고 있다.

여기서 고인돌이나 입석에 새겨진 암각화의 경우, 제의성은 어떻게 정리될 수 있을까 하는 부분을 살펴보기로 하자. 고인돌과 그 하부 적석유구, 그리고 입석과 같은 곳에서 나온 것은 석검형암각화가 있고, 사람과 성기형암각화, 동심원암각화가 있다. 이와 같은 곳에서는 주기적으로 이어지는 제사의례가 있었다고 보이는데, 그 형태로서 동심원암각화가 있는 고인돌에서는 기우제를 생각할 수 있겠지만, 대다수는 조상을 숭배하고 그 조상의 생전의 위업에 기대어 종족의 풍요와 안녕을 비는 형태였을 것으로 이해된다.

고인돌 또는 입석에 나타난 암각화는 다른 나라의 일부 거석 기념물에서 그것이 조사되는 현상과도 비슷하다. 이러한 것은 사람의 사고방식의 보편성에서 기인되는 결과라고 하겠다.

이상과 같이 논의된 과정 전반은 제의성이라는 특정부분을 바탕으로 한국 선사암각화를 이해하고자 하는 것이다. 앞장에서는 주목되는 표현물과 그 형태적 특성을 살펴보면서 그 과정에서 나타난 현상을 북아시아와 같은 지역과 비교하여 한국 암각화의 특성과, 그리고 그 속에 반영된 제의성을 밝혀 보고자 하였다.

이러한 분석 작업에서 하나의 중요한 특징으로 나타난 칠포리형 암각화와 같은 것은, 그간의 연구과정에서 의구심을 갖고 있던 부분도 이제는 보다 확신을 갖고 지켜보게 되었는데, 그것은 인근 그 어느 지역에서도 조사된 적이 없는 독특한 형상이라는 것의 확인이다. 그러나 그 조형성을 낳게 된 제작기법과 같은 것은 칠포리형 암각화 역시 그 시대의 보편성 있는 기법으로서 갈아서 새긴다고 하는 유행적인 기법임을 알 수 있다. 청동기시대가 낳은 시대양식으로 그 기법은 갈고 문질러서 제작하는 것이다. 이러한 기법은 주술로 연결되며, 이 주술행위는 현재까지도 이어지는 양식으로 가장 오랜 전승을 갖는 행위라는 것을 잘 알 수 있다.

그간 개략적인 비교에도 불구하고 칠포리형 암각화의 경우, 매우 독특한 유형이라는 점은 분명하다. 그 형상적 성립의 배경에는 이미 영남지역에 확산되어 있던 석검손잡이에 작은 원형의 홈을 새기는 문화배경 위에, 암각화라고 하는 문화의 자극의 결과로 판단된다.

칠포리형 암각화는 한반도 남부지방에서 반복 재현되었다. 이것은 신앙적 상징물로서, 그리고 이 시대 영남지방을 중심으로 한 공간을 살아간 사람들의 정신성이 함축된 이미지로 나타난 것이라고 할 수 있다. 물론 칠포리형 암각화가 인근지역에서 발견된 적 없는 독자적인 형상이라 할지라도, 그 배경에는 당시대를 관통하는 표현방식으로서 부분이 전체를 대신한다는 원리와 기하학적 문양이 발생하는 과정에서 나온 기법이라는 것은 분명하다.

본고에서 칠포리형 암각화의 발생은 영일만과 천전리와 같은 지역의 문화적 접촉에 의해 야기된 것으로 보고자 하였다. 그것은 당초 선진 농경문화의 파급과 거기에 동반된 고인돌의 보급에 의한 자극에서 성립된 것으로 이해되는데, 이 시대에 형산강 수계를 중심으로 한 곳에는 풍요의미에서 손잡이에 작은 원형의 홈을 새기는 석검문화가 확산해 있었던 것으로 보인다.

여기에 새로운 문화적 자극이 주어지면서 결국 검파형암각화라고 하는 칠포리형 암각화의 제작이 이어졌는데, 이 과정에는 그 시대 사람들의 정신적이고 신앙적 가치의 중심과 같은 것도 함께 암각화로 옮겨간 것으로 보인다. 그것은 다름 아닌 원형의 홈을 새기는 석검문화에 반영되어 있었던 시대적 정신성과 같은 것이 암각화의 성립과 함께 칠포리형 암각화로 옮겨갔다는 것이다. 그러나 암각화로 이동한 이것도 그대로 고착화되지 않는다. 그 역시 암각화의 소멸단계에서 또 다시 옮겨가게 되는데, 그것은 바로 세형동검문화의 도래에 발맞춰 새로운 신소재로 등장한 청동의기와 같은 것이다.

드디어 암각화에 반영되어 있던 가치 중심 또는 시대적 함의와 같은 것은 청동의기로 옮겨가게 되었다. 이러한 이동양상은 '손잡이에 원형의 홈을 새기는 석검〉칠포리형 암각화〉청동의기'의 순으로 바뀌어간 것이라고 정리할 수 있을 것이다.

한국 암각화가 의례의 중심이요 유적은 그 제장이라고 한다면 그 의례가 수행되는 제의시기가 언제였을까 하는 점에 대해서도 정리할 필요가 있다. 암각화표현물로 분석된 칠포리에서 집단적인 제의의 순간은 하지날 해가 지는 시점에서부터 실시되었다. 이러한 사항을 볼 때, 같은 칠포리형 암각화가 있는 유적의 제의시점도 비슷비슷한 시기에 이루어졌을 것으로 추정할 수 있게 됨은 물론, 나아가서 한국 암각화 전반에서 조사된 사항을 대입하여 비교분석해볼 필요도 있다.

한국 암각화 연구는 최초 발견 이후 꾸준히 수행되어 왔다. 이 연구가 그 동안 이루어진 또 다른 연구와의 차이점이라고 한다면 다음과 같은 사항을 꼽을 수 있다.

그간의 연구업적이 특정 표현물의 형태 분석을 통하여 제의적 요소를 분석하고 있으며, 또한 거기서 나온 분석결과가 그대로 유적에 대한 전반적인 성격으로 규정된 측면이 있다고 한다면, 이 연구는 그간 조사된 암각화유적을 제작시기별로 제작층을 세분화하여 보고자 하였다. 이러한 분류작업은 한국 암각화의 정교한 연구를 위한 하나의 방법이고, 또한 한국 암각화 전체를 하나의 발전적 선상에 놓고 비교해 볼 수 있는 여건을 제공해주기 때문이다.

연구를 진행해가는 과정에서는 그간의 연구성과라고 할 수 있는 형태분석의 결과에 대하여 아무래도 부정적인 생각으로 접근할 수밖에 없었는데, 그 이유는 각 표현물의 층별 구성을 분석하는 과정에서 기존의 형태분석의 결과가 실상과는 많이 다른 점이 발견되었기 때문이다. 따라서 몇몇 표현물에 대하여 기존의 시각과 다른 생각으로 접근하게 되었고, 그 결과는 앞에서 분석된 바와 같다.

한국 암각화를 순서별로 나열하는 데 있어서, 유적과 유적의 상관관계를 파악하고자 하는 연구는 이제 막 본격적 수행단계에 들어선 부분이다. 그렇기 때문에 암각화를 바라보는 연구자의 시각 차이가 어떤지는 아직 알 수가 없고, 또 많은 견해가 서로 엇갈릴 수밖에 없는 부분이기도 하다. 그래서 객관성의 확보가 어느 정도나 가능할 것인가 하는 점은 여전히 부담스러운 부분이라고 하겠다.

이 연구를 마무리하는 단계에서 드는 생각은 다음과 같다. 모든 연구가 그렇듯이, 한국 선사암각화에서 제의성 또는 그 흐름이나 변천과 같은 부분을 연구·분석하는 데 있어서 논의된 내용도 일정한 한계가 있을 수밖에 없다. 그것은 항상 지적되는 것이긴 하지만 암각화연구를 뒷받침해줄 주변자료의 빈곤과, 그렇기 때문에 다만 표현물의 분석만으로 그 공백을 메우고자 하는 데서 오는 실체와의 간격과 같은 것이다. 이 연구에서 충분하지 못했던 부분에 대해서는 향후 진보한 연구를 약속하면서 이만 글을 맺고자 한다.

참고문헌

INDEX

참고문헌

연구논문(Ⅰ)

권미현, 윷판형 암각화의 연구. 안동대대학원 석사학위 청구논문, 1995.

權五榮, 風納土城出土 外來遺物에 대한 檢討. 百濟研究 36, 忠南大學校 百濟研究所, 2002.

김광명, 경북지역의 지석묘. 지석묘 조사의 새로운 성과, 제30회 한국상고사학회 학술발표대회 요지문, 2003.

김건수, 울산 암각화에 나타난 어로문화와 경제단계연구: 21~32. 암각화국제학술대회논문집, 예술의 전당·울산시, 2000.

金吉雄 · 金丈臺 岩刻畵에 對한 考察. 新羅王京研究: 1~7, 新羅文化財學術發表論文集 16, 1994.

金仙宇 · 한국 마제석검의 연구 현황. 韓國上古史學報 16: 385~403, 韓國上古史學會, 1994.

金承玉, 墓域式(龍潭式)支石墓의 展開過程과 性格. 韓國上古史學報 53: 71~93, 韓國上古史學會, 2006.

김원룡, 심양정가와자 청동시대 묘와 부장품 – 예맥 퉁구스의 청동전기문화 –. 동양학 6: 137~157, 단국대학교 동양학연구소, 1976.

_____, 蔚州盤龜臺岩刻畵에 대하여. 韓國考古學報 9: 6~22, 한국고고학회, 1980.

_____, 藝術과 信仰. 한국사론 13권 상: 306~343, 國史編纂委員會, 1983.

김일권, 별자리형 바위구멍에 대한 고찰. 고문화 51: 123~156, 한국대학박물관협회, 1998.

_____, 古代 中國과 韓國의 天文思想 研究. 서울대학교대학원박사학위청구논문, 1999.

_____, 국내성에서 발견된 고구려 윷놀이판과 그 천문우주론적 상징성. 고구려연구 15, 고구려연구회, 2003a.

_____, 한국 윷판형 암각화의 문화성과 상징성. 학예연구3 · 4: 63~110, 국민대박물

관, 2003b.

_____, 영일 칠포지역의 별자리암각화 연구. 한국암각화연구 7.8: 93~121, 한국암각화학회, 2006.

_____, 계룡산 갑사 간성장 계곡의 명문 윷판암각화 연구. 한국암각화의 다양성과 새지평: 23~30, 한국암각화학회 세미나 발표요지문, 한국암각화학회, 2008.

김창호, 한국신석기시대 토착신앙문제. 韓國新石器硏究 12호: 93~104, 한국신석기학회, 2006.

김호석, 한국암각화의 도상과 조형성 연구. 동국대대학원박사학위청구논문, 2005.

_____, 한국암각화와 북방아시아 지역 암각화의 조형적인 특징 비교연구. 中央아시아 硏究 12: 183~217, 중앙아시아학회, 2007.

마경희, 울산 황성동 신석기시대 유적의 발굴과 성과. 한국암각화연구 14: 111~126, 한국암각화학회, 2010.

문명대, 蔚山의 先史時代 岩壁刻畵. 文化財 7: 33~40, 문화재관리국, 1973.

_____, 한국의 선사미술. 독서신문 45: 41~49, 독서신문사, 1977.

박영희, 천전리 암각화의 기하문양 중 마름모꼴의 상징성에 대한 일고찰. 한국 암각화 연구 6, 한국암각화학회, 2005.

박창범 외, 남한지역의 바위구멍 조사연구. 한국암각화연구 4: 93~103, 한국암각화학회, 2003.

朴天秀, 考古學 資料를 통해 본 大伽倻. 考古學을 통해 본 伽倻, 韓國考古學會, 1999.

배용일, 포항 흥해읍 대련리 지표조사. 동대해문화연구 2: 295~316, 동대해문화연구소, 1996.

서국태, 무산군 지초리 유적에 대하여. 조선고고연구 131: 9~14, 사회과학원고고학연구소, 2004.

서영대, 韓國古代 神觀念의 社會的 意味, 서울대학교박사학위논문, 1991.

_____, 동예사회의 호신숭배에 대하여. 역사민속학 2: 62~90, 한국역사민속학회, 1992.

_____, 한국고대의 샤머니즘적 세계관. 강좌 한국고대사 8: 1~24, (재)가락국사적개발연구원, 2002.

成正鏞, 錦山地域 三國時代 土器編年. 湖南考古學報 16, 湖南考古學會, 2002.

송화섭, 한국의 암석각화와 그 의례에 대한 고찰. 원광대출판국, 1991.

_____, 韓半島 先史時代 幾何文岩刻畵의 類型과 性格. 선사와 고대 5: 113~145, 한국고대학회, 1992.

_____, 남원 대곡리 기하문 암각화에 대하여. 백산학보 42: 95~134, 백산학회, 1993.

_____, 선사시대 암각화에 나타난 석검.석촉의 양식과 상징. 한국고고학보 31집: 45~74, 한국고고학회, 1994.

_____, 익산 미륵산·미륵사지의 윷판형 바위그림에 대하여. 향토문화 9·10: 45~65, 향토문화연구회, 1995.

_____, 한국암각화의 신앙의례. 한국의 암각화: 251~300, 한길사. 서울, 1996a.

_____, 한반도 선사시대 바위그림의 생성배경과 특징. 선사시대예술, 충북대 선사문화연구소, 1996b.

_____, 한국암각화연구의 현황과 과제. 한국암각화연구 창간호: 81~123, 한국 암각화학회, 1999.

_____, 고인돌 암각화의 생성배경과 상징성 연구. 백산학보59: 53~87, 백산학회, 2001.

_____, 한국의 윷판암각화와 불교신앙. 한국암각화연구 5: 1~21, 한국암각화학회, 2004.

_____, 러시아 알타이지역의 샤머니즘과 암각화. 선사미술 1: 17~27, 한국선사미술연구소, 2005.

_____, 양전동 암각화의 문화 계통연구. 제6회 대가야사 학술회의: 109~146, 영남대 민족문화연구소·한국암각화학회, 2008.

_____, 남원 대곡리암각화의 계통과 형성배경. 한국암각화의 다양성과 새지평, 한국암각화학회 세미나 발표요지문: 7~22, 한국암각화학회, 2008.

신광철, 암각화연구에 대한 종교학적 제언. 한국암각화연구 3:69~88, 한국암각화학회, 2002.

신대곤, 神體文岩刻畫의 解釋. 科技考古研究 3: 65~124, 아주대학교박물관, 1998.

이건무, 한국 청동의기의 연구-이형동기를 중심으로. 한국고고학보 28, 1992.

_____, 한국의 청동기문화. 한국의 청동기문화 특별전 도록: 125~147, 국립중앙박물관, 범우사, 서울, 1992.

李殷昌, 高靈 良田洞 岩畵 調査略報. 考古美術 112: 24~40, 韓國考古美術史學會, 1971.

이상길, 고령·함안지역 암각화의 성격. 한국암각화의 세계: 22~47, 한국역사민속학회 동계학술심포지움 발표요지문, 1995.

_____, 패형암각의 의미와 그 성격. 한국의 암각화: 135~176, 한길사, 1996.

_____, 無文土器時代의 生活儀禮. 嶺南考古學會·九州考古學會 학술논문집 3: 241~279, 1998.

_____, 晉州大坪漁隱1地區發掘調査概要. 남강선사문화세미나 요지문, 1999.

_____, 청동기시대 의례에 관한 고고학적 연구.대구효성가톨릭대학교대학원박사학위논문, 2000.

이 옥, 고대 한국인의 동물관과 그 묘사. 동방학지 46·47·48: 25~54, 1985.

이진구·김영식, 안동 수곡동 한들 암각화. 안동문화연구 5: 167~200, 안동문화연구회, 1991.

이하우, 迎日 七浦마을의 바위그림들. 歷史散策 4: 36~39, 범우사, 1990.

_____, 칠포마을 바위그림. 고문연, 포항, 1994.

_____, 이흐 두를지 유적의 제단과 공간성. 몽골의 암각화: 117~122, 열화당.서울, 1998.

_____, 예니세이 강변의 바위그림. 한국암각화연구 2: 113~151, 한국암각화학회, 2000.

_____, 서 바이칼지역의 바위그림. 한국암각화연구 4: 111~136, 한국암각화학회,

2003.

_____, 한국판형 바위그림 연구. 한국암각화연구 5: 23~56, 한국암각화학회, 2004a.

_____, 蔚山 盤龜臺 岩刻畵의 製作層 分析硏究. 慶州大學校大學院 碩士學位 請求論文, 2004b.

_____, 오브·예니세이 강 상류 암각화의 형상비교. 고대 동북아 암각화비교연구: 9~60, 한국암각화학회10주년기념학술심포지엄, 2007a.

_____, 반구대암각화의 제작 층에 대한 연구. 한국상고사학보 58: 39~76, 한국상고사학회, 2007b.

_____, 알타이의 제단·제의장소 바위그림. 中央아시아 硏究12: 155~182, 중앙아시아학회, 2007c.

_____, 검파형암각화의 양식변화와 기능성 변형. 제6회 대가야사 학술회의: 149~179, 영남대민족문화연구소·한국암각화학회, 2008a.

_____, 장군애 암각화의 성격에 대하여. 한국암각화의 다양성과 새지평: 55~78, 한국암각화학회 세미나 발표요지문, 한국암각화학회, 2008b.

_____, 한국 암각화에서 제의의 시기-칠포리 암각화를 중심으로-. 대구사학 96: 1~24, 대구사학회, 2009.

이하우·한형철, 포항 칠포리 암각화군 조사보고. 고성: 44~60, 포철고문화연구회, 1990.

이형우, 대가야의 형성과 고령암각화. 제6회 대가야사 학술회의: 65~78, 영남대민족문화연구소·한국암각화학회, 2008.

임세권, 우리나라 선사암각화의 연대에 관하여. 藍史 鄭在覺博士 古稀記念 東洋學論叢: 517~542, 1984.

_____, 안동군 임동면 한들마을의 바위그림. 안동문화연구 14, 안동대안동문화연구소, 1993.

_____, 韓國 先史時代 岩刻畵의 性格. 단국대학교대학원박사학위청구논문, 1994.

_____, 한국 암각화의 원류. 한국의 암각화: 231~248, 한길사, 서울, 1996.

_____, 한국 암각화에 나타난 태양신 숭배. 한국암각화연구 창간호:7~26, 한국암각화학회, 1999.

_____, 미국 암각화에 나타나는 수족과장형 인물상. 한국암각화연구 3: 1~15, 한국암각화학회, 2002.

임장혁, 대곡리 암벽각화의 민속학적 고찰. 한국민속학 24: 171~195, 한국민속학회, 1991.

임재해, 암각화를 통해 본 탈의 기원과 그 기능의 변모. 민속연구 7, 안동대민속학연구소, 1997.

장명수, 榮州 可興洞岩刻畵와 防牌文岩刻畵의 性格 考察. 擇窩許善道先生停年記念韓國史學論叢: 983~1021, 1992.

_____, 암각화를 통해 본 고인돌 사회의 신앙의식. 중앙사론 8, 중앙대사학연구회, 1995.

_____, 蔚山 大谷里 岩刻畵人들의 生業과 信仰. 仁荷史學 5:65~146, 仁荷歷史學會, 1997a.

_____, 암각화에 나타난 성신앙 모습. 고문화 50: 345~370, 한국대학박물관협회, 1997b.

_____, 암각화를 통해본 우리나라 선사인들의 신앙사유. 한국암각화연구1: 27~65, 한국암각화학회, 1999.

_____, 울주 대곡리 반구대 암각화에 나타난 신앙의식. 울산연구 1:67~100, 울산대학교 박물관, 1999.

_____, 한국선사시대 암각화 신앙의 전개양상. 한국암각화연구 2: 5~45, 한국암각화학회, 2000.

_____, 韓國岩刻畵의 文化相에 대한 研究. 인하대학교대학원박사학위논문, 2001.

_____, 新例 刀劍類 그림 岩刻畵의 文化性格에 대한 檢討. 학예연구 3·4: 43~62, 국민대박물관, 2003.

_____, 천전리 암각화의 형상분석(Ⅰ). 學藝研究 5?6:5~28, 국민대학교박물관, 2004.

_____, 한국 암각화의 형식분류와 문화특성. 한국암각화연구 10:1~28, 한국암각화학회, 2007.

장석호, 바위그림이 집중된 곳, 제사의례의 중심지. 중앙아세아에서의 고대오쉬, 오쉬학술대회, 1998.

_____, 오르도스 암각화와 한국의 암각화. 오르도스 청동기문화와 한국의 청동기문화:280~302, 한국고대학회, 2007.

_____, 국보 제285호 대곡리 암각화의 도상해석학적 연구. 선사와 고대 27: 131~163, 한국고대학회, 2007.

_____, НАСКАЛЬНЫЕ ИЗОБРАЖНИЯ ЦЕНТРАЛЬНОЙ И ВОСТОЧНОЙ АЗИИ (культурно-историчское развитие и вопросы интерпретации). Российская Академия наук Институт истори материальной культуры, 1999.

장장식, 몽골 돈드고비 아이막 델올에 있는 바위그림의 특징. 한국암각화연구 3: 17~44, 한국암각화학회, 2002.

_____, 신화담론으로 본 고령 양전동 암각화. 제6회 대가야사 학술회의:81-106, 영남대민족문화연구소·한국암각화학회, 2008.

전호태, 울주 대곡리·천전리암각화. 한국의 암각화:45~95, 한길사. 서울,1996.

_____, 울주 천전리 서석 세선각화 연구. 울산연구: 9~43, 울산대학교박물관, 1999.

_____, 울산 반구대 암각화 편년론. 울산사학, 울산대학교 사학회, 2001.

정동찬, 울주 대곡리의 선사바위그림 연구. 손보기박사정년기념고고인류학논총: 389~434, 1988.

정병모, 울주 천전리암각화의 인면상에 나타난 양식변화. 천전리 암각화 발견 40주년기념학술대회 논문집 울산 반구대 천전리 암각화:33~48, 한국미술사연구소, 2010.

趙榮濟, 三角透窓高杯에 대한 一考察. 嶺南考古學 7, 嶺南考古學會, 1990.

조철수, 정보의 발생과 그림문자, 그리고 울산암각화의 상징체계. 암각화국제학술대
회논문집: 63~73, 예술의 전당 · 울산시, 2000.

조영재, 남강댐 수몰지역의 발굴성과. 제7회 영남고고학회 학술발표회: 47-54
· 영남고고학회, 1998.

최광식, 대가야의 신앙과 제의. 가야사연구. 춘추각, 서울, 1995.
· 북한 무산군 지초리 암각화. 先史와 古代 26: 307~310, 韓國古代學會, 2007.
· 한국학 기원연구 중간발표회 자료. 고려대 한국고대사연구팀, 2008.

최근영, 한국선사 고대인의 태양숭배사상의 일측면. 천관우선생환역기념한국사학논
총: 23~49, 정음문화사, 1985.

한병삼, 선사시대 농경문 청동기에 대하여. 고고미술112: 2~13, 韓國考古美術史學會,
1971.

황용훈, 韓國先史岩刻研究. 경희대대학원박사학위청구논문, 1977.

황창한, 靑銅器時代 裝飾石劍의 檢討. 科技考古研究 14: 33~54, 2008.

연구논문(Ⅱ)

데블레트, 선사바위그림과 민속의례. 암각화국제학술대회논문집: 99~104, 예술의 전
당 · 울산시, 2000.

마리나 킬루노브스카야, 투바바위그림의 세계. 중앙아시아의 바위그림: 80~131
_____ , 동북아역사재단 · 러시아과학아카데미 물질문화사연구소, 2007.

보코벤코 N.A., 하카스코-미누신스크 분지의 바위그림. 중앙아시아 바위그
림: 48~78, 동북아역사재단?러시아과학아카데미 물질문화사연구소, 2007.

송요랑, 중국 인면암각화 특질. 암각화국제학술대회논문집: 105~115, 예술의 전당 ·
울산시, 2000.

아나티, 선사바위그림의 출현배경과 의미. 암각화국제학술대회논문집: 117~145, 예술
의 전당 · 울산시, 2000.

자이카 A.Л., 북아시아 신석기시대 민족들의 수계환경과 표현. 한국암각화학회 추계
　　　국제학술대회 발표요지문, 한국암각화학회.11~12:81~123, 한국암각화학회,
　　　2008.

쿠바레프 B.D.,아시아의 신비로운 곳 – 알타이. 선사미술 1:1~16, 한국선사 미술연구
　　　소, 2005.

단행본(Ⅰ)

고구려연구재단 · 내몽골문물고고연구소, 내몽고 중남부의 오르도스 청동기와 문화.
　　　한중공동학술조사보고서 1, 서울, 2005.

국립중앙박물관, 한국의 청동기문화. 범우사, 서울, 1992.

김원룡, 한국미술전집 1. 동화출판공사, 서울, 1973.

김정배 외, 몽골의 암각화. 열화당, 서울, 1998.

金榮振, 韓國自然信仰硏究. 민속원, 서울, 1996.

노브고라도바/정석배, 몽골의 선사시대. 학연문화사, 서울, 1995.

동북아역사재단 · 내몽고문물고고연구소, 하가점상층문화의 청동기. 한중공동학술조사
　　　보고서 2, 서울, 2007.

동북아역사재단 · 러시아과학아카데미물질문화사연구소, 중앙아시아의 바위그림.
　　　동북아역사재단, 서울, 2007.

말리노우스키 · 서영대, 원시신화론. 민속원, 서울, 2001.

몰로딘 · 강인욱 · 이헌종, 고대알타이의 비밀. 학연문화사, 서울, 2000.

裵眞晟, 無文土器文化의 成立과 階層社會. 서경문화사, 서울, 2007.

블라지미르 D. 꾸바레프/이헌종 · 강인욱, 알타이의 암각예술. 학연문화사, 서울, 2003.

송화섭 · 이하우, 알타이의 바위그림. 민속원, 서울, 2008.

시문스 · 김병화, 이고기는 먹지마라?–육식터부의 문화사. 돌베개, 서울, 2004.

아리엘 골란 · 정석배, 세계의 모든 문양. 푸른역사, 서울, 2004.

엘리아데 · 이윤기, 샤머니즘. 까치글방, 서울, 1993.

_____, 이은봉, 종교형태론, 한길사, 서울, 1996.

영남대민족문화연구소 · 한국암각화학회, 고령지역의 선사고대사회와 암각화. 제6회
    대가야사 학술회의, 2008.

요코야마 유지 · 장석호, 선사예술기행. 사계절, 서울, 2005.

우 홍 · 김병준, 순간과 영원. 아카넷, 서울, 2001.

울산암각화박물관, 한국의 암각화—부산 · 경남 · 전라 · 제주편, 울산, 2011.

이하우, 칠포마을 바위그림. 고문연, 포항, 1994.

이형우, 新羅初期國家成長史硏究. 嶺南大學校出版部, 경산, 2000.

임두빈, 원시미술의 세계. 가람기획, 서울, 2001.

임세권, 한국의 암각화. 대원사, 서울, 1999a.

朝鮮總督府, 朝鮮金石總覽 上. 亞細亞文化社 1976 影印, 서울, 1919.

조선유적유물도감편찬위원회, 조선유적유물도감 1. 동광출판사, 서울, 1990.

장석호, 몽골의 바위그림. 혜안, 서울, 1995.

鄭璟喜, 韓國古代社會文化硏究, 一志社, 서울, 1990.

정동찬, 살아 있는 신화 바위그림. 혜안, 서울, 1996.

프레이저 · 張秉吉譯, 황금가지 1. 삼성출판사, 서울, 1982.

프레우드 · 金玄操, 토템과 금기. 經進社, 서울, 1999.

하인리히 뵐플린 · 박지형, 미술사의 기초개념. Sigongart, 서울, 2004.

한국역사민속학회, 한국의암각화. 한길사, 서울, 1996.

황수영 · 문명대, 盤龜臺岩壁彫刻. 東國大學校出版部, 서울, 1984.

황용훈, 동북아시아의 암각화. 대우학술총서 · 인문사회과학 23, 민음사. 서울, 1987.

단행본(Ⅱ)

鄧啓耀主編, 云南岩畵藝術, 云南美術出版社等聯合出版, 昆明, 2004.

盖山林, 陰山岩畵. 文物出版社, 北京, 1989.

_____, 中國岩畫學. 書目文獻出版社, 北京, 1995.

_____, 中國岩畫. 新和上海三聯書店發行部, 上海, 1997.

梁振華, 卓子山岩畫. 文物出版社, 北京, 1998.

李祥石·朱存世, 賀蘭山與北山岩畫. 寧夏人民出版社, 寧夏, 1993.

李洪甫, 太平洋岩畫. 上海文化出版社, 上海, 1997.

李洪甫·武可榮, 海州石刻：4. 文物出版社, 北京, 1990.

Anninsky, E.S., Cave Art of the Middle Enisey. From Stone Age to the
Middle Ages, Zheleznogorsk, 2007.

Barbara, M. and Trevor, C. and John, G.,『Aboriginal Lore of the Western
Plains』, Sydney: National Library of Australia, 1982.

John, M. and Johan, K.,『Prehistory of Australia』, Sydney: Allen & Unwin,
    1999.

Bradley, R., Symbols and signposts-understanding the prehistoric
Petroglyphs of the British Isles. The Ancient Mind. C. RenfreW & E.
Zubrow. Combridge, Cambridge University press, 1994.

Jërome M., Certain Rock Engravings at Mount Bego Were Sundials.
International Newsletter on Rock Art 36: 25～29, 2003.

Josephine, F.,『Rock Art of the Dreamtime』, Sydney: Angus & Robertson,
    1997.

Kilunovskay aM. and Semenov V., The Land In The Heart Of Asia. EGO, St
    Petersburg, 1995.

Kubarev V.B. and Jacobson E., Reëpertoire des Peëtroglyphes D'asie
Centrale. Diffusion de Boccard Ⅱ, rue de Medicis 75006 Paris, 1996.

Morwood M.J. and Hobbs D.R., Quinkan Prehistory The Acrchaeology of
    Aboriginal Art in S.E Cape York Peninsula Australia. Tempus 3,

University of New England, 1995.

M. Scott Peck, M.D., In Search of Stones. A Pilgrimage of Faith, Reason, and Discovery, Hyperion, New york, 1995.

Nollman J., http://www.physics.helsinki.fi/whale/comics/ollman/beluga.html, 1995.

Stanbury P. and Clegg J., Aboriginal Rock Engravings. Oxford, Sydney, 1996.

Uno H., The Master of Nature. The Mytology of All Races 4, Finno Ugric, Siberians, Coopersquarepub, 1964.

АкладиковА.П., ПтроглифыДолиыРекиЕлангащИздательствоНаука,Новосибирск, 1979.

ДеблетМ.А., БольшаяБоярскаяПисаница.ПамятникиИсторическойМысли,Москва, 1976.

ДевлетМА,ПетроглифыНаДнеСаяноскогоМоря.ПамятникиИсторическойМысли,Москва, 1998.

КубаревВД,ОбразКабанаВПетроглифахАлтай,АрхеологияЮжнойСибири,ИздательствоИнститутаархеологиииэтнографииСОРАНHовосибирск,2003.

ОкладниковА.П,ПетроглифыБайкала—ПамятникиДревнейКультуры Народов Сибири. Издательство Наука, Новосибирск, 1974.

ОкладниковА.П,ЗагадоциниеЛичиниАзии1Америки(Puzzling Masks of Asia and America). Новосивирск,Наука,Новосибирск, 1979.

ОкладниковА.П,ПетроглифыЦентральнойАзииХобд—Сомон(Гора

Тебш).АкадемияНаукСССР,ЛенинградНаука,Ленинградско
е,1980.

ОкладниковАП,ПетроглифыЧанкыр–КеляАлтайЕлангащИздате
льствоНаука,Новосибирск,1981.

ОкладниковАП,ПетроглифыМонголи,здательство,Наука,Ленин
град,1981.

ПяткинБ,Н·МортыновАИШалаболинскиеПетроглифы,п,Издател
ьствоКрасноярскогоУниверситета,1985.

Ракоб,В,А,Наскалыеизображениягигантскихморскихживотны
хвнеолитенаюгеКорейскогополострова,МИРДРЕВНИХОБ
РАЭОВНАДЬНЕМВОСТОКЕ,ИзлательствоДальневосточного
Университета,1998.

보고서

경주국립박물관, 월성군 · 영일군지표조사보고서. 국립박물관고적조사보고 17: 124~
128, 1985.

경남대 · 밀양대박물관, 울산무거동 옥현유적 현장설명회자료, 1999.

경남발전연구원, 부산~대구간 고속도로 제7공구내 살내유적발굴조사 현장설명회자료
집, 2002.

_____, 밀양~상동간 철도전철화 사업구간내 문화유적 시굴조사약보고서, 2005.

_____, 진주 평거동 유적 지도위원회 자료집, 2007.

_____, 밀양 신안 선사유적, 2007.

_____, 대의~의령 국도건설공사 구간 내 마쌍리 유적 발굴조사지도위원회자료,
2010.

국립김해박물관, 변진한의 여명. 국립김해박물관, 2003.

대가야박물관, 고령의 암각유적. 학술조사보고서 5, 대가야박물관, 2008.

_____, 고령 봉평리 암각화보도자료, 2008.

동국대학교경주캠퍼스박물관, 錫杖洞遺蹟Ⅱ, 1998.

마한문화연구원, 나주지방산업단지 조성부지 약보고, 2007.

_____, 나주지방산업단지 2차 조성부지 내 문화유적 발굴 약보고, 2009.

부산시립박물관, 東萊 福泉洞 古墳群 第5次 發掘調査 槪要, 1995.

송계현·홍보식·이해련, 동래 복천동 고분 제5차 발굴조사 개보. 부산광역시립박물관, 부산, 1995.

嶺南埋藏文化財硏究院, 高靈池山洞30號墳. 嶺南埋藏文化財硏究院, 1998.

영남문화재연구원, 대구 진천동유적, 2003.

_____, 慶山 三省里遺蹟, 2005.

울산대박물관, 울산반구대암각화. 울산, 2000.

이백규·오동욱, 진천동 선사유적. 경북대학교박물관, 대구, 2000.

李榮文·鄭基鎭, 여수 오림동 지석묘. 전남대학교박물관·여수시, 1992.

충남대 백제연구소, 夫餘 九鳳·蘆花里遺蹟, 2004.

창원문화재연구소, 함안 도항리 암각화 소재 고분발굴조사, 1991.

한국선사미술연구소, 천전리각석 실측조사보고서, 2003.

INDEX

INDEX

INDEX

INDEX

한국 암각화의 祭儀性

2011년 12월 15일 초판 1쇄 인쇄
2011년 12월 26일 초판 1쇄 발행

지 은 이 | 이하우
펴 낸 이 | 권혁재

펴 낸 곳 | 학연문화사
출판등록 | 1998년 2월 26일 제2-501호
주   소 | 서울시 금천구 가산동 371-28 우림라이온스밸리 B동 712호
전   화 | 02-2026-0541~4
팩   스 | 02-2026-0547
이 메 일 | hak7891@chol.com
홈페이지 | www.hakyoun.co.kr

ISBN 978-89-5508-257-9 93910